CONFIANÇA & INVESTIMENTO ESTRANGEIRO

Uma análise do ambiente jurídico brasileiro

Anna Lygia Costa Rego

CONFIANÇA & INVESTIMENTO ESTRANGEIRO

Uma análise do ambiente jurídico brasileiro

EDITORA SINGULAR

São Paulo
2013

R343c Rego, Anna Lygia Costa

Confiança & investimento estrangeiro: uma análise do ambiente jurídico brasileiro. / Anna Lygia Costa Rego. São Paulo: Singular, 2013.

360 p.

ISBN: 978-85-86626-63-0

1. Investimento estrangeiro, Brasil. 2. Política econômica, Brasil. 3. Política de Exportação, Brasil. 4. Política Comercial, Brasil. 5. Direito econômico internacional. I. Título.

CDU: 339.5

Revisão: Paola Morsello
Diagramação: Microart
Capa: Aeroestudio

Editora Singular

Tel/Fax: (11) 3862-1242
www.editorasingular.com.br
singular@editorasingular.com.br

À ANNITA, minha mãe.

"Assim é se lhe parece."
LUIGI PIRANDELLO

Agradecimentos

A elaboração desta obra foi um exercício contínuo do ato de confiar. Sem o precioso apoio de muitas pessoas, nem todas mencionadas neste modesto agradecimento, creio que este trabalho não teria sido uma empreitada possível.

Em primeiro lugar, agradeço a Deus pela inspiração e perseverança durante todo esse processo e à Annita, minha mãe, em presença e memória, por estar sempre ao meu lado. Sou grata ainda à cidade de São Paulo e à Universidade de São Paulo pela acolhida e pelas inúmeras oportunidades oferecidas.

Creio que o marco inicial deste percurso foi o voto de confiança recebido do Professor Hermes Marcelo Huck, que me proporcionou um convívio dos mais ricos, produtivos e alegres que pudesse esperar do mundo acadêmico. Sua ética, sabedoria e conselhos valiosos permitiram-me uma estrada segura, criativa, produtiva e feliz nesses anos de trabalho em conjunto.

Agradeço àqueles que reforçaram o sentido da confiança em minha vida pessoal, de forma especial nesse período: ao querido Eric Ronald Januário, à Sylvia Silveira Melo Vargas e à Julita Nascimento. Aos amigos Bernardo Baeta Neves Strassburg, Antonio Leandro Nascimento, Iasmin Iribarren, Hirdan Katarina de Medeiros, Edson Dossi e Patrícia Andreello. Sou grata ainda aos preciosos comentários recebidos dos Professores Judith Martins-Costa, Paula Forgioni, Fabio Nusdeo e Arthur Barrinuevo Filho na banca de Doutorado e, ao longo da pesquisa, de Paula Schlee, Carlos Frederico Ramos de Jesus, Carlos Batalha, Mariana Lima, Hugo Funaro, Daniel Cardoso, Maria Augusta Buarraj, Elaine Assayag e Ivo Chermont. Aos amigos e colegas de Trench, Rossi e Watanabe pela paciência, amizade e contribuições, em especial a: José Augusto Martins, Thiago Barbosa, Giuliana Bonnano Schunck, Priscila Faricelli, Vanessa Inhaz Cardoso, Gabriella Viotto, Flavia Amaral, Priscila Kirchhoff, Sandra Wittinghofer e Marcelo Slonimisky. Aos amigos acadêmicos, Joaquim Barbosa Gomes, Alexandre Luiz Moraes do Rego Gilberto Bercovici, Vera Rita de Mello Ferreira, Nick Oberheiden, Vicente Gomes, Daniel Wei Wang, Patrícia Shiguemi Kobayashi, Karina Tenório e Diogo Miura por suas orientações e apoio precisos. Agradeço ainda, atendo-me à confidencialidade dos nomes, aos estudantes, agentes do mercado financeiro, advogados e reguladores, que, em meio a tantas tarefas, investiram seu tempo para contribuir com a pesquisa de campo. Espero que apreciem o resultado apresentado a seguir.

Sumário

Segunda Parte
IDENTIFICAÇÃO DOS ASPECTOS JURÍDICOS DA CONFIANÇA

Terceira Parte
PROPOSTA EMPÍRICA E ANÁLISE DOS RESULTADOS

Anexos

Índice de Figuras, Gráficos e Quadros

Figuras

Gráficos

Quadros

Apresentação

Confiança & Investimento Estrangeiro, obra da economista e jurista Anna Lygia Costa Rego, é um estudo notável sobre a dinâmica dos mercados financeiros no Brasil. O trabalho interessa, sobretudo, a quem busca compreender os fatores econômicos e jurídicos que determinam o investimento estrangeiro em nosso País.

A autora, formada nas mais tradicionais escolas de Economia e Direito do Brasil (UFRJ, UERJ e USP), brinda o leitor com uma narrativa singular: sua análise, marcadamente interdisciplinar, lastreia-se na interação entre as ciências jurídica e econômica e é enriquecida com elementos da psicologia econômica. A obra retrata, num primeiro momento, os fundamentos relativos à confiança do investidor. Em seguida, são apontadas as ferramentas jurídicas necessárias à regulação e à proteção jurídica dessa confiança.

A profundidade com que a autora aborda a temática da confiança nos investimentos estrangeiros se deve, em grande medida, à metodologia inovadora por ela empregada, que é largamente baseada em pesquisas empíricas quantitativas, ainda de pouca utilização em trabalhos jurídicos produzidos no Brasil mas de vasta aceitação nos grandes centros jurídicos estrangeiros, sobretudo nos Estados Unidos. Os resultados alcançados por meio dessa nova abordagem são instigantes e dignos do mais elevado apreço. São indicativos de como se faz uma autêntica e primorosa tese de Doutorado.

Anna Lygia Costa Rego, jovem e talentosa advogada e economista, a quem eu tive o privilégio de lecionar uma das principais disciplinas do direito público (direito administrativo) na Universidade do Estado do Rio de Janeiro, tomou para si o desafio de lançar-se à reflexão e à pesquisa sobre um tema ainda não explorado pela doutrina jurídica nacional, e o fez com brilhantismo.

É, pois, com grande satisfação e alegria que constato, na condição de jurista, professor e aplicador do Direito, o amadurecimento de jovens juristas e pesquisadores como Anna Lygia Costa Rego, que com sua obra vem contribuir para a consolidação de uma ciência jurídica mais integrada aos demais campos do conhecimento, influenciada e com potencial para influenciar o desenvolvimento sustentável do País, de modo que, gradativamente, mais atenção seja dada à confiança e à segurança jurídica, bens tutelados pelo constituinte brasileiro.

A obra que ora vem a público traz, sem dúvida alguma, novas ferramentas adaptadas à análise da política regulatória nacional.

Joaquim Barbosa Gomes
Professor de Direito. Membro e
Presidente do Supremo Tribunal Federal.

Prefácio

Não se conseguirá escrever uma confiável história econômica do Brasil sem que nela se reserve importante capítulo dedicado ao investimento estrangeiro. Em todas as fases e ciclos da economia brasileira, desde os tempos de Colônia, foi sempre relevante o papel do investidor estrangeiro. As características desse investimento, suas áreas de atuação, seus receios para remeter lucros ou pagar juros, seus momentos de ingresso, suas fugas repentinas, suas certezas e incertezas acompanharam – e seguem acompanhando – as frequentes variações de humor, circunstanciais ou estruturais, da vida econômica nacional.

O capital estrangeiro, sob a forma de investimento direto ou como empréstimo, tem representado diversos papéis a partir de seus primeiros momentos na economia brasileira. Quando, em 1821, a Coroa Portuguesa vai aos bancos de Inglaterra e contrai, em nome do Brasil, um empréstimo de 20 milhões de cruzados, comprometendo-se a pagá-lo com receitas alfandegárias dos portos nacionais, finca-se a pedra fundamental do complexo relacionamento entre capitais de fora e economia interna. E essa foi sempre uma relação tumultuosa. Raros os momentos em que se consegue vislumbrar nesse percurso histórico a crítica isenta ou a análise objetiva. As discussões sobre o papel do investimento (e do investidor) estrangeiro despertaram – e seguem despertando – paixões e acirraram ânimos. Há – e sempre houve – um inextricável vínculo ideológico na avaliação dos impactos, das vantagens e desvantagens da importação de recursos financeiros.

Ora visto como tentáculos do insinuante monstro imperialista que nos invade para sugar as reservas pátrias, ora elevado como condição primeira para a superação da pobreza e ferramenta indispensável para a criação de riqueza interna, o capital estrangeiro vem acompanhando e participando (para o bem ou para o mal) do processo de desenvolvimento brasileiro e suprindo as carências da poupança interna. Historicamente, o investimento estrangeiro chega ao Brasil no final do século XIX, ainda no período de escravidão, concentrando-se na exportação de produtos primários. São as estradas de ferro, construídas com capital inglês, ou ainda as empresas de exportação de café e outros produtos agrícolas que o capital estrangeiro incorpora e põe a funcionar.

Abolida a escravidão e proclamada a República, o investidor estrangeiro muda o perfil de seu investimento. Deixa de lado mas não abandona o mercado de produtos primários, para concentrar recursos na produção de bens destinados a substituir importações. O crescimento da imigração, fruto imediato do final da escravatura, revoluciona o cenário rural e faz crescer as cidades. Surge um pequeno mas significativo contingente de consumidores. O capital estrangeiro é investido na produção de bens de consumo durável, que, antes importados, procuram agora atender às necessidades da crescente população urbana mais exigente. As primeiras décadas do século XX presenciam os passos iniciais de uma economia de mercado brasileira. Até então, o escravo - parcela importante da mão de obra - não participava do mercado consumidor. Com a abolição, esse expressivo contingente humano ingressa, ainda que marginalmente, na cadeia de relacionamentos de consumo.

Assim, em não mais do que três décadas, o comércio urbano se estrutura, enquanto a atividade industrial emparelha com a tradicional economia agrícola. O capital estrangeiro marca presença também nesse momento, voltando-se para a substituição de importações. Produtos com menor índice de tecnologia embarcada, tais como eletrodomésticos, ferramental mecânico, montagem de veículos automotores e outros tantos passam a ser manufaturados no País por empresas estrangeiras instaladas especialmente na região Sudeste. O parque industrial de São Paulo desenvolve-se rapidamente e tem como combustível básico o investimento estrangeiro, aliado a uma burguesia nacional incipiente e em visível processo de fortalecimento.

Na segunda metade do século XX, os vínculos da economia brasileira com os capitais de fora somente aumentaram. Vieram as décadas dos grandes empréstimos concedidos por bancos internacionais, vieram os momentos de recessão, o investimento estrangeiro chegou ao mercado financeiro e a Bolsa de valores de São Paulo inseriu-se como polo de referência nos pregões internacionais.

A complexidade e a abrangência do tema, e seus reflexos econômicos e políticos têm servido como desafio e inspiração para significativa produção de trabalhos acadêmicos, ora com intuito puramente teórico, com pretensões de crítica ou análise política, ora com natureza meramente estatística, traçando o perfil do investidor em determinado momento, as áreas preferenciais em que tais recursos aportam, a problemática da remessa de dividendos, os aspectos tributários, os acordos e tratados internacionais, o impacto monetário, as consequências econômicas, as incertezas cambiais. Enfim, não há limite para o estudioso - seja do Direito ou da Economia - para buscar temas de pesquisa sobre o investimento estrangeiro. E assim tem sido nas últimas décadas.

Anna Lygia Costa Rego ingressa nesse intensamente esmiuçado mundo do investimento estrangeiro no Brasil e, mesmo assim, consegue inovar. Não se trata apenas de mais um trabalho sobre ingresso de capital estrangeiro na economia brasileira. O leitor tem sob seus olhos uma perspectiva distinta e original de análise voltada para um tema que, à primeira vista, já foi bastante estudado. O trabalho preocupa-se com o investidor estrangeiro, mas vai mais fundo, pois se aventura nas subjacentes razões que ditam o investimento. No palco multifacetado da economia internacional, onde grandes lucros ou imensas tragédias estão escondidos nas sedes das empresas multinacionais, nos bancos internacionais, nas bolsas de valores ou de mercadorias, em cada nova situação política, Anna Lygia desvenda a intenção de investir.

O investidor, seja ele nacional ou estrangeiro, não arrisca seus ativos ao primeiro impulso ou inspirado pela primeira intuição. Em matéria de decisão econômica, o que importa é a última impressão. O investidor procura antes de tudo rentabilidade. Depois, sai em busca de segurança – inclusive jurídica – que garanta e proteja os ativos investidos e especialmente seu retorno. Quais as razões que levam o investidor a optar pelo mercado brasileiro em lugar de outros tantos mais ou igualmente atraentes? Por que, ante tantas sereias financeiras cantando pelos quatro cantos, o executivo opta por investir aqui ou acolá?

Arisco e desconfiado, o capital busca rentabilidade e segurança. Uma estrutura política sólida, com instituições permanentes, protegidas por leis estáveis e transparentes, são variáveis decisivas na escolha do novo sítio para investir. As regras locais que governam os investimentos estrangeiros são fundamentais. Quais as facilidades cambiais, como opera o sistema bancário, como se remetem os dividendos, que restrições há para repatriar o capital investido? Depois, e não necessariamente nessa ordem, o investidor analisa as condições geográficas, verificando as facilidades de transporte interno e internacional, as circunstâncias de obtenção e de acesso para insumos e maquinário, bem como as condições para eventual exportação de seus produtos. A existência de um mercado local com poder aquisitivo e desejoso de consumir é tão importante no processo de avaliação quanto a disponibilidade de mão de obra qualificada, o custo do trabalho, o nível de organização sindical. Os custos tributários do país receptor e seu impacto na competitividade internacional do produto a ser manufaturado são dissecados no processo de escolha do local receptor do investimento.

São, enfim, múltiplas as variáveis examinadas ao início desse processo decisório; são ainda mais numerosas aquelas que, na sequência, confirmam ou inviabilizam a decisão final de investir. Todas e cada uma das peças desse complexo quebra-cabeça jurídico-econômico têm sido estudadas, discutidas, dissecadas por juristas, economistas, sociólogos e um sem-número de intelectuais e acadêmicos que vêm no investimento estrangeiro um atraente laboratório de pesquisa e trabalho onde se mesclam aspectos teóricos e práticos, multidisciplinares e de amplo espectro.

O livro de Anna Lygia tem, entre outros, o grande mérito de ir além desse abrangente horizonte de pesquisas usuais. O trabalho traz para o leitor um corte original, um viés muito pouco (ou quase nada) discutido em trabalhos anteriores sobre o tema. A ideia de eleger o fenômeno da confiança como elemento no processo decisório do investidor é, no mínimo, ousada. Introduzir a confiança – um passo além (ou aquém) da boa-fé – como variável na paleta de múltiplos tons de que dispõe o investidor requer maturidade de espírito, solidez de formação e a convicção de quem sabe o que diz.

À grande mistura de dados estatísticos, formulações teóricas, visões políticas e ideológicas com que se mostra a análise do investimento estrangeiro na substanciosa bibliografia a ele já dedicada, Anna Lygia adiciona um novo tempero. Se a configuração jurídica da confiança como elemento no processo decisório ou em qualquer relação de Direito desde logo implica um emaranhado de dificuldades e incertezas, inserir esse quase etéreo conceito no processo de investimento – especialmente estrangeiro – foi o grande desafio que a autora enfrentou. Enfrentou e venceu.

O estudo é complementado por pesquisa cuidadosa e atualizada, concentrando-se a autora naquele campo indefinido, nem sempre seguro e com fronteiras pouco claras, onde Direito, Economia e Administração se encontram, se misturam e, por vezes, trocam conceitos. Anna Lygia transita bem por esses caminhos. Trabalhando na primeira parte do livro com critérios de heurística, debruça-se sobre o tema da confiança, essência de suas preocupações. Nesse quadro, apresenta ao leitor um cuidadoso resumo das várias formas pelas quais o fator, ou instituto, confiança vem sendo tratado pela literatura econômica moderna. Sobrevoando Luhmann, Fukuyama, Williamson, entre outros, estabelece as relações entre confiança e direito, deitando as raízes da pesquisa que pretende aprofundar e das conclusões que a autora persegue. Se a primeira reação do leitor é de desconfiança – e sem jogo de palavras –, pois há um aparente fosso entre o conceito básico de confiança e as relações jurídicas, num segundo momento percebem-se nitidamente os vínculos entre eles existentes e vislumbra-se o campo fértil para a pesquisa proposta.

Estabelecidos os aspectos jurídicos da confiança, a autora cuida na segunda parte de analisar o conceito, lançando-o contra a tela de alguns tradicionais institutos jurídicos do Direito Civil com ele aparentados. É assim que o capítulo 4 retoma as bases da boa-fé objetiva, da boa-fé subjetiva, da expectativa legítima e mesmo da disciplina jurídica do erro. Feito esse trabalho de correlação, o estudo se abre para os contratos. Na obrigação contratual, insere-se nitidamente a confiança já com sua vestimenta jurídica. Confiança e boa-fé são ingredientes básicos na receita do contrato em especial, mas não exclusivamente nos contratos ditos relacionais, onde a dialética dos interesses contrapostos das partes é temperada com a necessidade de um relacionamento solidário, sem o qual o objetivo contratual não será alcançado.

Traçado, definido e juridicamente limitado o quadro da confiança, o trabalho volta suas lentes para o investidor estrangeiro, ponto inicial da tese proposta. Neste capítulo 5, levantadas as formas alternativas com que se reveste o capital estrangeiro investido, são estudados os mecanismos que têm servido para proteger e incrementar a confiança dos investidores do exterior. Há igualmente a descrição das alternativas que o Direito oferece para garantir a confiança estruturada num quadro jurídico.

Por fim, Anna Lygia Costa Rego apresenta ao leitor uma útil e bem formulada pesquisa de campo, realizada com agentes reguladores do mercado, advogados de investidores, investidores estrangeiros residentes e não residentes no Brasil. Os resultados delineiam um quadro com ricos contrastes do papel exercido pela confiança (ou confiabilidade) no processo decisório de investir. Tal pesquisa, ainda que despida de critérios estatísticos científicos, revela aspectos importantes, alguns curiosos, da forma de pensar do investidor estrangeiro em relação ao País.

Em resumo, o leitor tem para seu estudo um trabalho original, bem cuidado na elaboração e inteligente nas conclusões. Serve como orientação no pouco estudado campo dos pressupostos subjetivos do comportamento jurídico. Não tenho dúvida em afirmar que já se tornou um marco importante na análise do capital estrangeiro, bem como das intersecções e meandros formados pelo Direito Econômico e Economia. Anna Lygia Costa Rego é uma jovem jurista que integra o grupo de estudiosos com olhos postos na realidade. Consegue conciliar seus estudos acadêmicos profícuos e a prática da advocacia. É essa múltipla consciência que impregna de seriedade e credibilidade este livro, trazendo para o leitor o que há de mais recente na matéria versada, sem descurar de que o Direito é antes de tudo uma ciência do real.

Hermes Marcelo Huck
Advogado em São Paulo.
Professor Titular na Faculdade de Direito da
Universidade de São Paulo.

Introdução

1. A centralidade da confiança

Em 1975, o Prêmio Nobel de Economia Kenneth Arrow resumiu em frase lapidar uma ideia bastante intuitiva, que serve de inspiração para este trabalho: "it can be plausibly argued that much of the economic backwardness in the world can be explained by the lack of mutual confidence".[1] Em outras palavras, na sabedoria popular o segredo talvez seja a alma do negócio, mas a confiança[2] é, sem dúvida, a espinha dorsal das transações econômicas.

Algum tempo depois, em 2008,[3] Alan Greenspan, com base em sua experiência como presidente do *Federal Reserve*, o Banco Central americano, também identificou o fenômeno da confiança nas economias ocidentais, ao comentar as dificuldades econômicas enfrentadas pela Rússia:

> Não obstante o direito individual de mover ações judiciais para exercer direitos e para se proteger contra ofensas [...] se mais que uma fração insignificante dos contratos fosse submetida à apreciação judicial, nossos tribunais ficariam abarrotados, a ponto de não darem conta da sobrecarga. Nas sociedades livres, quase todas as transações são, por necessidade, espontâneas. Esses intercâmbios voluntários, por sua vez, exigem confiança. Sempre me impressionei com o fato de, nos mercados financeiros ocidentais, transações envolvendo centenas de milhões de dólares muitas vezes não passarem de simples acordos verbais, confirmados por escrito apenas em

---

1. A frase de Kenneth Arrow pode ser (livremente) traduzida como: "pode ser plausivelmente argumentado que muito do atraso econômico no mundo pode ser explicado pela falta de confiança mútua" (CHAMI, Ralph; Fullenkamp, Connel. *Trust and efficiency*. Disponível em: <http://www.ssrn.com>).
2. Propositalmente, não iniciaremos o trabalho com uma definição de confiança, pois essa noção será construída ao longo deste, especialmente mediante as contribuições obtidas dos entrevistados durante a fase empírica da pesquisa.
3. O livro de Greenspan *A era da turbulência*, de caráter autobiográfico, foi lançado antes da crise sistêmica que assolou a economia mundial no ano de 2008. Interessante notar que alguns comentaristas atribuem a crise justamente a uma falta de confiança generalizada no sistema financeiro internacional, seguindo a linha de raciocínio sugerida pelo referido autor. Outros comentaristas, no entanto, atribuem parcela da Crise de 2008 à gestão do próprio Greenspan, que esteve à frente do Federal Reserve na função de *chairman* de 1987 a 2006.

data posterior e, às vezes, depois de muitos movimentos de preços. Mas a confiança precisa ser conquistada; a reputação é, em geral, o ativo mais valioso de uma empresa.[4]

Pode-se compreender definitivamente a importância da confiança justamente pela falta que fez aos mercados em determinados momentos históricos.[5] A crise financeira internacional eclodida em 2008 ("Crise de 2008"), por exemplo, caracterizou-se por uma repentina escassez de crédito no mercado imobiliário americano, e teve como uma de suas origens a subestimação do risco de determinados produtos financeiros.[6] Os investidores, erroneamente, acreditaram no valor e na classificação de risco atribuídos a estes ativos, bem como na probidade e solidez de atuação dos agentes financeiros.[7] A desconfiança quanto à realização de novos financiamentos, à colocação de determinados papéis do mercado e à manutenção dos níveis de crescimento e emprego instalou-se em praticamente todos os mercados do mundo.

A Crise de 2008[8] serviu como um laboratório para observar o efeito da confiança. A regulação e as medidas que se seguiram à Crise visaram justa-

4. GREENSPAN, Alan. *A era da turbulência*: aventuras em um novo mundo, p. 135.
5. Ao analisarmos a Crise de 2008 (*Credit Crunch*), fica muito evidente que a escassez repentina de crédito e boa fama caracterizaram a tempestade. Voltando algumas décadas no tempo, a Grande Depressão (1928-1933), guardadas as diferenças e proporções com a Crise de 2008, foi calcada também em crédito e reputação. Naquele contexto de 1929, a noção popularizada por John Maynard Keynes de *animal spirits* foi um elemento explicativo importante para caracterizar o comportamento dos agentes econômicos diante daquela crise. Não custa lembrar aqui que um dos elementos essenciais ao *animal spirits* seria justamente a confiança.
6. Refere-se aqui às estruturas de securitização de recebíveis lastreados em dívidas hipotecárias. Títulos de alto risco (*subprime*), em razão do perfil dos devedores e das garantias insuficientes nos contratos de financiamento, eram classificados de forma pouco conservadora.
7. KRUGMAN, Paul. *A crise de 2008 e a economia da depressão;* e TETT, Gillian. *O ouro dos tolos.*
8. A cronologia da crise mostra a crescente necessidade de reavaliar a postura dos agentes do mercado financeiro, o papel dos reguladores e a própria adequação da teoria econômica conducente dos formuladores de políticas públicas. Nesse sentido, vale a leitura dos seguintes números da revista *The Economist* entre 2007 e 2009: "*Lessons from the credit crunch. A special report on central banks and the world economy*"; "*Wall Street: a ten-page special report on the crisis*"; "*Twin twisters: Fannie Mae, Freddie Mac and the market chaos*"; "*Saving the system. The panic, the resources and a special report on the world economy*"; "*Where it went wrong – and how the crisis is changing it*"; "*Wall Street. One year on, what's changed?*"

mente a restaurar a confiança no sistema financeiro mediante regras mais sofisticadas e vultosos aportes de recursos.

Alguns anos antes, outro caso de quebra de confiança mostrou ter repercussão mundial. Em 2002, a maior empresa de energia dos Estados Unidos, a Enron, envolveu-se em intrincado esquema de fraudes que resultou em emblemática quebra da confiança depositada por investidores e funcionários. O escândalo Enron levou consigo uma das instituições que buscavam transmitir confiança ao público: os auditores externos. Envolvida com o caso Enron de forma espúria, a Arthur Andersen, uma das maiores firmas de auditoria do mundo, teve sua marca extinta em poucos dias. E até o escândalo eclodir as pessoas de fato confiavam[9] na Enron, o que mostra que os agentes, mesmo bem informados (como era o caso dos analistas financeiros que acompanhavam a companhia) e extremamente racionais, podem ser iludidos e podem errar. E muito.

Para restaurar a confiança nos mercados financeiros e de capitais, o governo dos Estados Unidos empreendeu uma reviravolta regulatória: promulgaram em 2002 a Lei Sarbanes-Oxley.[10] Trata-se de um vasto regulamento que visa a esta-

9. A confiança é revelada no fato de que os funcionários destinavam parte dos seus proventos à aquisição de direitos na Enron (McLEAN, Bethany; ELKIND, Peter. *Smartest guys in the room*: the amazing rise and scandalous fall of Enron). Os escândalos no início da década de 2000 não se restringiram à Enron. Vale mencionar os casos Merck (2001), WorldCom (2002), Xerox (2002), Bristol-Meyers-Squibb (2002), Tyco (2002), ImClone Systems (2002), ocorridos nos Estados Unidos, e Parmalat (2003), ocorrido na Itália, todos relacionados a práticas corporativas lesivas ao investidor, em sua maioria de natureza contábil.

10. O *Sarbanes-Oxley Act*, de autoria dos senadores americanos Paul Sarbanes e Michael Oxley, foi uma lei promulgada nos Estados Unidos em 23 de janeiro de 2002, que produziu efeitos a partir de 30 de julho de 2002. Teve como objetivo "estabelecer sanções que coíbam procedimentos não éticos e em desacordo com as boas práticas de governança corporativa por parte das empresas atuantes no mercado norte-americano. O objetivo final é de restabelecer o nível de confiança nas informações geradas pelas empresas" (BORGERTH, Vânia Maria da Costa. *Sox*: entendendo a Lei Sarbanes-Oxley, p. 19). Segundo um serviço de esclarecimento à população a respeito da referida norma: "The intent of the Sarbanes-Oxley Act is to protect investors by improving the accuracy and reliability of corporate disclosures made pursuant to the securities laws, and for other purposes. The Sarbanes-Oxley Act created new standards for corporate accountability as well as new penalties for acts of wrongdoing. It changes how corporate boards and executives must interact with each other and with corporate auditors. It removes the defense of 'I wasn't aware of financial issues' from CEOs and CFOs, holding them accountable for the accuracy of financial statements. The Act specifies new financial reporting responsibilities, including adherence to new internal controls and procedures designed to ensure the validity of their financial records" (Disponível

belecer normas de conduta e melhores práticas a serem seguidas por funcionários, diretores e assessores (como advogados e auditores, por exemplo). De forte cunho ético, reforçando o valor das declarações dadas e das informações levadas a público, a intenção da norma seria tornar mais custosa a violação da confiança dos investidores. Existe um forte debate acerca da eficácia desta norma,[11] porém novos parâmetros de atuação foram definidos para as companhias abertas.

A confiança é um fenômeno dinâmico, e o caso particular do Brasil parece confirmar esta percepção. Em 2009, a participação do País no noticiário internacional de forma eminentemente positiva, precisa e rica em detalhes cresceu de modo notável em relação a períodos anteriores.[12] Nessas reporta-

---

em: http://www.sox-online.com/basics.html). Para outras referências, vide ainda: PETERS, Marcos. Implantando e gerenciando a Sarbanes-Oxley; e o website do regulador americano dos mercados de valores mobiliários, a Securities and Exchange Comission (SEC), www.sec.gov.

11. A opinião dos pesquisadores a respeito dos efeitos da Sarbanes-Oxley é controvertida, vide levantamento feito por Geoffrey Smith, da Universidade de Illinois: "A growing number of studies look into the effects of the Sarbanes-Oxley Act of 2002 (Sox), yet evidence regarding the Act's net benefits remains mixed. On one hand, Akhigbe and Martin (2006) and that Sox-related transparency improvements increase value in the financial services industry. Li et al. (2008) find positive and significant stock returns associated with Sox-related events and a positive relation between the returns and previous earnings management. Chhaochharia and Grinstein (2007) find that large firms needing to make more Sox-related changes respond favorably to Sox-related announcements. On the other hand, Engel et al. (2007) find that the quarterly frequency of going-private transactions increases after the enactment of Sox and that small firms with relatively illiquid shares respond less favorably to Sox than others do. Kamar et al. (2007) find that Sox induces small firms to exit the US capital markets. Chhaochharia and Grinstein (2007) find that some provisions of Sox are detrimental to small firms. Zhang (2007) finds that US firms experience negative and significant abnormal returns around key Sox events. Leuz et al. (2008) find that about 300 US companies go dark in response to Sox. Cohen et al. (2007) find that Sox-related liability exposure a ects executives' willingness to take risk. Linck et al. (2008) find that board of director workload and risk increase, director and officer insurance premiums more than double, that boards are larger and more independent, and that director pay and overall director costs increase in response to Sox. Zingales (2008) finds that the market share of global IPOs on US exchanges drops dramatically from 2000 to 2005 because of increases in compliance costs for publicly traded companies" (SMITH, Geoffrey Peter. *What are the effects of Sarbanes-Oxley on cross-listed companies?*, p. 2).

12. As inserções do Brasil em reportagens publicadas na imprensa internacional passaram de 770, em fevereiro de 2009, a 1274, em novembro do mesmo ano. Segundo a mesma fonte, o jornal *Valor Econômico*, "entre os 43 textos diários publicados em média sobre o Brasil, nos 49 principais veículos internacionais, o destaque

gens, fatores antes considerados ameaças à atividade econômica, tais como a corrupção, passaram a ser vistos não mais como risco (como ainda ocorre em relação a outros países da América Latina), mas como um problema a ser administrado pela democracia. Curiosamente, o nível de investimentos no Brasil alcançou níveis inéditos, cujo volume tão expressivo motivou a adoção pelo governo de políticas extrafiscais na tentativa de conter a entrada de capitais.

Comparando-se o momento atual com as décadas de 1980 e 1990 (especialmente sua primeira metade), tanto a representação do Brasil pela imprensa internacional quanto o próprio otimismo dos brasileiros apresentavam-se de maneira diversa: experimentaram-se amargas percepções sobre a confiabilidade do Brasil tanto sob o ponto de vista institucional quanto econômico.

Se a credibilidade junto à imprensa internacional decorre do aumento do nível de investimentos, ou vice-versa, é difícil comprovar. Contudo, a intuição aponta no sentido de que as influências se alimentam mutuamente.

Estes são apenas alguns exemplos do que muitas vozes, oriundas de diversas áreas, já destacaram: confiança é crucial às transações econômicas. Um ambiente econômico em que há ausência de confiança entre os agentes torna-se mais complexo, e, por consequência, os custos de transação,[13] os riscos e a incerteza[14] a ele inerentes podem se tornar sobremaneira elevados.

---

tem sido o fato de a economia e a estabilidade político-institucional promoverem o desenvolvimento do País. A dúvida que emerge, entretanto, é se esse desenvolvimento será sustentável diante de grandes fragilidades de infra-estrutura, de desenvolvimento humano e de questões ambientais, principalmente as ligadas ao desmatamento da Amazônia" (O Brasil virou manchete. *Valor Econômico*, ano 10, n. 479, 18, 19 e 20 dez. 2009, p. 4).

13. Na acepção fornecida pela Nova Economia Institucional, especialmente a partir do trabalho de Douglass North (*Institutions, institutional change and economic performance*), que se preocupou não apenas em apontar a importância dos custos de transação nas relações econômicas, como também em quantificar tais riscos. De forma não surpreendente, essa linha de pesquisa é também conhecida como Economia dos Custos de Transação (ECT). Embora alguns trabalhos da NEI analisem a relevância da confiança na redução de custos de transação, o autor analisado no Capítulo 3, Oliver Williamson, possivelmente o atual maior expoente dessa linha de pesquisa, é bastante cético quanto ao papel e à utilidade do conceito de confiança.

14. Risco pode ser definido como uma chance, a probabilidade (quantificável) de que um evento hipotético se concretize. Já a incerteza diz respeito à ignorância quanto ao futuro, é intrínseca à realidade humana, e segundo Frank Knight não é passível de quantificação ou completa remoção, pois a dúvida sempre existe. Nos dizeres do autor: "the term risk designates measurable uncertainty and 'uncertainty', the unmeasurable risk. The word 'risk' is ordinarily used in a loose way to refer any sort of uncertainty viewed from the standpoint of the unfavorable contingency, and

Por vezes, tais custos tornam-se tão altos que não há incentivo nem mesmo para que as trocas econômicas se realizem. Em outras palavras, não se fecham negócios.

Tais custos ("Custos de Transação") podem ser definidos, nas palavras de Douglass North, como aqueles necessários, no âmbito de uma troca econômica, para aferir os atributos (i.e., valor) daquilo que está sendo trocado e os custos de proteção dos direitos, monitoramento (no sentido de fiscalização) e cumprimento dos contratos relacionados a essa troca.

Estas considerações sugerem a centralidade do tema da confiança. O presente trabalho propõe, nesse contexto, uma *discussão acerca da ideia de confiança*, a fim de extrair dela *conteúdo* jurídico.

2. Objetivo da obra

A *ideia central* é discutir as bases econômicas e jurídicas da confiança no Brasil tendo como pano de fundo os mercados financeiros e de capitais brasileiros. Preocupa-se o trabalho em analisar os elementos determinantes para a confiança do investidor estrangeiro no País. A discussão possui duas linhas mestras: uma teórica, desenvolvida nos quatro primeiros capítulos; e outra empírica, objeto dos dois últimos capítulos.

Pretende-se explorar o conceito de confiança para que se possa aplicá-lo de modo instrumental ao estudo da regulação do capital estrangeiro no Brasil, seja ele investido no País sob a modalidade produtiva, tecnicamente

---

the term uncertainty similarly with reference to the favorable outcome; we speak of the 'risk' of a loss and the 'uncertainty' of a gain. [..]. We can also employ the terms 'objective' and 'subjective' probability to designate the risk and uncertainty respectively, as these expressions are already in general use with a signification akin to that proposed. The practical differences between the two categories, risk and uncertain, is that in the former the distribution of the outcome in a group of instances is know (either through calculation a priori or from statistics of past experience), while in the case of uncertainty this is not true, the reason being in general that it is impossible to form a group of instances, because the situation dealt with is in a high degree unique. The best example of uncertainty is in connection with the exercise of judgement or the formation of those opinions as to the future course of events, which opinions (and not scientific knowledge) actually guide most of our conduct. Now if the distribution of the different possible outcomes in a group of instances is known, it is possible to get rid any real uncertainty by the expedient of grouping or 'consolidating' instances" (KNIGHT, Frank H. *Risk, uncertainty and profit*, p. 121). Para uma discussão a respeito do risco sob o ponto de vista regulatório, vide: YAZBEK, Otavio. *Critérios materiais para a regulação das atividades financeiras*: dos riscos negociáveis à "sociedade do risco".

chamada de “Investimento Direto”, ou sob a modalidade especulativa,[15] denominada “Investimento em Carteira”,[16] ou “Investimento em Portfólio”. Nese sentido, busca-se avaliar o arcabouço regulatório na qualidade de promotor de confiança.

Propõe-se aqui, portanto, a utilização do sentimento de confiança como uma espécie de “bússola”, um indicador para a formulação e avaliação de políticas públicas nesse setor. Isto significa, primeiramente, explorar: (i) como a doutrina capta, verbaliza e interpreta o sentimento de confiança; (ii) o seu tratamento jurídico no Brasil; e (iii) os determinantes jurídicos da confiança para o público do mercado financeiro e de capitais. As conclusões a partir dessa análise podem ser úteis para verificar até que ponto a regulação em vigor está voltada para a tutela da confiança e em que medida os investidores estrangeiros consideram haver necessidade de mudanças.

Em termos de metodologia, serão aplicadas as contribuições sobre comportamento econômico fornecidas pela Economia Comportamental[17] (especificamente aquelas determinadas pelo programa de pesquisa denominado *Heuristics & Biases,* doravante H&B). Com base nesse método, discute-se o processo de tomada de decisão do homem econômico, bem como as suas respectivas falhas. *Assume-se como premissa que a confiança é resultado de um processo de convencimento, tendo caráter cognitivo.*

A partir da análise de determinados processos mentais (denominados “heurísticas”) desempenhados pelos agentes,[18] identificam-se os fatores jurídicos determinantes na formação da sua confiança nos mercados brasileiros. Tal identificação é realizada pela via empírica, mediante entrevista qualitativa junto aos agentes. As heurísticas funcionam como regras de bolso, atalhos mentais que facilitam as decisões num mundo repleto de incertezas, relações de alta complexidade e falta de tempo.

15. É uma preocupação deste trabalho amenizar o sentido pejorativo e ideológico que a expressão “capital especulativo” recebeu ao longo do tempo. A ideia é apresentar suas características intrínsecas e analisar o processo heurístico que enseja essa modalidade de investimento.

16. “Carteira” é a tradução escolhida para o vocábulo de origem anglo-saxã Portfólio, que significa investimentos em títulos públicos e privados, utilizado como categoria excludente do investimento em propriedade.

17. Definida doutrinariamente mais adiante neste trabalho.

18. A definição de agentes é bastante genérica: são “tomadores de decisões econômicas. Utilizam-se indistintamente neste trabalho os termos “agentes” e “agentes econômicos”.

A metodologia desenvolvida pelo programa H&B sustenta que tais processos decisórios estão sujeitos a falhas (vieses ou *biases*). Por isso, a decisão de um agente de confiar ou não em outrem está, também, sujeita a erros.

Tais erros, segundo o programa H&B, são previsíveis e sistemáticos, sendo passíveis de estudos e previsões. E são precisamente esses vieses cognitivos, identificados e estudados pela Economia Comportamental, os utilizados nesta obra para criticar os determinantes jurídicos dos agentes no Brasil. O enfoque proposto neste estudo é *compreender o papel do Direito na construção da confiança no Brasil por parte dos investidores estrangeiros.*

Estabelece-se inicialmente, nos dois primeiros capítulos, uma discussão sobre o homem econômico e as limitações de sua racionalidade, bem como são apresentadas as bases do programa H&B. A razão deste início é demonstrar as falhas no processo cognitivo humano, que podem afetar o seu julgamento em relação à confiança e, por conseguinte, as suas decisões de investimento.

Apresentadas algumas definições metodológicas importantes, os capítulos posteriores fazem a incursão no mundo jurídico propriamente dito. Primeiramente, coteja-se a noção de boa-fé, hoje bastante estudada, com descrições extrajurídicas[19] do fenômeno da confiança. A intenção é ressaltar as diferenças entre confiança e boa-fé. *Não se pretende definir confiança como um conceito (estritamente) jurídico, dado que ela depende de outros elementos, inclusive afetivos, financeiros, conjunturais, entre outros vários que não são necessariamente jurídicos.*

O trabalho pretende trazer algumas definições de confiança para ilustrar o conceito, mas não pretende fixá-lo, até mesmo porque encerra variáveis emocionais e afetivas – não jurídicas –, que ultrapassam o escopo proposto. Por exemplo, podemos definir confiança,[20] em algumas situações, como um sentimento que leva alguém a assumir determinados riscos perante outrem. Em outras palavras, nesta acepção, confiar é prostrar-se vulnerável de alguma forma à malícia ou à volição de alguém. Analisada sob outra perspectiva, confiança é uma expectativa positiva a respeito do desempenho de algo. A definição da confiança nem sempre envolve aspectos técnicos, tampouco homogêneos. É por esta razão que uma definição hermética de confiança não é pretendida neste trabalho, que, por ser eminentemente jurídico-econômico,

19. Especificamente oriundas da Economia e da Psicologia.

20. A literatura é vasta em conceitos sobre confiança. Por exemplo, citemos Khan (On trust as a commodity and on the grammar of trust, *Journal of banking & Finance*, v. 26, p. 1719-1766) e Guido Möllering (*Trust*: reason, routine and reflexivity), que descrevem com desenvoltura e erudição várias das acepções possíveis para confiança.

não teria condições de esgotar e fixar um conceito que envolve múltiplas disciplinas. Pretendemos, de fato, extrair os sentidos jurídicos da confiança, o que não significa defini-la como *conceito jurídico*.

Jogam-se assim algumas luzes sobre a ideia de confiança, extraindo-se entre os seus múltiplos motivadores aqueles especificamente relacionados ao ordenamento jurídico. *Dessa forma, pode-se analisar o papel do Direito como promotor da confiança no País.*

Pretende-se identificar esses motivadores mediante a realização de testes empíricos (entrevistas qualitativas) junto a agentes econômicos (advogados e não advogados, nacionais e não nacionais) que trabalhem de forma intensiva[21] com investimentos estrangeiros. Busca-se apreender junto a eles o conteúdo jurídico de confiança. A investigação principal a ser feita é: *quais são os fatores jurídicos destacados pelos agentes como determinantes na formação de confiança nos mercados?*

Os desdobramentos desta ideia central são, respectivamente, a diferenciação entre a noção de confiança e de boa-fé, já consagrada no Direito Civil, bem como a análise dos elementos jurídicos que revestem a noção de confiança, de acordo com a visão dos agentes econômicos.

Este exame dos elementos jurídicos é um mergulho nas respostas fornecidas pelos agentes. Sendo assim, a título exemplificativo, caso a morosidade do Judiciário seja indicada como elemento redutor do nível de confiança no Brasil, analisa-se em que medida isso tem respaldo fático.[22] A parte final da análise avalia em que medida diferenças entre as evidências fáticas e as respostas podem ser explicadas por algum tipo de viés ou percepção equivocada por parte dos agentes.

3. Divisão do trabalho

Ante o exposto, esta obra compõe-se de seis capítulos, que podem ser agrupados em três partes. A Primeira Parte, teórica e metodológica, explora: (i) o debate sobre a racionalidade do homem econômico; (ii) o arcabouço me-

---

21. Isto é, desde que a assessoria a investidores estrangeiros, no caso dos advogados brasileiros, seja parte central de suas atividades. Para os advogados estrangeiros, significa que eles assessorem de forma recorrente agentes econômicos estrangeiros que sejam investidores potenciais ou efetivos nos mercados brasileiros. Já no caso dos não advogados, pretendemos entrevistar profissionais de instituições financeiras ou investidores.

22. Uma possibilidade para a realização desta verificação é cotejar a percepção fornecida pelo entrevistado com pesquisas e dados estatísticos já produzidos a respeito do tempo médio de uma lide no Brasil.

todológico em Economia Comportamental e a ideia de confiança como resultado de um processo cognitivo; e (iii) diferentes visões da literatura interdisciplinar sobre confiança. São estes os objetos, respectivamente, dos Capítulos 1, 2 e 3.

A Primeira Parte discute assim o processo heurístico da confiança, critica o homem econômico "hiper-racional" da teoria neoclássica e apresenta o programa de pesquisa em Economia que servirá de apoio (método) para a análise do Direito[23] que se empreende: o programa *Heuristics & Biases* – melhor descrito nas seções a seguir. Além disso, faz uma revisão de literatura sobre o tema da confiança. Assim, essa etapa inicial traz os alicerces teóricos e metodológicos para a análise empírica desenvolvida no restante do trabalho.

Busca-se também trazer algumas luzes à determinação do que significa confiança, mas desde já resta claro que o tema não é passível de definição puramente objetiva e não será, portanto, exaurido por completo.

A Segunda Parte trata das relações entre confiança e Direito. Traz elementos teóricos e empíricos. Nesse sentido, o Capítulo 4 discute teoricamente como a disciplina jurídica recebe a ideia de confiança e apresenta suas aplicações práticas. Já o Capítulo 5 ambienta a confiança ao contexto em que é elaborada esta obra: os investimentos estrangeiros. Para tanto, realiza-se uma breve descrição dos determinantes do investimento estrangeiro no Brasil, bem como dos aspectos jurídicos básicos das suas duas modalidades básicas.[24]

Assim, a Segunda Parte constrói o possível vínculo entre Economia e Direito, com base nas doutrinas brasileira e portuguesa, buscando as peculia-

23. Definida por Rowley (1989, apud MacKAAY, E. History of law and economics. In: BOUCKART, B.; DE GEEST, G. (ed.). *Encyclopedia of law and economics*, v. 1, p. 65-117) como a aplicação da Teoria Econômica e dos métodos econômicos no exame da formação, estrutura, processos e impacto das leis e instituições legais. No mesmo sentido existe a definição de Caliendo (SILVEIRA, Paulo A. Caliendo. Direito internacional privado e análise econômica do direito. In: TIMM, Luciano Benetti (org.). *Direito e economia*), para quem a Análise Econômica do Direito é definível como a utilização da *teoria econômica e métodos econométricos para o exame do Direito e instituições jurídicas.* Ressalta o autor que, apesar de seus resquícios poderem ser encontrados já em Adam Smith, no iluminismo escocês, entre outros, entende-se que ela se desenvolve particularmente nos EUA com os estudos realizados na Universidade de Chicago, especialmente a partir de 1940 (Coase, Stigler e Posner, entre outros). No entanto, não temos a intenção de filiar o presente trabalho à Análise Econômica do Direito, preferindo classificá-lo num ambiente mais amplo, que é o da pesquisa em Direito e Economia.

24. O Investimento Estrangeiro Direto (IED) e o Investimento em Portfólio, ambos definidos mais adiante.

ridades do seu tratamento jurídico e diferenciando-a da ideia já consagrada de boa-fé. Em um segundo momento, aumenta a especificidade da abordagem, passando a analisar o *status* jurídico da confiança no âmbito dos investimentos estrangeiros.

A Terceira e última Parte traz uma proposta de aplicação prática para a teoria revisada até então. Realiza esta etapa do trabalho três modalidades de atividade empírica (*survey*, grupo focal e entrevista qualitativa) com o objetivo de levantar junto aos agentes os elementos considerados chaves no processo heurístico que determina a formação de confiança para investir no Brasil.

Busca-se identificar eventuais vieses desse processo heurístico, questionando-se a acuidade da percepção do investidor estrangeiro a partir de uma análise crítica do seu processo decisório. Para tanto, aplica-se a metodologia do programa em Economia Comportamental (H&B), abordada na Primeira Parte do trabalho.

Em outras palavras, analisam-se criticamente os elementos que os agentes apontam como motivos para (des)confiar do País como destinação para seus investimentos. Será interessante também conhecer a opinião dos reguladores a esse respeito. Alguns representantes de entes reguladores estatais e privados (autorreguladores) foram ouvidos em entrevistas qualitativas.

4. Pergunta de pesquisa e principais questões a serem analisadas

Como dito, pretende-se, com base em metodologia fornecida pela Economia Comportamental, estudar os determinantes *jurídicos* da confiança nos mercados brasileiros. Isto é, busca-se responder às seguintes perguntas de pesquisa (que não correspondem necessariamente às perguntas das entrevistas a serem realizadas junto aos agentes):

(i) Quais aspectos jurídicos condicionam o investidor estrangeiro a confiar (ou não confiar) no Brasil para investir os seus recursos?

i.1 Qual o conteúdo jurídico do conceito de confiança?

i.2 Existe homogeneidade de percepção a respeito do que os brasileiros creem ser os motivos de confiança no Brasil ?

i.3 Existe homogeneidade de percepção entre os estrangeiros a respeito das variáveis jurídicas que condicionam a sua confiança no Brasil?

(ii) Os brasileiros conhecem de forma precisa a fonte de confiança/desconfiança no País por parte do investidor estrangeiro?

(iii) Existem falhas no processo heurístico dos investidores estrangeiros a respeito do ordenamento brasileiro (em outras palavras, eles desconfiam do que realmente deveriam desconfiar)?

Em termos práticos, utilizando metodologia de pesquisa empírica, procura-se identificar o revestimento jurídico do conceito de confiança, a partir da visão dos sujeitos cognoscentes entrevistados. *Indaga-se, assim: Quais os determinantes da confiança no Brasil, na visão dos investidores estrangeiros?* Esta mesma pergunta será direcionada a estrangeiros e a brasileiros (ou seja, na visão deles quais são os determinantes da confiança no Brasil por parte dos investidores estrangeiros).

A noção de confiança pode parecer vaga, intuitiva, romântica, abstrata e até mesmo, para alguns, ter sentido religioso. Além disso, é frequentemente utilizada fora de contextos científicos, permeando os debates mais diversos.

Contudo, a pesquisa bibliográfica demonstra que há outros sentidos, menos retóricos e literários, para a confiança e que há boas razões para a realização de pesquisa sobre o tema, inclusive no âmbito jurídico. Diversos autores, oriundos de várias tradições e áreas do conhecimento, com posições muitas vezes antagônicas, tratam-na de forma bastante sistemática, quando não mesmo científica, tais como Robert Putnam, Russel Hardin, Niklas Luhmann, Oliver Williamson, Francis Fukuyama, Amartya Sen, Eduardo Giannetti da Fonseca,[25] entre outros. Para alguns, como Alain Peyrefitte, a noção de confiança é o ângulo escolhido para a análise da história e das sociedades (bem como de seus sistemas de produção).[26] A obra examina o trabalho de alguns destes autores e lança mão de suas conclusões para o encadeamento da pesquisa.

No campo de administração de empresas/organização empresarial, por exemplo, a noção de confiança é também recorrente, sendo aplicada à resolução de dilemas corporativos, tais como estruturação de governança interna, geração de incentivos, gestão de pessoas e ética corporativa.

---

25. WILLIAMSON, Oliver E. Transaction cost economics: the governance of contractual relations, *Journal of Law and Economics*, v. 22, p. 233-261; idem. Public and private bureaucracies: a transaction cost economics perspective, *Journal of Law, Economics and Organization*, v. 15, n. 1, p. 306-342; idem. Strategy research: governance and competence perspectives, *Strategic Management Journal*, v. 20, n. 12, p. 1087-1108; idem. Transaction cost economics and business administration, *Scandinavian Journal of Management*, v. 21, n. 1, p. 19-40; idem. Why law, economics and organization? *Review of Law and Social Science*, v. 1, p. 369-396; idem. The economics of governance, *American Economic Review*, v. 95, n. 2, p. 1-18; FUKUYAMA, Francis. *Confiança*; SEN, Amartya. *Sobre ética e economia*; Fonseca, Eduardo Giannetti da. *Mercado das crenças:* filosofia econômica e mudança social; PUTNAM, Robert D. *Bowling alone.*

26. A citação dos dois lado a lado é exemplificativa, pois sabe-se das profundas divergências de pensamento entre os dois autores. A ideia é apenas apresentar um pequeno rol de autores proeminentes sobre o tema.

Sob um seu possível sinônimo, "crença", outro manancial bibliográfico vasto é encontrado no campo das Ciências Sociais, da História e da Psicologia. Não se pretende revisar estes trabalhos por conta da necessidade de delimitação da pesquisa. Contudo, sempre que pertinente para o estudo da ordem jurídica, buscar-se-á referência em outras áreas do conhecimento.

Alguns estudos de fôlego[27] já se propuseram a compilar a ideia de confiança. No entanto, esse tipo de pesquisa tem indicado que, no mundo jurídico, a abordagem ainda é tímida,[28] para não dizer escassa, especialmente no tocante à pesquisa de campo.

Especificamente, será observado o processo de tomada de decisão do investidor estrangeiro em Portfólio e do investidor "produtivo"[29] ("Investimento Estrangeiro Direto – IED").

Define-se como "de Portfólio" o investimento que não se destina diretamente ao circuito produtivo local. Os fluxos de capitais de Portfólio correspondem aos investimentos em ativos financeiros, como títulos, ações, derivativos, debêntures etc., chamados doravante de Investimento em Portfólio, disciplinados hodiernamente principalmente pela Resolução 2.689/2000 do Banco Central do Brasil, e que são conhecidos nos mercados financeiros e de capitais também como "Investimentos 2.689".

Os fluxos para IED,[30] por sua vez, são regidos pela Lei 4.131/1962 e destinam-se à criação ou ampliação da capacidade produtiva ou à aquisição de empresas em processo de privatização. Designam um investimento que visa a adquirir um interesse duradouro em uma empresa cuja exploração ocorre em outro país que não o do investidor e com o objetivo de influir efetivamente na gestão da empresa em questão. Uma das principais características do IED é

27. O trabalho de Guido Möllering (*op. cit.*) se debruça sobre a definição de confiança (*trust*) nas mais diversas correntes econômicas. O autor, inclusive, faz uma crítica à imprecisão da utilização do conceito em pesquisas empíricas diversas.

28. Nesse sentido, vale mencionar o trabalho de Tara A. Ebert, da Universidade de Munique, publicado em 2007 (*Interdisciplinary trust meta-analysis*. Disponível em: <http://epub.ub.uni-muenchen.de>), que identificou que as áreas de estudos comportamentais, organizações, *marketing*, psicologia e estratégia lideram *o ranking de publicações e estudos a respeito de confiança; o campo jurídico, interessante constatar, não figura nesse ranking.*

29. Exclui-se a referência a uma terceira modalidade de capital estrangeiro, que seriam os empréstimos internacionais.

30. AMAL, Mohamed; SEABRA, Fernando. Determinantes do investimento direto externo (IDE) na América Latina: uma perspectiva institucional, *Revista Anpec*, v. 8, n. 2, p. 231-247.

que os seus ativos apresentam baixa liquidez se comparados aos Investimentos em Portfólio.

Considerando que a própria distinção entre esses dois tipos de investimento tem-se mostrado cada vez mais tênue, discute-se no presente trabalho a fronteira (se é que atualmente existe alguma) entre o Investimento em *Portfólio* e o IED. Em decorrência da crescente sofisticação dos mercados financeiros, torna-se ainda mais complexo estabelecer categorias estanques para as duas modalidades de investimento. Formas híbridas de investimento (tais como os Fundos de Investimentos em Participações e demais estruturas de *Private Equity*) mesclam características dos dois tipos de investimento.

Esta diferenciação é relevante para este trabalho, pois os determinantes para a decisão de investimento sob cada uma das modalidades e, em última análise, para a decisão – confiar ou não – são distintos.

Em teoria, a decisão do investidor em Portfólio é condicionada aos retornos dos investimentos e à segurança jurídica – especificamente, à possibilidade de retirada dos recursos a qualquer tempo. Já a racionalidade econômica do IED está bastante ligada também aos retornos e à segurança jurídica, mas os primeiros diferem nos prazos (o investidor produtivo sujeita-se de forma mais direta aos riscos inerentes ao negócio e tolera, em regra, um horizonte temporal mais longo para recuperar seus investimentos). Diferenças são notáveis também quanto à segurança jurídica e às questões referentes à propriedade[31] ("direito de propriedade") dos ativos.

A definição é claramente controvertida, e a obra buscará, dentro do seu contexto analítico, enfrentar a questão. As diferenças entre o *animus* do inves-

31. Na acepção da Nova Economia Institucional (*property rights*), direitos de propriedade são definidos como "the ability (or expected ability) of an economic agent to use an asset (Allen 1999, Barzel 1997, Shavell 2004). As Demsetz (1967) notes in one of the classic early economic analyses, property rights represent a social institution that creates incentives to efficiently use assets, and to maintain and invest in assets. They may or may not be enforced by courts and because the actions of courts are costly, legal rights are but a subset of economic property rights. In addition to law (and statutorily-based regulations enforced by administrative agencies), property rights may be enforced by custom and norms (e.g., Ellickson 1991), and by markets through repeated transactions" (LUECK, Dean; MICELI, Thomas J. Property law. In: POLINSKY, Mitchell; SHAVELL, Steven (ed.). *Handbook of law and economics*. Disponível em: <http://ssrn.com/abstract=895141>). Sob o ponto de vista estritamente jurídico, chamaríamos, de forma ampla, de titularidade jurídica dos ativos (inclui a propriedade, assim como, em diversas situações, também a posse de bens tangíveis ou não).

tidor produtivo e do investidor em Portfólio têm, de fato, esmaecido e talvez, em essência, possam ter desaparecido por completo.

Ainda no campo empírico, resultados da importância da confiança na realização dos negócios foram encontrados em trabalhos econômicos focados tanto no desempenho agregado da economia quanto no desempenho dentro das organizações.[32] Algumas pesquisas indicam categoricamente que arranjos de governança baseados em confiança, em detrimento de estruturas de controle e monitoramento, apresentam resultados superiores em eficiência.[33]

São relatados, com base na bibliografia revisada, alguns dos efeitos deletérios de sua ausência no ambiente econômico, tais como: redução ou estagnação do nível de investimentos; falta de comprometimento dos agentes na consecução dos contratos; redução da velocidade de circulação de riqueza; aumento dos custos de transação; recrudescimento das assimetrias informacionais; manutenção das externalidades negativas; entraves à inovação; distorções na alocação de investimento externo; elevação da ocorrência de risco moral e oportunismo, sem prejuízo de muitos outros.

É relevante destacar que o presente trabalho analisa um híbrido entre a confiança existente *entre* os agentes (*mutual confidence* ou *trust*) e dos agentes nas instituições, nas suas expressões jurídicas e econômicas. Considerando que o *ato de confiar em outrem* é um fenômeno cognitivo e comportamental, a obra, como não poderia ser diferente, recorre a conceitos e ferramentas de outras áreas, tais como Antropologia, Sociologia, História e Psicologia. É inexorável, portanto, que esta pesquisa seja estruturada de forma interdisciplinar.

Contudo, apesar de referenciado em diversas áreas, o trabalho tem aplicabilidade e deve manter sua linha condutora calcada no âmbito da Ciência do Direito, buscando trazer contribuições originais em termos conceituais e metodológicos para a análise do ordenamento jurídico brasileiro.

As questões examinadas neste trabalho, apesar de apresentarem, indiscutivelmente, contexto econômico, também analisarão variáveis[34] de natureza

32. CHAMI, Ralph; FULLENKAMP, Connel. Op. cit.

33. Especialmente na resolução dos chamados problemas de Agência, em que o agente não tem incentivos para comungar dos interesses de seu contratante (o principal). Sistemas propulsores de confiança mostram-se mais eficazes para fazer o agente agir de forma convergente aos objetivos do principal. MECKLING, William H.; JENSEN, Michael C. Theory of the firm: managerial behavior, agency costs and ownership structure. *Journal of Financial Economics*, v. 3, n. 4. Disponível em: <http://ssrn.com/abstract=94043> ou <DOI: 10.2139/ssrn.94043>.

34. Estas variáveis serão analisadas como elementos propulsores ou mitigadores da confiança, e não se pretende esgotar esses temas individualmente. A sua utili-

jurídico-institucional (*e.g.*, morosidade do Judiciário, cumprimento de contratos, cláusulas contratuais, arbitragem, entre outros). A parte conclusiva da obra buscará, portanto, apresentar considerações sobre o nível de confiança nos mercados brasileiros, utilizando o Direito como canal de mudança social/comportamental. Adicionalmente, propõe-se a aplicação de uma metodologia econômica para identificar fatores relevantes que condicionam a decisão do investidor estrangeiro de "confiar" ou "não confiar" no Brasil para a finalidade de aplicação dos seus recursos.

5. Limites da pesquisa

Abaixo, delimitamos o tema definido a partir de três fronteiras básicas: (i) premissas gerais (ii) hipóteses, (iii) contexto empírico (objeto de pesquisa) e (iv) referencial teórico.

5.1 Premissas gerais

Nesta tarefa de delimitação do tema, apresentam-se as premissas iniciais do trabalho, fundamentadas na revisão da bibliografia pretendida.

(i) A noção de confiança permeia e sustenta as relações econômicas, tendo especial importância no âmbito dos mercados financeiros;

(ii) A confiança do investidor nos mercados é uma variável de natureza cultural e comportamental;

(iii) O nível de confiança aumenta a eficiência (e o retorno) das relações econômicas, reduzindo custos de transação: confiar é "mais barato" que desconfiar;

(iv) Em diversas relações econômicas ou jurídicas, confiar na outra parte torna-se a única solução factível: o custo de monitoramento ou supervisão é alto demais.

5.2 Hipóteses

Apresentadas as premissas do trabalho, desenvolvem-se agora as hipóteses de trabalho, que se aplicam, eminentemente, à parte empírica do trabalho e auxiliam na resposta à pergunta básica de pesquisa: "quais os determinantes jurídicos da confiança no País?".

Hipótese 1: As pesquisas empíricas devem revelar elementos referentes, em larga medida, relacionados ao ambiente institucional.

---

zação, nesta obra, é instrumental. A ideia, como mencionado anteriormente, é cotejar a percepção dos entrevistados com os aspectos fáticos referentes a essas variáveis.

Hipótese 2: Existem dissonâncias cognitivas entre residentes e não residentes a respeito dos determinantes jurídicos da confiança no Brasil. Em outras palavras, os investidores estrangeiros preocupam-se com aspectos jurídicos distintos do que os investidores brasileiros.

Hipótese 3: Os agentes possuem vieses em seu processo heurístico que influenciam a identificação dos determinantes jurídicos da confiança e podem dificultar a identificação dos fatores, levando-os a pautar sua confiança em temas não necessariamente primordiais.

5.3 *Contexto empírico*

Uma outra limitação proposta ao escopo é quanto ao objeto de análise empírica, qual seja o investimento internacional realizado por não residentes nos mercados brasileiros atualmente. Este será dividido em duas categorias: investimento em *Portfólio* ("especulativo") e IED ("produtivo"). A divisão se justifica, conforme mencionado anteriormente, em razão de suas características distintas, tais como determinantes, prazos, objetivos etc.

De forma abrangente, pode-se definir como investimento internacional "a aquisição de direitos por parte de residentes no País, do qual se origina o capital, sobre residentes de outro país, ao qual se destina o capital, significando a transferência de ativos monetários contra ativos financeiros ou reais".[35]

5.4 *Referencial teórico*

O tema está compreendido na área de pesquisa interdisciplinar de Direito e Economia, especificamente situado na disciplina normativa da atividade econômica ("Regulação Econômica"), adotando o enfoque proposto pela Economia Comportamental[36] (*Behavioral Economics*). O quadro teórico, apesar de contar com referências de outras disciplinas, será composto centralmente pelo binômio Economia-Direito.

35. GONÇALVES, R. et al. *A nova economia internacional*: uma perspectiva brasileira. Rio de Janeiro: Campus, 1998, apud SCHLEE, Paula C. Investimento internacional e desenvolvimento. In: BARRAL, Welber (org.). *Direito e desenvolvimento*, p. 259-288.

36. Dentro da área econômica, embora recursos de outras correntes sejam também utilizados seja subsidiariamente seja a título de comparação, a linha analítica do trabalho advém de um ramo da Economia conhecido como Psicologia Econômica, mais especificamente a sua subdivisão Economia Comportamental (*Behavioral Economics*).

Em termos sucintos,[37] o objeto de estudo da Economia Comportamental é o comportamento econômico dos indivíduos, dos grupos e da população econômica em geral. Entre as diversas linhas em Economia Comportamental, interessa ao trabalho, em especial, a Economia Psicológica ou Psicologia Econômica, que tem com principal representante o programa de pesquisa *Heuristics & Biases*, que, de forma simplificada, estuda o processo heurístico que tem como resultado a tomada de decisões econômicas, entre as quais encontram-se as decisões de investimento. O trabalho apoia-se assim, em sua vertente econômica, no programa de pesquisa fundado por Daniel Kahneman e Amos Tversky, sob o nome *Heuristics & Biases* (H&B), que une as ciências cognitivas e as ciências econômicas para estudar o comportamento do agente econômico e, de forma mais específica, o seu processo de tomada de decisão e os problemas e incoerências a ele inerentes.

Aplica-se esse instrumental para identificar as variáveis jurídicas com maior relevância no processo deliberativo que leva, em última instância, o investidor estrangeiro a confiar ou não no Brasil.

Outras correntes como a (Nova) Economia Institucional, a (Macro) Economia Keynesiana, a Economia Ortodoxa (em especial a Teoria dos Jogos e a Teoria de Contratos) também tratam de forma mais ou menos direta de confiança e oferecerão interessantes contrapontos para a interpretação dos dados analisados e para justificar algumas das opções metodológicas do trabalho. Contudo, tais correntes não compõem a linha mestra da pesquisa.

Em outro polo, dentro do quadro teórico-jurídico, exploram-se algumas das ramificações do Direito, tais como o Direito Administrativo, o Direito Administrativo Econômico (Regulação de Mercados Financeiros) e o Direito Econômico Internacional (Regulação de Capitais Internacionais e de Mercados de Câmbio). Além disso, o Direito Civil oferecerá importantes subsídios para a análise, especialmente sob o ponto de vista de Teoria dos Contratos e Obrigações, tendo como aspecto de maior relevância a ideia de boa-fé.

É relevante destacar, por exclusão, temas correlatos à noção de confiança mas que não constituem objeto central do trabalho, como risco, incerteza, corrupção, oportunismo, segurança jurídica, assimetria de informação e boa-fé. Estes são elementos que podem interferir no nível de confiança, porém com ela não se confundem.

Pode-se, em última análise, sustentar que a confiança resulta de um processo cognitivo que leva em consideração diversos desses fatores, com peso e

---

37. Essa definição que considera a Economia Comportamental como um ramo da Psicologia Econômica é proposta por FERREIRA, Vera Rita de Mello. *Decisões econômicas*: você já parou para pensar?.

relevância variáveis, dependendo do agente e de seu contexto de inserção. A confiança aqui analisada é subjetiva (embora não se trate da autoconfiança propriamente), e tem origem naquele que confia em sua contraparte, que deposita confiança em outrem. Embora haja autores[38] que considerem que a confiança, para que gere ganhos em eficiência (seja esta eficiência do tipo alocativa ou distributiva) num contexto econômico, precisa ser mútua, a primeira parte deste trabalho sustenta que nem sempre isso é verdade. De fato, a construção da confiança pode ocorrer mesmo que de forma não recíproca, e ainda assim gerar efeitos econômicos positivos.

Nesta linha, é relevante destacar que confiança não se confunde com "conduta confiável" (ou de boa-fé). Isto se confirma na formulação de Chami e Fullenkamp (2002):

> [...] the distinction between trusting a person and acting trustworthy is important because there is a temptation to create a model of trustworthy behavior and call it a model of trust. A model of trustworthy behavior - promise keeping or truth telling is an incomplete model of trust.[39]

A primeira é atributo do sujeito (confia ou não), e a segunda, da contraparte desse sujeito (se age ou não de forma confiável) ou do seu objeto depositário de confiança (por exemplo, determinado mercado - se é ou não confiável).

Não se contesta que confiança e boa-fé podem ser eventos complementares em determinado contexto, mas são fenômenos que podem ocorrer de forma independente e, mais importante, são diferentes no seu referencial subjetivo. A confiança é ato de quem confia (sujeito cognoscente), independentemente se o depositário da confiança é, ou age, realmente de forma correta, ou merecedor de confiança.

Esta distinção é importante para delimitar a presente pesquisa. Não é seu objetivo aferir de forma *objetiva* níveis de eficiência, corrupção, transparência etc. Avaliaremos, outrossim, a *percepção dos investidores a respeito desses fatores - um fenômeno subjetivo, de natureza cognitiva.* Embora os fatores objetivos mencionados sejam levados em consideração pelos agentes nesse processo decisório (que os leva a confiar e, por conseguinte, a investir), não se confundem com o resultado do processo, que é o estabelecimento da confiança. A

38. CHAMI, Ralph; FULLENKAMP, Connel. Op. cit.

39. A distinção entre uma pessoa que confia e uma pessoa que age de forma confiável é importante, pois há uma tendência para criar um modelo de comportamento confiável e chamá-lo de modelo sobre confiança (tradução livre) (CHAMI, Ralph; FULLENKAMP. Op. cit.).

prova disso é que as mesmas variáveis podem ser vistas de forma diferente pelos agentes, que diante dos mesmos elementos objetivos podem ter decisões opostas.

Existe, contudo, um esforço internacional no sentido de homogeneizar as percepções. Uma representação disto, institucionalmente arraigada, é a prática do *rating* por agências privadas que atribuem notas e "percepções técnicas" quanto ao nível de risco associado a cada ordenamento. Ainda assim, os agentes recebem essa nota como mais um *input* em seu processo decisório, que considerará esse dado à luz de outros elementos, como orçamento disponível, características produtivas, custo de oportunidade, experiências anteriores e seu próprio perfil ("apetite") de risco.

A produção científica (e empírica) no campo econômico dá sustentação a essa proposição de que *as decisões econômicas são baseadas em crenças*. São diversos os autores e correntes que buscaram estudar o conceito de confiança, bem como os seus impactos nas relações econômicas e sociais. Nas palavras de Daniel Kahneman e Amos Tversky, autores fundadores do programa de pesquisa *Heuristics & Biases*:

> Many decisions are based on *beliefs* concerning the likelihood of uncertain events such the outcome of an election, the guilt of a defendant or the future value of the dollar. These *beliefs* are usually expressed in statements such as "I think that", "chances are". [...] *What determines such beliefs*? [...] (grifo nosso).[40]

Cabe lembrar que a confiança pesquisada é relacionada ao processo de tomada de decisões *econômicas no âmbito de relações jurídicas*. Em outras palavras, trata-se de uma confiança com *finalidade econômica*. Espera-se, assim, excluir análises de cunho puramente emocional e afetivo.

Para analisar o processo de construção da confiança, especialmente ao criticá-lo, é necessário, preliminarmente, afastar-se do modelo neoclássico[41] para quem o homem econômico, perfeitamente racional e maximizador, não tem objetivos puramente éticos, mas busca apenas os níveis mais elevados de

40. "Muitas decisões são baseadas em crenças a respeito da probabilidade de eventos incertos, como o resultado de uma eleição, a culpa de um réu ou o valor futuro do dólar. Essas crenças são usualmente expressas mediante frases como 'eu acho que', 'há chances de que' [...]. O que determina tais crenças?" (tradução livre) (TVERSKY, Amos; KAHNEMAN, Daniel. Rational choice and the framing of decisions, *Journal of Business*, v. 59, n. 4, p. 3).

41. A Primeira Parte desta obra explora a vertente neoclássica, destacando autores e posicionando a crítica dentro da História do Pensamento Econômico.

utilidade. Não haveria razão para questionar um processo decisório como o imaginado pelo modelo neoclássico, em que a informação é perfeita, e a racionalidade processa toda a informação disponível, sendo maximizadora de utilidade em todas as escolhas realizadas.

Uma das discussões que interseccionam o tema é a natureza ética (ou, segundo alguns, eticamente neutra) do comportamento econômico. Alguns, como Amartya Sen, defendem que a ética deve estar sempre presente no debate econômico. Por outro lado, este trabalho decerto não resolverá a questão, mas não perderá a oportunidade de discuti-la.

Para tanto, buscaremos apoio, por exemplo, nas críticas ao modelo neoclássico desenvolvidas por Douglass North, para quem as premissas rígidas e tradicionais do comportamento econômico, nas quais se apoia o *mainstream*, privaram os economistas do contato científico com algumas questões econômicas fundamentais, visto que, para o seu estudo, precisariam modificar essas premissas iniciais. Por exemplo, as motivações de atuação dos agentes são mais complexas, e suas preferências são menos estáveis do que argumenta a corrente neoclássica.[42]

Adicionalmente, segundo North, a premissa comportamental mais controvertida na economia neoclássica é *a ideia de que os atores possuem modelos de representação verdadeiros do mundo no qual suas decisões são tomadas.*

O resgate desta crítica é relevante para o presente trabalho, dado que é a partir desta ideia - de que as representações humanas da realidade são diversas entre si e podem, por vezes, não corresponder a esta - que o trabalho é estruturado.

A economia (neo)institucional[43] critica ainda a ideia de que o conjunto de informações disponíveis para os agentes é capaz de conduzi-los ao "modelo correto". Muito pelo contrário: os indivíduos tomam decisões baseadas em modelos construídos subjetivamente, que divergem entre os agentes, e a informação recebida pelos atores é tão incompleta que os modelos errôneos individuais, na prática, não convergem para uma avaliação precisa do mundo real.

Cabe comentar que os agentes econômicos atuantes nos mercados financeiros historicamente demonstraram a maior aderência (em estudos empíricos *vis-à-vis* agentes de outros setores) às premissas rigorosas da teoria neoclássica

42. NORTH, Douglass. *Institutions, institutional change and economic performance.*

43. A revisão bibliográfica dos capítulos teóricos da obra tratará da descrição das principais proposições dessas escolas, bem como indicará seus principais expoentes. Embora possuam agenda de certa forma distinta, são, em grande medida, complementares. Nesse aspecto específico, comportamental, as agendas são convergentes.

e ajudaram a fixar esse tipo de descrição do homem econômico como válida e geral. Contudo, as recorrentes crises e a mudança de tempos em tempos do padrão regulatório nos mostram que as instituições inevitavelmente precisam ser modificadas para auxiliar no suprimento dessas falhas no modelo cognitivo dos agentes.

Outro ponto importante levantado por North é o de que, nas últimas décadas, a hipótese de comportamento neoclássica foi taxativamente refutada em diversos estudos empíricos, especialmente na área de pesquisa em Psicologia. Ele destaca diversas formas de violação do modelo neoclássico que foram encontradas ao estudar o comportamento dos agentes no caso concreto, tais como: violação das premissas de transitividade; efeitos moldura; preferências reversas; problemas de formulação, manipulação e processamento de probabilidades subjetivas sob escolhas de incerteza. Tais violações (bem como outras) são justamente o foco do programa de pesquisa *Heuristics & Biases* adotado no Projeto.

A História é rica em exemplos de desencontros entre a cognição dos agentes e o desenrolar dos fatos. Desde a crise de 1929, passando pelos escândalos corporativos Enron e WorldCom, e, atualmente, nas bolhas especulativas do mercado imobiliário americano, fica claro que, em situações de crise, alguns investidores, senão todos, estão um passo atrás da realidade. E, nesse aspecto, tanto os investidores mais sofisticados quanto os menos qualificados acabam sofrendo os efeitos deletérios da crise. Caso a sua cognição da realidade fosse tão apurada e a sua racionalidade tão completa, existiriam as crises sistêmicas ou a necessidade de adaptar-se à regulação vigente?

Divergências à parte, o homem econômico (independentemente da corrente econômica) opta por confiar ou não, e com base nessa cognição toma suas decisões.

Parte-se, assim, desta ideia, desenvolvida com base na teoria econômica, de que a confiança é elemento subjetivo, de natureza cognitiva, para buscar seu abrigo na teoria jurídica. Há muito se fala num processo próximo da confiança, a boa-fé, e a sua tutela é presente em diversos diplomas, inclusive na Lei 10.406, de 10 de janeiro de 2002, o "Código Civil de 2002". Todavia, como mencionamos anteriormente, com base na doutrina econômica, o Direito também ensina, a partir da doutrina, legislação e jurisprudência, que boa-fé não se confunde com a ideia de confiança.

Considerando que o Direito tutela o agir de boa-fé e pune aqueles agem em desacordo, pode-se considerar que ele indiretamente protege aquele que confia, ao estabelecer sanções para quem trai sua confiança. Mas a pena existente não é pela traição à confiança *per se*, mas pelo agir em desacordo com determinada conduta "objetiva", reputada correta, de acordo com um paradigma legal, moral ou contratual. A traição da confiança, por si só, especialmente na ausência de danos, não é tutelada de forma direta pelo direito brasileiro. Contudo, o trabalho não irá responder taxativamente a esta questão. Discutiremos se (i) a tutela expressa da confiança poderia gerar incentivos ao comportamento dos agentes (sobre confiar ou não); (ii) em que situações a tutela existente da boa-fé serviria à promoção a confiança. Nesse ponto do trabalho, aplicaremos ao tratamento do tema confiança a doutrina civilista sobre boa-fé e a doutrina de Direito Regulatório (entendido como hibridismo do Direito Administrativo e do Direito Econômico).

Ainda no contexto teórico-metodológico, já fazendo uma ligação com o contexto empírico da pesquisa (que é objeto da próxima seção), é relevante isolar o tipo de confiança estudada ("confiança para que finalidade"), que é confiança para investir no mercado brasileiro.[44]

Esse tipo de divisão é relevante num estudo acerca da confiança, visto que ela pode ser diferenciad, dependendo do propósito. Por exemplo, é possível confiar numa instituição bancária para uma aplicação de longo prazo e de baixo risco e não confiar na mesma instituição bancária para gerir uma estratégia de *hedge* com derivativos de crédito, que possivelmente exigirão outras habilidades por parte da instituição. A doutrina de administração sintetiza a ideia utilizando um exemplo intuitivo:

> [...] eu talvez confie implicitamente no caráter de alguém, até mesmo para deixá-lo(a) cuidando de minhas crianças quando estou viajando. Mas eu talvez não confie nessa mesma pessoa em uma situação de negócio porque ela não tem competência para lidar com o assunto.[45]

No mesmo sentido, é possível confiar no Brasil para um investimento de curto prazo e retornos elevados e não confiar no mesmo país para abrir uma

44. Cabe notar que está excluída do objeto, por exemplo, a análise da confiança do investidor para aplicar seus recursos em ativos lastreados nas condições de mercado brasileiras, por exemplo derivativos oferecidos em praças internacionais que não sejam regidos pela lei brasileira. Isto se deve ao fato de que, apesar de o presente trabalho possuir um cunho nitidamente interdisciplinar, ele tem como ponto focal questões de natureza jurídico-institucional. Ora, caso analisássemos títulos e produtos financeiros apenas correlacionados com o desempenho econômico sem serem afetados por questões jurídicas do ordenamento, estaríamos nos afastando de um estudo de cunho jurídico.

45. COVEY, Stephen R. O *poder da confiança*: o elemento que faz toda a diferença, p. 30.

subsidiária e realizar investimentos de longo prazo. Exemplo concreto disso é que alguns bancos e investidores em *Portfólio* abrem subsidiárias em alguns países, mas apenas investem em mercado financeiro em outros.

6. Metodologia de pesquisa

O desafio metodológico do trabalho é integrar um programa de pesquisa econômica a uma pesquisa jurídica. Este projeto, apesar de permeado de conceitos econômicos, pretende ser uma pesquisa de aplicação ao campo jurídico.

A coesão entre as duas áreas de conhecimento virá do fato de que as variáveis analisadas são jurídicas, e os determinantes jurídicos da confiança serão, de fato, juridicamente examinados com base na legislação e nas demais características institucionais vigentes.

Aplicam-se, assim, as seguintes ferramentas metodológicas à realização do trabalho:

1. Economia comportamental - estudo do processo de tomada de decisão dos agentes econômicos (Heurística), identificando seus vieses. Esse arcabouço será apresentado na Primeira Parte e utilizado na avaliação dos resultados empíricos, objeto da Terceira Parte.
2. Pesquisa empírica qualitativa - entrevistas com estrangeiros (advogados, profissionais dos mercados financeiros e investidores) e brasileiros (advogados, profissionais dos mercados financeiros e investidores), adotada na Terceira Parte.
3. Revisão bibliográfica - revisão de doutrina jurídica e interdisciplinar buscando identificar: (a) a presença do conceito de confiança no vernáculo, na literatura e no ordenamento; (b) discutir as vantagens e desvantagens de fixar tutela jurídica para a confiança; e (c) cotejá-lo com outros temas, como risco e, principalmente, boa-fé. Tais discussões permearão as três Partes do trabalho.

6.1 Descrição da pesquisa empírica

A metodologia empírica adotada será a pesquisa qualitativa aplicada de três formas: entrevistas presenciais semiestruturadas, a aposição de questionários abertos e a condução de um grupo focal.

Tal escolha se justifica em razão da ênfase que a pesquisa qualitativa permite sobre as qualidades das entidades e sobre os processos e os significados que não são examinados ou medidos experimentalmente. Adicionalmente, os pesquisadores qualitativos "buscam soluções para as questões que realçam o modo como a experiência social é criada e adquire significado. Os estudos quantitativos, por sua vez, enfatizam o ato de medir e de analisar as relações causais entre variáveis e não processos".[46]

O paradigma da pesquisa qualitativa é compatível com a proposta teórica abordada na Primeira Parte, em que se estuda o papel das crenças e a importância do aspecto cognitivo na formação da confiança. Essa metodologia capta justamente o ponto de vista do indivíduo, examinando as limitações do cotidiano, e garante riqueza nas descrições. Atuaria como uma lente de aumento sobre o processo decisório do investidor.

A pesquisa acompanha o processo cognitivo dos sujeitos pesquisados, e isto é mais valioso do que alcançar um número expressivo de indivíduos (elemento este imprescindível numa pesquisa quantitativa). É primordial conhecer com detalhes como eles estruturam seu pensamento, e, desse modo, torna-se mais interessante observar qualitativamente o contexto empírico em questão do que quantitativamente. Além disso, para uma análise mais rica em detalhes jurídicos, é mais útil um protocolo qualitativo de pesquisa.

Embora o programa H&B e as demais vertentes em Economia Comportamental tenham utilizado com frequência estudos experimentais, nos quais as condições em que os agentes emitem suas respostas é uma simulação controlada da realidade, preferimos o caminho da pesquisa empírica observacional do que experimental.[47] Ou seja, as perguntas não simulam situações reais, mas sugerem o debate de questões do dia a dia dos agentes cognoscentes – os entrevistados.

Portanto, estudaremos os agentes em seu contexto, apresentando questões que remetam ao seu cotidiano. A estruturação parcial do protocolo de entrevistas permitirá à atividade ter uma linha condutora, bem como a espontaneidade nas respostas por parte dos agentes.

Aplicamos a modalidade de entrevistas presenciais semiestruturadas nas entrevistas junto aos reguladores. Foram ouvidos seis reguladores brasileiros, ocupantes de posições-chave em suas organizações, a respeito de como a confiança afeta a sua pauta regulatória.

A aposição de questionários foi utilizada para a pesquisa sobre a confiança dos agentes residentes e não residentes. Essa modalidade baseou-se num protocolo de perguntas abertas respondidas por cerca de 50 pessoas, sendo metade do Brasil e metade do exterior (com diversidade de países), divididas

46. DENZIN, Norman K.; LINCOLN, Yonna (org.). *O planejamento da pesquisa qualitativa.*

47. Exceção seja feita à atividade de grupo focal, na qual alguns elementos de pesquisa experimental foram inseridos.

em duas grandes categorias: brasileiros e estrangeiros. Cada uma das categorias foi subdividida em advogados e não advogados.

A terceira modalidade foi a realização de um grupo focal com alunos de quinto ano de uma faculdade de Direito, observando-se a ocorrência de vieses no processo heurístico desses alunos.

7. Orientação da pesquisa

Espera-se, com este estudo, contribuir com a pesquisa em Direito ao propor uma investigação acerca de aspectos comportamentais do investidor, sob a ótica do Direito Econômico. De forma mais específica, realizando-se um mapeamento das questões jurídicas intrínsecas ao processo decisório do investidor estrangeiro.

Em outras palavras, almeja-se, mediante a pergunta central de pesquisa – *Quais os determinantes jurídicos da confiança do investidor estrangeiro?* – e a metodologia (teórica e empírica) contribuir de forma original para o estudo do ambiente de investimentos brasileiros. A inovação reside em abordar empírica e explicitamente a relação entre a estrutura jurídica brasileira e o nível de confiança do investidor.

Adicionalmente, o enfoque adotado busca abordar o tema da confiança como conceito jurídico, fazendo a distinção dos demais conceitos correlatos, já pacificados na doutrina jurídica, especialmente do conceito de boa-fé. Outra diferenciação relevante é o cotejamento entre os conceitos de risco e confiança, que são correlatas, mas de forma alguma devem ser confundidas.

A obra, embora jurídica, busca trazer novidades também no âmbito da pesquisa econômica, ao analisar o conceito de confiança (assim como tratado pela Nova Economia Institucional) sob a ótica da Economia Comportamental, com aplicação empírica ao mercado financeiro brasileiro.

Primeira Parte

CONFIANÇA E COGNIÇÃO

Capítulo 1

O PROCESSO COGNITIVO DA CONFIANÇA

Para iniciar o estudo da confiança e de seus determinantes, propõe-se, como ponto de partida, uma análise do próprio indivíduo. Recorre-se assim, para o início desse debate, a um arquétipo fornecido pela teoria econômica: o homem econômico (*homo oeconomicus*).

Essa escolha metodológica justifica-se pelo fato de ser o indivíduo o protagonista dos processos cognitivos em exame nesta obra, quais sejam a formação da confiança e a tomada de decisão de investimentos.

Sendo assim, o capítulo discute o ambiente inicial em que a confiança se forma: a mente humana.

A descrição do homem econômico é quase tão abstrata quanto a própria ideia de confiança. Em Economia, pode-se dizer que a formulação mais sistemática a respeito da ideia de homem econômico ganhou força no bojo do paradigma chamado "neoclássico".[1]

Essa escola de pensamento caracteriza o homem econômico como um ser coerente e notadamente racional, cujas escolhas são internamente consistentes. As críticas a esse paradigma são muitas, principalmente quanto ao realismo das premissas que descrevem os indivíduos. De fato, num rápido exercício intuitivo, ao recorrer à memória pessoal é fácil concluir que a humanidade parece ser muito mais marcada pelos paradoxos, pelas dúvidas excruciantes e pelas incongruências do que pela coerência e pela previsibilidade.

1. Os aspectos constituidores da teoria neoclássica, também referida como *mainstream* ou "ortodoxia", serão apresentados mais adiante neste capítulo. Em termos sucintos, o termo refere-se à tradição econômica liberal pós-smithiana, englobando hoje diversas abordagens teóricas. Foi registrado pela primeira vez na literatura por Thorstein Veblen, em 1900, existindo hoje nas disciplinas de Metodologia Econômica e História do Pensamento Econômico alguma controvérsia quanto aos seus limites exatos. Interessa particularmente a este trabalho o compromisso dos neoclássicos com a ideia de racionalidade, que deu origem, entre outras abordagens, ao paradigma de escolha racional, tema bastante explorado neste trabalho.

O *homo oeconomicus* teria emergido[2] das conjecturas filosóficas do século XVIII e do interesse dos economistas pela natureza psicológica do ser humano. A concepção de natureza humana que se desenvolveu a partir daí seria extremamente universal e genérica. Nesse bojo, a teoria econômica, para organizar o conceito de homem econômico e atribuir-lhe uma aura de cientificidade, plasmou outras áreas de conhecimento (por exemplo, a Antropologia, que contava com o *homo sapiens* e o *homo faber*), gerando uma concepção própria de ser humano.[3-4] A atuação do homem econômico sob o paradigma neoclássico (embora exista larga controvérsia em torno dos elementos constitutivos desse paradigma, que chega a abrigar diferentes escolas de pensamento) tem como traço identificador o seguinte conjunto de pressupostos:[5]

1. Os indivíduos possuem preferências racionais[6] ao escolher entre retornos que podem ser identificados e associados com valores;

---

2. Há quem atribua a sua primeira menção a críticos da obra John Stuart Mill (PERSKY, Joseph. Retrospectives: the ethology of *homo oeconomicus*. *Journal of Economic Perspectives*, v. 9, n. 2, p. 221-231).
3. Três correntes filosóficas, ainda, teriam dado origem ao *homo oeconomicus*: o hedonismo, o utilitarismo e o sensualismo. Extrai-se do hedonismo a busca instintiva pelo prazer, pelo bem-estar e pela evitação da dor; do utilitarismo obtém-se uma classificação desses prazeres de acordo com a sua utilidade; já do sensualismo vem o império dos sentidos, em que estes seriam a fonte primordial do conhecimento (BARRACHO, Carlos. *Lições de psicologia económica*).
4. Em filosofia (da arte), Luc Ferry numa discussão sobre ética, fragmentação do sujeito e a estética, discorre acerca do *homo aestheticus* (FERRY, Luc. *Homo aestheticus*).
5. WEINTRAUB, Roy E. Neoclassic economics. In: HENDERSON, David R. (ed.). *The concise encyclopedia of economics*. Disponível em: <http://www. econlib.org/library/Enc1/NeoclassicalEconomics.html>. Acesso em: 21 jan. 2009. Mais informações disponíveis na página do autor: <http://econ.duke.edu/~erw/erw.homepage.html>. Acesso em: 23 jan. 2010. Explicam Hausman e McPherson: "In circumstances of certainty, agents are rational if and only if their preferences may be represented by ordinal utility functions and their choices maximize utility. We intentionally avoided saying that they act 'in order to maximize utility', for in contemporary economic theory, utility is merely and indicator. Maximizing utility is just doing what one most prefers to do. Although the utility language was inherited from utilitarians, [...] there is no such implication in contemporary theory. To speak of individuals 'aiming to maximize' utility or as 'seeking more' utility may misleadingly suggest that utility is an object of choice, some good thing that people want in addition to healthy children, lower taxes or kiwi fruit. But the theory of rational choice says nothing about *what* people want" (HAUSMAN, Daniel M.; McPHERSON, Michael. *Economic analysis, moral philosophy and public policy*, p. 49.
6. É justamente nesse pressuposto que se baseiam as abordagens denominadas "escolha racional", discutidas no Capítulo 2.

2. Indivíduos maximizam utilidade[7] e firmas maximizam lucros;
3. Os indivíduos agem de forma independente, com base em informação completa e relevante.

Há numerosas formulações e desdobramentos para os pressupostos desse modelo neoclássico (que, entre outros aspectos, descreve o *homo oeconomicus*), sendo alguns abrangentes e, por vezes, radicais. Vale exemplificar, apresentando a formulação do autor português Carlos Barracho:[8]

> a razão psicológica essencial a toda atividade humana é o interesse pessoal; (ii) o homem não obedece senão à razão; (iii) o sujeito é universal, o que quer dizer que o interesse pessoal e a racionalidade são válidos em todos os lugares e épocas; (iv) o homem está perfeitamente informado, o que significa que tem conhecimento da totalidade das consequências de todas as possibilidades das ações que lhe são oferecidas; (v) o homem vive o presente num tempo linear, ou seja, não se lembra, nem tem a capacidade de prever; (vi) o homem está só e portanto livre dos outros homens, ou seja, não existem determinismos que lhe sejam exteriores.

Sob o ponto de vista comportamental, outros autores destacam ainda três premissas do espectro psicológico do *homo oeconomicus*: autocontrole; autointeresse e racionalidade.[9]

Para um defensor da corrente neoclássica,[10] é possível argumentar que suas formulações iniciais não pretenderam inferir tanto sobre o comportamento humano (teriam ocorrido, na verdade, desdobramentos exagerados). A teoria intentou apenas utilizar simplificadores da realidade para tornar mais úteis e preditivas suas proposições. Outros defensores diriam que a teoria neoclássica hoje já incorpora diversas dessas críticas.

Além disso, a maximização de utilidade não implicaria o autointeresse, dado que a teoria neoclássica não diz nada sobre *o que* as pessoas preferem, mas *como* elas preferem. Portanto, alguém que "tenha o bem-estar de outros

---

7. Define-se como utilidade, nos termos propostos por Jeremy Bentham, uma sensação com certa intensidade, duração, pureza ou proximidade (*propinquity*) (HAUSMAN, Daniel M.; McPHERSON, Michael. Op. cit., p. 49).
8. BARRACHO, Carlos. Op. cit. É importante destacar que o autor não considera que os elementos citados sejam radicais, mas, de fato, crê que sejam constitutivos do quadro atribuível ao *homo oeconomicus*.
9. TOMER, John F. What is behavioral economics? *The Journal of Socio-Economics*, v. 36.
10. Nesse sentido, vide as contribuições de Milton Friedman em *Essays in positive economics*.

em alta conta não seria menos maximizador de utilidade do que o indivíduo que é indiferente ao bem-estar de outros. Quando as teorias econômicas tratam indivíduos de forma autointeressada, como frequentemente o fazem, precisam adicionar aspectos substantivos a respeito do *que* as pessoas querem ao paradigma de racionalidade".[11] Do contrário, nada se pode inferir sobre a natureza autointeressada do indivíduo. Nesse sentido, parece ser essa posição coerente com os dizeres de Adam Smith, em sua Teoria dos Sentimentos Morais:

> Por mais egoísta que se suponha o homem, evidentemente há alguns princípios em sua natureza que o fazem interessar-se pela sorte de outros, e considerar a felicidade deles necessária para si mesmo, embora nada disso extraia senão o prazer de assistir a ela.[12]

O debate entre os neoclássicos e as demais correntes (alcunhadas "heterodoxas", por se desviarem do paradigma clássico/neoclássico, que é conhecido como ortodoxia) é acirrado justamente quanto ao limite da simplificação proposta pelos neoclássicos. Apesar de todos os questionamentos atribuíveis ao *homo oeconomicus* neoclássico, esse é o ponto de referência para a análise proposta nesta obra. Isso não significa que se opta aqui por uma adesão total ao modelo neoclássico. A ideia é partir desse modelo para que se apresentem (e se estudem) as suas críticas, seus desvios da realidade. Os motivos dessa escolha encontram-se expostos nos parágrafos abaixo.

A principal razão é fática e, de certo modo, intuitiva: a premissa de racionalidade se ajusta melhor ao contexto empírico deste trabalho do que uma premissa de irracionalidade.

Decerto, é pouco razoável crer que investidores internacionais e seus assistentes, largamente familiarizados com conceitos econômicos e atuantes em mercados altamente complexos, sejam indivíduos primordialmente irracionais em seu ambiente de trabalho.[13] É mais crível generalizá-los como seres racionais, cujo comportamento pode ser eventualmente inconsistente ou irracio-

11. HAUSMAN, Daniel M.; McPHERSON, Michael. Op. cit., p. 49.
12. SMITH, Adam. *Teoria dos sentimentos morais*, p. 5. Os neoclássicos, como veremos a seguir, retomaram algumas das proposições de Adam Smith.
13. Muito embora essa racionalidade tenha sido criticada no âmbito da teoria de finanças e da administração. Em tom quase anedótico, Richard Peterson (*Desvendando a mente do investidor*) narra a série de competições que se seguiram à declaração de Paul Samuelson ao final da década de 1960, capitaneada por diversos jornais, que incluíam a utilização de um chimpanzé atirando dardos. A competição promovida pelo *The Wall Street Journal*, para verificar a proposição de Samuelson, durou mais de 20 anos. Nessa competição, os gestores profissionais

nal. Ainda que a teoria econômica tenha estudado a existência de fenômenos como a exuberância irracional[14] e os comportamentos de manada,[15] os quais desafiam determinados princípios do modelo de racionalidade econômica, em regra os investidores estrangeiros, bem como aqueles que os assistem, agem de modo racional.

Um segundo motivo para adotar a teoria neoclássica, especialmente um paradigma de escolha racional, como ponto de partida foi o fato de ter sido este o caminho proposto pelos fundadores da linha de pesquisa (H&B), ramificação da Economia Comportamental, linha mestra teórica deste trabalho. Conforme as palavras de Daniel Kahneman:[16]

> We did not challenge the philosophical analysis of choices in terms of beliefs and desires that underlines utility theory, nor did we question the normative models of rational choice offered by Von Neumann and Morgenstern and later by Savage. The goal we set for ourselves was to assemble the minimal set of modifications of expected utility theory that would provide a descriptive account of everything we knew about a severely restricted class of decisions. [...]

O trecho transmite a intenção dos autores de mostrar falhas do poder descritivo do paradigma neoclássico em situações bastante específicas. Isso,

---

do mercado financeiro, ao longo de todos esses anos, demonstraram vantagens consistentes em relação aos dardos jogados pelos chimpanzés.

14. Segundo Robert Shiller, a expressão exuberância irracional foi cunhada por Alan Greenspan ao se referir em pronunciamentos públicos ao fervor especulativo a respeito de determinados mercados. Destacam-se dois comentários a esse respeito feitos no Federal Reserve em 1996: "But how do we know when irrational exuberance has unduly escalated asset values, which then become subject to unexpected and prolonged contractions as they have in Japan over the past decade? We as central bankers need not be concerned if a collapsing financial asset bubble does not threaten to impair the real economy, its production, jobs and price stability". Mais informações disponíveis em: <http://irrationalexuberance.com>, e em SHILLER, Robert. *Irrational exuberance*.
15. Embora a teoria neoclássica tenha buscado formas para a explicação desses fenômenos.
16. Livremente traduzida como "Não procuramos desafiar a análise filosófica de escolhas em termos das crenças e desejos que embasam a teoria da utilidade; tampouco questionamos os modelos normativos de escolha racional propostos por Von Neumann e Morgenstern, e posteriormente por Savage. O objetivo que determinamos a nós mesmos seria reunir um conjunto mínimo de modificações da teoria da utilidade esperada, o que proveria uma descrição acerca de tudo o que sabemos a respeito de uma classe severamente restrita de eventos" (TVERSKY, Amos; KAHNEMAN, Daniel. *Value, choices and frames*, p. x).

porém, sem descartá-lo como ferramenta de estudo da tomada de decisão. Em outras palavras, alguns ajustes deveriam ser feitos ao paradigma neoclássico para que este fosse capaz de descrever os eventos estudados, mas tal paradigma, ainda assim, é válido.

Opções metodológicas à parte, é preciso esclarecer que a racionalidade do homem econômico é alvo de intensas críticas provenientes de diversas correntes. Relevantes vozes já criticaram a racionalidade em regra atribuída aos investidores.

Nesse sentido, por exemplo, Paul Samuelson, citado por Peterson,[17] declarou ao Senado americano, certa vez, que "um fundo de investimento típico não entrega a seu cotista nada que não pudesse ser conseguido atirando um dardo em um alvo na parede". Logo, uma escolha revestida de um verniz de elevada racionalidade não alcançaria resultados mais robustos que um mero "chute".

É possível interpretar essa frase de duas maneiras: ou o processo de tomada de decisão desses gestores é tão irracional e aleatório quanto a trajetória do dardo ou, apesar de racional, o processo de tomada de decisão econômica fornece resultados basicamente iguais ao de um processo decisório sem lógica subjacente. Felizmente, para a empregabilidade dos gestores de fundos e para o avanço da pesquisa em cognição econômica, resultados empíricos[18] mostram dados que permitem refutar as proposições de Samuelson. Isto é, o desempenho dos gestores de fundos, quando baseado em escolhas sistemáticas, pode ser superior se comparado ao resultante de uma forma aleatória de tomada de decisão.

Uma crítica acadêmica ao paradigma racional no âmbito do estudo em Direito e Economia é aquela proposta por Oliver Williamson, um dos fundadores da Nova Economia Institucional (NEI),[19] agraciado com o Prêmio Nobel em Economia em 2009, que sustenta que a racionalidade dos agentes existe, mas é limitada (*bounded rationality*). Para essa constatação, Williamson baseia-se no argumento inicial proposto por Herbert Simon, outro Prêmio Nobel, este de 1978. Nas palavras de Williamson:

17. PETERSON, Richard. *Desvendando a mente do investidor*, p. 9.
18. MICHAELY, R.; WOMACK, K. Market effiency and biases. In: THALER, Richard (org.). *Advances in behavioral finance*. New York: Russel Sage Foundation, v. 2, apud PETERSON, Richard. *Desvendando a mente do investidor*.
19. Linha de pesquisa cujos principais precursores são Williamson e Ronald Coase. A partir das ideias de autores como Douglass North, a NEI revisita os institucionalistas, avaliando os impactos que as instituições possuem na economia e nas organizações. A abordagem à NEI é expandida na referência a Williamson no Capítulo 3.

> Simon took early exception with the idea that human actors are supremely rational and proposed instead that human actors be described as boundedly rational, by which he means that they are "intendedly rational, but only limitedly so". Human actors are thus neither non-rational nor irrational but are attempting effectively to cope.[20]

Apesar de a Nova Economia Institucional oferecer elementos de discussão relevantes para o tema da confiança (que serão retomados mais adiante neste trabalho), opta-se aqui por outra linha crítica ao pensamento neoclássico.

Essa linha é representada pela proposta científica de Daniel Kahneman e Amos Tversky, para quem existem dois grandes sistemas cognitivos subjacentes a uma tomada de decisão: o *julgamento analítico* – baseado na lógica racional – e o *componente intuitivo* – pautado em variáveis emocionais e atalhos mentais (heurísticas) –, que, por vezes, pode contradizer o primeiro sistema.

Sendo assim, o presente capítulo, de cunho metodológico, apresenta o homem econômico[21] partindo de sua descrição neoclássica e apontando as premissas de seu perfil criticadas por parte da doutrina econômica. Contudo, não se tem a pretensão de revisar extensamente o manancial de críticas ao paradigma neoclássico, tampouco de esgotar a literatura disponível sobre racionalidade; o objetivo do Capítulo é apenas ilustrar a controvérsia para fundamentar o debate e prosseguir na discussão sobre o processo de formação da confiança. Ou seja, pretende-se explorar as características desse homem neoclássico para que se possa analisar seu processo cognitivo.

1.1 O "homem econômico neoclássico" e a crítica à realidade dos pressupostos

Nem mesmo recorrendo à vasta galeria de tipos que a ficção literária e cinematográfica nos fornece, é tarefa simples encontrar um personagem que reflita fielmente o homem econômico descrito na teoria neoclássica. Para início de debate, ele difere do *homo sapiens*. Mostra-se difícil também identificá-lo com total aderência ao homem médio que atua como agente das transações econômicas,é parte em negócios jurídicos, membro de organizações e protagonista nas relações afetivas.

---

20. WILLIAMSON, Oliver. The economics of governance, *American Economic Review*, v. 95, n. 2, p. 17.
21. As referências feitas ao "homem econômico" nesta obra devem ser entendidas como ao "homem econômico neoclássico". Arquétipos oriundos de outras correntes serão referidos especificamente em cada caso.

É relevante que se diga que, embora criticável (e criticada), a descrição do homem econômico oferecida pela teoria neoclássica como um ser desprovido de valores e falhas não é fruto do acaso. Trata-se de uma opção metodológica clara e expressa de seus pesquisadores. Vale a pena relembrar o percurso lógico da teoria neoclássica, tecendo-se algumas considerações sobre o núcleo rígido de seu programa de pesquisa.

Para numerosos autores, conforme descreve Valentin,[22] o início da teoria neoclássica deu-se com Adam Smith. Segundo a análise elaborada por Mark Blaug,[23] as inovações[24] introduzidas por Stanley Jevons,[25] Carl Menger[26]

---

22. VALENTIN, Agnaldo. A economia positiva. In: CORRAZZA, gentil (org.). *Métodos da ciência econômica*, p. 133-152.
23. BLAUG, Mark. *Metodologia da economia ou como os economistas explicam*, apud VALENTIN, Agnaldo. Op. cit.
24. Às inovações mencionadas dá-se o nome, em História do Pensamento Econômico, de Revolução Marginalista (embora a adequação da denominação seja questionada), cujos expoentes foram, precisamente, Jevons, Menger e Walras, e, posteriormente, Marshall. Segundo Ricardo Feijó: "estes autores centraram suas críticas aos clássicos na questão do valor. A escola marginalista firmou em teoria econômica o uso do cálculo marginal e do conceito de utilidade. [...] A Economia marginalista teve seu triunfo no século XX, a certos aspectos que a tornaram atraente e a colocaram em vantagem competitiva em relação aos clássicos. Ela restringiu o escopo da Economia, direcionando sua ferramenta de análise para o estudo de problemas de alocação de recursos. Este é um importante ponto em comum entre os marginalistas. Todos eles buscam estreitar o âmbito dos modelos teóricos, perguntando basicamente como o processo alocativo poderia ser otimizado em uma economia de mercados operando no ponto de equilíbrio, ou como os recursos seriam substituídos entre si na margem" (FEIJÓ, Ricardo. *História do pensamento econômico*, p 264). A teoria marginalista teria sido vista, especialmente pelos teóricos de orientação marxista, como uma forma de continuidade da escola clássica, sendo uma nova forma de sustentar conceitualmente o *laissez-faire*.
25. As ideias do economista britânico William Stanley Jevons contribuíram para o desenvolvimento da teoria subjetiva do valor. Entre suas principais preocupações estavam a pobreza, o conflito trabalhista, a distribuição de renda, o papel do Estado e a dificuldade em realizar uma política monetária esclarecida. Sua obra mostrou afinidades com as proposições a respeito do utilitarismo de Jeremy Bentham e afeição aos métodos matemáticos (FEIJÓ, Ricardo. Op. cit., p. 267).
26. O foco principal da análise do autor austríaco Carl Menger é criticar a divisão clássica dos fatores de produção entre terra, trabalho e capital, na determinação do valor. Questiona por que, em Ricardo, o valor da terra não dependeria também do custo em trabalho para mantê-la e por que então seria necessária uma teoria particular para a renda da terra (FEIJÓ, Ricardo. Op. cit., p. 269).

e Leon Walras[27] seriam apenas um acréscimo progressivo, um desdobramento da pesquisa neoclássica iniciada por Adam Smith. Dessa forma, para Blaug (e Valentin) faria sentido classificar como *clássico* o pensamento "smithiano",[28] e *neoclássico* o pensamento dos demais autores que seguiram essa tradição.

Segundo Pierre Delfaud:

> As escolas neoclássicas empenharam-se numa abordagem do sistema econômico fundamentada no exame do comportamento individual das diferentes categorias dos agentes: para o consumidor, em termos de utilidade e de perda de utilidade marginais; para o produtor em termos de custo e produtividade marginais. Assim sendo, ao raciocinar-se sobre a última unidade disponível (marginalismo), a postura é sempre a mesma: utilizar da melhor maneira os recursos de que se dispõe a fim e "maximizar" uma vantagem ou "minimizar um custo", segundo um cálculo racional. Chega-se desse modo a uma nova definição da ciência econômica: não mais a ciência das riquezas ou da troca mercantil, mas "ciência que estuda o comportamento humano enquanto relação entre fins e meios raros para uso alternativo".[29-30]

A citação acima permite antecipar alguns aspectos do núcleo do pensamento neoclássico abordados neste capítulo: a racionalidade, o processo de tomada de decisão como um maximizador de lucros ou minimizador de custos e o comportamento conduzido pelo autointeresse, que corresponde à maximização do prazer (da utilidade).

27. O economista francês Leon Walras, entre outras contribuições, criticou a falta de generalidade da teoria de David Ricardo, repudiando a diferenciação ricardiana entre bens raros e bens reproduzíveis. Outro argumento da sua crítica é o de que os preços dos produtos e dos fatores produtivos têm efeitos recíprocos (FEIJÓ, Ricardo. Op. cit., p. 269).
28. Cujos expoentes, além do próprio Adam Smith, seriam Thomas Malthus, David Ricardo e John Stuart Mill, que partindo do paradigma smithiano, examinam questões metodológicas de padronização de linguagem (i.e., expressões como "valor", "troca" etc.) sobre medida do valor e distribuição, monopólio, oligopólio, política monetária e comércio exterior. A questão que, segundo Feijó, parece ser central no início das obras "é o problema do valor, isto é, como os preços são determinados na sociedade avançada" (FEIJÓ, Ricardo. Op. cit., p. 147). A teoria do valor, na análise clássica, é feita de forma objetiva, buscando, além do valor de uso dos bens (subjetivo e variável de situação para situação), os fundamentos de um valor de troca aceitável por todos.
29. DELFAUD, Pierre. *As teorias econômicas*, p. 36.
30. A frase é de Lionell Robins, apud DELFAUD, Pierre. Op. cit., p. 36.

Pode-se dizer que essa taxonomia (no que se refere a clássicos e neoclássicos) é bem aceita no campo da História do Pensamento Econômico e da Ciência Econômica como um todo. É preciso ressalvar sempre, todavia, a existência de controvérsia, elemento quase inerente ao debate econômico, espaço em que nenhum tema parece ser completamente pacífico.[31]

A referida tradição clássica e sua retomada neoclássica têm como base um paradigma de acordo com o qual a Ciência Econômica deve ser capaz de fazer previsões (e acertar). Contudo, esse elemento sempre foi um obstáculo no âmbito de uma disciplina tão complexa quanto a Economia. O problema com os modelos elegantemente simples era a realidade dos fatos, muitas vezes complexa e errática. Para construir as bases de uma ciência de cunho preditivo, foi necessário lançar mão de premissas muito fortes, como a cláusula de estabilidade ("e tudo o mais constante" ou *ceteris paribus*), para que se conseguisse isolar das demais interferências exógenas o fenômeno econômico sob análise. Mais que nos clássicos, essa era uma preocupação muito presente nos autores considerados neoclássicos.

Numa retrospectiva histórica, o século XIX, momento de nascimento da teoria neoclássica, é marcado por inovações técnicas e pela introdução de métodos de organização e divisão do trabalho e do sistema produtivo. Além dessas mudanças, que denotam uma racionalização do processo de produção, a própria racionalidade (processo heurístico humano ou modo de pensamento) é modificada, passando de uma inspiração quase mágica, supersticiosa, para uma perspectiva mais lógica. Vale aqui citar literalmente as palavras de Valentin:

> A dominação tradicional, baseada em imagens do mundo míticas, religiosas e metafísicas, possui uma lógica adequada a um mundo limitado pelo domínio da irracionalidade. A era moderna, ao eleger a racionalidade das relações meio-fim, põe em xeque essa legitimação e instala a derrocada desse sistema.[32]

Nesse sentido, nos auxiliam também os ensinamentos de Carlo Cipolla, que ilustra o período pré-revolução industrial com cenas pitorescas:

> Na Inglaterra pré-industrial as pessoas estavam convencidas de que os vegetais "geram humores doentios e freqüentemente causam febres pestimenciais",

31. Considerando ser essa classificação apenas instrumental para o debate que realizaremos mais adiante, não discorremos aqui sobre possíveis alternativas e optamos também pela taxonomia sugerida por Blaug.
32. VALENTIN, Agnaldo. Op. cit., p. 136.

melancolia e flatulência. Como conseqüência de tais idéias havia uma baixa procura de frutas e legumes e a população vivia num estado de pré-escorbuto. Por outro lado, muita gente se recusava a beber leite fresco de vaca, muitos adultos abastados pagavam as amas de leite para poderem chupar-lhes o leite diretamente do peito. O velho Dr. Caius defendia que o seu caráter mudava de acordo com o caráter da ama de leite em que mamava.[33]

O capitalismo, superando esse mundo supersticioso descrito por Cipolla, oferece, nos dizeres de Valentin, um "novo modelo de legitimação", calcado na instituição do mercado. A dominação social dá-se na supremacia no âmbito das relações econômicas (proprietários *versus* não proprietários, membros da força de trabalho *versus* capitalistas).

Dentro dessa moldura de relações sociais, imagens tradicionais e de dominação são substituídas por critérios de racionalidade instrumental, repleta de *convicções subjetivas de ética*, apresentando-se como pretensão de ciência moderna. A gênese neoclássica, identificada por Valentin, está nesta concepção da ciência como elemento justificador da nova forma de legitimação social. A tecnocracia, nesse contexto, impõe regras técnicas como normas orientadoras da ação em detrimento de normas sociais.[34] Em última instância, a sociedade torna-se muito mais dirigida por estímulos externos que por normas internalizadas pelos indivíduos.

A economia neoclássica seria elemento-chave nesse jogo de legitimação de um sistema de dominação mediante regras técnicas, tanto pela utilização de métodos oriundos das ciências naturais como passando a desconsiderar aspectos normativos do comportamento humano, adequando-se a um modelo de racionalidade instrumental, mesmo no âmbito de uma ciência social aplicada como a Economia. Para muitos críticos, parece ser este o maior problema do programa de pesquisa neoclássico: a presença constante da racionalidade instrumental. Formou-se então, nas vertentes críticas à economia neoclássica, certo clamor para que a Ciência Econômica passasse a abrigar uma nova tipologia de conduta humana, em que o interesse próprio e maximizador adotado como regra geral pudesse ser utilizado de forma relativizada, com menos ego-

33. CIPOLLA, Carlo M. *História econômica da Europa pré-industrial,* p. 16.

34. Conforme descrevem autores da Economia Comportamental, esse tipo de escolha pelas regras técnicas (que na verdade refletem relações econômicas, de mercado) produz efeitos significativos no comportamento dos agentes, efeitos estes não necessariamente desejáveis do ponto de vista social. Elaboraremos esse aspecto mais adiante, quando tratarmos especificamente do programa de pesquisa em Economia Comportamental.

ísmo no comportamento social, sem que isso obstasse a prosperidade econômica ou implicasse a geração de ineficiências.

Considerando que a unidade de análise do presente trabalho é o sujeito, com especial interesse nas heurísticas e nos defeitos de seu processo de tomada de decisão, é necessário relativizar alguns conceitos e premissas da economia neoclássica. Do contrário, não existiria um problema de pesquisa, visto que não haveria falhas em seu processo decisório, que, por ser perfeito, não precisaria de críticas. Mas o leitor pode indagar neste momento: por que relativizar? Por que não abandonar de uma vez por todas esses conceitos e premissas?

A resposta está no fato de que não se pretende romper com o paradigma neoclássico racional de forma abrupta e integral. A ideia é contestar aspectos do modelo da economia neoclássica e, a partir da flexibilização/crítica a respeito de alguns de seus pressupostos, apresentar uma proposta de homem econômico mais próxima da realidade e que, por consequência, acabe por se tornar mais próxima do que se intui com o homem médio, figura consagrada pela teoria jurídica (discutiremos mais adiante as dificuldades de fixação desse conceito).

A aproximação entre a Economia e a Psicologia é de particular importância para flexibilizar o conceito de homem econômico, especialmente a noção de que os seres humanos sempre e em qualquer época perseguem seu interesse egoisticamente.

No tocante à motivação (incentivos) dos agentes econômicos, estudos demonstram,[35] mediante pesquisa experimental e pesquisa de campo, que os seres humanos podem ter seu comportamento pautado por motivações mais elevadas, tais como o altruísmo e o tratamento recíproco justo (*fairness*). O comportamento solidário (*pro-social behavior*), por sua vez, tem-se mostrado importante sob diversas condições.

Além dessas críticas à descrição de um ser humano egoísta, proposta pela teoria neoclássica, uma outra contribuição relevante da Psicologia à Economia é a noção de *procedural utility*, que denota o fato de que os indivíduos não apenas valorizam os resultados, mas também a forma mediante a qual estes são alcançados. Muitas vezes, conforme demonstram experimentos empíricos,[36] os indivíduos aceitam retornos inferiores para si mesmos ao perceberem que o processo foi conduzido de forma honesta. É como se a honestidade por si só representasse um valor intrínseco, sendo fonte de utilidade para os agentes.

---

35. FREY, Bruno S.; STUTZER, Alois. Beyond outcomes: measuring procedural utility. *Oxford Economic Papers*, v. 57, n. 1, p. 90-111. Disponível em: <http://ssrn.com/abstract=916816>.

36. Idem, ibidem.

Impossível, neste ponto, não rememorar o irresistível receituário maquiavélico para a tomada de decisão (conhecido popularmente como "os fins justificam os meios").[37] Considerando os aspectos acima expostos (isto é, o fato de que os agentes prezam a existência de valores e princípios éticos no processo econômico), podemos dizer que, na prática, a ideia de que os fins justificam os meios (por piores que sejam) mostra-se pouco aderente tanto ao homem econômico quanto ao homem médio da teoria jurídica.[38]

37. Há de se fazer a ressalva, todavia, de que, segundo estudiosos de sua obra, Maquiavel nunca teria utilizado essa expressão. Além disso, interpretações mais recentes da obra do autor retiram bastante do caráter pejorativamente "maquiavélico" (i.e., manipulador, calculista e, por vezes, cruel) de suas proposições. Maurizio Viroli, em sua biografia acerca desse personagem histórico, afirma que Maquiavel: "Considerava grandes, antes de tudo, os príncipes, os governantes das repúblicas, homens que prescreviam boas leis a seu povo, salvando-o da escravidão e tornando-o livre, como Moisés. [...] Durante toda a vida Maquiavel empregou suas energias no intuito de convencer os poderosos da Itália a libertar o país do domínio dos estrangeiros que mandavam e desmandavam com seus exércitos". Nesse sentido, percebe-se Maquiavel como um defensor da boa política, que conduz à liberdade (VIROLI, Maurizio. *O sorriso de Nicolau*, p. 18-19). Outras referências sobre o tema são encontradas em: VIROLI, Maurizio. *Machiavelli;* RIDOLFI, Roberto. *Vita di Niccolò Machiavelli*; e PROCACCI, Giuliano. *Machiavelli nella cultura europea dell'età moderna.*
38. Apenas relembrando algumas passagens do texto antológico de Nicolau Maquiavel, *O príncipe*, p. 58 e 106: "[...] Deve-se observar que, ao tomar um Estado, o conquistador deve fazer todas as ofensas necessárias e fazê-las todas de uma vez para não precisar renová-las todos os dias e poder, ao não repeti-las, dar segurança aos homens e conquistar a sua confiança com benefícios; quem age de outro modo, por timidez ou mau conselho, precisa estar sempre com o punhal na mão, nunca pode confiar em seus súditos e nem podem confiar nele, em razão das novas e contínuas injúrias. Pois as injúrias devem ser feitas todas de uma vez, para que, durando pouco tempo, marquem menos. Os benefícios devem ser feitos pouco a pouco, para serem mais bem saboreados. E, sobretudo, um príncipe deve viver com seus súditos de modo que nenhum episódio, seja bom ou mau, mude a sua conduta. Porque, vindo a necessidade com os tempos adversos, não se tem tempo para fazer o mal, e o bem não traz benefícios, pois julga-se feito à força e não traz reconhecimento". Em outro trecho: "Um príncipe prudente não pode, nem deve, manter a palavra dada que lhe for prejudicial e se as razões que o fizeram dar a palavra não mais existirem. Se todos os homens fossem bons, este preceito não seria bom, mas, como são malvados e não a manteriam para ti, tu, também, não deves mantê-la para eles. Para um Príncipe, nunca lhe faltaram motivos legítimos para disfarçar a quebra da promessa. Disto podem se dar infinitos exemplos modernos e mostrar quantos tratados de paz, quantas promessas

Assim, amplia-se a visão tradicionalmente adotada pelo *mainstream*,[39] demonstrando-se que muitos incentivos para um determinado comportamento dos agentes podem ter natureza intrínseca, interna aos agentes (como motivação ou sistema de crenças pessoais), e não um motivo extrínseco, como uma compensação pecuniária.

1.2 Ética e economia: a crítica de Amartya Sen

Outra linha crítica - recente - da teoria neoclássica, a de Amartya Sen,[40] tornou-se popular em muitos países, inclusive no Brasil. Em seu trabalho *Sobre ética e economia*,[41] Sen apresenta como argumento central a asserção de que a teoria dominante (a teoria neoclássica) identifica a racionalidade do comportamento humano com a racionalidade interna da escolha e, adicionalmente, a maximização do autointeresse.

Isto é, a racionalidade do comportamento humano é identificada com a *consistência interna de escolha* (as escolhas são coerentes entre si) e com a *maximização do autointeresse* (individualismo, em que a prioridade é a satisfação individual). Essa assunção, por si só, tem poder de limitar as agendas de pesquisa.

Entretanto, segundo o autor, não existem provas de que o comportamento autointeressado seja a melhor representação do comportamento humano real, tampouco de que leve a condições econômicas ótimas. Sen afirma ainda que, em condições realistas, uma abordagem abrangente pode fornecer elementos sólidos para o pensamento prescritivo sobre questões essenciais, como direitos e liberdade.

Em outras palavras, a flexibilização dos pressupostos, com a inserção de alguns elementos de avaliação moral, justiça distributiva e cooperação, pode

tornaram-se nulas e vãs pela deslealdade do Príncipe. O que soube usar melhor a raposa saiu-se melhor, mas é necessário disfarçar bem essa natureza capaz de fingir e dissimular. Os homens são tão simples e tão obedientes às necessidades presentes e quem engana sempre achará quem se deseja enganar".

39. *Mainstream* é um jargão recebido da teoria neoclássica em decorrência de sua vasta influência no pensamento (micro)econômico contemporâneo. No que diz respeito à macroeconomia, a economia neoclássica é também preponderante, mas há de se considerar as contribuições de John Maynard Keynes à chamada síntese neoclássica (SEN, Amartya. *Sobre ética e economia).*

40. Idem, ibidem. Amartya Sen consagrou-se por sua obra *Desenvolvimento como liberdade* e foi agraciado com o Prêmio Nobel de Economia em 1998.

41. Conforme prefácio redigido por John Letiche para o livro *Sobre ética e economia,* de Amartya Sen (p. 12-13).

ser extremamente relevante ao diagnóstico e ao suprimento de diversas falhas de mercado. O autor cita como exemplos falhas geradas por externalidades,[42] por interdependências alheias ao mercado e, de forma especialmente interessante para o presente trabalho, por falta de confiança na política econômica do governo. Essas questões constituem, muitas vezes, problemas de incentivo, cujo tratamento pode ser aprimorado se forem admitidos afastamentos das premissas rígidas que impõem o comportamento autointeressado ao homem econômico neoclássico.

A crítica de Sen é contundente no sentido de que propõe uma agenda de políticas públicas mais ampla, que, segundo ele, fica reprimida pelas premissas rígidas utilizadas para a descrição do comportamento humano oriundas do *mainstream* econômico. Alguns remédios para falhas de mercado precisam ser reconsiderados, podendo ter eficácia superior aos tradicionais, pois mediante determinados ajustes poderiam atuar de forma mais eficaz sobre os componentes que ficaram alijados do modelo neoclássico por conta do rigor das premissas.

É surpreendente, na visão de Sen, o fato de que a Ciência Econômica, embora se ocupe de pessoas reais, mesmo assim tenha evoluído de modo a desenhar o homem econômico de maneira tão positiva (e tão pouco normativa), desvinculada das questões éticas.

Nesse sistema fechado pela alta restrição imposta pelas premissas, fica impossível, na prática, avaliar desvios do processo de tomada de decisão que demonstrem comportamento cooperativo, aspectos culturais e problemas nos processos heurísticos. É relevante mencionar que o objetivo não é desconsiderar ou negar a racionalidade do homem econômico, mas apenas criticá-la sob determinadas circunstâncias, visando, principalmente, ao desenvolvimento de um programa de pesquisa empírico calcado em bases mais realistas. Ou, pelo menos, admitir que esse processo racional possui falhas.

42. "Basicamente decorre do fato de, numa atividade econômica, nem sempre, ou raramente, todos os custos e os respectivos benefícios recaírem sobre a unidade responsável pela sua condução, como seria pressuposto. [...] As externalidades correspondem, pois, a custos ou benefícios circulando externamente ao mercado, vale dizer, que se quedam incompensados, pois, para eles, o mercado por limitações institucionais não consegue imputar um preço" (NUSDEO, Fabio. *Curso de economia*, p. 153). O exemplo clássico de externalidade é a poluição que é produzida por determinada unidade (uma fábrica, por exemplo) e produz efeitos *externos* ao mercado, como afetar a saúde da comunidade mais próxima, que não tem relação nenhuma com a atividade produtiva. Vide também: VARIAN, Hal R. *Microeconomia.*

O banimento da dimensão ética do processo de tomada de decisão por parte do homem econômico, como observa Amartya Sen, é feito "sem provas". Não existem elementos que demonstrem que a maximização do autointeresse é o que melhor reflete o comportamento humano real, nem de que conduz necessariamente a condições econômicas ótimas.

Alguns exemplos são encontrados na literatura econômica, tais como os dados por Francis Fukuyama,[43] que, ao descrever diversos tipos de organização, constata que dever, lealdade e boa vontade têm papel crucial para a obtenção da eficiência econômica do indivíduo e do grupo em que ele se insere. Assim, o autor separa as sociedades com alto grau de confiança (tais como Estados Unidos e Japão) daquelas com baixo grau de confiança (como Taiwan, Coreia e Itália). Nestas últimas verifica-se o comportamento autointeressado em detrimento do comportamento baseado em regras.

Nesse sentido, as ideias de Sen e de Fukuyama têm correspondência empírica com o trabalho de Robert Putnam, que explora em seu livro *Making democracy work* o poder das reformas institucionais[44] como uma estratégia para mudanças políticas e as restrições que o desempenho das instituições pode gerar no contexto social.

Ao analisar a realidade italiana, Putnam demonstra que o Norte da Itália, mais desenvolvido economicamente, aplicou ao longo dos anos normas de reciprocidade e redes de engajamento civil concretizadas sob diversas formas, tais como cooperativas, sindicatos, sociedades assistenciais e até mesmo clubes de futebol e sociedades de literatura. Tais arranjos de confiança teriam sido fator importante no desenvolvimento econômico local, existindo, de fato, uma relação de causalidade entre confiança e desenvolvimento econômico. Essas organizações, de caráter horizontal, geraram um desempenho de melhor qualidade no Norte do que no Sul da Itália, onde as relações políticas e sociais foram verticalmente estruturadas. Na verdade, não se trata de decidir por arranjos de Estado *ou* mercado, mas ambos funcionam melhor onde a sociedade civil é organizada e age sob a égide da confiança mútua.

No Sul da Itália, descreve Putnam, "um equilíbrio basicamente hobbesiano",[45] com desconfiança mútua, traição, exploração e dependência

43. FUKUYAMA, Francis. *Confiança*: as virtudes sociais e a criação da prosperidade.

44. Em seu livro *Making democracy work*, Putnam utiliza o termo "instituições" na mesma acepção de Douglass North, para quem as instituições têm sentido amplo, consistindo nas regras do jogo de uma sociedade. As diferenças de desenvolvimento na Itália decerto podem ser explicadas com base em muitos fatores. Neste trabalho optamos por apresentar o enfoque dado empiricamente por Putnam.

45. Em que o oportunismo seria a inclinação básica dos agentes.

vertical, isolamento, violência e criminalidade, protagoniza um círculo vicioso, de forma que não se sabe de onde partir para interromper a produção de mazelas sociais que obstam o desenvolvimento.

Pode-se concluir, numa extensão do argumento do autor, que a ausência de confiança mina as condições para o desenvolvimento. Formando uma espécie de "círculo vicioso", as dificuldades econômicas tornam mais difícil a instalação de um ambiente de confiança. É relevante observar no trabalho de Putnam que ele destaca que o respeito às normas era esperado no Norte da Itália, enquanto o descumprimento era o comportamento previsto pelos agentes no Sul.

Após essa digressão empírica, voltando à crítica de Amartya Sen, podemos dizer que esta se dirige a boa parte da comunidade econômica a quem, segundo ele, falta cordialidade (na percepção do homem econômico). As convicções morais são consideradas basicamente estorvos, de forma a restringir sobremaneira a motivação humana.

Para ele, essa visão é predicativa dos economistas neoclássicos, uma vez que a exclusão dos aspectos éticos da análise econômica, absolve Sen, não teria nascido em Adam Smith, tendo sido introduzida por seus seguidores e intérpretes ao longo dos tempos. Como se sabe, ao se interpretar uma obra, emprega-se relevante esforço criativo.

Embora a linha de Sen não tenha muitos pontos de contato com o Programa H&B e possua contra-argumentos relevantes na teoria neoclássica, a sua crítica reforça a ideia de que é necessário que se faça algo em termos de pesquisa em economia para que se possa utilizar uma descrição menos incompleta do homem de que se pretende estudar os comportamentos econômicos.

1.3 O homem econômico e o enfrentamento das crises econômicas: erros e o *animal spirits*

Na análise do comportamento econômico dos indivíduos, as crises econômicas têm-se mostrado um ambiente propício para novas descobertas, tanto sobre a natureza humana quanto sobre a tomada de decisões. A obra *Animal spirits*, de George Akerlof e Robert Shiller,[46] editada no bojo da Crise de 2009, retoma o conceito popularizado por John Maynard Keynes,[47] bem como a dis-

46. Vale comentar que em sua vinda ao Brasil, em 2009, Daniel Kahneman indicou a obra como elemento importante para o entendimento do momento de crise econômica mundial. De fato, a perspectiva apresentada pelos autores é afim àquela proposta pelo Programa H&B.

47. O conceito de *animal spirits* foi resgatado e popularizado por Keynes em sua obra *General theory of employment, interest and money*, de 1936: "Even apart from the

cussão sobre a racionalidade do homem econômico e seus padrões de tomada de decisão.

Para os autores, a compreensão do funcionamento da economia depende da observação dos padrões de pensamento que motivam as ideias e sentimentos dos indivíduos, o chamado *animal spirits*. A maioria dos economistas,[48] segundo eles, aplica interpretações artificiais e desgastadas dos eventos econômicos, considerando que variações nos sentimentos individuais, impressões e paixões não possuem relevância agregada para o estudo dos mercados, e partindo do pressuposto de que eventos econômicos são dirigidos por fatores técnicos inescrutáveis e ações erráticas dos governos.[49]

Para os autores, o *animal spirits*, em seu sentido econômico, refere-se a um elemento inconsistente e incansável da economia – a relação peculiar dos agentes com a ambiguidade e a incerteza, que por vezes têm a capacidade de paralisá-los. Em outros momentos, porém, paradoxalmente, o *animal spirits* confere energia revigorante aos tomadores de decisão para o enfrentamento de seus medos e desconfianças.

A consequência deletéria do raciocínio neoclássico, ao desprezar esse componente imponderável e humano, nos dizeres de Akerlof e Shiller, é a incapacidade de explicar ou prever crises, normalmente causadoras ou resultantes de grandes variações na economia.

Segundo os autores, Adam Smith estava correto em dizer que as pessoas racionalmente perseguem seus interesses econômicos. Contudo, o argumento smithiano fraquejaria perante os fatos, por exemplo, de que as pessoas também são motivadas por incentivos não econômicos e de que, em certa medida, agem de forma irracional, ou de que podem simplesmente estar mal orientadas (*misguided*).

Em cotejo do pensamento smithiano, o maior difusor da ideia de *animal spirits*, John Maynard Keynes, procurou explicar os desvios da economia da

---

instability due to speculation, there is the instability due to the characteristic of human nature that a large proportion of our positive activities depend on spontaneous optimism rather than mathematical expectations, whether moral or hedonistic or economic. Most, probably, of our decisions to do something positive, the full consequences of which will be drawn out over many days to come, can only be taken as the result of animal spirits – a spontaneous urge to action rather than inaction, and not as the outcome of a weighted average of quantitative benefits multiplied by quantitative probabilities" (idem, ibidem, p. 161-162).

48. Especialmente aqueles identificados com o paradigma neoclássico.

49. AKERLOF, George A.; SHILLER, Robert J. *Animal spirits*.

situação de pleno emprego[50] e enfatizou a relevância do elemento não racional na tomada de decisão. Destacou, assim, sua fundamental importância nos cálculos realizados pelos homens de negócios. As bases do conhecimento muitas vezes contam pouco numa decisão; os indivíduos agiriam em razão de um "espontaneous urge to action".[51]

Nas palavras de Akerlof e Shiller:

> When people make significant investment decisions, they must depend on confidence. Standard economic theory suggests otherwise. It describes a formal process for making rational decisions: People consider all the options available to them. They consider all the outcomes of all these options and how advantages each outcome would be. They consider the probabilities of each of these options. And they make a decision.

É interessante notar que as palavras de Akerloff e Shiller sugerem que uma base informacional completa não é suficiente aos agentes para a tomada de decisões. Nesse sentido, o problema iria além da falta de informação, residiria, outrossim, na capacidade em processá-la.

Consagrada por Joseph Stiglitz,[52] a noção de assimetria de informação afirma que um grande limitador à racionalidade humana é a falta de informações disponíveis. Contudo, observando-se outras agendas de pesquisa (especialmente aquelas ligadas à área da Psicologia Econômica), nota-se que o problema ultrapassa a existência ou não da informação; reside, isto sim, na capacidade do agente de acessá-la e utilizá-la de modo útil e eficaz.

De fato, numa realidade em que existe uma sociedade calcada em informação, torna-se um paradoxo os agentes não terem condições de escapar de certos erros em sua tomada de decisão. Nesse sentido, a própria existência de

---

50. O pleno emprego aqui é utilizado na acepção de Keynes (KEYNES, John Maynard. Op. cit.).
51. Um exercício empírico simples facilita a visualização desta ideia: basta buscar na memória quantas vezes um executivo ou um empreendedor afirmou ter seguido o "instinto" ou ter "ouvido o seu coração" para tomar decisões relevantes.
52. Vide STIGLITZ, Joseph. Information and the change in the paradigm of economics. *Nobel Prize Lecture*. Disponível em: <http://nobelprize.org/nobel_prizes/economics/laureates/2001/stiglitz-lecture.html>. Acesso em: 23 jan. 2010. Contudo, há de se ressaltar que a literatura em economia indica pontos de contato e afinidades entre as visões de Keynes e Stiglitz (CANUTO, Otaviano; FERREIRA JR., Reynaldo R. *Assimetrias de informação e cliclos econômicos*: Stiglitz é keynesiano?. Disponível em: <http://www.eco.unicamp.br/Downloads/Publicacoes/TextosDiscussao/texto73.pdf>.

crises é contestável num mundo repleto de informações; se existe informação abundante, o que há de errado?

Para Akerlof e Shiller, é possível dividir o *animal spirits* em cinco aspectos: (a) confiança; (b) justiça (*fairness*); (c) corrupção e comportamento antissocial; (d) ilusão monetária; e (e) histórias. Essa classificação, bem como a visão de Akerlof e Shiller sobre confiança, são retomadas no Capítulo 3, mais adiante neste trabalho.

1.4 Homem econômico *versus* homem médio

A presente seção lança um debate sobre os dois arquétipos humanos utilizados respectivamente em Economia – o homem econômico, e em Direito – o homem médio.

As seções anteriores já cuidaram de apresentar o homem econômico e algumas das críticas à sua acepção mais difundida, a neoclássica. Para retomar aquela discussão, vale um resumo do desconforto gerado pela figura tradicional do homem econômico, segundo as palavras informais de Richard Thaler:

Whether or not they have studied economics, many people seem at least implicitly committed to the Idea of *homo oeconomicus*, or economic man – the notion that each of us thinks and chooses unfailingly well, and thus fits within the textbook picture of human beings offered by economists. If you look at economics textbooks, you will learn that *homo oeconomicus* can think alike Albert Einstein, store as much memory as IBM's Big Blue, and exercise the willpower of Mahatma Gandhi. Really. But folks that we know are not like that. Real people have trouble with long division IF they don't have a calculator, they sometimes forget their spouse's birthday and have a hangover on New Year's Day. They are not *homo oeconomicus*; they are *homo sapiens.*[53]

O Direito, ainda que de forma menos recorrente do que a Economia, também trabalha com arquétipos. Utilizada com frequência na jurisprudência[54] e, mais raramente, na doutrina,[55] a construção jurídica do homem

53. THALER, Richard and SUSTEIN, Cass. *Nudge: improving decisions about health, wealth and happiness*, p. 7.

54. TST, Acórdão 1561. Decisão: 08.08.1989, n. 2176, ano: 1986, Região: 02, UF: SP. Embargos em recurso de revista. Ementa: "Equiparação salarial. [...] Estamos ao assim afirmar, em campo estreito, destinado àqueles que têm o dom específico e que evidentemente não podem ser comparados senão apenas em relação ao gosto pessoal de quem os avalia. Ao se chegar porém ao *homem médio*, e nem por isso destituído de manifestação artística, a comparação é possível e inevitável quando está em discussão o direito ao mesmo salário pelo mesmo trabalho". Tribunal 2.ª Região, Acórdão 2003028950, Decisão: 14.10.2003, n. 12781, ano:

médio auxilia na determinação do que seria a conduta esperada de um indivíduo normal (i.e., que age de acordo com as normas e padrões de comportamento amplamente aceitos).

2002, Processo 12781-2002-000-02-00. Mandado de segurança. Ementa: "[...] Tanto isto é verdadeiro que os impetrantes tomaram todos os cuidados que se pode exigir de um *homem médio*, pois antes de efetuar a compra do citado imóvel diligenciaram perante os órgãos públicos, extraindo certidões negativas a respeito dos sócios vendedores, não tendo sido apontada nenhuma ação ajuizada contra eles no âmbito trabalhista. Segurança que se concede aos adquirentes de boa-fé". Tribunal 3.ª Região, Decisão: 13 05.2009, RO 00595, ano: 2008, Processo 00595-2008-113-03-00-7, Terceira Turma. Ementa: "Relação de emprego. Médico. Não configuração. Arrendamento liberal. Exercício por conta própria. [...]. É importante citar o artigo 112 do Código Civil que preceitua que 'nas declarações de vontade se atenderá mais à intenção nelas consubstanciadas do que ao sentido literal da linguagem'. Se 24 profissionais, médicos, cuja capacidade de discernimento e raciocínio se enquadra nos preceitos do artigo 138 do Código Civil – o denominado *homem médio*, que possui diligência normal –, criam empresa com nome parecido ao do hospital é porque eles se valem da marca já divulgada e respeitada do recorrente, para criar uma empresa com nomenclatura similar, o que lhes poupa anúncio e divulgação e lhes traz benefícios auferidos pelo empenho de outrem". Tribunal 3.ª Região, Decisão: 20.04.2009, RO 00508, ano: 2008, Processo RO 00508-2008-087-03-00-0, Sexta Turma. Ementa: "Tratando-se de dano moral consubstanciado em sofrimento íntimo, cujas situações são singulares a cada indivíduo, a respectiva indenização prescinde de prova, dada a sua subjetividade. O dano, em tais hipóteses, será presumido, e a vítima, para fazer jus à indenização correlata, terá que provar não o dano em si, mas um ato ilícito por parte de outrem que lhe atinja de forma concreta e que tenha grande probabilidade de lhe causar sofrimento, para tanto, considerando-se, como parâmetro, o *homem médio*". Tribunal 3.ª Região, Decisão: 04.12.2001, RO 14596, ano: 2001, Segunda Turma. Ementa: "Indenização por danos morais. Revista. Na qualidade de dono e gestor do empreendimento econômico, o empregador não só pode, como deve, proteger seu patrimônio, especialmente quando exerce atividade-fim ligada à comercialização de produtos de valor considerável, de fácil subtração e/ou ocultação. Desde que o exercício do poder diretivo seja regular, impessoal, genérico e não atente contra o pudor do homem médio, tem a faculdade, inclusive, de realizar revistas que não ofendam a intimidade do empregado e não o exponham a situações vexatórias e humilhantes".

55. "Considero ser impossível a construção de um homem médio, no que concorda a maioria dos autores. O critério do 'homem médio' não é necessário, nem suficiente. Não é necessário, visto que cada um de nós fabrica o seu tipo de 'homem médio', cuja figura muitas vezes não será sequer a imagem de nós mesmos. A média é possível ser fixada acerca da causalidade material, assim como sobre a normal previsibilidade nos delitos culposos, mas, em termos de reprovação, de

O papel deste arquétipo no Direito parece ter uma dupla dimensão. Por um lado, parece almejar uma descrição concreta do homem real, sendo, sob este ponto de vista, descritiva. Por outro lado, estabelece, em casos concretos, parâmetros de ação a respeito de como o homem deveria se portar; neste aspecto, portanto, teria um cunho normativo.

Ainda a respeito dessa dimensão normativa, algumas regras do ordenamento, como a dever de diligência e as regras referentes à boa-fé,[56] ilustram um paradigma de atuação que se espera do homem comum, o qual está relacionado em grande parte a questões de probidade.

Já na Economia o arquétipo do homem econômico também tem um duplo papel: normativo e descritivo. O aspecto normativo está relacionado à previsão de comportamentos: o homem é parte integrante de um modelo econômico, cujo poder preditivo deriva, entre outros aspectos, em simplificações da realidade.

Contudo, reputa-se ao homem econômico também um papel descritivo, de modo que acreditam alguns economistas que o homem *realmente* toma decisões sempre observando a maximização de utilidade e a consistência interna de escolha. A assunção destes pressupostos, para diversos neoclássicos, não implica nenhum tipo de opção ética ou moral; pelo contrário, seria um aspecto a conferir neutralidade ao modelo,[57] correspondendo a uma mera descrição do processo de escolha dos agentes. Este segundo aspecto é alvo de intensas

juízo de valor, é impossível encontrar a média humana, com o grave perigo de se cair na irrealidade, através da soma de qualidades muitas vezes inconciliáveis, ou de se efetuarem generalizações com base em dados estatísticos. O homem médio é um homem impossível, formado por qualidades e defeitos desconexos, distante da situação concreta na qual se realizou a ação que se julga. O juiz deveria sair de si mesmo para construir um homem médio e colocá-lo na situação concreta e julgar, paradoxalmente, à luz desse critério, qual o poder de um ente ideal, a fim de estabelecer a exigibilidade ou não do agir concreto do agente. Tal operação resultaria em um abstracionismo, passando por várias etapas, o que inevitavelmente desfigura o real" (REALE JÚNIOR, Miguel. *Instituições de direito penal:* parte geral, p. 182).

56. O tema da boa-fé está tratado em maior nível de detalhe no Capítulo 4.

57. Para a defesa de uma Economia positiva e seu distanciamento das questões éticas, vide FRIEDMAN, Milton. Op. cit.: "Positive economics is in principle independent of any particular ethical position or normative judgments". Para críticas, vide: THALER, Richard. *Quase rational economics*; HAUSMAN, Daniel M.; McPHERSON, Michael. *Economic analysis, moral philosophy and public policy;* e SEN, Amartya. *Sobre ética e economia,* para a crítica à neutralidade dos pressupostos neoclássicos.

críticas, algumas vindas de linhas afins à teoria neoclássica, como a Psicologia Econômica de Daniel Kahneman e Amos Tversky.

A noção de homem médio, por sua vez, parece ter, além do seu cunho normativo, um forte conteúdo positivo (no sentido de descritivo). O Direito aplica este arquétipo para avaliar condutas e coibir desvios, não o utilizando necessariamente como um veículo das suas *aspirações* em relação à natureza humana. Nesse sentido, a figura do homem médio tem natureza descritiva. O homem médio não tem características sublimes, ele é um cidadão comum.

Deste homem o Direito espera características mínimas de *conduta* (*e.g.*, boa-fé, probidade e diligência) e *racionalidade* (inteligência média, informação adequada às circunstâncias). Pode-se dizer que, embora análogas, a noção de homem médio e a de homem econômico têm pressupostos diversos de atuação, conforme se ilustra a seguir.

No que diz respeito à *conduta*, o perfil do homem médio como um cidadão diligente, ativo e probo recebe abrigo do ordenamento jurídico nas mais diferentes disciplinas.[58] Segundo parte da doutrina,[59] a figura do homem médio representaria um *standard* comportamental, em parte disposto no art. 138 do Código Civil de 2002,[60] que informa sobre o aspecto da diligência: "Art. 138. São anuláveis os negócios jurídicos, quando as declarações de vontade emanarem de erro substancial que poderia ser percebido por *pessoa de diligência normal, em face das circunstâncias do negócio*" (grifo nosso).

Fala esta disposição de *diligência normal em face das circunstâncias do negócio*. Ou seja, em termos de conduta, espera-se que ele seja cuidadoso, procure exercer os melhores esforços ao seu alcance. Pode-se depreender também da noção de diligência a ideia de que o agente deve procurar obter um mínimo de informação acerca do negócio de que pretenda tomar parte.

Outras características da conduta do homem médio podem ser obtidas numa observação da própria dinâmica econômica. Na lição de Paula Forgioni, o perfil jurídico do mercado "revela o conjunto de regras e de princípios que pauta o comportamento dos agentes econômicos".[61] Ou seja, a ordem do mer-

58. No Direito Comercial, Paula Forgioni ensina: "o padrão do homem ativo e probo é intrínseco ao direito comercial e se presta à objetivação da legítima expectativa que se deve ter do comportamento da outra parte" (FORGIONI. Paula. *Contratos de distribuição*, p. 565).

59. DANTAS JR., Aldemiro Rezende. *Teoria dos atos próprios no princípio da boa-fé*, p. 96.

60. Este artigo inicia a disciplina jurídica do erro, tema tratado em profundidade no Capítulo 4.

61. FORGIONI, Paula. *A evolução do direito comercial brasileiro*, p. 230.

cado descreve o padrão de conduta esperado do seu agente. Nesse contexto, com fulcro nos ensinamentos de Max Weber, Norberto Bobbio e Natalino Irti,[62] Forgioni justifica a definição do mercado como uma *ordem*:

> [...] pois está embasado em comportamentos previsíveis e calculáveis. A regularidade leva à possibilidade de previsão do comportamento do outro agente e, com isso, a uma ordem. Os agentes econômicos confiam que a sua atuação (e a atuação dos outros) será baseada em regras, de forma que o risco estará no *sucesso* ou no *insucesso da jogada e nunca nas regras do jogo*. A ordem jurídica do mercado assume, assim, as seguintes características: (i) *normalidade*: porque os comportamentos se dão conforme normas (daí serem "normais"); (ii) *uniformidade*: os comportamentos são adequados a um esquema formatado pela norma, que tende a produzir "notas de anônima repetitividade"; e (iii) *regularidade*: o ato é reconduzido a um tipo normativo, perdendo o caráter de fortuito e arbitrário (sendo, pois, previsível). Essas características do mercado prestam-se não apenas à compreensão dos pilares do sistema do direito comercial, mas explicam a razão de institutos que protegem o comportamento planejado na certeza de que o outro atuará conforme a regra (v.g., "proteção da legítima expectativa", "boa-fé", "confiança"). Ou seja, porque o mercado é uma *ordem (jurídica)*, é possível prever o comportamento de seus agentes, e, com isso, obter o incremento da segurança jurídica e a diminuição dos custos de transação.[63]

Com base no excerto acima, podem-se depreender mediante a análise da ordem jurídica do mercado três padrões de conduta do homem médio: (i) *normalidade*; (ii) *uniformidade*; e (iii) *regularidade*.

O primeiro diz respeito à "atuação conforme as normas", o segundo à repetitividade de comportamentos e o terceiro é a "recondução do ato a um tipo normativo, perdendo o caráter fortuito e abstrato". Tais condições, em conjunto, permitem a previsibilidade do comportamento do homem médio e a capacidade de planejamento dos que com ele interagem. Estes parâmetros compõem a estrutura do mercado como ordem.[64]

Este padrão gera *expectativas* nos agentes. Assim, faz parte também do perfil do homem médio nutrir crenças a respeito do *modus operandi* do mercado e do comportamento dos agentes (contrapartes). Cabe ao Direito assegurar que esta confiança, quando formada em bases racionais, não seja frustrada. É, inclusive, esta uma das moradas da tutela da confiança no Direito

62. IRTI, Natalino. *L'ordine giuridico del mercato;* idem, *Diritto ed economia*: problemi e orientamenti teorici.
63. FORGIONI, Paula. *A evolução do direito comercial brasileiro*, p. 230.
64. IRTI, Natalino. *L'ordine giuridico del mercato*, p. 5.

brasileiro: a proteção das expectativas legítimas, como abordado mais adiante, no Capítulo 4.

De forma mais específica, o homem médio espera *previsibilidade* e *estabilidade* tanto por parte do ordenamento jurídico quanto dos outros agentes, para que possa se planejar e calcular suas ações. E o ordenamento e as suas contrapartes esperam a mesma coisa.

Em termos de *racionalidade*, o homem econômico neoclássico não erra de modo sistemático e previsível, pois tem todas as informações de que necessita e as processa perfeitamente. No Direito, no entanto, o homem médio em alguns casos é reconhecidamente limitado (por exemplo, nas situações de hipossuficiência) e pode ser protegido das consequências de seus erros em algumas situações.[65]

No Capítulo 4, analisam-se, neste particular, a disciplina jurídica do erro e as condições em que o ordenamento é condescendente às limitações daquele que errou. Em termos de prevenção ao erro, as normas de proteção ao consumidor e ao investidor (i.e., dever de informar) combatem umas das razões para que os agentes cometam erros, a assimetria de informação. Pode-se dizer que o Direito até reconhece que o homem erra, mas são poucas as situações em que ele *pode* errar e evitar os efeitos do seu erro. Há ainda um importante caminho a percorrer, sob o ponto de vista regulatório, para que se ajudem os agentes a melhorar o processamento das informações e mitigar as falhas de convencimento.[66]

As considerações feitas a respeito da visão do mercado como ordem auxiliam na compreensão do tipo de racionalidade que se espera do agente

65. Segundo Paula Forgioni: "Esta teorização sobre a racionalidade jurídica do agente, ligada à legítima expectativa do comportamento da outra parte e à boa-fé não nos pode fazer esquecer que os agentes econômicos adotam estratégias equivocadas. Esses erros são previstos e equacionados pelo sistema jurídico, na medida em que, diferenciando os agentes, permitem o estabelecimento do jogo concorrencial (que desembocará na regulação natural do egoísmo, para utilizar a lição de Jhering). Ou seja, é a diferença entre as estratégias adotas pelos agentes econômicos e entre os resultados obtidos (uns melhores, outros piores) que dá vida a um ambiente. A questão teórica que vem à mente é a explicação do erro dentro da suposição de que os agentes atuariam sempre de forma racional, visando à obtenção de melhor resultado" (*Contrato de distribuição*, p. 560).

66. Nesse sentido, é valiosa a contribuição de Richard Thaler e os chamados *nudges*, que consistem em soluções regulatórias para aprimorar a forma de decidir dos agentes (THALER, Richard. *Nudge: improving decisions about health, wealth and happiness).*

no campo do Direito. Nesse sentido, recorre-se, mais uma vez, às palavras de Paula Forgioni:

> A racionalidade do agente é também fator determinante na interpretação contratual. Quando, no campo jurídico, falamos em racionalidade do agente econômico, não podemos considerar outra racionalidade senão aquela condicionada pelas "regras do jogo" ou, seja, pelo direito. Outra noção de racionalidade levar-nos-ia ao colapso do sistema e à negativa de suas premissas implícitas (ou princípios conformadores).

Dizendo agora respeito a uma dimensão *ética*, embora este trabalho não adentre profundamente esta questão, enquanto no Direito brasileiro espera-se um nível mínimo de eticidade dos sujeitos, do homem econômico, nesse particular, segundo os paradigmas econômicos de escolha racional, não se espera nada em específico.

Em outras palavras, quanto à conduta, as proposições econômicas ligadas ao paradigma de racionalidade não prescrevem probidade ou honestidade do agente econômico, apenas cálculo. Abordagens mais heterodoxas, como a pesquisa em Economia Comportamental, descortinam outra realidade: existe no comportamento econômico uma dimensão ética, religiosa e afetiva que produz efeitos no processo de tomada de decisão.[67]

Nesse sentido, há estudos muito interessantes no âmbito da pesquisa a respeito do grau de honestidade dos agentes econômicos.[68] Alguns experimentos realizados junto a alunos do Massachusetts Institute of Technology (MIT), na Harvard Business School e em outras instituições de renome, por exemplo, demonstraram que as pessoas tendem a ser mais honestas quando lidam diretamente com dinheiro[69] do que com bens não pecuniários. Os mesmos experimentos mostraram, ainda, que as pessoas tendem a cometer pequenas desonestidades com maior frequência do que grandes fraudes.

---

67. Para uma discussão sobre ética e economia, vide: HAUSMAN, Daniel M.; McPHERSON, Michael. *Economic analysis, moral philosophy and public policy;* e SEN, Amartya. *Sobre ética e economia.*

68. Filiados ao ramo da Economia Comportamental. Vide: ARIELY, Dan. *Predictably irrational*: the hidden forces that shape our decisions.

69. Um desses experimentos consistiu em deixar um engradado de refrigerantes na geladeira comunitária dos dormitórios do MIT e observar o comportamento dos estudantes em relação a tais refrigerantes. Em poucos dias, todas as latas haviam sido consumidas. Em outro experimento, foram deixados o mesmo engradado e um maço de notas de dólares. O dinheiro permaneceu intocado, e os refrigerantes, mais uma vez, no período de alguns dias, haviam-se esgotado (idem, ibidem).

Em uma nota conclusiva, a importância prática desta discussão é a necessidade de tornar clara a distinção entre os dois arquétipos. O homem econômico é parte central de uma visão de economia considerada hegemônica e teve – e tem – particular influência no pensamento jurídico.[70] Além disso, por conta da sistematização e simplificação propostas pela teoria neoclássica, os contornos do homem econômico são mais bem definidos do que os do homem médio. Esses fatores elevam as chances de que o operador do Direito passe a requerer dos sujeitos características mais pertinentes a um *homo oeconomicus*, o que parece ser, em muitos casos, um equívoco.

Como já mencionado anteriormente, a construção do homem econômico é resultado de diversas simplificações e tem pressupostos de atuação aos quais escapam a ética e as ponderações morais. Não parece ser este o caso do homem médio, que pelo contrário tenta ser o retrato mais real possível do cidadão comum, incluindo disposições éticas e morais, como explicam Forgioni e Irti, por uma ordem jurídica.

Vistas algumas intersecções entre os dois arquétipos individuais, passa-se à apresentação de uma agenda de pesquisa em economia que se preocupa, precisamente, em obter uma análise mais realista do comportamento dos agentes econômicos e aperfeiçoar o seu processo de tomada de decisão, a Economia Comportamental.

1.5 A agenda de pesquisa em Economia Comportamental

Entre as propostas de análise econômica mais heterodoxas, isto é, que se desviam do corpo teórico dito neoclássico, pode-se destacar um conjunto de linhas de pesquisa denominado Economia Comportamental (EC). Apesar da diferença relevante entre seus componentes, este grupo se distingue por atribuir maior valor aos aspectos psicológicos da tomada de decisão dos agentes econômicos, tendo como objetivos centrais de pesquisa a sua racionalidade e a previsibilidade do comportamento individual.

Para apresentar uma contextualização e um mapeamento da pesquisa em EC, lança-se mão de um artigo bastante sintético, de autoria de John Tomer,[71]

70. Contudo, autores relatam mudanças nesse sentido: "There seem to be a sort of implosion of neoclassical economic analysis of law, the so-called Chicago Law and Economics, which so far has been the dominant school of thought within the law and economics movement. The implosion may be explained by the fact that a growing part of the discipline seems to become more and more self-critical to the point of questioning central assumptions like the efficiency of the legal system" (KRECKÉ, Elisabeth. *The nihilism of the economic analysis of law*, p. 2).

71. TOMER, John F. What is behavioral economics?, O artigo, diga-se de passagem, é extremamente crítico à teoria neoclássica. A sua utilização como referência prin-

que sintetiza as principais linhas que a compõem. Inicialmente, segundo o autor, não se pode definir a EC como uma escola de pensamento econômico, pois ela não está associada a nenhuma ideologia de política econômica ou a nenhuma proposição em particular, como ocorre em outras escolas de pensamento.

O traço comum que permite agrupar essas linhas de pesquisa derivaria de seus aspectos metodológicos, em especial suas convicções e práticas científicas, as quais diferem daquelas típicas do chamado *mainstream* econômico. Ao comparar a EC e a ortodoxia, o autor lança mão de uma figura de linguagem pitoresca:

> *Mainstream economics* is the elephant sleeping in the barn stall along with a variety of smaller animals representing different heterodox economic groups, one of which is Behavioral Economics (BE). The position and characteristics of the elephant are hard to miss. But to say something about the chicken or rabbit or duck in the stall, it is useful and important to say where it is in relation to the elephant. For example, the rabbit is 2ft to the left of the elephant' right hind leg, and it is brown and furry (not gray or leathery). Through an analogous mapping, we hope to discover much about the essence of BE.[72]

Assim, o autor estabelece seis aspectos em relação aos quais as linhas de pesquisa em EC costumam se distanciar do paradigma de pesquisa neoclássico: (a) estreiteza (*narrowness*); (b) rigidez (*rigidness*); (c) intolerância (*intolerance*); (d) mecanicismo (*mechanicalness*); (e) isolacionismo (*separateness*); e (f) individualismo (*individualism*). No *mainstream* esses aspectos aparecem de forma intensa, e nos programas de pesquisa em EC, de modo brando ou inexistente.

O primeiro aspecto, *narrowness*, implica uma restrição de métodos ou do escopo de investigação. Se a pesquisa é severa a esse respeito, é, por conseguinte, também estreita. Nesse sentido, Tomer atribui ao positivismo uma importante fonte de estreiteza em termos de paradigma de pesquisa, tanto sob o ponto de vista filosófico quanto metodológico. Um paradigma positivista descartaria avaliações literárias ou não quantitativas, observações, pesquisa de campo, *surveys* etc.

A estreiteza está também relacionada aos tipos de questões: caso elementos históricos e sociológicos estejam excluídos, segundo a classificação do autor, está-se diante de um paradigma de pesquisa estreito. Ao analisar a teoria

---

cipal nesta seção é introduzir o programa de pesquisa em H&B, que é a linha mestra teórica adotada neste trabalho.

72. TOMER, John F. Op. cit., p. 466-467.

neoclássica, Tomer evoca vários autores para defender que esta encerra um paradigma de pesquisa, de fato, estreito em razão de sua elevada filiação ao positivismo, do uso intensivo de métodos quantitativos e do pensamento dedutivo. Outro aspecto de estreiteza da teoria neoclássica seria a sua aceitação sem maiores restrições das três premissas – já mencionadas – de racionalidade, autointeresse e autocontrole.

Enquanto os economistas ortodoxos se atêm, muitas vezes sem questionamentos, a estas premissas, destaca Tomer, os economistas comportamentais já constataram que "humans are dumbier, nicer and weaker than homo oeconomicus".[73]

Já o segundo aspecto, a rigidez, representaria a inflexibilidade de uma linha de pesquisa quanto a desvios de um determinado escopo, ou, no jargão de Tomer, de alguma modalidade específica de estreiteza. Em termos de teoria neoclássica, o autor destaca como um dos sinais de inflexibilidade a crença resistente de que contribuições em termos de pesquisa econômica têm de incluir métodos quantitativos para serem legitimadas como pesquisas em Economia.

A intolerância, por seu turno, diz respeito à ausência de diálogo, à hostilidade, à arrogância e ao desprestígio em relação a outras linhas de pesquisa, em decorrência da falta de tolerância quanto a diferenças filosóficas ou metodológicas.

Por sua vez, o mecanicismo concerne à forma de ver o indivíduo e a própria economia. Visões mecanicistas tendem a ver o homem e a economia como máquinas, utilizando de forma recorrente conceitos relacionados à mecânica, como a noção de equilíbrio. As linhas de pesquisa pouco mecanicistas tendem a ver a economia de forma mais humanizada e orgânica.

O isolacionismo, por sua vez, corresponde a uma resistência à interdisciplinaridade com outras áreas de conhecimento, especialmente aquelas não quantitativas, podendo ser interpretado como um sentimento de autossuficiência por parte dos integrantes de uma linha de pesquisa.

Já o individualismo enfoca as instâncias de decisão individual, pois atribui a elas a responsabilidade pelos eventos e pelo comportamento social. Abordagens menos individualistas conferem maior importância aos indivíduos como parte de entes coletivos que procuram estudar comportamentos e incentivos inseridos em contextos sociais.

---

73. THALER, Richard. Doing economics without *homo oeconomicus*. In: MEDEMA, S. G.; SAMUELS, W. J. (ed.). *Foundations of research in economics*: how do economists do economics? Cheltenhan: Edward Elgar, 1996, apud TOMER, John F. Op. cit., p. 465.

Contudo, cabe dizer que os elementos que diferenciam as linhas de pesquisa em EC também podem ser encontrados em outras linhas heterodoxas, por isso é relevante somar aos seis elementos destacados anteriormente a preocupação peculiar da EC com os aspectos subjetivos e psicológicos das escolhas econômicas.

Nesta subseção e neste trabalho, a atenção é concentrada na Psicologia Econômica, que, como uma das linhas em Economia Comportamental, abriga o paradigma de pesquisa em *Heuristics & Biases*, que é um dos elementos metodológicos centrais desta obra. De todo modo, o mapeamento proposto por Tomer destaca assim oito linhas principais de pesquisa em EC:

- Herbert Simon e Carnegie School
- George Katona e Michigan School
- Psicologia Econômica/Economia Psicológica
- Harvey Leibenstein e a teoria de *x-efficiency*
- George Akerloff e a Macroeconomia Comportamental
- Richard Nelson, Sidney Winter e a teoria evolucionária
- Finanças Comportamentais
- Vernon Smith e economia experimental

Embora outros autores considerem existirem raízes mais antigas para a EC, Tomer inicia seu mapeamento pela linha de pesquisa de Herbert Simon, em que se desenvolveu o já mencionado conceito de racionalidade limitada. Um paradigma amplo de pesquisa, que trazia em seu bojo pragmatismo quanto ao uso de métodos quantitativos, tolerância a outras propostas metodológicas e um questionamento das premissas neoclássicas de autointeresse e racionalidade, conduziu Simon a uma investigação dos processos de tomada de decisão cujos resultados tornaram-se influentes.

O trabalho de Simon dedicou-se intensamente ao estudo da escolha individual em organizações, atribuindo importante papel à influência destas sobre os indivíduos, isso sem mencionar os aspectos psicológicos do processo de tomada de decisão. Como reconhecimento pelo seu trabalho de pesquisa precursora no processo de tomada de decisões dentro de organizações econômicas, recebeu, em 1978, o Prêmio Nobel de Economia.

Após a menção à Kaytona, o autor adentra o ramo da Psicologia Econômica (PE), que é definida como a linha em EC que obtém recursos da Psicologia, especialmente da Psicologia Cognitiva, para se ter uma visão mais realista do comportamento econômico do que aquela proposta pelo paradigma neoclássico. Assim, a Psicologia Econômica estuda os desvios sistemáticos da realidade em relação ao postulado de tomada racional de decisão econômica da teoria neoclássica. Entre os principais pesquisadores deste tema encontram-

-se: Cobin Carmerer, Ernst Fehr, Daniel Kahneman, David Laibson, George Lowenstein, Matthew Rabin e Richard Thaler.

Em termos de programa de pesquisa, é comum à Psicologia Econômica a utilização do seguinte padrão: (a) identificar premissas normativas e modelos utilizados pela economia neoclássica; (b) apontar anomalias, claras violações de assunções e modelos; (c) usar essas anomalias como inspiração para criar teorias alternativas que generalizem os modelos existentes; e (d) construir modelos de comportamento econômico usando essas premissas revisadas, testá-las e verificar, assim, novas implicações. Como parte desse processo, os pressupostos neoclássicos de autointeresse, racionalidade e autocontrole são recorrentemente questionados.

Contudo, a Psicologia Econômica não representa um rompimento radical com o *mainstream*, de modo que o propósito seria modificar uma ou duas premissas da teoria principal com o objetivo de obter maior realismo sob o ponto de vista psicológico.[74] Desse modo, a pesquisa em Psicologia Econômica tende a debruçar-se sobre aspectos relativamente tangíveis e quantificáveis em detrimento de aspectos intangíveis, qualitativos e holísticos. Portanto, a Psicologia Econômica funda-se na premissa de que os métodos da economia neoclássica são em boa parte válidos e que a maioria das premissas é acertada. Embora muito matemática, a pesquisa em PE é, em regra, menos quantitativa do que aquela realizada no âmbito do *mainstream*.

É interessante observar outra característica dessa linha de pesquisa, o ecletismo empírico, que permite a aplicação de diversos métodos que vão desde experimentos em campo e laboratório, dados coletados em pesquisa de campo, simulação em computador, pesquisas de campo (*surveys*) e até mesmo mapeamentos cerebrais.

Apesar de observar menos rigidez em PE do que no *mainstream*, Tomer identifica alguma estreiteza de escopo e inflexibilidade. Em termos de interdisciplinaridade, a PE é mais aberta, porém não tanto quanto outras linhas em Economia Comportamental. Identifica-se também algum nível de intolerância por parte dos pesquisadores quanto a outras metodologias em Economia Comportamental.

O texto de Tomer conclui que, embora a EC não constitua propriamente uma escola de pensamento, a Psicologia Econômica, talvez o seja: apresenta um conjunto de crenças peculiares e internamente comuns a respeito de metodologia, filosofia social (visão de mundo), corpo teórico, agenda de pesquisa e de políticas públicas. Possivelmente, em comparação ao paradigma neoclássico, a Psicologia Econômica assemelhe-se mais a uma escola de

74. CAMERER, C. F.; LOWENSTEIN. G., Behavioral economics: past, present, future. Unpublished paper. apud TOMER, John F. Op. cit., p. 465.

pensamento econômico do que a outras linhas de pesquisa em Economia Comportamental.

1.6 O surgimento do programa *Heuristics & Biases* (H&B)

Em meio a esse oceano tão diversificado de críticas ao homem econômico neoclássico, surge, na década de 1970, no bojo da pesquisa em Psicologia Econômica, o programa de pesquisa H&B, objeto do Capítulo 2. Para esse programa de pesquisa, indubitavelmente, a racionalidade humana também não se encontra perfeitamente captada pela proposta do programa de pesquisa neoclássico.

Aqui, a racionalidade é limitada (*bounded rationality*): os homens são racionais mas têm falhas em seu processo cognitivo. Para facilitar a tomada de decisão, especialmente ante restrições de tempo, o ser humano recorre a "atalhos" ou "regras de bolso" decisórias, chamadas heurísticas. Esses atalhos, se por um lado simplificam o processo cognitivo dos agentes sob condições de incerteza, por outro os sujeitam a vieses que, em última instância, podem levar a erros sistemáticos, previsíveis e, portanto, evitáveis.

Apesar de muitas vezes essas heurísticas não serem suficientemente robustas para desempenhar a complexa tarefa de compreensão da realidade e de muitas vezes resultarem em julgamentos equivocados, o programa de pesquisa H&B destaca três modelos heurísticos básicos que servem a propósitos gerais e podem ser bastante eficientes - disponibilidade (*availability*); representatividade (*representativeness*) e ancoragem e ajustamento (*anchoring and adjustment*).

Esses três modelos heurísticos básicos estão presentes na maioria dos julgamentos *intuitivos* sob incerteza. Essas modalidades heurísticas são recorrentes, sendo simples e eficientes, pois trariam implicitamente processos computacionais básicos desenvolvidos pela mente.

Na lógica do programa H&B, cada modelo heurístico está associado a um conjunto de vieses, que são desvios da teoria normativa racional que serviu como ponto de partida para esses mesmos processos heurísticos. De forma mais direta: tais modelos heurísticos estão associados a falhas que implicariam violações das leis básicas de probabilidade.

É relevante ter em mente que uma heurística é estimativa razoável e sensata, não sendo, de forma alguma, irracional, ainda que esteja sujeita a vieses. Se os agentes tiverem conhecimento dos equívocos que podem cometer nesse processo de tomada de decisão, poderão neutralizar ou mesmo mitigar os vieses a que estão sujeitos. Essa é uma das grandes contribuições do H&B como instrumento para melhorar o processo de tomada de decisão dos agentes. O programa e suas contribuições específicas serão analisados a seguir.

CAPÍTULO 2

O PROGRAMA DE PESQUISA *HEURISTICS & BIASES* (H&B)

Entre as décadas de 1970 e 1980, uma série de artigos desenvolvidos por Amos Tversky[1] e Daniel Kahneman[2] trouxe um novo paradigma de pesquisa

---

1. Amos Nathan Tversky nasceu em Israel em 1937 e foi um dos fundadores do programa Heuristics and Biases, ao lado de Daniel Kahneman. Atuando com Psicologia Cognitiva e Matemática, foi um pioneiro no campo das ciências cognitivas, identificando com Kahneman as falhas (*biases*) sistemáticas do processo cognitivo humano e a forma como os agentes lidam com o (a percepção de) risco. Os primórdios de seu trabalho relacionaram-se à quantificação dessas falhas, à mensuração desses processos cognitivos. Posteriormente, já em parceria com Kahneman, trabalhou na área de psicologia de predições e julgamento de probabilidades. Na sequência, deram origim ao trabalho da Prospect Theory, a fim de explicar escolhas humanas irracionais. Seu doutorado foi obtido na Universidade de Michigan, tendo lecionado na Universidade Hebraica de Jerusalém antes de seguir para a Universidade de Stanford. Em 1984, recebeu a bolsa MacArthur. Faleceu em 1996, tendo sido lembrado por Kahneman quando do recebimento do Prêmio Nobel de Economia como um grande colaborador e pesquisador, que certamente teria sido agraciado com o título a seu lado se vivo à época.
2. Daniel Kahneman nasceu em Tel-Aviv e passou sua infância em Paris, tendo retornado à Palestina em 1946. Graduou-se em Psicologia (com ênfase em Matemática) na Universidade Hebraica de Jerusalém. Obteve, em 1961, o Doutorado em Psicologia na Universidade de Berkeley, Califórnia. Atualmente, é professor de Psicologia na Eugene Higgins, na Universidade de Princeton, e é titular da cadeira de *Public Affairs* na Woodrow Wilson School of Public and International Affairs. Recebeu (junto com Vernon Smith) o Prêmio Nobel de Economia em 2002 pela introdução e integração (considerada pioneira) de elementos de pesquisa em Psicologia à Ciência Econômica, especialmente no que diz respeito ao processo de deliberação dos agentes e à tomada de decisão sob condições de incerteza. Muito desse trabalho foi conduzido em parceria com Amos Tversky. Alguns dos mais célebres trabalhos de Tversky e Kahneman incluem: *Heuristics and biases: the psychology of intuitive judgment; Choices, values, and frames*; *Judgment under uncertainty: heuristics and biases*; e *Well-being: the foundations of hedonic psychology*. Kahneman é ativo na comunidade científica, atuando como membro

a respeito do julgamento humano (no sentido de deliberação, do inglês *judgement*).[3] A tarefa de pesquisa a que se propuseram foi desvendar aspectos do processo cognitivo humano, especialmente quanto à formação das probabilidades subjetivas.[4]

Notaram os autores que, com base nessas probabilidades, os indivíduos desenvolvem crenças a respeito das chances de ocorrência de eventos incertos e, a partir dessas avaliações, formam seu convencimento em um sentido ou em outro.[5] Contudo, o processo de formação dessas avaliações era um campo

---

da American Academy of Arts and Sciences e da National Academy of Sciences. É pesquisador da American Psychological Association, da American Psychological Society, the Society of Experimental Psychologists and the Econometric Society. Em reconhecimento ao prosseguimento de seu trabalho, tem recebido diversas premiações, tais como a Distinguished Scientific Contribution Award of the American Psychological Association, a Warren Medal of the Society of Experimental Psychologists, o Hilgard Award for Career Contributions to General Psychology e o Award for Lifetime Contributions to Psychology da American Psychology Association (2007).

3. Com o objetivo de proporcionar maior clareza em cada contexto, muito embora com o sacrifício de uma terminologia mais uniforme em língua portuguesa, o termo *judgement*, recorrente nos trabalhos em H&B, será traduzido por vezes como "tomada de decisão", e outras vezes como "julgamento" ou, ainda, "deliberação", sempre com o mesmo significado. A ideia subjacente é o processo mental exercido pelo agente econômico para concluir por um posicionamento a respeito de determinada questão.

4. Probabilidades subjetivas representam a opinião de um indivíduo, em termos quantitativos, sobre as chances de ocorrência de um fenômeno. Trata-se uma forma de quantificação da crença ou da confiança a respeito de determinado evento. Segundo Kahneman e Tversky: "Specifically, the subjective probability of a given event is defined by the set of bets about this event that such a person is willing to accept. An internally consistent, or coherent, subjective probability measure can be derived for an individual if his choices among bets satisfy certain principles, that is, the axioms of the theory. The derived probability is subjective in the sense that different individuals are allowed to have different probabilities for the same event. The major contribution of this approach is that it provides a rigorous subjective interpretation of probability that is applicable to unique events and is embedded in a general theory of rational decision" (KAHNEMAN, Daniel; SLOVIC, Paul; TVERSKY, Amos. *Judgement under uncertainty*: heuristics and biases, p. 19 e 32-47).

5. No caso deste trabalho, o objetivo é a aplicação do programa H&B ao processo de tomada de decisão de investimentos por parte do investidor estrangeiro. Considerada a confiança fator-chave nesse tipo de escolha (investir ou não), será analisado o processo cognitivo que levará o agente econômico a confiar no Brasil para realizar investimentos.

cientificamente pouco conhecido: "Occasionally, beliefs concerning uncertain events are expressed in numerical form as odds or subjective probabilities. What determine such beliefs? How do people assess the probability of an uncertain event or the value of an uncertain quantity?"[6]

Buscando responder a essas perguntas, o artigo seminal de Kahneman e Tversky, "*Prospect theory: an analysis of decision under risk*", publicado na revista *Econometrica* em 1979,[7] lançou as bases quantitativas para o que seria uma inovadora e interdisciplinar linha de pesquisa econômica envolvendo primordialmente a Psicologia, a Economia e a Matemática.

A construção do programa H&B partiu de uma crítica ao uso da teoria da utilidade esperada[8] (que integra o paradigma de escolha racional) como modelo normativo da tomada de decisão sob risco. Essa teoria, hoje dominante, teria emergido de análises lógicas de jogos, e não propriamente psicológicas.[9] O seu uso como modelo normativo é aceito por Kahneman e Tversky, reservando-se a crítica dos autores ao seu uso como modelo descritivo da tomada de decisão:

> The use of a normative analysis to predict and explain behavior is defended by several arguments. First, people are generally thought to be effective in pursuing their goals, particularly when they have the incentives and the opportunities to learn from experience. It seems reasonable, then to describe choice as a maximization process. Second, competition favors rational individuals and organizations. Optimal decisions increases the chances of survival in a competitive environment, and a minority of rational individuals can sometimes rationality in the whole market. Third, the intuitive appeal of the axioms of rational choice makes it possible that the theory derived from these axioms should provide an acceptable account of choice behavior [...]. In spite of these a priori arguments, the logic of choice does not provide an adequate foundation for a descriptive theory of decision making. We

6. TVERSKY, Amos; KAHNEMAN, Daniel. Judgement under uncertainty: heuristics and biases, *Science*, v. 185, n. 4157, p. 1124-1131.
7. KAHNEMAN, Daniel; TVERSKY, Amos. Prospect theory: an analysis of decision under risk, *Econometrica*, v. 47, p. 263-291.
8. Tema central do modelo econômico neoclássico, assunto abordado no Capítulo 1. Contudo, há que se dizer que os autores não afirmam pretender romper com o paradigma da racionalidade. De fato, eles consideram o ferramental H&B útil por justamente permitir estudar violações do comportamento racional sem que se rompa com esse paradigma.
9. AMOS, Tversky; KAHNEMAN, Daniel. Rational choice and the framing of decisions, *Journal of Business*, v. 59, n. 4; AMOS, Tversky; KAHNEMAN, Daniel. *Choices, values and frames*, p. 209.

> argue that the deviations of actual behavior from the normative model are too widespread to be ignored, too systematic to be dismissed as random error, and too fundamental to be accommodated by relaxing the normative system.[10]

O trabalho de 1979 descreve, assim, diversas categorias de problemas de escolha nas quais as preferências dos indivíduos sistematicamente violam os axiomas da teoria da utilidade esperada.[11]

Em Microeconomia,[12] as preferências do consumidor são *completas* (sempre é possível para o agente comparar suas opções), *reflexivas* (todas as opções são tão boas quanto elas mesmas) e *transitivas* (se a opção A é preferível a B, e B é preferível a C, logo A é preferível a C). Esses axiomas pressupõem que haja consistência nas preferências dos consumidores e, em última análise, resumem algumas das premissas básicas de um comportamento econômico racional.

De acordo com essa teoria, ao se deparar com uma escolha, o agente realiza um rápido estudo probabilístico combinando cada opção possível a um resultado (*outcome*) e, com base nas preferências mencionadas acima[13] (e,

---

10. AMOS, Tversky; KAHNEMAN, Daniel. Rational choice and the framing of decisions, *Journal of Business*, v. 59, n. 4; AMOS, Tversky; KAHNEMAN, Daniel. *Choices, values and frames*, p. 210.
11. Seriam estes: cancelamento, transitividade, dominância e invariância (AMOS, Tversky; KAHNEMAN, Daniel. Rational choice and the framing of decisions, *Journal of Business*, v. 59, n. 4; AMOS, Tversky; KAHNEMAN, Daniel. *Choices, values and frames*, p. 221).
12. Esta formulação faz parte da chamada teoria do consumidor, que é a formulação neoclássica básica para o estudo da tomada de decisão. Seus axiomas, embora numa formulação mais simplificada, são consistentes e ajudam a ilustrar o paradigma de escolha racional (VARIAN, Hal R. Op. cit.). A teoria de escolha racional tem fortes repercussões também na Sociologia, sendo um arcabouço utilizado para a compreensão e, frequentemente, para a quantificação do comportamento econômico e social. Ao menos no campo da microeconomia, é uma perspectiva predominante. A racionalidade, sob esse paradigma, leva os agentes a escolher a melhor opção de acordo com preferências estáveis e algumas restrições (como a orçamentária). Os modelos de escolha racional, muitas vezes, adotam a ideia de individualismo metodológico (i.e., a premissa de que as situações sociais ou os comportamentos coletivos são resultado de ações individuais). (Coleman, James S. Social capital in the creation of human capital, *The American Journal of Sociology*, v. 94, p. 95-120; idem. *Foundations of social theory;* Coleman, James S.; FARARO, Thomas J. *Rational choice theory*).
13. Dependendo da formulação do modelo, as preferências podem ser descritas de outra forma.

dependendo da formulação do modelo, adicionando algumas outras), toma, racionalmente, a sua decisão. O agente econômico deriva a utilidade proporcionada por cada uma das opções e, combinando essas duas análises (probabilística e de utilidade), faz a sua opção. A escolha do agente é sempre aquela que oferece a combinação ótima entre probabilidade e utilidade.

Entretanto, cálculos de probabilidade e *multiattribute utility* (isto é, avaliação da utilidade de escolhas que possuam diversas características) podem ser julgamentos de alto nível de complexidade. Segundo esse paradigma de escolha racional, as pessoas, sempre que tomam decisões, realizam tais processos complexos e o fazem com destreza. Esta última premissa é contestada pelo H&B.

De fato, não é difícil observar que essa é uma assunção por demais rigorosa; é exigir demais dos agentes. Até mesmo porque, embora os proponentes da escolha racional admitam que as pessoas cometem erros de avaliação, tais erros, para eles, seriam aleatórios, assistemáticos, não passíveis de modelagem ou correção, devendo ser desprezados. O modelo neoclássico assume que o ator racional seguirá as regras elementares de probabilidade quando formar seu convencimento acerca das questões de sua vida cotidiana. Entretanto, fica a pergunta: os agentes de fato se atêm a todo tempo aos axiomas da racionalidade formal? A resposta que se obtém sob a ótica H&B é negativa. Os indivíduos violam esses axiomas de modo previsível e sistemático.

E é sob a luz dessas considerações que Kahneman e Tversky argumentam que a teoria da utilidade esperada não é um modelo descritivo adequado, pois negligencia a ocorrência de erros no processo de escolha. E, a partir dessas críticas, os autores oferecem um programa alternativo de análise da tomada de decisão sob incerteza, fundamentado nos erros cometidos nesse processo. Essa visão alternativa compõe o que os autores denominam teoria do prospecto (*prospect theory*).

Em suma, a ideia central do programa de pesquisa *Heuristics & Biases*[14] é de que os agentes, ao tomarem decisões em ambientes de incerteza, frequen-

14. É relevante aqui demarcarmos o contexto em que esse programa se insere. Seria uma agenda de pesquisa na área de Economia Comportamental (*Behavioral Economics*). Em sua revisão sobre os possíveis pontos de encontro entre a Psicologia e a Economia, Bruno Frey e Alois Stutzer (op. cit.) destacam que a área de pesquisa conhecida como Economia Comportamental, que se dedica ao estudo das decisões econômicas, apesar de muito popular, é apenas uma das possibilidades de pesquisa interdisciplinar. Em sua classificação, Frey e Stutzer optam por dividir as interfaces entre Economia e Psicologia em quatro categorias: (a) anomalias, (b) experimentos; (c) motivação; e (d) felicidade. A proposta científica de Kah-

temente baseiam-se num conjunto heurístico limitado em detrimento de processos algorítmicos complexos. Ou seja, ao decidirem, utilizam regras simples (e suscetíveis a falhas) para tomar suas decisões: as heurísticas. Estas, normalmente, podem ser fontes de erros recorrentes: os vieses.

A introdução do paradigma H&B na pesquisa em Economia gerou repercussões bombásticas na comunidade científica,[15] visto que simultaneamente questionou a adequação descritiva de modelos ideais para a tomada de decisão e ofereceu uma alternativa que explicava o erro humano baseada em aspectos cognitivos, sem precisar invocar a ideia de irracionalidade imotivada. A primeira coletânea[16] de artigos fundamentados nessa perspectiva foi publicada em 1982, sob o título *Judgement under uncertainty: heuristics and biases*, fruto da expansão de um artigo de mesmo nome publicado na revista *Science* em 1974.[17]

Atualmente, como se observa nas obras mais recentes publicadas por Kahneman e outros pesquisadores ligados ao H&B, como Paul Slovic, Thomas Gilovich, Dale Griffin, Coling Camerer e Gerd Girenzer,[18] os estudos têm avançado no sentido de identificar novos vieses e até mesmo novas heurísticas.

---

neman e Tversky estaria situada no âmbito da pesquisa a respeito de anomalias. O programa H&B propôs uma alternativa à abordagem clássica de maximização subjetiva (e individual) da utilidade esperada. Apesar de largamente aplicada atualmente, tendo essa corrente sido agraciada com o Prêmio Nobel de Economia, as escolas de graduação em Ciência Econômica em sua maioria, não a incluem em sua grade curricular.

15. GILLOVICH, Thomas; GRIFFIN, Dale; Kahneman, Daniel (ed.). *Heuristics and biases: the psychology of intuitive judgement.*

16. TVERSKY, Amos; KAHNEMAN, Daniel. Judgement under uncertainty: heuristics and biases, *Science*, v. 185, n. 4157.

17. Idem, ibidem.

18. Faz-se uma menção ao pesquisador Gerd Girenzer, que, na verdade, tem linha própria de pesquisa e é um defensor das heurísticas. Ele as considera ferramentas rápidas e frugais que permitem ao homem adaptar-se ao seu meio ambiente: "These fast and frugal models are justified by their psyhcological plausibility and separatedness to natural environments. For example, the real world provides scarce only information, the real world forces us to rush when gathering and processing information, and the real world does not cut itself up into variables whose errors are independently normally distributed, as many optimal models assume" (GIRENZER, Gerd; CENZERLINSKI, Jean; MARTIGNON, Laura. How good are fast and frugal heuristics? In: GILLOVICH, Thomas; GRIFFIN, Dale; Kahneman, Daniel. *Heuristics and biases*, p. 559). Vide, para mais detalhes sobre essa abordagem: GIRENZER, Gerd; SELTEN, Reinhard. *Bounded rationality.*

Outros desenvolvimentos têm apontado a existência das chamadas *heurísticas afetivas*[19] e os efeitos heurísticos do *pensamento mágico*[20] como componentes importantes no julgamento dos agentes. Além disso, estudos acerca das falácias preditivas (*the planning falacy*)[21] ocorridas no planejamento dos agentes também têm ocupado a agenda em H&B. Outro desdobramento que merece destaque é a pesquisa sobre excesso de confiança ou otimismo.[22]

Outra tendência que se observa atualmente é a expansão do campo de aplicação do programa, refletida na multiplicação de experimentos empíricos em todo o mundo, nos mais diversos campos do conhecimento.

Cabe mencionar ainda que outros autores, como Richard Thaler,[23] têm mostrado recentes aplicações da Economia Comportamental e da Psicologia Econômica às políticas públicas, especialmente quanto à formulação de incentivos que induzam comportamentos socialmente mais benéficos.

---

19. Essa heurística informa sobre a importância do afeto na realização de julgamentos e decisões. Este é entendido como um sentimento ou estímulo positivo ou negativo vivenciado de forma consciente ou não pelos agentes. Observando-se que respostas afetivas ocorrem automática e rapidamente, o H&B considera que tomar decisões com base nesse afeto é o que se denomina heurística afetiva (SLOVIC, Paul; FINUCANE, Melissa; PETERS, Ellen; MacGREGOR, Donald G. The affect heuristic. In: GILLOVICH, Thomas; GRIFFIN, Dale; KAHNEMAN, Daniel. *Heuristics and biases*, p. 397; SCHWARZ, Norbert. Feelings as information: moods influence judgement and processing strategies. In: GILLOVICH, Thomas; GRIFFIN, Dale; KAHNEMAN, Daniel. *Heuristics and biases*, p. 534).
20. Seria a transposição da ideia da Psicologia de *pensamento mágico* ao programa H&B, no sentido de quais pensamentos promovem crenças a respeito do mundo que geralmente são contrárias às crenças científicas em voga. Vide, nesse sentido, um estudo sobre uma das modalidades de pensamento mágico: "the sympathetic magical thinking" (ROZIN, Paul; NEMEROFF, Carol. Sympathetic magical thinking: the contagion and similarity heuristics. In: GILLOVICH, Thomas; GRIFFIN, Dale; KAHNEMAN, Daniel. *Heuristics and biases*, p. 201).
21. Vide: BUEHLER, Roger; GRIFFIN, Dale; ROSS, Michael. Inside the planning fallacy: the causes and consequences of optimistic time predictions. In: GILLOVICH, Thomas; GRIFFIN, Dale; KAHNEMAN, Daniel. *Heuristics and biases*, p. 250-291.
22. Vide, por exemplo: ARMOR, David A.; TAYLOR, Shelley E. When predictions fail: the dilemma of unrealistic optimism. In: GILLOVICH, Thomas; GRIFFIN, Dale; KAHNEMAN, Daniel. *Heuristics and biases*, p. 334-347.
23. SUNSTEIN, Cass R.; THALER, Richard H. *Nudge: improving decisions about health, wealth and happiness.* Vide ainda um trabalho mais acadêmico do autor sobre racionalidade: THALER, Richard. *Quasi rational economics.*

O trabalho desenvolvido por Thaler, um expoente da Economia Comportamental, mereceria um capítulo à parte. Em seu recente trabalho, em parceria com Cass Sustein, ele contribui com a ideia de *nudge*, que seriam pequenos "empurrões", mediante os quais o legislador auxilia os agentes a tomar decisões melhores.

É o que o autor chama de "paternalismo libertário" (*libertarian paternalism*). Isto significa que, ao conhecer os erros praticados pelos agentes, o Estado pode, sutilmente, auxiliar a evitá-los.[24] Assim os autores definem *nudge*:

> A nudge as we will use the term, is any aspect of the choice architecture that alters people's behavior in a predictable way without forbidding any options or significantly changing their economic incentives. To count as a mere nudge, the intervention must be easy and cheap to avoid. Nudges are not mandates. Putting the fruit at the eye level counts as nudge. Banning junk food does not.[25]

Apesar de também poder ser aplicada pela iniciativa privada, a ideia de *nudge* relaciona-se fortemente com a formulação de políticas públicas. Esta é uma dimensão mais recente e importante da aplicação do H&B, que passa a ter um propósito de mudança social além da descrição estritamente científica.

Realizada esta breve digressão, adentra-se o universo das heurísticas e dos vieses, que representam o âmago do programa H&B.

2.1 A estrutura básica[26] do programa H&B

Esta seção detalha, enfim, em que consiste o paradigma H&B. Duas das principais proposições do programa são que (i) os agentes lançam mão de um

24. "The libertarian aspects of our strategies lies in the straightforward insistence that, in general, people should be free to do what they like – and to opt out of undesirable arrangements if they want to do so. To borrow a phrase from the late Milton Friedman, libertarian paternalists urge that 'people should be free to choose'. We strive to design policies that maintain or increase freedom of choice. When we use the term 'libertarian' to modify the word 'paternalism', we simply mean liberty-preserving. And when we say liberty preserving, we really mean it. Libertarian paternalists want to make it easy for people to go their own way; they do not want to burden those who want to exercise their freedom" (SUNSTEIN, Cass R.; THALER, Richard H. *Nudge: improving decisions about health, wealth and happiness*, p. 5).
25. Idem, ibidem, p. 6.
26. Note-se que, desde a publicação desse artigo, a agenda do programa H&B ganhou detalhamento e mais embasamento empírico, por isso diz-se estrutura "básica". Hoje há vieses e heurísticas adicionais. Escolheu-se, contudo, essa classificação

número limitado de "regras de bolso" para simplificar seu processo deliberativo (as chamadas heurísticas), que funcionam como verdadeiros atalhos decisórios, e (ii) essas heurísticas são muito úteis, mas, frequentemente, conduzem a erros sistemáticos.[27]

É possível estabelecer uma comparação entre a avaliação de probabilidades e as avaliações que são feitas da distância e do tamanho dos objetos, e ambas podem ser julgadas de forma equivocada.[28]

Essa ideia fica clara no seguinte exemplo fornecido por Kahneman e Tversky:[29] Um navegante avista um farol em alto-mar e faz uma avaliação sobre distância deste em relação ao barco sob seu comando. O dia está nublado e, possivelmente, em razão disso, ele superestima a distância avaliada, algo que possivelmente não ocorreria se a visibilidade fosse melhor.

O que ocorre neste exemplo é a utilização do navegante de uma heurística em muitos casos eficaz. Trata-se da regra de que a nitidez é positivamente relacionada à distância de um objeto. Contudo, essa regra não inclui outros fatores, por exemplo as condições climáticas. A desconsideração de outros fatores como consequência da simplificação heurística torna a estimativa sujeita a erros (os vieses).

Ao erro que causa a distorção no processo cognitivo dá-se a denominação de *bias*; em português, viés. No exemplo concreto, a distância entre o farol e o navegador é sempre a mesma, apesar das condições do tempo. A neblina (e a sua desconsideração por parte do navegante) é o elemento que distorce o processo cognitivo do sujeito, afastando-o do julgamento preciso.[30]

Em razão da sua elevada abstração e de questões probabilísticas por vezes complexas, a pesquisa empírica é de extrema importância no programa H&B para a compreensão e verificação de suas proposições. De fato, torna-se muito mais fácil compreender as heurísticas e seus respectivos vieses mediante a

---

inicial por ser sucinta e constituir a base das ramificações hoje existentes nesse programa.

27. KAHNEMAN, Daniel; SLOVIC, Paul; TVERSKY, Amos. *Judgement under uncertainty*: heuristics and biases.

28. "The subjective assessment of probability resembles the subjective assessment of physical quantities such as distance or size. These judgements are all based on data of limited validity, which are processed according to heuristic rules" (Idem, ibidem, p. 3).

29. Idem, ibidem, p. 3.

30. O conceito de julgamento preciso tem correspondência mais direta no campo das ciências naturais. É preciso relativizar esse conceito no campo das ciências humanas, em que o espaço para a interpretação é mais amplo.

análise de situações reais, especialmente para pesquisadores que pertencem à área quantitativa.

Além do método quantitativo, é bastante comum em sede de H&B a realização de experimentos que simulam problemas reais de escolha, para que, dessa forma, se observe, na prática, o comportamento dos agentes. Apesar das limitações da pesquisa experimental, por seu caráter controlado permite isolar determinados efeitos, propiciando aos pesquisadores observar a reação dos indivíduos à introdução de determinado elementos, por exemplo, alterando a maneira de formular as questões (este é o caso da moldura, *framing*, mais bem detalhada mais adiante neste capítulo).

É importante ressaltar que os resultados dos diversos estudos mostraram que tanto agentes leigos quanto agentes bastante habilitados para responder aos testes propostos incorrem em vieses (normalmente os testes são aplicados em agentes que têm familiaridade com a teoria das probabilidades matemáticas e estudos estatísticos).[31] Inclusive se recomenda que o estudo reúna agentes com conhecimento na matéria tratada no experimento para evitar a justificativa de erros por conta de falta de informação técnica adequada. No âmbito do H&B, nota-se que, mesmo que a assimetria informacional pareça ser dirimida por conta do nível de especialidade técnica dos agentes, estes continuam decidindo de forma equivocada.

Cabe esclarecer que se assumem "equivocadas" as impressões ou julgamentos que, *ex post*, não correspondem à realidade dos fatos ou a determinada regra aceita de lógica, aritmética ou estatística. Por exemplo, predições sobre a volatilidade de um ativo, o resultado de uma eleição ou a cotação de uma determinada moeda podem ser errôneos se diferirem do resultado real dos eventos.

Sendo assim, o programa H&B procura apresentar e identificar, para fins de análise cognitiva, (a) processos heurísticos recorrentemente utilizados pelos agentes (heurísticas) e (b) vieses recorrentemente relacionados a esses processos. Vejamos agora as heurísticas básicas e seus principais vieses, conforme classificados no artigo "Judgement under uncertainty: heuristics and biases", de 1974.

*2.1.1 Heurística de representatividade (*representativeness*)*

Um dos atalhos mentais utilizados pelos agentes para formar seu convencimento é a heurística de representatividade, segundo a qual um evento é considerado provável quando é representativo de toda uma *classe* de eventos.

31. Na proposta empírica desta obra, pretendemos entrevistar agentes familiarizados com o ambiente jurídico de investimentos internacionais.

As pessoas tendem a ordenar probabilidade e similaridade da mesma forma. Por exemplo, caso um indivíduo *pareça* representativo de determinada classe, torna-se *provável* para o sujeito cognoscente que se guia por essa heurística que ele *pertença* a essa categoria de eventos.

Essa heurística gera facilidades nas decisões corriqueiras, mas pode levar a sérios problemas. De acordo com o H&B, esse tipo de avaliação a respeito da probabilidade de determinados eventos leva a erros graves, uma vez que o processo heurístico baseado em similaridade ou representatividade não considera diversos fatores que deveriam afetar os julgamentos dos agentes.

Em situações em que a representatividade é exercida mediante o uso de um estereótipo negativo, ocorre o que coloquialmente se denomina *preconceito*. Nesses casos, são atribuídas a um indivíduo ou evento características ou comportamentos negativos, com base no estereótipo.

A heurística de representatividade apresenta características similares, dependendo do caso, às da analogia e da generalização, de modo que conclusões acerca de um evento específico são extrapoladas a toda uma categoria de eventos, bem como a seus componentes.

No artigo de 1974,[32] o exemplo é Steve, descrito por um antigo vizinho como uma pessoa muito tímida e introvertida, invariavelmente solícita, mas com pouco interesse em pessoas ou no mundo concreto. Detentor de uma alma dócil e ordeira, Steve tem necessidade de organização e estrutura, além de paixão por detalhes. Eis a questão apresentada aos respondentes: qual seria a ocupação mais provável de Steve? De acordo com a heurística de representatividade, considerando que a descrição é muito mais próxima do estereótipo popular de um bibliotecário do que de um publicitário, por exemplo, as pessoas tendem a julgar que Steve é, provavelmente, pertencente à primeira categoria.

Na literatura, Sherlock Holmes exercia de forma recorrente a heurística de representatividade, sempre com êxito, como é possível aos heróis da ficção. No trecho abaixo, ele explica ao Dr. Watson como chegou à conclusão de que um desconhecido que observara apenas durante segundos ao longe, de sua janela, seria, como constatariam depois, um sargento da reserva dos Fuzileiros Navais:

> *Sherlock Holmes*: – Então você não foi capaz de perceber que aquele homem era um sargento da reserva dos Fuzileiros Navais?
>
> *Dr. Watson*: – Não, de forma alguma.

32. TVERSKY, Amos; KAHNEMAN, Daniel. Judgement under uncertainty: heuristics and biases, *Science*, v. 185, n. 4157.

Sherlock Holmes: – Foi mais fácil obter essa informação do que explicar como foi que a obtive. Se lhe pedissem que provasse que dois mais dois são quatro, você teria talvez alguma dificuldade, apesar de não ter dúvidas a respeito do fato. Mesmo do outro lado da rua pude ver uma grande âncora azul tatuada nas costas da mão do sujeito. Essa tatuagem lembrava o mar. Ele tinha uma postura militar, porém as costeletas regulamentares. Aí se via o fuzileiro naval. Era um homem com alguma dose de dignidade e um certo ar de comando. Você deve ter observado o modo como ele mantinha a cabeça e balançava a bengala. Um homem de meia-idade, sóbrio e respeitável, também diante das circunstâncias. Todos esses fatos me levaram a acreditar que ele fora um sargento.

Dr. Watson: – Maravilhoso![33]

Nesse exemplo, o famoso detetive recorre mentalmente a um estereótipo do que seria um oficial da reserva dos Fuzileiros Navais. Em razão da similaridade que o indivíduo apresentou em relação a esse estereótipo, Holmes concluiu que ele pertencia de fato a essa classe de oficiais.

Outro exemplo possível seria a avaliação do risco de investimento associado ao Brasil. Leva-se em conta um modelo (estereótipo) de país emergente. Logo, ao perceber e quantificar o risco associado ao Brasil, um agente toma em consideração o estereótipo do que seria um país inadimplente. Dependendo de seu conjunto de informações, o avaliador verificará em que medida o Brasil é representativo desse estereótipo.

De fato, em 2009, em meio à turbulência gerada pela Crise de 2008, discutiu-se bastante se o Brasil seria capaz de se descolar do restante da economia e de seus parceiros, conseguindo manter seu padrão de crescimento e estabilidade econômica. Em termos de H&B, a discussão subjacente é se o Brasil, na visão do mercado internacional, deixaria de ser representativo da classe emergente, estereotipada como países de economia frágil e com alto grau de vulnerabilidade externa.

No momento em que este trabalho é elaborado, analistas de mercado destacam a ocorrência do fenômeno chamado *decoupling* (descolamento, desacoplamento). O termo designa justamente a independência de desempenho econômico de um país em relação aos demais. Aplicou-se essa expressão para caracterizar a resistência da economia brasileira, em termos de estabilidade econômica e manutenção do ciclo de crescimento, à Crise de 2008. Até algum tempo atrás, imaginava-se que o comportamento da economia brasileira, num cenário de crise, seguiria o das economias líderes.

33. CONAN DOYLE, Sir Arthur. *Um estudo em vermelho*, p. 30.

Pode-se lançar uma hipótese para a explicação do fenômeno: a ocorrência de um aprimoramento heurístico dos investidores estrangeiros. O *decoupling* mostrou que os agentes, pautados em informações mais completas, puderam contornar algumas armadilhas da representatividade, dissociando o Brasil, cuja economia ia bem, dos demais países, que enfrentavam severos problemas. Os analistas internacionais parecem ter conseguido analisar os países chamados emergentes mais profundamente, com maior independência (descolamento) dos estereótipos vigentes.

Contudo, para evitar conclusões impróprias, há de se fazer algumas considerações. Em primeiro lugar, é possível que dessa vez tenham existido *fundamentos concretos* diversos das conjunturas anteriores que indiquem realmente uma diferença significativa entre a economia brasileira e as demais. Talvez, em outras crises mundiais, não houvesse tantas razões concretas para crer que o Brasil teria comportamento diferenciado durante a crise.

Além disso, há de refletir sobre os motivos que teriam levado os agentes econômicos internacionais a, aparentemente, sofisticar seus processos heurísticos e optar por uma análise mais detida das condições econômicas do Brasil em meio à crise (em vez de escolher pela generalização).

A maior razão talvez seja a necessidade. Considerando que os mercados historicamente maduros e estáveis (como o americano e o europeu) estavam submersos durante a crise, oferecendo baixos retornos e pouca segurança, os analistas precisavam confiar em alguém. Havia a necessidade de que os relatórios recomendassem algum destino de investimento alternativo para os capitais internacionais. Felizmente, o Brasil (bem como alguns outros países, por exemplo Rússia, Índia e China, os "Brics") estava "no local certo, na hora exata".[34] Talvez esse aprimoramento da heurística tenha sido incentivado pelas

34. No momento da elaboração desta obra, o Brasil, em pouco mais de seis meses, recebeu a terceira nota de *Investment Grade* (conferida pela Agência Moody's), foi escolhido como sede para a Copa do Mundo de 2014, para as Olimpíadas de 2016, e tem atuado como mediador em conflitos internacionais, como a crise política hondurenha (*Brazil takes off, The Economist, 12 nov. 2009)*. Segundo o jargão do mercado financeiro, o *investment grade* corresponde à classificação de risco, atribuída a títulos com baixo risco de indadimplência *(default)*, adequadas garantias e reduzida vulnerabilidade a fatores de perturbação externos. No caso do Brasil, os títulos ditos "soberanos", ou seja, emitidos pelo governo brasileiro, obtiveram recentemente essa classificação das três maiores agências do mundo: Standard & Poor's e Fitch. A obtenção dessa classificação é considerada relevante, pois diversos investidores ao redor do mundo se baseiam nas agências de *rating* para escolher os mercados a que destinarão os seus recursos. Alguns investidores, como certos fundos de pensão, possuem restrições em seus estatutos quanto ao

circunstâncias econômicas. Em outras palavras, é possível que o mundo financeiro tenha tido a necessidade de olhar com mais atenção para mercados alternativos, para tentar fazer deles um destino possível para seus investimentos.

Outra explicação plausível é de que talvez o estereótipo de país emergente aplicável ao Brasil utilizado pelos agentes seja diferente daquele utilizado em épocas anteriores. É possível que hoje, se caracterizado como país emergente, não implique tantas qualidades negativas quanto em outros períodos.

Vistos os aspectos definidores da heurística da representatividade, analisemos os principais vieses a ela relacionados: *insensibilidade a resultados pretéritos*; *insensibilidade ao tamanho da amostra*; *insensibilidade à previsibilidade de eventos*; *ilusão de validade;* e *concepções equivocadas de regressão.*

2.1.1.1 *Insensibilidade a resultados pretéritos (*insensitivity to prior probability of outcomes*)*

O primeiro viés identificado no processo heurístico da representatividade é o pouco ou nenhum efeito que as frequências relacionadas a eventos pretéritos exercem na formação do convencimento dos agentes. Em outros termos, não se leva em consideração o comportamento pretérito de determinado evento com precisão.

Num exemplo concreto, um investidor avalia os riscos de aplicar seus recursos no Brasil. Ao utilizar a heurística da disponibilidade, ele poderá incorrer no erro de ignorar o histórico do País em relação às proteções jurídicas concedidas ao investimento estrangeiro. E, ao negligenciar essa informação, pode subestimar ou superestimar a sua avaliação de risco.

2.1.1.2 *Insensibilidade ao tamanho da amostra (*insensitivity to sample size*)*

As pessoas tendem a reproduzir o julgamento probabilístico que fazem de uma classe de eventos a uma amostra específica, sem levar em consideração que o tamanho dessa amostra pode afetar as probabilidades que lhe são inerentes.

O experimento realizado por Kahneman e Tversky[35] junto a um grupo de estudantes universitários exemplifica bem a ideia. A questão fática propos-

---

tipo de mercado em que podem investir; alguns só podem realizar transações em países considerados *Investment Grade*. Portanto, ao receber essa nota, o Brasil ampliou as suas oportunidades como receptor de investimentos estrangeiros.

35. TVERSKY, Amos; KAHNEMAN, Daniel. Judgement under uncertainty: heuristics and biases, *Science*, v. 185, n. 4157, p. 1125.

ta era a seguinte: uma cidade era atendida por dois hospitais; em um, maior, 45 bebês nasciam por dia; em outro, menor, apenas 15. Embora, em média, 50% dos recém-nascidos no mundo sejam meninos, variações nessa proporção podem ocorrer em alguns dos dias. Perguntou-se aos estudantes de uma universidade americana em que hospital (no maior ou no menor) se verificaria a maior ocorrência de dias em que a média dos recém-nascidos se afasta dos 50% para ambos os sexos.

A maioria dos respondentes concluiu que a proporção de dias não equilibrados seria a mesma para os dois hospitais, independentemente de seu tamanho. Contudo, o correto seria afirmar que o hospital *menor* teria mais chances de que isso ocorresse.

A resposta da maioria dos estudantes implica erro, uma violação da teoria amostral em estatística, a qual ensina que grandes amostras tendem a se aproximar dos valores médios da população geral. Como isso é um gradiente, a probabilidade variará de acordo com o tamanho da amostra. Logo, por ter uma amostra mais ampla, o hospital maior teria mais chances de se aproximar da média da população. Considerando que as pessoas simplesmente tomam a parte pelo todo (e vice-versa) quando utilizam a representatividade como atalho mental, atribuem a mesma probabilidade da classe de eventos a uma amostra particular, independentemente de seu tamanho.

Trazendo esse viés para o campo empírico deste trabalho, suponha-se que o investidor estrangeiro considere que a morosidade do Judiciário afeta de forma determinante a sua confiança no Brasil. Para fazer essa análise, ele, provavelmente, procurará estatísticas que lhe digam, em média, quanto tempo um conflito demora a ser solucionado no País.

Considerando que o número de potenciais litígios envolvendo o investidor (mesmo que se trate de um grande empreendimento) é ínfimo em relação à quantidade de casos que geraram a estatística de prazo de soluções de conflitos no Brasil, a sua avaliação sobre morosidade possivelmente pode ser superestimada ou subestimada em relação ao que pode ocorrer em sua situação particular. As amostras, o universo de casos envolvendo o investidor e a média brasileira possuem grandezas distintas. Logo, em decorrência do viés associado ao uso da representatividade, a morosidade do Judiciário talvez tenha maior peso na avaliação particular de um investidor do que deveria.

*2.1.1.3 Viés de insensibilidade à previsibilidade de eventos (*insensitivity to predictability*)*

Esse viés determina que muitas vezes, ao elaborar previsões, os agentes recebem informações que não deveriam afetar suas previsões, mas que acabam afetando-as. Isso ocorre por dois tipos de omissão associadas ao uso da representatividade: (a) o agente não critica a confiabilidade da informação e (b) o agente não pondera sobre a real relevância da informação para o evento a ser previsto.

O exemplo fornecido é o da predição dos lucros de uma companhia. O agente, antes de realizar suas previsões, recebe um conjunto de informações sobre a empresa. Ao se basear na heurística da representatividade, acaba deixando-se levar pelo tom (positivo ou negativo) da informação recebida, mesmo sem criticar se essa informação é confiável e se ela de fato influencia no evento que se tenta prever. Tais omissões compõem o chamado viés de previsibilidade de eventos.

> Suppose one is given a description of a company and is asked to predict its future profit. If the description of the company is very favorable, a very high profit will appear most representative of that description; if the description is mediocre, a mediocre performance will appear most representative. The degree to which the description is favorable is unaffected by the reliability of that description or by the degree to which it permits accurate prediction. Hence, if people predict solely in terms of favorableness of the description, their predictions will be insensitive to the reliability of the evidence and to the expected accuracy of the prediction.[36]

O viés de insensibilidade fere a ideia de que (a) aferir a origem dessas informações subjacentes é imprescindível para a uma avaliação precisa e (b), na ausência de resultados sobre a perspectiva de lucros dessa companhia na descrição fornecida, não se poderia atribuir nada diferente (ou superior) do que fosse projetado para qualquer outra empresa a esse respeito.

No campo de avaliação do Brasil por parte do investidor estrangeiro, este se apoia muito nas previsões elaboradas pelas agências de classificação de risco (*rating agencies*), sem necessariamente confirmar a origem das informações. Em razão de as agências na maior parte do mundo até hoje não serem reguladas, não há uma instância formal de (re)checagem dessas informações.

O investidor terá uma tendência a perceber determinados elementos da mesma forma que lhe são descritos ou segundo o tipo de informação a que tem acesso.

Isto é, mesmo que a informação contida no relatório da agência não seja especificamente sobre o elemento que o preocupa, se for genericamente positiva acabará gerando uma perspectiva positiva sobre o elemento-chave de sua preo-

---

36. KAHNEMAN, Daniel; SLOVIC, Paul; TVERSKY, Amos. *Judgement under uncertainty*: heuristics and biases, p. 8.

cupação, muito embora não tenha recebido subsídios específicos nesse sentido. Considerando que as agências normalmente emitem uma nota "global" por país, variáveis jurídicas e econômicas acabam por ser indistintamente julgadas, e esse julgamento, por sua vez, é repassado sem desmembramento ao investidor.

*2.1.1.4 Ilusão da validade (*illusion of validity*)*

As pessoas frequentemente fazem predições selecionando um resultado que seja mais representativo do subsídio (descrição) recebido, sem levar em consideração a qualidade dessa informação. Sentem-se mais seguras em suas predições quando o evento avaliado é bastante representativo do estereótipo de toda uma classe de eventos, independentemente de a descrição ser rasa, não confiável ou desatualizada.

Nas situações em que os agentes confiam em suas predições por conta da força do vínculo existente entre o resultado previsto e a descrição fornecida, independentemente da origem dessa descrição, ocorre a denominada ilusão de validade. De forma coloquial, quando os fatos parecem aderir ao estereótipo que o agente tem em mente, ele tende a crer que fez o julgamento correto, não realizando uma segunda checagem desse julgamento.

O fenômeno de *overconfidence* ou confiança excessiva está relacionado a esse viés. Ao confiarem demais, os agentes tendem a superestimar seu próprio julgamento. Kahneman e Tversky demonstram que em muitos casos os indivíduos formam seu convencimento ao receber determinadas informações e só então ajustam essa avaliação de acordo com a sua solidez, analisando, por exemplo, se a fonte de tais informações possui credibilidade. Como o ajustamento da avaliação inicial costuma ser insuficiente, a ordem dos fatores acaba alterando o resultado. A confiança excessiva é presente em boa parte da população e merece atenção:

> Although overconfidence is not universal, it is prevalent, often massive, and difficult to eliminate. This phenomenon is significant not only because it demonstrates the discrepancy between intuitive judgement and the laws of chance, but primarily because confidence controls action. It has been argued that overconfidence (like optimism) – is adaptive because it makes people feel good and moves them to do things that they would not have done otherwise. The benefits, however, may be purchased at a high price. Overconfidence in the diagnosis of a patient, the outcome of a trial, or the projected interest rate could lead to inappropriate medical treatment, bad legal advice, and regrettable financial investments. It can be argue that people's willingness to engage in military legal, and other costly battles would be reduced of they

> had a more realistic assessment of their chances of success. We doubt that the benefits of overconfidence outweigh its costs.[37]

Apesar de estar sendo citado junto ao viés de validade (que implica excesso de otimismo de maneira recorrente), o fenômeno de confiança excessiva pode estar associado às demais heurísticas e vieses. Até mesmo porque, ao utilizar esses atalhos mentais, o agente tem a sensação de ter aplicado um método rápido, simples e eficaz de raciocínio, tornando-se extremamente confiante quanto à sua avaliação dos fatos.

2.1.1.5 Concepções equivocadas de regressão (misconceptions of regression)

Os agentes frequentemente incorrem em erros quando analisam intuitivamente o nexo causal – relação de causa e efeito – entre dois eventos. Em razão da heurística de representatividade, os agentes, ao fazer predições, acabam reproduzindo eventuais distorções existentes entre o evento verificado e a média da *classe* de eventos a que este pertence.

Kahneman e Tversky citam como exemplo a previsão da altura de uma criança recém-nascida. Ao receber a informação de que os pais da criança são muito baixos (30% abaixo da média da população mundial), os respondentes têm tendência a afirmar que essa criança terá estatura também 30% mais baixa que a média da população mundial.[38]

A conclusão mostra-se errônea, visto que a altura não é característica totalmente transferida pela herança genética. Na verdade, por conta do fenômeno estatístico da regressão para a média, existe uma tendência de que as crianças nascidas desse casal sejam mais próximas à média da população mundial, isto é, nasçam mais altas que seus pais.

Como mencionado no parágrafo acima, essa intuição equivocada fere um princípio estatístico conhecido como *regression toward the mean* (regressão para a média), que significa que uma sequência de eventos ruins tende a ser seguida por um evento de melhor desempenho, de forma que bons e maus resultados propendem a se intercalar. É uma tendência dos agentes atribuir uma causa espúria para essa melhora (ou piora) sequencial. Nas palavras de Kahneman e Tversky:

---

37. KAHNEMAN, Daniel; TVERSKY, Amos. The weighing of evidence and the determinants of confidence. In: GILLOVICH, Thomas; GRIFFIN, Dale; KAHNEMAN, Daniel. *Heuristics and biases*, p. 248-249.
38. Idem, ibidem, p. 1126.

> In the normal course of life, one encounters many instances of regression toward the mean,[39] in the comparison of height of fathers and sons, the intelligence of husbands and wives or of the performance of individuals, on consecutive examinations. Nevertheless, people do not develop correct intuitions about this phenomenon. First they do not expect regression in many contexts where it is bound to occur. Second, when they recognize the occurrence of regression, they often invent spurious causal explanations of it. We suggest that the phenomenon of regression remains elusive because it is incompatible with the belief that the predicted outcome should be maximally representative of the input, and hence that the value of the outcome variable, should be as extreme as the value of the input variable.[40]

Um outro exemplo formulado por Kahneman e Tversky diz respeito ao treinamento dos alunos de voo e ilustra as consequências deletérias do viés de regressão:

> In a discussion of flight training, experienced instructors noted that praise for an exceptionally smooth landing is typically followed by a poorer landing on the next try. The instructors concluded that verbal rewards are detrimental to learning while verbal punishments are benefitial, contrary to accepted psychological doctrine. This conclusion is unwarranted because of the regression toward the mean. As in other cases of repeated examination, an improvement will usually follow a poor performance and a deterioration will usually follow an outstanding performance, even if the instructor had praised their trainees after good landings and admonished them after poor ones, they reached the erroneous and potentially harmful conclusion that punishment is more effective than reward.[41]

39. *Regression toward the mean* ou regressão para a média é um princípio estatístico que afirma que os valores, que numa primeira medição se mostraram extremos, numa segunda medição tendem a estar mais próximos da média da população. Muitas vezes, ao não se considerar esse princípio, as pessoas tendem a atribuir causas espúrias para essa variação (regressão). Em outras palavras: "regression to the mean (RTM) is a statistical phenomenon that can make natural variation in repeated data look like real change. It happens when unusually large or small measurements tend to be followed by measurements that are closer to the mean" (BARNETT, Adrian G.; VAN DER POLS, Jolieke C.; DOBSON, Annette J. *Regression to the mean: what is and how to deal with it*. Disponível em: <http://ije.oxfordjournals.org/cgi/reprint/34/1/215>. Acesso em: 20 jan. 2001).
40. TVERSKY, Amos; KAHNEMAN, Daniel. Judgement under uncertainty: heuristics and biases, *Science*, v. 185, n. 4157, p. 1126.
41. KAHNEMAN, Daniel; SLOVIC, Paul; TVERSKY, Amos. *Judgement under uncertainty*: heuristics and biases, p. 10.

No campo empírico da regulação de investimentos estrangeiros, é possível formular um exemplo. Imagine-se uma nova regra de prevenção à lavagem de dinheiro que cria procedimentos mais rígidos quanto à verificação dos beneficiários finais dos investimentos realizados no País. Em teoria, essa legislação representaria mais um obstáculo à entrada de recursos.

Ao analisar a eficácia dessa norma, um grupo de analistas em políticas públicas nota, nos dois meses subsequentes à edição da regra, uma queda no influxo de capitais estrangeiros. Investigando causas para tal redução, observam que no período nenhuma outra norma relevante aos investidores internacionais foi editada e tampouco houve significativas alterações no cenário econômico internacional que justificassem essa diminuição na entrada de recursos, que vinha numa sequência de altas. Passam a concluir os analistas que o evento tem como causa a nova norma de prevenção à lavagem de dinheiro.

Contudo, com base nesse viés de regressão, os agentes incorrem em erro por não avaliarem adequadamente o fato de que, se o fluxo de entrada está acima da média dos recursos recebidos pelo País (anualmente, por exemplo), há a possibilidade de que a queda se justifique simplesmente pela aproximação desses valores à média de investimentos recebidos. Assim, a nova legislação verificou-se, no exemplo em tela, ser uma justificativa inadequada à variação do nível de investimentos. De fato, no terceiro mês de avaliação, os níveis de investimento voltaram aos patamares anteriores à edição da norma.

2.1.2 Heurística da disponibilidade (availability)

Segundo Kahneman e Tversky, as pessoas, por vezes,[42] avaliam a frequência de uma classe de eventos ou a probabilidade de um evento de acordo com a facilidade com a qual exemplos desses eventos são lembrados. Ilustrativamente, um indivíduo pode avaliar a probabilidade de que determinado empreendimento tenha problemas imaginando as várias dificuldades

42. "There are situations in which people assess the frequency of a class or the probability of an event by the ease with which instances or occurrences can be brought to mind. For example, one may assess the risk of heart attack among middle-aged people by recalling such occurrences among one's acquaintances. Similarly, one may evaluate the probability that a business venture will fail by imagining various difficulties it could encounter. This judgmental heuristic is called availability. Availability is a useful clue for assessing frequency or probability, because instances of large classes are usually reached better and faster than instances of less frequent classes. However, availability is affected by factors other than frequency and probability. Consequently, the reliance on availability leads to predictable biases" (KAHNEMAN, Daniel; SLOVIC, Paul; TVERSKY, Amos. *Judgement under uncertainty*: heuristics and biases, p. 11).

que poderia encontrar. Esse processo heurístico é chamado de "disponibilidade" e tem muita utilidade para a avaliação de frequência ou a probabilidade, uma vez que exemplos de classes mais numerosas são usualmente lembrados com mais facilidade e qualidade do que exemplos de classes pouco numerosas. No entanto, a disponibilidade mental de exemplos é afetada por outros fatores, que não a frequência e a probabilidade (e.g., a vivência pessoal dos agentes) e seria essa a fonte dos vieses descritos abaixo.

A utilização dessa heurística está sujeita a diversos tipos de vieses, podendo alguns deles ser associados à existência de elementos imponderáveis, de difícil acesso mental por parte dos agentes, os chamados "cisnes negros". Esses eventos, em regra, surpreendem toda a coletividade, independentemente do grau de informação (com isso queremos dizer que não se trata de um problema de assimetria informacional).

Como exemplo de "cisnes negros", citemos o surgimento de Adolf Hitler como líder político na Alemanha, os atentados terroristas de 11 de setembro de 2001 nos Estados Unidos, a Crise de 1929 e, com efeito mais local, os primeiros ataques da organização criminosa Primeiro Comando da Capital (PCC) em São Paulo. A expressão coloquial americana "I did not see that coming" reflete bem o sentimento dos agentes e seu despreparo ao se depararem e terem de enfrentar os efeitos causados por um "cisne negro". Ainda que houvesse um manancial de obras de ficção disponível (havia muitos filmes sobre atentados atingindo os Estados Unidos e muitas obras literárias sobre ditadores sanguinários, por exemplo), não ocorria aos agentes uma correta avaliação do risco de estarem sujeitos a eventos como esses na vida real.

São quatro os vieses associados à heurística da disponibilidade: *erros decorrentes da obtenção de exemplos*; *erros de imaginação*; *correlação ilusória;* e *erros referentes à efetividade do conjunto observado.*

2.1.2.1 *Erros decorrentes da obtenção de exemplos (*biases due to the retrievability of instances*)*

Esse viés ocorre nas situações em que um agente julga a probabilidade relacionada a uma classe de eventos com base na facilidade em que lhe ocorrem exemplos desta. Assim, uma classe cujos exemplos são facilmente obtidos parecerá mais numerosa do que uma classe de igual frequência, cujos exemplos sejam de difícil obtenção.[43]

Por exemplo, eventos presenciados (e não lidos na mídia) são mais fáceis de ser lembrados, pessoas famosas são mais marcantes que pessoas comuns,

43. KAHNEMAN, Daniel; SLOVIC, Paul; TVERSKY, Amos. *Judgement under uncertainty*: heuristics and biases, p. 11.

eventos recentes são mais lembrados que eventos passados, eventos ficcionais são menos lembrados que eventos reais, entre outras ponderações.

Após vivenciar a falência de uma instituição bancária como correntistas, por exemplo, os indivíduos tendem a crer que esse evento é mais provável do que tenderiam a relatar em períodos anteriores à referida falência.

No Brasil, o evento da captura das Cadernetas de Poupança em 1990 gerou um receio em eleições posteriores quanto à possibilidade de que isso ocorresse novamente. A vivência desta situação fez que as pessoas considerassem ser este um risco maior do que antes do confisco. É interessante observar, para ilustrar essa mudança de percepção, as entrevistas com candidatos à presidência em eleições após esse evento, quando os jornalistas perguntavam explicitamente aos candidatos se pretendiam realizar algum tipo de confisco ou não.

*2.1.2.2 Erros de imaginação (*biases of imaginability*)*

Por vezes, o agente necessita avaliar a frequência de uma classe de eventos cujos exemplos não estão armazenados na mente, mas que podem ser gerados de acordo com determinada regra. Nessas situações, tipicamente, o indivíduo avalia a frequência ou a probabilidade de determinado exemplo com base na facilidade que ele mesmo tem de construir tais exemplos.[44]

Quando os agentes avaliam o risco associado a uma expedição numa floresta, eles imaginam as contingências que podem se materializar com as quais a equipe expedicionária não estaria preparada para lidar. Se essas dificuldades são facilmente (e vividamente) descritas, a expedição pode ser avaliada como extremamente arriscada, ainda que a facilidade com a qual se imaginam desastres não corresponda a sua real probabilidade de ocorrência. Por outro lado, os agentes podem subestimar determinados riscos apenas porque estes são difíceis de ser imaginados.

É possível imaginar uma situação de *default* do Estado brasileiro com alguma facilidade, o que não significa que seja esse um evento provável. Por outro lado, deve ter sido difícil para diversos investidores imaginar os declínios da Enron, do Banco Barings ou do Fundo de Investimentos Madoff;[45] no entanto, pela forma temerária de gestão e pela falta de *compliance* dessas

44. Idem, ibidem, p. 11.

45. O fundo de investimentos instituído por Bernard Madoff foi uma das grandes fraudes da economia recente. Em dezembro de 2008, Madoff foi preso por seu envolvimento num esquema de pirâmide financeira (esquema Ponzi), que veio a público em decorrência da crise financeira. Disponível em: <http://www.estadao.com.br/economia/not_eco295371,0.htm>.

três organizações, descobriu-se que eram eventos extremamente prováveis de ocorrer, tanto que acabaram por se materializar.

Mais uma vez, vale citar os "cisnes negros": por conta da dificuldade de imaginá-los, os agentes tendem a subestimar sua probabilidade de ocorrência.

*2.1.2.3 Correlação ilusória (*illusory correlation*)*

Os agentes, muitas vezes, ao analisarem eventos independentes que possuem vínculos conotativos fortes, tendem a crer que tais eventos estão estatisticamente correlacionados ou julgam que haverá uma ocorrência concomitante entre eles; quando há um, ocorre o outro.[46]

Por exemplo, imaginemos o evento de descumprimento de contratos com o Estado por parte de um país. Imaginemos, por outro lado, a ocorrência de crises econômicas. Para algumas pessoas, com base em seu julgamento intuitivo, esses eventos ocorreriam de forma concomitante; contudo, na prática, a correlação entre esses dois elementos não é perfeita.

Considerando esse defeito heurístico, a consequência seria uma queda no nível de confiança na contratação com o Estado em países que passam por crises econômicas, geradas por uma associação com o cenário de descumprimento de contratos. Entretanto, é preciso ponderar esse tipo de raciocínio, por conta de seu viés de correlação ilusória. Sendo assim, o fato de um governo ter de debelar uma crise, por si só, não deveria apagar o sentimento de segurança jurídica no que diz respeito ao descumprimento de contratos por parte do Estado, uma vez que a associação entre os dois eventos não é perfeita.

*2.1.2.4 Erros referentes à efetividade do conjunto observado (*biases to the effectiveness of a search set*)*

Ao colecionar exemplos em relação a determinado evento para decidir se este é ou não frequente, os agentes podem deixar-se levar pela facilidade com que conseguem montar seu conjunto de buscas (*search set*). Kahneman e Tversky fornecem como exemplo o fato de as pessoas costumarem considerar em língua inglesa que palavras que refletem conceitos abstratos (como "amor", "felicidade" e "mistério) são mais numerosas que palavras que transmitem conceitos concretos (como "porta", "cachorro" e "criança"). Por ser mais fácil imaginar contextos que encerrem palavras abstratas que aqueles dominados por palavras concretas, as pessoas acabam julgando que estas são menos numerosas que aquelas.[47]

46. KAHNEMAN, Daniel; SLOVIC, Paul; TVERSKY, Amos. *Judgement under uncertainty*: heuristics and biases, p. 12.
47. Idem, ibidem.

*2.1.3 Heurística de ajustamento e ancoragem (*adjustment and anchoring*)*

Em diversas situações, as pessoas fazem estimativas utilizando como base um valor inicial. Esse valor (preço, por exemplo), ou ponto de partida, pode ser derivado de: um desempenho anterior do evento a ser avaliado, uma análise recebida de terceiros, de um cômputo mental parcial, ou, como demonstram experimentos empíricos,[48] pode vir de qualquer lugar.

A heurística do ajustamento faz que os agentes partam desses valores para realizar suas predições. Esse valor inicial, ou ponto de partida, pode ser sugerido na formulação da questão ou pode ser resultado de algum cômputo mental parcial. Em quaisquer dos casos, os ajustamentos são tipicamente insuficientes (originando erros de avaliação). Em outras palavras, diferentes pontos de partida produzem estimativas diferentes, as quais acabam sendo enviesadas em razão dos valores iniciais. A esse fenômeno heurístico dá-se o nome de ancoragem.

Um exemplo é a fixação de um preço de contratação. Imagine-se um investidor londrino à procura de serviços bancários no Brasil. É notório que a Inglaterra, especialmente a cidade de Londres, é uma praça onde os preços costumam ser elevados, isto sem considerar qualquer aspecto cambial. Como não há tempo para pesquisas, visto que precisa enviar recursos ao País urgentemente, o investidor parte para a contratação de um grande banco no Brasil, indicado pelo seu banco de escolha na Inglaterra. No entanto, não sabe o investidor ter feito uma escolha ineficiente ao contratar o prestador mais caro deste tipo de

48. No capítulo "*The fallacy of supply and demand*", Dan Ariely, um dos autores que popularizou as aplicações da Economia Comportamental, discute ancoragem em diversos casos concretos e experimentos. Além disso, ao abordar a questão da ancoragem, critica o princípio da economia neoclássica de que a condição ótima resultaria do equilíbrio entre oferta e demanda. Como o preço que estamos dispostos a pagar é facilmente manipulado por elementos externos, muitas vezes o preço não reflete o prazer ou a utilidade realmente derivados dos produtos adquiridos. "So where, does this leave us? If we can't rely on the market forces of supply and demand to set optimal market prices, and we can't count on free-market mechanisms to help us maximize our utility, then we may need to look elsewhere. This is specially the case with society essentials such as health care medicine, water, electricity, education, and other critical resources. If you accept the premise that market forces and free markets will not always regulate the market for the best, then you may find yourself among those who believe that the government (we hope a reasonable and thoughtful government) must play a larger role in regulating some free market activities, even if this limits free enterprise. Yes, a free market based on supply, demand, and no friction would be ideal, if we were truly rational. Yet, when we are not rational, but irrational, policies should take this important factor into account" (ARIELY, Dan. *Predictably irrational*, p. 48).

serviços no País. Ao longo da negociação do pacote de serviços oferecidos, ele consegue, em nome de seu relacionamento com a matriz, um desconto global de 10% e fica muito satisfeito. Mesmo sem desconto, pensa o investidor, os serviços bancários brasileiros são muito mais baratos do que em Londres.

Contudo, no exemplo acima, o investidor estaria pagando muito mais do que pagaria a um banco local do mesmo porte e qualidade, visto que o banco contratado trabalha com preços acima da média nacional. A heurística de ancoragem por ele utilizada (i.e., ele se atrelou aos preços de seu mercado doméstico) compara rapidamente os preços entre Brasil e Londres e lhe fornece uma regra de decisão, permitindo algum ajustamento (o desconto negociado); porém, como o exemplo demonstra, ele pode acabar sendo insuficiente (o investidor, ao final das contas, pagou mais pelos serviços).

São três os vieses relacionados à heurística de ancoragem: *ajustamento insuficiente*; *vieses na avaliação de eventos conjuntos e não conjuntos;* e *ancoragem na avaliação de distribuições subjetivas de probabilidade.*

*2.1.3.1 Ajustamento insuficiente (*insufficient adjustment*)*

Alguns estudos demonstram que os ajustamentos realizados pelos indivíduos em relação a um valor dado são, em regra, insuficientes para alcançar o resultado correto a respeito de determinado evento.

Sendo assim, tanto no caso em que um valor inicial é exogenamente atribuído ou em que um cômputo pessoal é realizado, na presença de ancoragem, o ajuste efetuado não é suficiente para que se aproxime do valor correto.

Por exemplo, ao classificar o risco jurídico relacionado a determinado investimento, o agente pode utilizar um valor fornecido por uma agência de classificação de risco. Ancorado a esse valor, ele realizará cômputos pessoais e fará ajustes, mas sempre serão muito vinculados ao valor fornecido pela agência. Caso a avaliação da agência esteja equivocada, possivelmente o ajuste ocorrido não será suficiente para corrigir sua percepção.

*2.1.3.2 Vieses na avaliação de eventos conjuntos e não conjuntos (*biases in the evaluation of conjunctive and disjunctive events*)*

Os estudos empíricos realizados no âmbito do H&B demonstraram que as pessoas tendem a superestimar a probabilidade de eventos conjuntos (complexos) e a subestimar a probabilidade de eventos não conjuntos (disjuntos).[49]

49. KAHNEMAN, Daniel; SLOVIC, Paul; TVERSKY, Amos. *Judgement under uncertainty*: heuristics and biases, p. 15.

Isso porque, de acordo com as leis de probabilidade, para a ocorrência de um evento que é composto de uma série de outros eventos, a probabilidade de cada um desses componentes deve ser multiplicada entre si, o que resulta numa probabilidade menor. Imagine-se o seguinte evento: três dados lançados concomitantemente apresentam o número 3. Para que isso ocorra, cada um dos eventos individuais (que encerra a probabilidade de 1/6) deve se materializar. A chance de um evento que envolva três dados marcando o número 3 seria de 1/6 x 1/6 x 1/6 = 1/216, que é muito menor do que a chance de que um dado marque o número três (1/6). Teoricamente, a diferença é clara, mas, na prática, é negligenciada pelas pessoas.

Isso tem repercussão especial em situações em que se avalia o risco, por exemplo, de um novo empreendimento. Caso a chance de sucesso de aspectos particulares do empreendimento seja elevada, as pessoas tendem a perceber o êxito do empreendimento como um evento simples e, levadas pelo otimismo,[50] negligenciam a necessidade de que se considere este evento como um evento complexo. No entanto, a chance total de êxito pode ser, na verdade, pequena, pois o sucesso do projeto depende de muitos aspectos que precisam ocorrer concomitantemente.

2.1.3.3 *Ancoragem na avaliação de distribuições subjetivas de probabilidade (*anchoring in the assessment of subjective probability distributions*)*

De acordo com esse viés, os indivíduos acabam estabelecendo intervalos de confiança estreitos demais, que refletem mais certeza do que seria justificável, considerando o seu conhecimento das quantidades avaliadas.

Como exemplo, os autores[51] utilizam previsões a respeito do índice Dow Jones. Pediu-se aos indivíduos que fornecessem um valor que em 98% dos casos ficasse acima de todos os valores registrados para o Dow Jones em um determinado dia ou que tivesse 0,98/1,00 de chance de ficar acima de todos os valores do Dow Jones nesse mesmo dia.

Demonstrou-se nos estudos empíricos que os indivíduos tendem a fazer o seguinte cálculo mental: identificam a média do Dow Jones diária (cômputo mental) e ajustam esse valor para cima, de modo que seja superior a todos os valores extremos do índice. Ocorre na prática, contudo, que o valor atribuído pelos sujeitos acaba não sendo ajustado suficientemente. Em outras palavras, eles terminam por fornecer um valor que fica acima do Dow Jones em menos

50. Idem, ibidem, p. 16.

51. Apesar de ser complicado descrevê-lo, este viés foi identificado tanto em leigos quanto em agentes com sólidos conhecimentos em probabilidade.

do que 98% dos casos, ou que tem probabilidade menor do que 0,98/1,00 de ocorrer. Ou seja, os indivíduos atribuem certeza demais a seu julgamento.

2.2 O efeito moldura (*framing*)

A ideia de *framing* (ou "efeito moldura"), descrita no artigo "The framing decisions and the psychology of choice", publicado em 1981 por Kahneman e Tversky na revista *Science*,[52] *representa um* grande viés de decisão, que pode estar ligado a qualquer tipo de heurística.

Uma decisão é definida por ser uma escolha entre opções, nas quais há resultados associados. A expressão "moldura de decisão" (*decision frame*) se refere à concepção do tomador de decisão a respeito dos atos, resultados e contingências ligados a uma escolha específica.

Assim, observa-se o *framing* quando um problema é apresentado em diferentes versões que seriam facilmente consideradas equivalentes se avaliadas juntas, porém evocam preferências distintas se avaliadas separadamente. Esse fenômeno levou Kahneman e Tversky a duas conclusões importantes: a ubiquidade dos efeitos do *framing* mostra que a mente humana não foi desenhada para alcançar a coerência e que, se os agentes fossem racionais, deveriam tratar problemas idênticos de forma idêntica, mas frequentemente isso não ocorre.[53]

É possível formular um problema sob diversas formas e, segundo Kahneman e Tversky, tais molduras (i.e., formas de representação de um problema) podem ser comparadas a perspectivas/ângulos de visão de um observador. Se os agentes não incorressem nesse viés de *framing*, sua avaliação a respeito de determinado evento não variaria de acordo com a moldura apresentada. As estimativas de probabilidade são bastante sensíveis à forma pela qual as questões são formuladas e apresentadas aos respondentes. O efeito desse viés depende de como a pergunta é feita, se a partir do evento em si ou de seu complemento.

Por exemplo, podemos perguntar a alguns respondentes se eles creem que o Brasil possui chances elevadas de cumprir seus contratos, e a outros se eles acreditam que o Brasil possui chances elevadas de descumprir seus contratos.

É possível, por hipótese, encontrar respostas não perfeitamente complementares, o que configuraria uma anomalia, dado que os eventos são probabilisticamente complementares (considerando o mesmo universo de contratos,

52. TVERSKY, Amos; KAHNEMAN, Daniel. The framing of decisions and the psychology of choice, *Science*, v. 39, n. 10.

53. Idem. *Choices, values and frames*, p. xv.

a probabilidade de descumprimento e a probabilidade de cumprimento deveriam ser, somadas, iguais a 1).

Um *framing* negativo (uma pergunta que prioriza o descumprimento dos contratos) pode induzir pessoas a uma resposta negativa, enquanto um *framing* positivo pode induzir pessoas a uma resposta positiva. A percepção global pode ficar alterada para uma mesma situação fática.

2.3 Conclusão: aspectos fundamentais do programa H&B

Cabe destacar, entre as informações fornecidas neste capítulo, aquelas de maior repercussão nesta obra. O primeiro aspecto a considerar é a crítica formulada pelo H&B a respeito da escolha racional, especialmente da teoria de utilidade esperada. Os experimentos realizados pelos autores citados até então evidenciam que os agentes nem sempre atendem a todos os axiomas da racionalidade formal, como a consistência interna de escolha.

Outro aspecto a ser destacado é a ideia básica do programa H&B, a qual estabelece que (i) os agentes utilizam atalhos mentais para a tomada de decisão, as heurísticas, e (ii) estas estão relacionadas a erros previsíveis e recorrentes, os vieses.

Entre as três heurísticas abordadas neste capítulo, a pesquisa empírica ao final desta obra explora o conceito da *disponibilidade*, bem como observa o fenômeno de *framing*. De forma superficial, discute-se o conceito de ancoragem e, em outro trecho, de *overconfidence*.

Cabe agora estabelecer algumas relações entre confiança e H&B. Considerando a confiança como uma percepção de risco e, dessa forma, como resultado de um processo cognitivo, de natureza intuitiva, pode-se dizer que os agentes possivelmente utilizam atalhos mentais para formar sua opinião quanto a confiar ou não no País e por quais motivos.

E, considerando que essas regras de bolso são sujeitas a falhas, os agentes podem confiar ou desconfiar pelos motivos errados. Nesse sentido, a formação de confiança sobre bases equivocadas pode ter efeitos deletérios no nível de investimentos no País. E é por isso que estudar os defeitos da formação da opinião é relevante a essa pesquisa. Passa-se agora a uma outra ferramenta para o estudo da confiança: a literatura interdisciplinar, cuja revisão é realizada no Capítulo 3, a seguir.

Figura 1: Heurísticas e vieses

Figura 2: Síntese das categorias analíticas propostas pelo Programa H&B

		ERRO	DESCRIÇÃO
HEURÍSTICA	REPRESENTATIVIDADE	**1) Insensibilidade a resultados pretéritos**	Não levar em consideração os resultados históricos de um evento.
		2) Insensibilidade ao tamanho da amostra	Não levar em consideração, ao se compararem situações, diferenças no tamanho das amostras.
		3) Insensibilidade à previsibilidade do evento	Não levar em consideração se a fonte da informação é segura e se as informações de fato são relevantes para a previsibilidade do evento.
		4) Ilusão de validade	Tendência à validação de previsões que corresponderiam ao estereótipo do evento que se tenta prever.
		5) Concepção equivocada de regressões	Estabelecimento de nexo causal inadequado entre eventos.
	DISPONIBILIDADE	**1) Erros decorrentes da obtenção de exemplos**	Os eventos mais fáceis de lembrar são considerados mais frequentes.
		2) Erros de imaginação	Os eventos são lembrados mediante regras que não têm relação com probabilidades. Quanto mais fácil a regra, mais lembrado é o evento.
		3) Correlação ilusória	Estabelecimento de correlações estatísticas incorretas entre os eventos.
		4) Erros referentes à efetividade do conjunto observado	Julgamento da frequência de um evento com base na facilidade de obter exemplos de sua categoria.
	ANCORAGEM	**1) Ajustamento insuficiente**	O agente parte de valores iniciais arbitrariamente definidos e não consegue realizar os ajustes para chegar ao valor mais adequado para determinado evento.
		2) Vieses na avaliação de eventos conjuntos e não conjuntos	Em eventos complexos (conjuntos), os riscos são subestimados e em eventos simples (não conjuntos), superestimados.
		3) Ancoragem na avaliação de distribuição subjetiva de probabilidade	Os indivíduos acabam confiando demais em suas previsões.

Capítulo 3

CONFIANÇA

Nos capítulos anteriores, de cunho eminentemente metodológico, foram tecidas algumas considerações sobre o homem econômico. Discutiu-se a sua racionalidade, bem como se apresentou o método analítico H&B, que trata de aspectos de seu processo cognitivo. Caracterizou-se o sujeito pesquisado – o homem econômico – e sua forma de tomar decisões.

Nesta preparação rumo ao estudo dos determinantes jurídicos da confiança, busca-se agora uma base conceitual sobre o tema. Assim, a apresentação de alguns elementos do debate existente acerca da confiança objeto deste capítulo servirá como fundamento para a discussão proposta nos capítulos posteriores, a saber: os possíveis sentidos *jurídicos* de confiança, sob os pontos de vista primeiramente teórico (Capítulos 3 e 4) e, posteriormente, empírico (Capítulos 5 e 6).

A primeira seção traz o significado etimológico do termo confiança, bem como os verbetes a ele correspondentes, extraídos de diversos dicionários nacionais e estrangeiros. A segunda seção, por sua vez, apresenta obras de alguns autores por quem o tema foi tratado de forma central.

E, finalmente, a terceira seção traz a síntese analítica: articulam-se as ideias dos autores apresentados, sem que se busque uma definição hermética para o termo. Preparam-se assim um contexto e uma base mínima conceitual para a discussão dos capítulos seguintes: os sentidos jurídicos da confiança.

3.1 Etimologia

A origem do vocábulo *confiança* é proveniente do latim *cum fide* (com fé). É interessante observar que a ideia conexa de *boa-fé* tem origem próxima, também latina, sendo a tradução para o português da expressão *bona fide*. Ambas envolvem fé.

Segundo o *Dicionário Aurélio da língua portuguesa*,[1] existem cinco significados para a palavra confiança: "1. segurança íntima de procedimento; 2. crédito, fé; 3. boa fama; 4. segurança e bom conceito que inspiram as pessoas de talento, discrição, etc. e 5. atrevimento, petulância (significado popular)".

1. FERREIRA, Aurélio Buarque de Holanda. *Dicionário Aurélio da língua portuguesa*.

Ainda no mesmo dicionário, observe-se o conceito de "fé", que é uma das definições dadas ao vocábulo confiança. Há seis outros significados propostos: "1. crença religiosa; 2. conjunto de dogmas e doutrinas que constituem um culto; 3. a primeira das virtudes teologais: adesão e anuência pessoal a Deus (religioso); 4. firmeza na execução duma promessa ou compromisso; 5. crença, confiança; 6. testemunho autêntico, escrito, de certos funcionários, que têm força em juízo".

Além de notarmos a reciprocidade clara dos conceitos, fica evidente a tangência do conceito de confiança a questões de natureza religiosa e valorativa. Por ser relacionada com frequência às ideias de fé, sentimentos e valores, a noção de confiança muitas vezes não encontra abrigo em agendas de pesquisa de algumas áreas do conhecimento (no campo da Economia, por exemplo, isso fica claro na tradição neoclássica, em que o tema é frequentemente negligenciado). A confiança é bastante mencionada mas pouco estudada.

No Direito brasileiro, doutrina, jurisprudência e legislação raramente fazem alusão à confiança de forma central e relevante. Contudo, há campos em que a referência ao tema é robusta. Este é o caso, por exemplo, da Sociologia,[2] que, habituada a temas como crenças, mitos e fé, apresenta vasta bibliografia sobre confiança.

Interessante notar que o vocábulo "confiança" mimetiza dois elementos bastante presentes no ambiente dos investimentos internacionais: crédito e boa fama (reputação). Mediante o estudo dos possíveis significados do jargão, fica inequívoca a importância da confiança nos negócios.

Outros sentidos, próximos aos anteriormente mencionados, são oferecidos pelo *Dicionário Houaiss da língua portuguesa*, segundo o qual confian-

---

2. Para Russel Hardin (*Trust & trustworthiness*), a literatura sobre confiança é mais rica sob o ponto de vista de análises sociológicas, e cita para tanto o trabalho de Bernard Barber (*The logics and limits of trust*). Outros exemplos a destacar de que a abordagem sociológica é bastante robusta no tema são as obras de Alain Peyrefitte, Robert Putnam e Niklas Luhmann, relatadas com razoável detalhe nas seções a seguir. No campo jurídico, atualmente não se encontram estudos de igual densidade sobre esse tema. Segundo Hardin, diversas abordagens interessantes a respeito de confiança foram produzidas por autores oriundos de diversas disciplinas; contudo, surpreendentemente, há poucos trabalhos sobre o tema na Filosofia, Economia, Psicologia e Teoria Política, entre outras áreas. Em Direito, discorre o autor, confiança é frequentemente definida por uma norma social ou costume. Determinadas ações legalmente justificam a confiança, assim o indivíduo que confia pode recorrer ao sistema jurídico para garantir que os eventos ocorram de acordo com as suas expectativas. As visões a respeito de confiança no Direito serão mais bem discutidas a seguir.

ça pode ser definida como uma "crença na probidade moral, na sinceridade afetiva, nas qualidades profissionais, etc. de outrem que tornem incompatível realizar um deslize, uma traição, uma demonstração de incompetência de sua parte". Alternativamente, define ainda confiança como "crença de que algo não falhará, é bem feito ou forte o suficiente para cumprir a sua função". Cabe, ainda como um terceiro entendimento, "força interior, segurança e firmeza".[3]

Naturalmente, por mais que busquemos uma conceituação hermética para confiança, ela terá sempre um cunho indeterminado, tomando diferentes formas e tendo diversas possibilidades de se materializar no caso concreto.

Por isso, consideramos que a confiança é um conceito indeterminado (possivelmente até mesmo um conceito *jurídico* indeterminado). Como já mencionado, não é o escopo deste trabalho a defesa da confiança como um conceito estritamente jurídico, porém talvez, tal qual a boa-fé, a confiança tenha sim características de um conceito jurídico.

Outras definições interessantes[4] para o vocábulo compreendem: *1. ação de confiar; 2. segurança íntima com que se procede; 3. crédito, fé; 4. boa fama; 5. segurança e bom conceito; 6. esperança firme; 7. familiaridade.*

Já no âmbito do jargão jurídico,[5] a confiança surge intimamente ligada a duas variáveis-chave para a ciência econômica e para a regulação de investimentos estrangeiros: crédito e reputação, senão vejamos.

> [...] Possui este vocábulo na terminologia jurídica a acepção de indicar o crédito ou convicção relativos à idoneidade de uma pessoa. Revela, assim, o conceito íntimo a respeito do critério, do caráter e da boa conduta de uma pessoa, em quem, por esta razão, se deposita fé em sua ação ou em seu bom procedimento. Por tal forma, evidencia-se que a confiança não resulta de uma boa situação econômica ou material de uma pessoa; mas se funda no seu bom procedimento e no seu caráter, mostrando-se, por isso, não uma idoneidade material, mas uma idoneidade moral. A confiança assenta, pois, não na soma de bens materiais, em riquezas, mas na soma de bens morais, nos bons costumes, na reputação. Desta razão, é popular o adágio: "confiança não se impõe". E, com justa razão, porque não é consequência de fatos ou circunstâncias materiais, visíveis, mas de elementos que formam na própria convicção da pessoa que confia, nem sempre podem ser vistos por outrem que não ela. As funções de confiança ou os cargos de confiança, com justa

3. Normalmente essa ideia é relacionada ao conceito de "autoconfiança", que não faz parte do nosso escopo de análise.
4. Michaelis. *Moderno dicionário da língua portuguesa.* Disponível em: <http:// www. michaelis.uol.com.br>.
5. DE PLÁCIDO E SILVA. *Vocabulário jurídico*, p. 199.

razão, ficam ao arbítrio das pessoas que depositam confiança naquelas a quem escolhem para exercê-los. E se outrem as indica, razoável a impugnação que fizer por falta de confiança nelas.

Iniciando-se assim uma discussão que será retomada de forma mais intensa adiante, etimologicamente é possível contrapor os significados dados pelos dicionários à confiança com a definição de boa-fé oferecida por um outro dicionário jurídico:[6] "[...] convicção de alguém que acredita estar agindo de acordo com a lei na prática ou omissão de determinado ato. No Direito Imobiliário é habitual conceituá-la como a convicção do adquirente do imóvel de que sobre este não pesa nenhum ônus".[7]

De forma geral, as definições obtidas ilustram a diferença de referencial entre aquele que confia e aquele que age de boa-fé. A diferença está no sujeito da ação. O confiante deposita sua fé em outrem, que, por sua vez, pode agir de boa ou má-fé. Esta visão é compartilhada, nas próximas seções deste capítulo, por alguns autores que pesquisam confiança.

Uma outra diferença é que a confiança possui natureza cognitiva, enquanto a boa-fé apresenta natureza comportamental. A norma tutela o *agir* de boa-fé, e não aspectos anímicos ou emocionais; a boa-fé (especialmente a objetiva) busca os elementos da conduta do agente. Já o estudo da confiança é particularmente relacionado à formação do convencimento, à cognição, à subjetividade.

Os dicionários estrangeiros também nos ajudam na fixação destes conceitos. De fato, o *Oxford dictionary of business English* esclarece que *good faith* pode ser definida como "honesty, honest intention", utilizando como exemplo de aplicação a frase "like all trade agreements, its success depends ultimately on the good faith of the parties involved".

O agir de boa-fé, ainda segundo a mesma fonte, teria o seguinte significado: "with honest intentions, believing something to be true and honest". Fica clara a ideia de confiança como *crença,* elemento que, apesar de levar à tomada de uma atitude em relação àquele que é depositário da confiança, é uma característica clara daquele que *confia.*

Como fecho desta investigação etimológica, vale apresentar os resultados de um mapeamento a respeito dos sentidos vernaculares de confiança obtidos em diversos dicionários, brasileiros e estrangeiros.

---

6. ACQUAVIVA, Marcus Cláudio. *Dicionário acadêmico de direito de acordo com o novo Código Civil.*
7. Idem, ibidem.

Quadro 1: Mapeamento da noção vernacular de confiança

Definição de confiança	Diferenças quanto à boa-fé (i.e., agir probo e diligente)
Derivado do verbo latino *confidere* (confiar em, fiar-se), possui o vocábulo, na terminologia jurídica, acepção de indicar o crédito ou convicção relativa à idoneidade de uma pessoa. Revela, assim, o conceito íntimo a respeito do critério, do caráter e da boa conduta de uma pessoa, em quem, por esta razão, se deposita *fé* em sua ação ou seu bom procedimento. Por tal forma, evidencia-se que a confiança não resulta de uma boa condição econômica ou material de uma pessoa, mas se funda no seu bom procedimento e no seu caráter, mostrando-se, por isso, não uma idoneidade material mas uma idoneidade moral. A confiança assenta, pois, não só na soma de *bens materiais*, em riquezas, mas na soma de bens morais, nos bons costumes e na reputação. Nesta razão, é popular o adágio: confiança não se impõe. E, com justa razão, porque não é consequente de fatos ou circunstâncias materiais, visíveis e invisíveis, mas de elementos que se formam na própria convicção da pessoa que confia, que nem sempre podem ser vistos por outrem que não ela. As *funções da confiança* ou os *encargos de confiança*, com justa razão, ficam ao arbítrio das pessoas que depositam *confiança* naquelas a quem escolhem para exercê-los. E, se outrem as indica, razoável a impugnação que fizer, por *falta de confiança*. O sentido de confiança é semelhante ao termo confidência (ato pelo qual uma pessoa faz a outrem a comunicação de fatos íntimos, de fatos que não se devem revelar, pois constituem *segredos*).[8]	O sentido é diferente, porém a confiança é vista como decorrência da boa-fé, da boa conduta. A confiança seria uma recompensa pela ilibada postura do agente.
Crédito; de boa fama; segurança e bom conceito que inspiram as pessoas de probidade, talento, discrição; esperança firme, familiaridade; (pop. Atrevimento). O verbo confiar é definido como entregar, acreditar, transmitir, fiar.[9]	As noções de boa-fé e confiança parecem indissociáveis: aquele que tem talento e discrição desperta a confiança.

8. DE PLÁCIDO E SILVA. *Vocabulário jurídico*, 7. ed., p. 503.
9. BUENO, Francisco da Silveira. *Dicionário escolar da língua portuguesa*, p. 323.

Definição de confiança	Diferenças quanto à boa-fé (i.e., agir probo e diligente)
Confiar – V. Intransitivo: ter *confiança, ter fé, esperar*: "Triste o que espera | triste o que confia" (Camões, Sonetos, II, 38.) "Uma voz íntima e irresistível lhe dizia 'resigna-te e confia" (Herculano, *Eurico*, 180.) || V. Relativo – *pôr ou ter confiança, esperança (em alguém ou em alguma coisa)*: "Uma nação que confia nos seus direitos em vez de confiar nos seus marinheiros" (Rui, C. *Inglaterra*, 252.) "Mas confio em Deus" (Herculano, *Eurico*, 257.) "Nenhum fundamento havemos de fazer senão confiar somente na misericórdia de Deus" (Vieira, *apud* Stringari.) "Eu deveria confiar de mim só para bem ajuizar do viver dessas causas. Foi a confiança que me cegou" (Camilo, *Freira*, 41.) || V. Transitivo-relativo – *comunicar; entregar com confiança; fiar*: O Marquês de Minas só dele confiava as empresas temerárias" (R. Silva, *Mocidade*, I, 146.) "Conduze aqui a última das minhas cativas que especialmente confiei de ti" (Herculano, *Eurico*, 189.) "Não podendo os príncipes confiar a guarda das praças aos burgueses..." (M. Barreto, *C. persas*, 219.) "Quincas Borba não vai, e eu não o confio a outra pessoa senão a você" (M. Assis, *Q. Borba*, 93.) || V. Pronominal – *Ter confiança; entregar-se cheio de confiança; acreditar; fiar-se*: "Os que tanto confiam no remédio da confissão". (Vieira, *Sermões Escolhidos*, I, 45.) "Confio-me aos amigos provados" (Aulete.) "Quando porém se confiava de alguém, se confiava sem reserva" (M. Barreto, *C. persas*, pág. IX).[10]	O verbo confiar denota característica e ação de quem confia. As aplicações transitivas do verbo aumentam a dependência daquele que confia ao depositário da confiança. A similitude com o conceito de fé é presente (vide não só as definições, como também os usos do verbo em contextos religiosos), contudo a fé não se confunde com as características nem parece possuir relação de causa e efeito com a personalidade de quem goza da confiança.
Confiança – V. Boa-fé. Na terminologia jurídica este vocábulo indica o crédito e o bom conceito relativo à idoneidade de uma pessoa. Assim, o fato de se ter confiança em alguém revela que a pessoa, pelo seu caráter, comportamento e princípios morais, é merecedora de crédito, de modo	

(continua)

10. FERNANDES, Francisco. *Dicionários de verbos e regimes.*

Definição de confiança	Diferenças quanto à boa-fé (i.e., agir probo e diligente)
que se deposita fé em sua ação e em seu comportamento. A confiança denota a formação de um conceito íntimo em relação à outra pessoa, baseada na convicção de sua idoneidade moral, visto que a sua conduta está assentada nos princípios éticos e nos bons costumes que constituem bens morais. Quando se fala em *encargos de confiança* e *funções de confiança*, isto que dizer que alguém deposita crédito em outrem, por sua probidade, fidelidade, capacidade ou diligência.[11]	As noções são distintas, mas observa-se uma relação de causa: se a pessoa é digna de confiança é porque ela é idônea e, portanto, merecedora de confiança. As noções de boa-fé (causa) e confiança (efeito) são distintas, porém dependentes.
1. Idoneidade moral. 2. Bom conceito de que alguém goza, sendo merecedor de crédito. 3. Boa fama. 4. Crédito.[12]	As noções intercalam-se, ora confundindo os conceitos (vide a primeira acepção que tem confiança como idoneidade moral). A segunda acepção separa os conceitos em parte, porém, ao estabelecer uma situação de merecimento, volta a confundi-los.
Diz-se do estado de espírito da pessoa que encontra segurança em si mesma, ou noutra pessoa, ou numa coisa. Diz-se também da disposição de ânimo de quem espera, ou acredita que a realidade há de corresponder à sua vontade. Diz-se ainda do crédito que alguém inspira, por sua própria probidade, fidelidade, capacidade ou diligência.[13]	Os conceitos de boa-fé e confiança nesta definição estão perfeitamente delimitados. A classificação desta como estado de espírito é também um diferencial, que parece indicar ser a confiança uma variável cognitiva e/ou emocional.
Sentimento de quem confia. Segurança íntima com que se procede. Crédito, fé. Boa fama. Esperança firme. Familiaridade. Atrevimento (pop.).[14]	Esta definição também mescla os conceitos, ora definindo confiança como sentimento de quem confia, ora como característica do depositário da confiança.

11. LIMONGI FRANÇA, Rubens. *Enciclopédia Saraiva do Direito.*
12. DINIZ, Maria Helena. *Dicionário jurídico.*
13. BATISTA NEVES, Iêdo. *Vocabulário prático de tecnologia jurídica e de brocardos latinos.*
14. PRADO E SILVA, Adalberto et al. *Dicionário Melhoramentos da língua portuguesa.*

O levantamento elaborado no Quadro 1 evidencia que, segundo dicionários de diversas épocas, o sentido dado à confiança possui algumas bases comuns: a fé e o crédito. No entanto, vários dos verbetes analisados mesclam (confundindo) os conceitos de boa-fé e confiança.

Alguns dicionários atribuem relação inequívoca - de causa e efeito - entre boa-fé e confiança. Isto é, se há confiança, há idoneidade e merecimento por parte de quem é depositário de tal fé. Outras obras simplesmente superpõem as duas ideias, de forma a utilizar os conceitos indistintamente (confiança definida como talento e probidade). Ambas as posições parecem ser imprecisas.

Curiosa é a definição de confiança entendida como boa fama, pois repousa num certo limbo: não é característica necessariamente do confiante tampouco daquele que confia. A boa fama é um elemento que, embora relacionado a características do confiante, não é totalmente por ele determinado. Similar à reputação, a boa fama é um ativo do confiante, mas não uma característica a ele intrínseca.

Tendo sido feita esta breve pesquisa quanto ao sentido vernacular do tema, passa-se agora a uma outra fonte de significado para a confiança: a literatura especializada.

3.2 A confiança sob diferentes perspectivas: revisão de literatura

Esta seção discorre acerca de diferentes olhares doutrinários sobre confiança.[15] A necessidade de selecionar alguns autores excluiu diversas vozes eminentes,[16] porém procurou preservar a diversidade de pensamento entre eles. A revisão é heterogênea, mas as referências mútuas entre os trabalhos analisados mostram a existência de diálogo entre as visões apresentadas. Expõem-se, assim, nas seções a seguir, oito obras de nove autores que tratam do tema de forma central e crítica. A última parte ousa alinhavar os pontos de vista sobre confiança apresentados.

O critério de escolha desta seção pauta-se menos na pessoa dos autores e mais em obras específicas. Caso a proposta fosse esgotar a visão de um autor sobre o tema da confiança, toda a sua produção literária necessitaria ser revi-

15. As obras serão citadas de forma completa ao momento em que forem analisadas em cada uma das subseções.

16. Entre as muitas exclusões sentidas estão o trabalho de Elinor Ostrom, Prêmio Nobel de Economia de 2009, que dedicou sua pesquisa às relações de confiança e cooperação (OSTROM, Elinor; WALKER, James (org.) *Trust & reciprocity*: interdisciplinary lessons from experimental research). Outra ausência é uma menção substancial ao trabalho de Diego Gambetta a que se faz referência, mas não de forma detida.

sada e resenhada, e o recorte deveria ter limites muito mais extensos do que os aqui utilizados. Optou-se, assim, pela diversificação para que se mostrasse um panorama simplificado da literatura sobre confiança. É possível dividir os autores em três grupos: enfoques sociais; enfoques racionais e enfoques heterodoxos.

Em um primeiro grupo, de enfoque social, Francis Fukuyama (*Confiança*), Alain Peyrefitte (*Sociedade de confiança*), Niklas Luhmann (*Confianza*) e Robert Putnam (*Bowling Alone*) analisam a formação da confiança e seus efeitos (positivos) sobre a sociedade. Os trabalhos de Fukuyama e Putnam são calcados em pesquisas empíricas e estudos de casos; já Luhmann opta por abordagem eminentemente teórica e filosófica; e Peyrefitte, por sua vez, apresenta raciocínio eminentemente histórico e antropológico.

Em outro grupo, filiado à tradição de escolha racional, trabalha-se o conceito de confiança no nível de decisão individual, microanalítico. Bastante ligado à Microeconomia, o enfoque de Russel Hardin (*Trust & Trustworthiness*) ilustra aspectos racionais da confiança e de seu papel na tomada de decisões.

Em cotejo com a Economia neoclássica, o terceiro grupo é formado por autores ligados a linhas de pesquisa consideradas mais heterodoxas, como a Nova Economia Institucional de Oliver Williamson ("*Calculativeness, trust and economic organization*") e o keynesianismo relembrado por George Akerlof, Robert Shiller (*Animal spirits*), além do trabalho em Economia Comportamental de Nicholas Taleb (*A ótica do cisne negro*), elaborado no bojo da Crise de 2008. Estas obras tratam a confiança como fenômeno central à luz de pressupostos mais realistas do comportamento humano, tais como a racionalidade limitada, a assimetria de informação e o oportunismo.

3.2.1 Francis Fukuyama e Alain Peyrefitte: sociedades de confiança

Os projetos de pesquisa de Francis Fukuyama[17] e Alain Peyrefitte[18] possuem diferenças marcantes. Não obstante, pode-se destacar como denominador comum a ideia de que o resultado social positivo alcançado por sociedades que funcionam sob bases de confiança é robusto e digno de análise.

Para Peyrefitte, a confiança está intimamente ligada à liberdade e possui dois flancos: a confiança do homem em si mesmo[19] e a confiança do homem no

17. FUKUYAMA, Francis. *Confiança.*

18. PEYREFITTE, Alain. *A sociedade de confiança.*

19. Idem, ibidem, p. 449: "*A confiança em si mesmo*: é necessária para a pessoa querer a autonomia, assumir riscos, procurar a prova de sua capacidade, aceitar responsabilidades; para ousar fiar-se em seu próprio julgamento, em vez de fiar-se submetendo-se, no julgamento de outrem; para enfrentar a concorrência e até

"outro". Ele destaca, com exemplos históricos, a importância da confiança no homem em si próprio e das instituições (Igreja, Estado, normas) no homem. Chega à conclusão de que a confiança no homem é condição necessária para o desenvolvimento em bases sólidas, deduzindo também que confiar é libertar.[20]

> Nossa hipótese é que definitivamente a mola do desenvolvimento reside na confiança depositada na iniciativa pessoal, na liberdade empreendedora e criativa – numa liberdade que conhece suas contrapartidas, seus deveres, seus limites, em suma, sua responsabilidade, ou seja, a capacidade de responder por si mesma.[21] [...] Que psicologia, que mentalidade, que motivação fundamentam a economia? Quanto já vimos nos permite responder: a psicologia da liberdade, a mentalidade da confiança, a motivação da liberdade.

A noção de *etologia da confiança* é fundamental para o trabalho de Peyrefitte. Recriada por John Stuart Mill em 1843, etologia designa a "ciência dedutiva das leis que determinam a formação do caráter. Ela deduz das leis psicológicas conhecidas os efeitos gerais que as diferentes condições de existência devem produzir nos caracteres individuais ou coletivos". A formação de uma sociedade calcada em uma *ethos de confiança* é fundamental para o seu

---

apreciar a emulação; para fundar uma família e querer filhos. *A confiança no outro*: ela é necessária para a pessoa aceitar delegar; descentralizar; tolerar as divergências de ideias, de doutrinas, de religião; saber trabalhar em equipe; procurar a associação; educar os filhos no espírito da auto-confiança".

20. Para Peyrefitte, há doze aspectos que definem o desenvolvimento que têm como princípio comum a *ethos* da confiança: "(1) *mobilidade social*: a evolução da sociedade civil, a adaptação orgânica; (2) *a aceitação e a busca da novidade*: a previsão, a antecipação, a valorização, da pesquisa e do desenvolvimento, a inovação, a iniciativa são valores fecundos, não ameaças à ordem social; (3) a homogeneização da sociedade pela circulação facilitada dos bens, das pessoas, das informações; (4) a tolerância às ideias heterodoxas, fundada no apego ao pluralismo; (5) a aposta na instrução, isto é, confiança no desenvolvimento intelectual e na difusão cultural; (6) a busca de uma organização política que seja aceita como legítima pelo maior número possível de indivíduos; (7) a autonomia de funcionamento da esfera econômica; (8) uma economia que se apoie na cooperação da maioria; (9) a saúde pública como valor essencial: a mortalidade energeticamente combatida (chegando à obstinação terapêutica); (10) a natalidade dominada e responsável (com um grave risco: a rejeição da vida); (11) a organização dos recursos alimentares racional e cotidianamente negociada por um mercado aberto e concorrencial; (12) a violência controlada por um poder policial e judiciário considerado legítimo" (op. cit.).
21. PEYREFITTE, Alain. *A sociedade de confiança*, p. 32.

próprio desenvolvimento. A dificuldade está no fato de que ela não pode ser estabelecida por meio de um comando externo, mas precisa emergir do íntimo dos indivíduos.

Esse aspecto de introspecção implica que ter a confiança como matriz de uma sociedade é afirmar que tal sociedade não foi fabricada, mas sim construída por meio da reflexão e da interiorização. As vantagens de ser ter uma sociedade de confiança são inúmeras, por permitirem:

> Resgatar as disposições mentais e comportamentos coerentes que sejam capazes de livrar o homem individual e social da obsessão da segurança, da inércia dos equilíbrios já alcançados, do peso das autoridades ou do peso dos costumes. Trata-se de pô-lo no caminho não da rebelião e da destruição, mas da construção de um mundo onde a satisfação das necessidades materiais e o desabrochar das aspirações naturais possam beneficiar-se de progressos constantes.

Sociedades de desconfiança, segundo a investigação de Peyrefitte, são marcadas por dificuldades com o desenvolvimento em sentido mais amplo, mas também por efeitos deletérios específicos como greves, corrupção, falta de democracia, intervencionismo, falta de competitividade e rejeição à vida.[22]

> A sociedade de desconfiança é uma "sociedade temerosa, ganha-perde: uma sociedade onde a vida em comum é um jogo cujo resultado é nulo, ou até negativo ("se tu ganhas, eu perco"); sociedade propícia à luta de classes, ao mal-viver nacional e internacional, à inveja social, ao fechamento, à agressividade da vigilância mútua. A sociedade da confiança é uma sociedade em expansão, ganha-ganha ("se tu ganhas, eu ganho"); sociedade de projeto comum, de abertura, de intercâmbio, de comunicação.[23]

Confiance oblige. Ao utilizar essa expressão, o autor faz a ponte entre credibilidade (boa-fé) e confiança. Para ele, é impossível para alguém gerar e manter a crença, se não for digno dessa confiança: "correto, isto é rigoroso, firme, fiel a meus compromissos, a meu projeto, a meus deveres. E, concedendo espontaneamente minha confiança a outrem, poderei mantê-la apenas se

22. O autor em polêmica entrevista a Olavo de Carvalho, que integra a parte final da edição brasileira de seu livro, sugere que o homossexualismo poderia ser reputado um produto da sociedade de desconfiança, pois a conduta homossexual reflete falta de confiança no sexo oposto. Considerando que Peyrefitte defende o controle de natalidade e ao mesmo tempo critica veementemente a rejeição à vida, surgem dúvidas sobre qual seria a posição do autor sobre o aborto.

23. Por essa razão, greves são características de ambientes de desconfiança.

ele se mostrar igualmente digno". A confiança motiva, assim, o agir de boa-fé, pois a "confiança obriga". Nesse sentido, a confiança seria um forte motivador da probidade.

A crença no indivíduo, na capacidade do agente econômico de empreender e se autodeterminar é considerada também o liame cultural nas sociedades:

> A confiança é ao mesmo tempo causa e efeito da coesão cultural. Sem a língua comum, sem valores compartilhados, sem pontos de referência coletiva, nada de confiança. Mas, sem confiança, os pontos de referência desabam, os valores divergem em função de interesses particulares. A língua mesma cessa de ser um instrumento de transmissão e coesão, para se tornar um critério de segregação, talvez de exclusão.

Analisando a História para identificar por que algumas sociedades (de confiança) se desenvolveram e outras sociedades (de desconfiança) padecem com o subdesenvolvimento, Peyrefitte chega à conclusão de que o elemento religioso é decisivo. A Igreja Católica, no julgamento do autor, é condenada: foi um fator-chave para o subdesenvolvimento e para a formação de "sociedades de desconfiança". Especialmente em decorrência do Concílio de Trento:[24]

> [...] [O Concílio de Trento] condenou severamente a confiança, em que só via orgulho e presunção. Basta retomar afirmativamente as fórmulas do concílio: esse homem perigoso porque se fia em suas próprias luzes (*sapere aude*), porque se apóia em seu próprio poder de previsão (*innixius suae prudentiae*), porque age com confiança em si mesmo (*fiducia*) e não com a submissão de uma autoridade exterior.[25]

Por sua vez, o Protestantismo teria propiciado em outros países o surgimento de sociedades mais desenvolvidas, com alto grau de confiança. Em suma, em sociedades onde a religião não incentivava a crença no indivíduo, a

---

24. O Concílio de Trento é considerado o "Concílio da Contrarreforma", visto que em sua longa duração buscou clarificar e responder as duras críticas recebidas pela Igreja Católica durante a Reforma Protestante. Entre as diretrizes firmadas durante o Concílio, esteve a criação do *Index*, lista de livros proibidos, a confirmação da presença de Cristo na Eucaristia e um número considerável de regras disciplinares. Vide: *"Council of Trent". Encyclopædia Britannica*, 2009. Encyclopædia Britannica Online. 18 nov. 2009. Disponível em: <http://www.britannica.com/EBchecked/topic/604238/Council-of-Trent>. Texto do Concílio disponível em <www.theconciloftrent.com>. A esse respeito, vide: GONZAGA, João Bernardino. *A inquisição em seu mundo*; BOLTON, Brenda. *A Reforma na Idade Média*; ALBERIGO, Giuseppe (dir.) *História dos concílios ecumênicos.*
25. PEYREFITTE, Alain. Op. cit., p. 451.

confiança não floresceu e com a sua ausência também não vicejou o desenvolvimento (econômico e social).

Resumindo-se em pouquíssimas palavras o pensamento de Peyrefitte, pode-se dizer que o autor apresenta posições liberais e considera a confiança como elemento-chave para o exercício da liberdade (de empreender, de inovar, de criar, de comerciar etc.). E essa liberdade, demonstra a História, é a condutora ao desenvolvimento.

Passe-se agora a Francis Fukuyama, outro autor analisado nesta seção, popularizado pelo seu trabalho *Fim da história*,[26] no qual sustenta que a história no sentido marxista-hegeliano não mais existe: as instituições convergem, reconhece-se que em sociedades pós-industriais, melhoramentos adicionais não podem ser obtidos por meio de ambiciosa engenharia social.

Nesse sentido, aproxima-se da visão de Peyrefitte a respeito da impossibilidade de obter o desenvolvimento mediante meros comandos centrais (governamentais). Depende-se, para o progresso sustentado, de uma sociedade civil saudável construída a partir "princípios éticos de sua gente - atributos que só podem ser moldados indiretamente mediante uma política deliberada e que precisam, outrossim, ser alimentados por meio de uma conscientização e respeito crescentes pela cultura". O engajamento individual é necessário ao desenvolvimento.

Por outro lado, ainda que se destaque a importância do indivíduo, as motivações dos membros dessa sociedade precisam ser maiores do que o interesse individual. O isolamento dos agentes e um comportamento exclusivamente movido pelo autointeresse na visão de Fukuyama não são profícuos. Ele destaca, ao contrário, a importância da sociabilização e da atuação das redes sociais para o desenvolvimento. Em sociedades mais desenvolvidas normalmente há integração social, e o liame, nesses contextos, costuma ser justamente a confiança.

Fukuyama inicia seu trabalho criticando a teoria neoclássica e[27] constatando que a solução de simplificação de pressupostos da teoria neoclássica foi útil como técnica econômica e gerou louros aos seus praticantes. Contudo, não deixa de ser uma solução com falibilidades:

> Podemos considerar a economia neoclássica como, digamos, 80% correta: ela revelou "importantes verdades sobre a natureza do dinheiro e dos mercados porque seu modelo fundamental de comportamento humano racional, auto-interessado, é correto em cerca de 80% das vezes. Mas restam 20% do

26. FUKUYAMA, Francis. *O fim da história e o último homem.*
27. Ele menciona particularmente Milton Friedman, Gary Becker e George Stigler.

comportamento humano sobre os quais a economia neoclássica dedica uma atenção muito superficial. Como Adam Smith compreendeu muito bem, a vida econômica é profundamente engastada na vida social e não pode ser compreendida fora do contexto dos costumes, princípios morais e hábitos da sociedade no qual ela se insere. Em suma, ela não pode ser divorciada da cultura.

É com interesse na economia e cultura de diferentes sociedades que Fukuyama empreende sua análise da confiança mediante bases empíricas, buscando investigar as virtudes sociais e a criação da prosperidade. Tal qual Peyrefitte, a virtude da confiança é associada ao desenvolvimento. Define-se confiança como uma expectativa que se origina numa "comunidade de comportamento estável, honesto e cooperativo, baseado em normas compartilhadas pelos membros dessa comunidade".

Tais normas podem versar sobre questões mais amplas e profundas, como religião e justiça, mas podem referir-se a normas mais concretas, relativas ao funcionamento da sociedade. Destas últimas, as normas de ética profissional são um bom exemplo. Fukuyama afirma que "confiamos que um médico não nos causará mal deliberadamente porque esperamos que ele respeite o juramento hipocrático e os padrões da profissão médica". Sendo assim, a existência de um código de ética auxilia a formação e manutenção da confiança dos agentes – eles terão bases para formar a expectativa de que a conduta do profissional contratado será proba e diligente.

Ao mencionar a questão do capital social,[28] Fukuyama contradiz a noção de economistas (geralmente alinhados à tradição neoclássica) de que tipicamente a formação de grupos sociais pode ser explicada como resultado de um contrato voluntário firmado entre indivíduos que calcularam racionalmente que a cooperação serve aos seus interesses a longo prazo.

Se isso fosse verdade, não haveria a necessidade de confiança para existir cooperação; ocorreria simplesmente uma manifestação de autointeresse, que, com mecanismos jurídicos, permitiria a estranhos criar em conjunto uma organização que trabalharia em prol de um propósito comum.

28. Capital social é definido por Fukuyama como a capacidade que decorre da prevalência de confiança numa sociedade ou em certas partes dessa sociedade e difere de outras formas de capital humano na medida em que é geralmente criado e transmitido por mecanismos culturais como religião, tradição ou hábito histórico (FUKUYAMA, Francis. *Confiança*, p. 41). Para uma outra discussão mais ampla sobre o capital social, vide: PUTNAM, Robert D. *Bowling alone*.

Contudo, destaca o autor, as organizações mais eficientes não são aquelas movidas exclusivamente pelo autointeresse e pelas normas, mas sim aquelas constituídas mediante uma comunhão de valores éticos:

> Essas comunidades não requerem contratos e medidas legais extensivas para a salvaguarda de suas relações, porque um consenso moral prévio dá aos membros do grupo uma base para a confiança mútua. Isto é, um indivíduo pode decidir "investir" num capital humano convencional, como educação universitária ou treinamento para se tornar maquinista ou programador de computador, simplesmente escrevendo-se na escola apropriada. A aquisição de capital social, em contrapartida, requer hábito às normas morais de uma comunidade e, no seu contexto, a aquisição de virtudes como lealdade, honestidade e a confiabilidade. O grupo, ademais, tem que adotar normas comuns como um todo antes que a confiança possa tornar-se generalizada entre os seus membros.[29]

O capital social, como visto, tem impacto na eficiência das organizações. Uma importante conclusão de Fukuyama nesse sentido é a de que, se as pessoas que têm de trabalhar juntas numa empresa confiarem umas nas outras (compartilhando um conjunto de normas éticas comuns), fazer negócio torna-se menos oneroso. Além disso, o ambiente torna-se propício a novos arranjos organizacionais, pois o ambiente de confiança permite a diversidade de relacionamentos sociais.

Já pessoas que não confiam umas nas outras necessitam incondicionalmente de um sistema de regras e regulamentos, que têm de ser "negociados, acordados, litigados e postos em vigor muitas vezes por meios coercitivos". Esse aparato (jurídico) que artificialmente substituiu a confiança é custoso, e por economistas é chamado de custos de transação.[30]

O autor estabelece uma crítica geral ao individualismo, ao capitalismo e à autoridade política supercentralizada e traça seu diagnóstico:

> Além dos países ex-comunistas que sofrem por terem sociedades civis fracas, sociedades "familísticas" com baixo grau de confiança generalizada como a China, a França e no sul da Itália, foram produtos de monarquias centralizadoras e que restringiram a autonomia das instituições sociais intermediárias em sua obsessão pelo poder exclusivo. Ao contrário, sociedades de alto que exibem um grau relativamente alto de confiança generalizada, como o Japão e a Alemanha, viveram sob uma autoridade

29. FUKUYAMA, Francis. *Confiança*, p. 42.
30. Ao citar a noção de "custos de transação", Fukuyama parece remeter à acepção do termo utilizada pela Nova Economia Institucional.

política descentralizada grande parte de suas existências pré-modernas. Nos Estados Unidos, o enfraquecimento da autoridade das associações civis se relaciona com a ascensão de um Estado forte via tribunais e poder executivo.[31]

Na mesma linha de Peyrefitte, para Fukuyama, a falta de liberdade e o centralismo tiraram força dos indivíduos em sua autodeterminação. E é justamente a ocorrência deste fenômeno em determinadas sociedades, como é o caso do Sul da Itália, que gerou seu desenvolvimento em bases de desconfiança.

Nesse mesmo tom – "confiança é fundamental à dinâmica social" –, tem-se o discurso de Robert D. Putnam, objeto na seção seguinte, que também dedicou parte de sua obra ao estudo de sociedades em desagregação, marcadas pelo declínio da confiança. Em *Making democracy work*,[32] a pesquisa de campo se dá no Sul da Itália, já em *Bowling alone* explora-se o individualismo crescente na sociedade americana.

3.2.2 Robert Putnam: confiança como consequência do capital social

O cientista político Robert D. Putnam explora em diversos trabalhos[33] a influência de sociedade civil organizada e do engajamento no desenvolvimento da sociedade. Para tanto, resgata o conceito de *capital social*[34] como um elemento crucial ao desenvolvimento das sociedades. Este é definido como

---

31. FUKUYAMA, Francis. *Confiança*, p. 383.
32. PUTNAM, Robert. *Making democracy work*: civic traditions in modern Italy.
33. Vide: *Making democracy work* (que trata de aspectos fundamentais da vida cívica a partir do estudo de algumas regiões da Itália); *Double edged diplomacy*: international bargaining and domestic politics (que trata dos acordos internacionais e poder de barganha); *Hanging together*: the seven power summits (em conjunto com Nicholas Bayne, que aborda o equilíbrio – e a cooperação – de forças entre os atores na política e economia internacionais); *Bureaucrats and politicians in western democracies* (que estabelece uma ampla comparação entre as categorias dos burocratas e dos políticos em sete países, indagando como seus objetivos, atitudes e ambições diferem de acordo com o ambiente cultural).
34. O conceito, embora difundido por Putnam, foi cunhado em 1916 por J. L. Hanifan: "those intangible substances [that] count for most in the daily lives of people: namely goodwill, fellowship, sympathy, and social intercourse among the individuals is helpless socially, if left to himself. [...] If he comes into contact with his neighbor, and they with other neighbors, there will be an accumulation of social capital, which may immediately satisfy his social needs and which may bear a social potentially sufficient to the substantial improvement of living condition in the whole community. The community as a whole will benefit by the cooperation of all its parts, while the individual will find in his associations the advantages of the help, sympathy, and the fellowship of his neighbors" (PUTNAM, Robert D.

"aspectos da organização social, tais como confiança, normas e redes de contato, capazes de incrementar a eficiência das sociedades por facilitar ações coordenadas".[35]

Enquanto o capital físico refere-se a objetos materiais e o capital humano a características dos indivíduos, o capital social diz respeito às conexões entre tais indivíduos – e às redes sociais e normas de reciprocidade e confiabilidade que delas derivam. Nesse sentido, conclui Putnam, o capital social está intimamente ligado ao que se denominaria "virtude cívica", a qual é muito mais poderosa quando inserida em uma rede densa de relações sociais recíprocas. Uma sociedade de indivíduos virtuosos, porém isolados, não é necessariamente rica em capital social.

Em sua obra *Bowling alone*, a respeito da desagregação (*disconnectedness*) da sociedade americana ao longo do século XX, Putnam destaca a essencialidade do capital social e seu papel como tecido conjuntivo da sociedade civil. Ao indagar os agentes econômicos, ele chega à conclusão de que as pessoas se sentiam vaga e desconfortavelmente desconectadas umas às outras. Cita ainda pesquisas[36] nas quais os americanos indicam o desejo de viver numa sociedade mais civilizada, confiável e mais cuidadosa em relação à coletividade.

Putnam aponta um descompasso entre os avanços tecnológicos no mundo dos negócios alcançados pela sociedade americana e o sentimento de coesão social. Na verdade, registra-se um sentimento de vazio crescente, que segundo o autor seria definível como uma deficiência de capital social.

Em termos de agenda para diminuição dessa sensação (e realidade) de desagregação, ele sugere a criação de novas estruturas – públicas e privadas – para facilitar o engajamento civil. Para ele, a fim de que se reconstrua a rede de capital social, é necessário transcender a cada indivíduo, "transcender" a identidade social e profissional e conectar-se com pessoas diferentes deles próprios. Ele destaca que, para restaurar o ambiente de confiança e os laços comunitários nos EUA, há a necessidade de mudança institucional e individual.

Bowling alone, p. 19). Posteriormente, destaca Putnam, o conceito foi também utilizado por autores como Pierre Bourdieu e James S. Coleman, entre outros.

35. PUTNAM, Robert D. *Making democracy work.*

36. Idem, ibidem. Pesquisas realizadas pelo DDB Needham Life Style. Algumas pesquisas atribuem à falta de confiança e conectividade a ausência de respostas *em pesquisas.* Nesse sentido, Putnam cita: GROVES, Robert M.; COUPER, Mick P. *Nonresponse in household interview surveys* (New York: Willey, 1998); GOYDER, John. *The silent minority*: no respondents on sample surveys (Cambridge: Polity Press, 1987); e BREHM, John. *The Phantom respondents* (Ann Arbor: University of Michigan Press, 1993).

A relação da confiança com tudo isto é intensa: é um dos componentes desse capital social. Citando estudos em Psicologia Experimental,[37] Putnam destaca um fato relevante: as pessoas que acreditam em outras tendem a ser mais honestas, menos propensas a mentir, trapacear, roubar e mais propensas a respeitar os direitos de terceiros. Nesse sentido, honestidade, engajamento cívico e confiança social se reforçam mutuamente.

Como o circuito de construção da confiança, conforme visto acima, se retroalimenta, a confiança, ao mesmo tempo em que é componente do capital social, é também consequência deste. Por isso a relação entre confiança e capital social é considerada biunívoca: ela é parte do capital social e, ao mesmo tempo, seu produto.

Além disso, a confiança tem poder modificativo tanto na redução dos custos de transação[38] quanto na própria qualidade de vida dos indivíduos.

> When each of us can relax her guard a little, what economists term "transactions costs" – the costs of everyday business of life, as well as the costs of commercial transactions – are reduced. This is no doubt why, as economists have recently discovered, trusting communities, other things being equal, have a measurable economic advantage. The almost imperceptible background stress of daily "transaction costs" – from worrying about whether you got back the right change from the clerk to double-checking that you locked the car door – may also help to explain why students of public health find that life expectancy itself is enhanced in more trustful communities. A society that relies on generalized reciprocity is more efficient than a distrustful society, for the same reason that money is more efficient than barter. Honesty and trust lubricate the inevitable frictions of social life.[39]

Uma categorização importante relatada por Putnam[40] é aquela que distingue confiança entre dois tipos: *thick* e *thin*. O primeiro trata da confiança desenvolvida em relações pessoais fortes, frequentes e inseridas em outras re-

---

37. Para fundamentar essa afirmação, Putnam recorre, entre outras fontes, a BREHM, John; RAHN, Wendy. Individual level-evidence for the causes and consequences of social capital, *American Journal of Political Science*, n. 41, p. 999-1023; USLANER, Eric. *Faith, hope and charity*: trust and collective action; SCHOLZ, John T. Trust, tax and compliance. *Trust and governance*.

38. Putnam parece se referir à definição e sentido de "custos de transação" proposta por Douglass North e desenvolvida pela Nova Economia Institucional e Economia dos Custos de Transação, conforme mencionado em capítulos anteriores.

39. PUTNAM, Robert D. *Bowling alone*, p. 135.

40. Este conceito o autor o tributa à obra de Russel Hardin, descrita mais adiante neste trabalho.

des sociais maiores, é robusta, deriva da experiência individual e por isso é denominado *thick* ("pessoal").

A segunda categoria, a confiança *thin* ("social"), pode ser definida como uma decisão de conceder à maioria das pessoas (mesmo àquelas com quem não se chega a ter contato ou estabelecer qualquer experiência pessoal) o *benefício da dúvida.*

A confiança social como variável explicativa da desagregação da sociedade americana, na visão do autor, seria muito mais útil do que a pessoal, pois estende o alcance da confiança a indivíduos que não se terá a chance de conhecer. Muitas vezes, a confiança social está associada ao engajamento cívico e à formação (fortalecimento) do capital social.

Nesse sentido, sendo tudo o mais constante, as pessoas que confiam nos outros cidadãos costumam ser voluntários com mais frequência, contribuem mais com caridade, participam mais da política e das organizações comunitárias etc. Em outras palavras, apresentam maiores virtudes cívicas.

O autor distingue ainda confiança pessoal da confiança nas instituições (Estado, Poder Judiciário etc.). Embora Putnam admita que, empiricamente, esses dois tipos de confiança possam estar correlacionados, enfatiza que a distinção, ao menos no plano teórico, precisa ser feita. A confiança no governo pode ser uma causa de confiança social, mas com ela não se confunde.

Ao mencionar trabalhos a respeito da percepção da confiança social por parte dos agentes, alguns achados importantes são narrados pelo autor: habitantes de grandes cidades demonstram menos confiança do que os de pequenas cidades; indivíduos de baixa renda menos confiança do que os de classe média, negros menos confiança do que brancos etc. Isto denotaria, a princípio, que os níveis de confiança são correspondentes às experiências sociais e pessoais dos respondentes.

Afirma-se também que a desconfiança social não é variável puramente objetiva. Até certo ponto, ela reflete cinismo pessoal, paranoia e até mesmo projeções das próprias inclinações de desonestidade de um indivíduo. As pessoas que não se consideram confiáveis são elas próprias pouco confiantes em outras.

Outra passagem interessante é a menção aos círculos virtuosos ou viciosos de confiança: as impressões de um indivíduo acerca de sua própria confiabilidade afetam a sua confiança em terceiros (i.e., "se não sou confiável, os demais também não devem ser"), o que, por sua vez, também afeta a confiabilidade destes terceiros. As visões a respeito da confiabilidade de si próprio e de outras pessoas são especialmente influenciadas pela experiência pessoal e pelos hábitos adotados no início da vida ("the formative years").

Segundo pesquisas empíricas[41] citadas por Putnam em seu trabalho, a maioria dos americanos crê habitar hoje uma sociedade menos confiável do que à época de seus pais. Interessante notar que até mesmo a realização de pesquisas tornou-se mais difícil em razão da falta de confiança dos indivíduos.

Sinaliza o autor, sempre com base em pesquisas empíricas,[42] que agentes que apresentam baixa confiança social e confiam no governo não costumam cooperar com as pesquisas. Por outro lado, indivíduos que confiam no cidadão e pouco no governo costumam cooperar.

Bastante pitoresco é o indicador que Putnam utiliza para analisar a desconfiança crescente na sociedade americana: o número de advogados. Ele faz isto logo após mencionar um outro indicador, este mais tradicional, que são as taxas de criminalidade.

> The massive expansion of the legal profession was not simply part of the growth of all professions, for no other major profession experienced this same post-1970 explosion. After 1970 the legal profession grew three times faster than the professions as a whole. For the first seven decades of the twentieth century the legal and medical professions grew roughly in tandem, but after 1970 the legal profession grew twice as fast as the medical profession. In 1970 there were 3 percent *fewer* lawyers than doctors in the United States, but by 1995, there were 34 percent lawyers than doctors. For the first seven decades of the twentieth century the ratio of lawyers to engineers fell steadily, as our economy became more "technology intensive". By 1970 America had 1 lawyer for every 4.5 engineers. At that point, however, the century's trend was completely reversed. By 1995, despite all talk of a high-tech economy, we had 1 lawyer for every 2.1 engineers.

Assim, a despeito de a evolução tecnológica apontar para uma conformação diferente de profissões, o avanço espantoso da advocacia, num cenário de desagregação social, é sintomático: para Putnam, casais, vizinhos, sócios, pais e filhos, entre outras relações, passaram a ter uma demanda abruptamente

---

41. Putnam cita a pesquisa de Rahn e Transue: *Social trust and value change* (PUTNAM, Robert D. *Bowling alone*, p. 138).

42. A obra *Bowling alone* é uma coletânea de pesquisas empíricas oriundas de diversas fontes, as quais, diferentemente do caso de *Making democracy work*, não foram produzidas pelo próprio Robert Putnam. Contudo, o esforço metodológico para comparar os dados coletados em todas as pesquisas parece tão grande quanto o de produzir uma pesquisa de campo. A última parte do livro é dedicada à implementação dessa análise e ao cruzamento de diversas pesquisas, conectando o conhecimento produzido por vários autores renomados.

elevada de ter tudo "por escrito". Ele cita uma interessante descrição de Marc Galanter a respeito da função do advogado:

> Like the provider of artificial hormones that supplement the diminished supply coursing through the body, the lawyer contrives enforceability to supplement the failing supply of reciprocity, moral obligation, and fellow-feeling [...]. Lawyers contrive to provide "artificial trust". [...] Because lawyers are producers and vendors of impersonal "cool" trust, they are the beneficiaries of the decline of its low-cost rival.

Esta afirmação indica que a confiança nem sempre é um elemento naturalmente presente nas relações jurídicas. Pelo contrário, é bastante corriqueira a celebração de contratos em que as partes desconfiam consideravelmente uma da outra. Nesse sentido, uma conclusão importante é que o Direito teria o papel de injetar confiança em relações em que ela não existe espontaneamente, para, desse modo, viabilizar determinadas relações econômicas. Citando as palavras de Putnam (ao discorrer sobre a sociedade americana):

> As we noted earlier, one alternative to generalized reciprocity and socially embedded honesty is the rule of law - formal contracts, courts, litigation, adjudication, and enforcement by the state. [...] If handshake is no longer binding and reassuring, perhaps the notarized contract, the deposition, and the subpoena will work almost as well.[43]

O estudo de Putnam e, em particular, suas conclusões quanto ao papel do Direito geram grandes questionamentos. Precisaria a profissão do advogado de um ambiente de desagregação social para progredir? A demanda dos agentes por alguma forma de confiança impulsionou o mercado de advogados ou será que os próprios advogados, pelo seu modo de atuar, acabam incentivando um sentimento de desconfiança por parte dos agentes?

3.2.3 Niklas Luhmann: confiança simplificadora

Nesta seção apresenta-se a obra *Confianza*,[44] de Niklas Luhmann, autor de obra vasta e pensamento abrangente, muito utilizado no campo jurídico. A

43. PUTNAM, Robert D. *Bowling alone*, p. 145. Como destacado anteriormente, uma alternativa para a confiança e a reciprocidade generalizadas e socialmente arraigadas é justamente o ordenamento - contratos formais, instâncias jurisdicionais, adjudicação e garantia da aplicação das normas pelo estado. "[...] Se o aperto de mãos não mais vincula as partes e ratifica os entendimentos, talvez o contrato notarizado, depoimentos por escrito e intimações funcionem igualmente bem." (tradução livre).

44. Utiliza-se aqui a versão em espanhol da obra do autor (LUHMANN, Niklas. *Confianza*). O texto original é de 1968, *Vertrauen: ein Mechanismus der Reduktion sozialer Komplexität*.

sua visão, partilhando a mesma opinião de Peyrefitte, Fukuyama e Putnam, é de que a confiança é extremamente positiva para o desenvolvimento. Contudo, o raciocínio que o leva a concluir pelas virtudes da confiança é, diferentemente dos outros autores, menos empírico e mais filosófico.

A confiança (*Vertrauen*), na visão de Luhmann, é uma forma eficaz de redução da complexidade social à medida que permite aos agentes superar a falta de informação disponível e tomar decisões em curtos espaços de tempo. A confiança torna a complexidade possível, mas nem por isso deixa de ser um investimento arriscado.

A perspectiva luhmanniana é eminentemente sociológica, tem apoio na interdisciplinaridade[45] e trata, entre outros aspectos, das relações entre confiança e Direito. Talvez por essa razão seu trabalho receba recorrentes citações em texto jurídicos.[46]

Um dos aspectos centrais destacados é a dimensão temporal da confiança: confiar é antecipar o futuro, é agir como se já se soubesse o que vai ocorrer. No entanto, o futuro contém muito mais possibilidades do que é possível ao homem antecipar, o que representa um problema. Nesse contexto, as funções

45. A teoria dos sistemas formulada por Luhmann foi construída a partir de recursos da Filosofia, da Lógica Formal, do Direito, da Biologia, da Física etc. Embora constitua tema de extremo interesse e densidade, não faz parte do escopo desta obra explorar referida teoria. Certamente uma revisão de literatura que contemplasse o contexto teórico do autor forneceria uma melhor compreensão de suas ideias acerca de confiança. No entanto, o presente capítulo se propõe a analisar obras específicas, excluindo assim um estudo aprofundado de sua teoria de sistemas. De todo modo, seus escritos sobre confiança parecem ter razoável independência do restante de sua obra. Em capítulo preparado para o livro organizado por Diego Gambetta, o autor escreve, voltado a um público multidisciplinar – eminentemente das áreas de Direito, Economia e Sociologia – e praticamente não se refere à sua teoria de sistemas (LUHMANN, Niklas. Familiarity, confidence and trust: problems and alternatives. In: GAMBETTA, Diego. *Trust: making and breaking cooperative relations*). Para uma ampla discussão da obra de Luhmann, vide: BACHUR, João Paulo. *Distanciamento e crítica*: limites e possibilidades da teoria de sistemas de Niklas Luhmann; ARAÚJO, Cícero; WAIZBORT, Leopoldo. Sistema e evolução na teoria de Luhmann (mais: Luhmann sobre o sistema mundial), p. 179-200; e CAMPILONGO, Celso Fernandes. *Política, sistema jurídico e decisão judicial.*

46. A maioria dos textos jurídicos nacionais sobre confiança que foram consultados, incluindo aqueles que examinam o *venire contra factum proprium,* tem em Luhmann referencial teórico. Estes serão apresentados e devidamente citados no Capítulo 4.

da confiança seriam: elevar a capacidade do tempo presente (e dos indivíduos a ele pertencentes) de compreender e reduzir a complexidade, aumentando a tolerância dos agentes à incerteza.

Considerado um otimista,[47] para Luhmann a confiança é visceral. Em um mundo em que ela estivesse completamente ausente não seria possível a um indivíduo sair da cama pela manhã: ele seria paralisado por uma sensação vaga de medo. A cada dia, o homem deposita confiança na natureza do mundo e na própria natureza humana para que consiga viver em face da complexidade da vida social.

Conceitualmente, Luhmann trata de confiança e familiaridade, conceitos cognatos, porém distintos.[48] Ao analisar os determinantes para a confiança, a familiaridade em relação a pessoas ou eventos é vista como uma pré-condição para confiar e para desconfiar:

> La familiaridad y la confianza son, por lo tanto, formas complementarias para absorber la complejidade y están unidas la una con la otra, de la misma forma que el pasado con el futuro. La unidad del tiempo en el presente separa el pasado y el futuro y, sin embargo, los señala uno a otro, permite esta relación, entre productos complementarios, uno de los cuales, la confianza, presupone al otro, la familiaridad.[49]

Os agentes lançam mão da familiaridade e da confiança para lidar com a complexidade. A noção de familiaridade abarca o conhecimento, as informações e as experiências pessoais, estando mais ligada ao passado, à memória. Já a confiança refere-se a projeções, a visões de futuro. A relação entre esses dois conceitos seria análoga à própria relação entre passado e futuro:[50] um pressupõe o outro. Familiaridade e confiança são noções complementares.

A familiaridade,[51] contudo, não deveria ser superestimada na formação da confiança. Usualmente, indivíduos confiam mais em pessoas com quem

47. Vide prefácio da obra *Confianza*, de Niklas Luhmann.
48. "Familiarity is an unavoidable fact of life; trust is a solution for specific problems of risk. But trust has to be achieved within a familiar world which will have an impact on the possibility of developing trust in human relations. Hence we cannot neglect the conditions of familiarity and its limits when we set out the conditions of trust" (LUHMANN, Niklas. Familiarity, confidence and trust: problems and alternatives. In: GAMBETTA, Diego. *Trust: making and breaking cooperative relations*).
49. Idem, *Confianza*, p. 33.
50. LUHMANN, Niklas. Familiarity, confidence and trust: problems and alternatives. In: GAMBETTA, Diego. *Trust: making and breaking cooperative relations*, p. 33.
51. Idem, *Confianza*, p. 55: "La familiaridad con la que se otorga confianza es indudablemente un factor vital. Uno confía en lo familiar antes que en lo desconocido.

possuem familiaridade do que em desconhecidos. Entretanto, na maioria das vezes, a questão da familiaridade obsta que o problema da confiança seja objeto de reflexão. E, quando pela força das circunstâncias houver a necessidade de ocorrer tal reflexão, o primeiro grande aspecto a ser questionado é a própria familiaridade.

Nas situações em que a confiança é posta em xeque, um abismo de falta de familiaridade se forma em relação às coisas e pessoas mais próximas, e sobre elas paira lancinante dúvida, como se fosse uma incerteza generalizada. Nesses casos, o indivíduo acaba buscando formar a confiança em outras bases que não a familiaridade, e sim um maior escrutínio.

Traça-se também uma diferenciação entre confiança e esperança[52] – aquela somente ocorre quando há uma decisão importante em jogo, e esta se origina quando há expectativas da parte de quem confia (sem relação direta com tomada de decisão). O exemplo dado pelo autor para esperança consiste na crença que uma mãe possui a respeito do futuro de seu filho, se terá bons amigos, que profissão escolherá – trata-se de uma expectativa quanto a eventos futuros.

Já no caso da confiança, o exemplo sugerido é o de uma mãe que deixa seu filho aos cuidados de uma babá. Preocupa-se a mãe se o bebê será cuidado com carinho e diligência, se será alimentado adequadamente etc. Determinados resultados de eventos futuros poderiam fazer a mãe se arrepender de ter deixado seu bebê aos cuidados da babá. A confiança tem sempre relação com uma conduta, do contrário não é confiança.

A confiança sempre recai em uma alternativa crítica, em que o dano resultante de sua ruptura pode ser maior do que o benefício que se ganha quando a confiança é honrada.

O Direito pode dar conta das situações em que ocorre a confiança, mas isto se dá apenas em sistemas sociais mais simples, de baixa complexidade, em

---

Sin embargo, este aspecto no debería sobreestimarse. En su mayor parte, la familiaridad cercana impide que el problema da confianza se convierta en materia de reflexión. Y cuando la reflexión realmente ocurre en tales circunstancias, su primera víctima es precisamente la familiaridad en el sentido de que da totalmente por hecho las cosas. Un abismo de falta de familiaridad se produce incluso con respecto a las cosas y la gente más cercana a uno, que la duda cambia en una extrañeza sorprendente. Y así uno busca otras bases de confianza que enfrentarán resueltamente el escrutinio".

52. Na obra organizada por Diego Gambetta, Luhmann faz essa diferenciação utilizando os termos *trust* e *confidence*; o primeiro significando confiança, e o segundo, uma esperança a respeito de certos eventos.

que é possível a todos os agentes serem familiares entre si. Nesses contextos, confiança e Direito costumam ser a mesma coisa. Em tais sistemas, a premissa é confiar, e afrontas a essa confiança se convertem em ilícitos contra a vida coletiva e, por conseguinte, em ofensa à lei. Sob tais circunstâncias, um indivíduo "desconfiado" não tem condições de expressar seus sentimentos e temores sem se tornar marginalizado. A premissa geral de comportamento é confiar.

As leis básicas de um sistema jurídico, consequentemente, conduzem a uma confiança tipificada socialmente. Talvez esse tipo de confiança tenha sido a raiz do desenvolvimento do Direito; um exemplo seria o surgimento e fortalecimento do contrato como fenômeno jurídico. De todo modo, nos sistemas mais simples, os mecanismos da lei e da confiança são inseparáveis e coincidentes.

Já nos sistemas mais heterogêneos e complexos, é inevitável separar a lei e a confiança porque os riscos são individualizados, mostrando que a confiança não é requerida e controlada socialmente tão fortemente quanto no caso das sociedades mais simples. O indivíduo que rompe a confiança tem a possibilidade de desculpar-se e buscar atenuantes no ordenamento jurídico. Na esfera social, as situações consideradas tuteláveis pelo Direito e as normas sofreram modificações (em relação a sociedades mais simples), e a confiança tornou-se demasiadamente geral e difusa como demanda social para que pudesse ser totalmente compreendida no escopo do Direito.

As bases motivadoras também separam o Direito da confiança em sociedades complexas. A conformidade com a lei pode ser motivada pela sociedade de forma impessoal e ser garantida mediante o uso da força pelo Estado.[53] A confiança, por sua vez, se apoia em fontes motivadoras de natureza distinta, como a predisposição pessoal (habilidade para enfrentar riscos) ou uma prova concreta.

Para Luhmann não seria desejável que o Direito tutelasse todas as situações em que a confiança ocorre. Dado que a complexidade social é crescente, as possibilidades de diferentes experiências e ações também se elevam, e, portanto, multiplicam-se as alternativas para reduzir a complexidade social. Direito e confiança tornam possível a existência dessa complexidade.

Esta interação entre Direito e confiança, à medida que a sociedade se sofistica, provoca uma alteração na importância de ambos. A instituição do contrato é um claro exemplo. Trata-se de uma reformulação técnico-jurídica

53. LUHMANN, Niklas. Familiarity, confidence and trust: problems and alternatives. In: GAMBETTA, Diego. *Trust: making and breaking cooperative relations*, p. 57. O autor não fala em Estado, mas a menção à força física remete ao monopólio da violência, que é uma prerrogativa estatal.

do princípio da confiança que se tornou independente demais para que a confiança exerça algum papel, seja como condição verdadeira, seja como requisito de validade. As discussões podem basear-se meramente no contrato, sem ser relevante se alguma das partes tenha, para ter cumprido todas as obrigações previstas, confiado ou não em sua contraparte. Os contratos recebem confiança independentemente de as partes gozarem de confiança mútua.

A lei não costuma dar indicação de que se baseia numa premissa universal de confiança. Algumas regulações[54] chegam a mencionar a noção de *proteção da confiança*. No entanto, esses dispositivos são muito díspares, ocorreram em momentos históricos diferentes e não foram elaborados de forma articulada. Destacam-se alguns exemplos de tutela jurídica da confiança:[55]

> Esto se aplica, por ejemplo a las seguientes nociones legales: la confianza en condiciones factuales se supone que proporcionará una evidencia suficiente a primera vista de los derechos, tales como la posesión o los documentos; la confianza en la integridad y corrección de un fundamento en el curso de la preparación de un contrato ordinario; la confianza en que los poderes legales delegados, por ejemplo, a través del poder del abogado, no serán mal empleados y a la inversa; la confianza en el poder del abogado es vigilado de hecho por los poderes correspondientes del representante; la confianza en la corrección de la información y, a la inversa, en la prevención de las indiscreciones; la confianza do que los servicios públicos y las concesiones disponibles por medio del acto de una autoridad no serán retirados: y así sucesivamente. Tales nociones legales son reunidas bajo el concepto de *salvaguarda de la confianza*, pero existe algo inconcluyente, accidental y por lo tanto insatisfactorio acerca de esto. Estas concepciones jurídicas técnicas que se refieren exclusivamente a la confianza como a su propio fundamento son, en parte, el producto de la elaboración tardía de las primeras nociones legales, en parte recién llegados a una esfera jurídica previamente consolidada, que ahora tratan de imponerse frente a los conceptos existentes y principios haciendo aparecer un nuevo argumento cimentado éticamente, el de *salvaguarda de la confianza.*

Assim, o autor destaca a importância de diversos elementos de salvaguarda ou tutela da confiança. Por exemplo, determinadas presunções legais (citam-se questões possessórias e de documentos), as proteções disponíveis às

54. Idem, *Confianza*, p. 58. O autor não se refere a qualquer regulação específica; trata-se, de fato, de uma assertiva genérica, sem mencionar época, área do Direito ou país. Entretanto, mais adiante, ele cita CANARIS, C.-W: *Die Vertrauenshaftfung im deustchen Privatrecht*, que trata do Direito alemão. Por isso, talvez seja possível inferir que as generalizações do autor têm inspiração naquele ordenamento.
55. Idem, *Confianza*, p. 58-59.

relações mantidas entre representado e seu advogado (as garantias de que não haverá distorções do mandato), e a garantia de que os serviços públicos e as concessões disponíveis não sejam retirados pela autoridade competente, entre outros aspectos.

Contudo, Luhmann afirma que a salvaguarda da confiança é, de certo modo, insuficiente. Isso porque tais concepções técnico-jurídicas são tardias e tentam inserir numa esfera juridicamente já consolidada um "novo" argumento, que é o da necessidade de salvaguardar a confiança. O princípio da confiança acaba sendo uma alternativa quando argumentação mais clara e sólida não pode ser utilizada. O conceito é assim dotado de certa subsidiariedade, quando não existem mais argumentos técnicos a serem inseridos.

Uma avaliação mais precisa indica que a confiança não pode ser reduzida à confiança nas leis e nas sanções que a lei proporciona. A proteção legal em algumas hipóteses de quebra de confiança pode oferecer algum apoio a alguém que considere se vai confiar ou não. Até permite ao agente prever as circunstâncias sob as quais o depositário da confiança terá que tomar as suas decisões racionais. Não é decisivo nesta consideração se o tal depositário elaborará, de fato, seus cálculos com base na lei e nas sanções por ela prescritas. O argumento não se apoia nesse cálculo, mas sim na habilidade do confiante em antecipar os resultados do processo decisório daquele que recebe a confiança.

A confiança é equiparada a uma espécie de capital, que oferece oportunidades para uma ação mais extensa, mas também compromete o depositário da confiança. Uma autoapresentação enganosa é capaz de angariar confiança, mas dificilmente é capaz de mantê-la. Um engano inicial precisa ser mantido para que a confiança seja preservada, contudo a confiança acaba tendo um papel educativo, dado que, se o engano perdurar ao longo do tempo, acabará tornando-se realidade.

Assim, finalizando esta revisão sucinta do trabalho de Luhmann, extraem-se algumas das suas conclusões mais importantes: (a) a confiança tem importância central como simplificadora da complexidade social; (b) o Direito não é capaz de tratar de todas as situações envolvendo confiança; e (c) confiança implica uma certa exposição a um risco (o confiante pode ser prejudicado se tiver sua confiança frustrada).

3.2.4 Oliver Williamson: calculative trust

Um dos fundadores da Nova Economia Institucional (NEI), Oliver Williamson traz um enfoque particular a respeito da confiança: ela é fruto de cálculo por parte dos agentes econômicos, isto é, eles confiam na medida em que lhes convém confiar. Ao dialogar com a obra de Diego Gambetta,[56] em que este discute a dificuldade em alcançar o conceito de confiança (*elusion notion of trust*), Williamson, em seu artigo "Calculativeness, trust and economic organization",[57] introduz o conceito de *calculative trust*, seus usos e limitações.

Antes de discorrer sobre o conceito de confiança proposto por Williamson, cabe apresentar brevemente seu programa de pesquisa. Convém ressalvar que a presente seção não pretende versar sobre todos os aspectos da obra extensa do autor, tampouco da NEI. Apenas busca-se apresentar alguns conceitos que serão de especial valia para o estudo do tema da confiança.

Interdisciplinar por excelência, a NEI é uma escola de pensamento que, ao mesmo tempo em que resgata ideias da Economia Institucional, critica aspectos do *mainstream* econômico. Parte, para tanto, da teoria neoclássica, e, ao criticar alguns dos seus pressupostos, apresenta um novo enfoque de pesquisa.

Esta escola há muito se dedica a estudar as interações entre Direito, mercados e organizações,[58] destacando o papel das normas na atividade econômica. A unidade de análise, ou seja, o enfoque mediante o qual o estudo da Economia é elaborado, é a *transação*:

> The notion of transaction in this context is not confined solely to transfer of good and services in the sense of exchange, but includes transfer of resources in the legal sense namely the transfer of sanctioned rights. From this perspective, neo-institutionalists recognize that transactions in modern societies take place within a framework of rules and rights which is not only economically but also politically, legally and socially determined and enforced.[59]

56. Diversos autores fazem referência ao trabalho do pesquisador italiano Diego Gambetta; na última seção deste capítulo a obra de Gambetta será cotejada com o ponto de vista dos autores aqui resenhados.

57. WILLIAMSON, Oliver E. Calculativeness, trust and economic organization, *Journal of Law and Economics*, v. 36, n. 1, p. 453-486.

58. A Nova Economia Institucional baseou-se largamente nas noções estabelecidas por Ronald Coase a respeito dos custos de transação (ele foi o fundador da Economia dos Custos de Transação – ECT). A importância do Direito na gestão desses custos é reconhecida desde os primórdios da ECT quanto da NEI. Ronald Coase, em seu artigo pioneiro "The nature of the firm" (*Economica* , v. 4, n. 16, 1937), já afirmava a importância das normas *vis-à-vis* os custos de transação.

59. ARVANTIDIS, Paschalis. The diverse traditions of institutional economics: conceptual and methodological underpinnings, *Discussion Paper Series*, Grécia (Volos): University of Thessaly Pedion Areos, n. 10(12), p. 323, Out. 2004.

Ressaltar a relevância do Direito para a dinâmica econômica representou uma guinada heterodoxa em relação ao paradigma neoclássico. A economia neoinstitucional preocupa-se não apenas com as questões de alocação de recursos, distribuição de renda e determinação de produção, preços, nível de emprego etc., mas também com a forma como a economia se organiza e está estruturada.

A NEI trabalha com um conjunto recorrente de conceitos por ela cunhados, sendo dois deles especialmente destacáveis por serem mais centrais ao tema da confiança:[60] *instituições e custos de transação.*

As instituições são as regras do jogo, produto da criação humana. Constituem um fenômeno econômico, evolutivo e dinâmico que facilita e coordena o funcionamento da economia.[61] O ordenamento jurídico - que compreende não só as normas como também os órgãos que garantem a sua eficácia (*enforcement*) - é considerado parte substancial do que a NEI reputa como instituições. Outros elementos sociais, tais como as tradições e os costumes, também fazem parte dessa categoria. Fica claro pela centralidade das instituições que o Direito é central para dinâmica econômica. As instituições recebem a denominação de "regras do jogo" e têm o papel de estabelecer os parâmetros e limites para a atuação econômica.

Instituições, nas palavras de Douglass North,[62] são definíveis como as regras do jogo, abrigando em seu conceito leis, regras e costumes:

> Institutions are the rules of the game in a society, or, more formally, the humanly devised constraints that shape human interaction. In consequence, they structure incentives in human exchange, whether political, social, or economic. Institutional changes shape the way that societies evolve through time and hence is the key to understanding economic change. [...] Institutions reduce uncertainty by providing a structure to everyday life. They are a guide to human interaction so that when we wish to greet friends on the street,

60. A NEI investe consideravelmente em jargão, tanto que uma das críticas a essa linha de pesquisa é que se trataria de uma corrente pouco preditiva e por demais nominalista e taxonômica. Há outros muito importantes como "oportunismo", "especificidade de ativos", "contratos incompletos" e a "racionalidade limitada", que não serão abordados em profundidade por limitações de escopo do capítulo. Por outro lado, a despeito das críticas, a aclamação também é grande: em 2009, Oliver Williamson teve seu trabalho reconhecido pelo Nobel Prize Institute, que lhe concedeu o Prêmio Nobel de Economia.
61. ARVANTIDIS, Paschalis. Op. cit.
62. NORTH, Douglass. *Institutions, institutional change and economic performance*, p. 3-4.

> drive an automobile, buy oranges, borrow money, form a business, bury our dead, or whatever, we know (or can learn easily) how to perform these tasks. We would readily observe that institutions differ if we were to try to make the same transactions in a different country - Bangladesh, for example. In the jargon of the economist, institutions define and limit the set of choices of individuals. [...] They are perfectly analogous to the rules of the game in a competitive team sport.

Para os pesquisadores da NEI, as instituições são relevantes à dinâmica da atividade econômica, sendo justificado o esforço em reconhecê-las, mensurá-las e analisá-las. Isto representa uma diferença marcante para o paradigma neoclássico, que foi desenvolvido a partir de pressupostos estritos sobre o comportamento humano e de uma representação simplificada da "firma" (empresa ou sociedade, no jargão econômico). Para os neoclássicos, a firma é vista como uma "caixa preta", uma função de produção,[63] visão esta que não atribui relevância específica a elementos institucionais. Já no âmbito da NEI, a "firma", no jargão econômico, é definida como um feixe de contratos.

Assim, a análise proposta por Williamson da dinâmica econômica tem como pano de fundo situações contratuais.[64] E nesse cenário o autor procura identificar possíveis problemas que poderiam elevar sobremaneira os custos de transação (definidos como os custos de firmar e monitorar o cumprimento de contratos), entre os quais destacam-se o oportunismo, a especificidade dos ativos e a incerteza. Ronald Coase,[65] um dos precursores da NEI, fornece elementos desses custos de transação:

> In order to carry out a market transaction it is necessary to discover who is that one whishes to deal with, to inform people that one whishes to deal and on what terms, to conduct negotiations leading up to a bargain, to draw up the contract, to undertake the inspection needed to make sure that terms of the contract are being observed and so on. These operations are often extremely costly, sufficiently costly at any rate to prevent many transactions that would be carried out in a world in which the price system worked without cost.

Segundo Williamson, os custos de transação podem ser divididos em duas categorias: *ex ante* e *ex post*. Os primeiros referem-se aos custos de ela-

---

63. VARIAN, Hal R. Op. cit.
64. Vide: WILLIAMSON, Oliver. Examining economic organization through the lens of contract, *Industrial and Corporate Change*, v. 12, n. 4, p. 917-942; e Idem. *The economic institutions of capitalism*.
65. COASE, Ronald. The problem of social cost, *The Journal of Law and Economics*, v. 3, p. 10.

borar minutas, negociar e reunir garantias de um contrato. Por seu turno, os últimos compreendem: (a) os custos de ajustamento (*shifiting contract curve*),[66] quando existe má adaptação da transação ao contrato; (b) custos de negociação em que se incorre caso esforços bilaterais sejam empreendidos para corrigir desalinhamentos após a celebração do contrato; (c) custos de implantação e operação de estruturas de governança para a resolução de disputas (podendo envolver ou não o Judiciário); e (d) custos de emissão de garantias (*bonding costs*) inerentes à realização de contratos e ao estabelecimento de compromissos efetivos.

A confiança justamente teria relação com um dos elementos dos custos de transação, o oportunismo: trata-se da avaliação dos agentes quanto ao oportunismo da contraparte, que o levará a firmar determinadas salvaguardas para o seu contrato (i.e., garantias).

Ao escrever sobre confiança, Williamson reconhece méritos na teoria neoclássica ao sustentar que a hiper-racionalidade tem sido responsável pelos principais *insights* realmente relevantes em Economia (reconhece assim méritos na tradição neoclássica), mas destaca a necessidade de descrever o homem "como ele é").[67] Nesse contexto, afirma que duas premissas comportamentais básicas do homem seriam o oportunismo e a racionalidade limitada, que são as bases dos custos de transação.

Para Williamson (que segue a linha da Economia dos Custos de Transação, de Ronald Coase), o homem pretende ser racional, mas na prática o é apenas limitadamente.[68] Além disso, o homem é calculista e maliciosamente autointeressado (*self-interest seeking with guile*). Trata-se de um *homem contratual.*

Existem, segundo o autor, duas formas de reduzir custos relacionados à racionalidade limitada: a utilização de heurísticas no processo de tomada de decisão e o estabelecimento de estruturas de governança eficazes para reduzir custos relacionados ao planejamento, adaptação e monitoramento dos contratos. A racionalidade limitada se traduz na incapacidade dos agentes em desenhar contratos completos que deem conta de todas as situações de uma determinada transação econômica. Essa limitação não deve ser confundida, segundo Williamson, com irracionalidade.

66. AOKI, Masahiko (1983), apud WILLIAMSON, Oliver. *The economic institutions of capitalism.*
67. COASE, Ronald, 1984 apud WILLIAMSON, Calculativeness, trust and economic organization, *Journal of Law and Economics*, v. 36, n. 1.
68. SIMON, Herbert (1961) apud WILLIAMSON, Oliver. *The economic institutions of capitalism.*

Já oportunismo[69] é uma assunção de busca do autointeresse, mas não se trata apenas disso: os agentes buscam seu autointeresse com malícia. Se considerarem conveniente e/ou necessário no âmbito de uma relação econômica, os agentes omitirão informações e violarão disposições contratuais. Por isso a necessidade de robustas (e, por vezes, custosas) salvaguardas contratuais e da atuação das instituições, justamente para evitar o rompimento dos contratos e da vantagem ilegítima por parte de um dos agentes.

> Opportunism is a self-interest-seeking assumption. By contrast with simple self-interest seeking, according to which economic agents will continuously consult their own preferences but will candidly disclose all pertinent information on inquiry and will reliably discharge all covenants, opportunistic agents are given to self-interest seeking with guile. Whether economic agents will tell the truth, the whole truth and nothing but the truth and will reliably self-enforce covenants to be behave "responsibly" are therefore problematic.

Williamson crê que a ideia de "oportunismo" tem mais implicações práticas do que "confiança". Para ele, há a confiança pessoal, a confiança institucional (*hyphenated trust*) e o cálculo (*calculativeness*).

A confiança pessoal é afetiva, diz respeito a relações familiares, amorosas e de amizade, sendo composta pelos seguintes elementos: (a) ausência de monitoramento; (b) predições favoráveis ou condescendentes; (c) diferenciação. Tais relações, na opinião do autor, são muito especiais, ficando reservadas ao foro íntimo dos agentes. Não são objeto válido para um estudo de enfoque econômico (por não existir cálculo por parte dos agentes). Esse tipo de confiança tem abrigo mais adequado na literatura do que na teoria econômica.

O segundo tipo, a confiança institucional, é o que autor denomina *hyphenated trust*. A denominação se refere à confiança em elementos do ambiente

69. "Opportunism – Williamson: Refers to the suggestion (widely associated with transaction cost analysis) that a decision-maker may unconditionally seek his/her self-interests, and that such behavior cannot necessarily be predicted. This proposition extends the simple self-interest seeking assumption to include 'self-interest seeking with guile' thereby making allowance for strategic behavior. (Williamson, 1975, p. 26; 1986, p.125); [examples: strategic manipulation of information or misrepresentation of intentions; false or empty, i.e. self-disbelieved, threats or promises, Goffman, 1969] has profound implications for choosing between alternative contractual relationships. Opportunistic behavior contrasts with stewardship behavior which involves a trust relation in which the word of a party can be taken as his bond (1975, p. 26)". Disponível em: <http://faculty.washington.edu/krumme/gloss/o.html>.

institucional e não a respeito de transações específicas. Indica que a confiança variará com o contexto, podendo-se falar em confiança política, confiança social etc. Dependendo do ambiente institucional, algumas transações são viáveis e outras não. Muitas vezes, para realizar a mesma transação em diferentes localidades, é necessário alterar o modelo de governança específico para aquela transação.

Ambientes institucionais que fornecem maiores salvaguardas geram maior conforto aos agentes, que podem exigir menos garantias em situações específicas. Por isso se pode dizer que a *hyphenated trust* exerce influência no cálculo econômico. Entretanto, isto não significa que a existência de mais instituições será sempre melhor. Caso ultrapassem o nível e o escopo apropriados para uma determinada sociedade, elas poderão se tornar comercialmente indesejáveis/ineficientes, distorcer relações e até mesmo se tornar opressivas.

O autor cita seis elementos que podem afetar o nível generalizado de confiança: cultura social (atua como um moderador do oportunismo), política e Judiciário independentes (geram credibilidade), regulação (pode atribuir confiança a relações comerciais problemáticas), profissionalização (injeta confiança em relações comerciais em que normalmente há elevada assimetria informacional), redes de contato (facilitam as transações utilizando mecanismos reputacionais) e cultura corporativa (apresenta efeitos internos, bem como afeta a reputação externa da organização a respeito de seu modo de realizar transações). Esses elementos são capazes de propiciar confiança generalizada, além das salvaguardas propostas em transações específicas.

O terceiro tipo, que Williamson prefere não chamar de confiança, é o cálculo. Este é variável quantificável e de relevo para a teoria econômica, equivalendo à noção de risco. Para Williamson, na prática, não existe confiança, mas uma análise de risco, em que se observa um comportamento eminentemente estratégico. Enquanto o reverso da confiança pessoal é a traição, no caso da confiança calculada o reverso é a quebra contratual.

Embora alguns agentes tenham uma tendência natural a serem não calculistas, outros, dotados de uma visão mais ampla da relação contratual, precisarão de tempo para chegar à conclusão de que calculismo em excesso poderá gerar efeitos deletérios à transação.

Williamson crê que o conceito de confiança traz mais confusão do que certeza no estudo da Economia, e em grande parte da literatura, em que se lê confiança, deveria se depreender "cálculo". Na opinião do autor, a confiança propriamente dita é adequada a relações pessoais e talvez à análise de arquiteturas institucionais. No entanto, não deveria ser aplicada para a descrição de transações econômicas. Nesse caso, uma perspectiva meramente de cálculo (risco e retorno) seria mais adequada e prática para a teoria econômica. Pode-se dizer que Williamson não confia em análises baseadas em confiança.

3.2.5 Russel Hardin: confiança como encapsulated interest

Um outro conceito em relação à confiança é o proposto por Russel Hardin[70] em sua obra *Trust & trustworthiness*,[71] que compreende confiança como *encapsulated interest*. Uma tradução literal para o termo seria interesse encapsulado. Parece ser mais vantajoso e rico em sentido explorar o conteúdo do termo, que, ao menos à primeira vista, não é autoexplicativo.

Bastante aclamado academicamente por sua linha de pesquisa sobre confiança, Hardin sustenta que um indivíduo confia no outro quando crê que a sua contraparte levará em consideração os seus interesses, de forma espontânea, ou em razão de estímulo externo (em razão de lei ou cláusula contratual, por exemplo).

Para o autor, questionar alguém se confia ou não em outrem é, implicitamente, indagar as razões pelas quais o confiante imagina que o destinatário da confiança é ou não confiável. Nessa linha, Hardin defende ao longo de seu trabalho que a questão prática mais importante a respeito da confiança não está nela própria, mas na confiabilidade do depositário da confiança. Ou seja, o essencial é a boa-fé (*trustworthiness*).

De fato, para ele, o evento central é a confiabilidade. A confiança seria "meramente" a tomada de conhecimento a respeito desse evento.[72]

> In general, the complexity of the problem of trust derives primarily from the complexity of the problem of trustworthiness. [...] In a sense, trusting someone in some context is simply to be explained as merely the expectation

70. Hardin é professor da cadeira de *Política* da New York University. Em reconhecimento à obra *Trust & trustworthiness*, recebeu calorosos elogios de acadêmicos como Robert Putnam (Harvard University), Orlando Patterson (Harvard University), Roderick M. Kramer (Stanford University), Albert Breton (Universidade de Toronto), entre outros.
71. HARDIN, Russel. Op. cit.
72. Refletindo sobre literatura brasileira, Machado de Assis nunca nos permitirá saber se Capitu era inocente ou culpada. No entanto, assumindo que fosse inocente, uma leitura detida de *Dom Casmurro* mostraria o lancinante engano de Bentinho ao julgar "volúvel" moça tão virtuosa. Mas, por mais virtuosa que fosse, não recebeu a confiança merecida. Nesse sentido, a perspectiva de Hardin de que a confiabilidade é mais relevante do que a confiança parece sucumbir ao destino da pobre Capitu, a quem nada adiantou ser confiável (ASSIS, Machado de. *Dom Casmurro*. São Paulo: FTD, 1999. Também disponível em: <www.dominiopublico.gov.br>).

> that the person will most likely to be trustworthy. Trust is little more than knowledge; trustworthiness is a motivation or a set of motivations for acting.

A confiança é tratada como um tema complexo, difícil de definir, com muitos sentidos vernaculares e diferentes posições no próprio debate acadêmico. A razão apontada para tanta diversidade é que não se trata de um termo "primitivo", sendo passível de análise em outros termos. Pelo contrário, cuida-se de um termo essencialmente redutor. Nas palavras do autor: "As a reductive term, trust is similar to other major theoretical terms, such as power, equality, and justice that must be explained and are not primitive terms but are reducible to other terms".[73]

Para o autor, a confiança possui três elementos: A, o confiante, B o receptor da confiança e X o escopo, o contexto/propósito para o qual A confia em B. Considerando este circuito de confiança, perdem importância analítica as situações de confiança generalizada, em que um agente confia no outro para qualquer finalidade. Como requisito para a confiança, estabelece-se a necessidade de uma relação duradoura, com reiterado contato entre os agentes. Do contrário, não haveria que se falar em confiança.

A confiança é vista por Hardin como "essentially rational expectations about the self-interested behavior of the trusted". Nessa perspectiva individualista, o confiante confia porque crê que o depositário de sua confiança de alguma forma levará em consideração os seus interesses (do confiante) ao agir. A razão destacada por Hardin é o autointeresse. Ou seja, alguém honra a confiança de outrem porque essa condição atende aos seus próprios interesses, e as pessoas que confiam sabem disso. Além de manter certas premissas individualistas e autointeressadas do homem econômico, a visão de Hardin não requer afastamentos do paradigma de racionalidade. Para ele, a confiança é calcada em dois elementos de escolha racional: *incentivos* do receptor da confiança para fazer jus à confiança depositada e o *conhecimento* disponível ao confiante que embasa a sua confiança.

> Trust is therefore in part inherently a rational assessment. My expectations about your behavior may be grounded in my belief in your morality or reciprocity or self interest. With no prior knowledge of you, I may initially risk treating you as though I trust you, but our relationship can eventually be one of trust only if there are expectations that ground the trust.

73. HARDIN, Russel. Op. cit., p. 57. O autor utiliza o exemplo da "cor azul" para ilustrar um termo primitivo. Não é possível descrever a cor azul em outros termos que não estes. Isto não ocorreria com a confiança.

Ainda sobre as características da confiança, ela é considerada uma noção cognitiva (em detrimento de classificá-la como uma noção comportamental), pertencendo à mesma família do "conhecimento", "crença" e "avaliação" (*assessment*).

A implicação disso é que nem sempre confiar significa agir em confiança (i.e. tomar riscos em assumir compromissos com outrem). Muitas vezes, ao celebrar um contrato que implica interdependência entre as partes, necessariamente não existe entre os elementos formadores (na visão de Hardin) a confiança.

Um outro aspecto importante da noção de confiança racional de Hardin é que seria impossível replicar o modelo de confiança interpessoal às relações entre pessoas e instituições. Isso porque não poderia um indivíduo desenvolver um tipo de confiança *thick* em relação a Estados, instituições etc.[74]

Nesse sentido, falar em "crise de confiança" nos governos, nos mercados e nas instituições para o autor constitui um equívoco:[75]

> I argue that, in any strong sense of trust, trust in government is not a major consideration in the working of a modern society. A claim to trust government is typically implausible if it is supposed to be analogous to a claim to trust another person. The implausibility of trust in government is true for all the standard conceptions of trust. [...] The difficulty with "trusting government" is that the knowledge demanded by any of these conceptions of trust is simply unavailable to ordinary citizens. [...] One might still wish to say, as in the vernacular, that a citzen can trust government, but the "trust" in this case is almost certain to be different from the trust I might have in you. Hence the seeming goodness and importance of ordinary interpersonal trust does not clearly transfer to any meaningful notion of trust in government, because the possibilities for trust in government are not analogous to those for trust in a person. [...] It is surely more important that government be trustworthy than that it be trusted. [...] If trust cannot be applied to institutions, it is of limited interest in political theory and international relations.

Divergências à parte, o autor contribui de forma essencial ao argumento defendido no Capítulo 4 ao distinguir ferozmente os conceitos de confiança e confiabilidade (*trust* e *trustworthiness*). Essa clivagem será importante quando forem cotejados, mais adiante, os conceitos de confiança e de boa-fé.

Hardin anota que, em diversos ambientes (acadêmicos ou não), existe certa confusão entre os dois conceitos, que turva o limite existente entre eles, misturando-os:[76]

74. Vide seção anterior sobre Putnam em relação aos conceitos de *thick* e *thin trust*.
75. HARDIN, Russel. *Trust & trustworthiness*, p. 154-155.
76. Idem, ibidem, p. 54.

> [...] there is a commonplace slippage between trust and trustworthiness in what many authors present as accounts of trust. [...] Suprisingly, this slippage is pervasive in academic discussions of trust, which often should rather be posed as discussions of trustworthiness.

Em outra passagem na mesma obra,[77] Hardin apresenta uma razão para a referida confusão de conceitos:

> [...] perhaps, the most compelling reason for the frequent slippage, or at least why it is not recognized immediately as such, is that trustworthiness usually begets trust, because my trustworthiness will potentially reward your trusting me (if you act on your trust of me). Hence if something conceptually entails or causes trustworthiness, then indirectly it might entail or cause trust.

Sendo assim, para o autor, a recorrente relação causal existente entre a confiança e a confiabilidade levaria estudiosos do tema ao engano de superpor tais conceitos. Em razão de a existência de confiança (especialmente em relações sucessivas) estar associada a demonstrações e sinais consistentes de boa-fé da contraparte, alguns autores inferem que o agir de boa-fé automaticamente gera confiança.

Finalmente, destaque-se a interpretação de Hardin para o declínio da "confiança" ou "confiabilidade percebida" dos indivíduos relativamente aos governos. Para ele, trata-se do fato de que existe hoje muito mais informação disponível a respeito do Estado e de seus membros do que em outras épocas. Com mais dados para confiar, muitos deles negativos, os cidadãos passam a confiar menos.

3.2.6 George Akerlof e Shiller: o resgate de Keynes, a confiança como elemento do animal spirits[78]

Retomando a rápida menção feita no Capítulo 1, volta-se ao trabalho de George Akerlof[79] e Robert Shiller, *Animal spirits*, que consiste numa releitura

77. HARDIN, Russel. Op. cit., p. 55.

78. AKERLOF, George A; SHILLER, Robert J. *Animal spirits*. De acordo com os autores, a origem do termo é medieval e latina - *spiritus animalis* - e se refere a uma energia mental básica e força de vida. Contudo, atualmente, faz parte do jargão econômico e denota um recorrente e inconsistente elemento da economia. Refere-se ainda à relação particular que as pessoas guardam com a ambiguidade ou incerteza. Às vezes, somos paralisados por tal relação e, por outras, revigorados por ela.

79. O autor já se dedicava ao estudo da confiança e da incerteza nos mercados. Vide o texto clássico na área de Law and Economics sobre o mercado de carros usados. AKERLOF, George. The market for 'lemons': qualitative uncertainty and the market mechanism, *Quarterly Journal of Economics*, v. 85, p. 488-500.

das ideias de John Maynard Keynes, oportunidade em que discutem o papel da confiança na Economia.

Nessa jornada os autores identificam que a confiança[80] (utilizando os termos *confidence* e *trust* de forma indistinta) é elemento central do chamado *animal spirits* – tema popularizado por Keynes que remete ao ingrediente não racional e aparentemente imotivado (especialmente do ponto de vista econômico) que move os agentes em seus processos de tomada de decisão.

O foco principal dos autores concentra-se assim nos sentimentos dos agentes e nas suas motivações que impulsionam os eventos econômicos, especialmente em períodos de crise. Para isso, resgatam as ideias keynesianas e valorizam-nas como de alto poder explicativo dos ciclos econômicos (inclusive da Crise de 2008):

> Keynes appreciated that most economic activity results from rational economic motivations – but also that much economic activity is governed by animal spirits. People have non-economic motives. And they are not always rational in pursuit of their economic interests. In Keynes' view these *animal spirits* are the main cause for why the economy fluctuates as it does. They are also the main cause of involuntary unemployment. To understand the economy then is to comprehend how it is driven by the animal spirits. Just as Adam Smith's invisible hands is the key note of classical economics, Keynes' animal spirits are the keynote to a different view of the economy – a view that explains the underlying instabilities of capitalism.[81]

Para os autores, a confiança é vista como um elemento central do *animal spirits*. Há outros quatro: a *justiça* (*fairness*) – que determina os níveis de preços e salários; a *corrupção e o comportamento antissocial* – que provoca efeitos deletérios na economia; a *ilusão monetária* – responsável por uma confusão popular entre deflação e inflação; e as "*estórias*" – que são compostas pelo senso de realidade de cada um e pelas experiências pessoais de todos, também muito importante para a economia.

Confiança é mais do que uma expectativa ou uma predição racional. Trata-se, na realidade, de uma crença, revestida de conteúdo emocional signi-

80. Os autores utilizam dois termos para confiança: *trust* e *confidence*. Isto é uma peculiaridade, pois, para outros autores, como Robert Putnam e Russel Hardin, existem diferenças. A confiança mútua é mais bem definida como *trust*; e *confidence*, por sua vez, se traduz como esperança.

81. AKERLOF, George A; SHILLER, Robert J. Op. cit., p. 9.

ficativo (*feelings*). Os autores defendem de forma clara que a confiança possui efeitos diretos na renda agregada da economia.[82]

Ao contrário do que sugere a teoria econômica tradicional (neoclássica ou *mainstream*), os indivíduos nem sempre utilizam em suas decisões (de investimento ou mesmo pessoais) processos formais de cunho racional, avaliando todas as opções disponíveis, seus respectivos resultados e probabilidades associadas. A visão dos economistas de confiança como resultado de um processo racional é, inclusive, bastante criticada pelos autores:

> Economists have only partly captured what is meant by trust of belief. Their view suggests that confidence is rational: people use the information at hand to make rational predictions; they then make a rational decision based on those rational predictions. Certainly people often do make decisions, confidently in this way. But there is more to the notion of confidence. *The very meaning of trust is that we go beyond rational. Indeed the truly trusting person often discards or discounts certain information.* She may not even process the information that is available to her rationally; even if she has processed it rationally, she still may not act on it rationally. She act according to what she trusts to be true [...].[83]

Ao apresentarem a sua noção de confiança, os autores alertam para a fragilidade do argumento da racionalidade para descrever a cognição dos agentes econômicos. Em outras palavras, a ideia de confiança como mera previsibilidade da conduta de outrem é frágil quando se observa a realidade, especialmente o comportamento dos agentes.

Nesse sentido, para Akerlof e Shiller o processo cognitivo do agente quanto a confiar ou não pode até ser racional, mas a ação derivada desse processo não necessariamente o será.

A relevância do tema da confiança é inconteste a partir da análise desses autores. Para eles, trata-se da variável explicativa central da crise de 2008: quando se esgotou a confiança nos mercados, com ela se extinguiu o crédito, e com ele extinguiu-se a atividade econômica. A centralidade do assunto decorre tanto da própria essencialidade do *animal spirits*, do qual a confiança é elemento constituinte, quanto do seu papel como multiplicador de renda e

---

82. Seguindo o mesmo raciocínio do multiplicador keynesiano, de acordo com o qual uma variação unitária nos gastos gera resultados positivos na renda da economia, existe um multiplicador de confiança. Considerando determinada mensuração para a confiança, variações unitárias no nível de confiança têm impactos positivos na renda.

83. AKERLOFF, George A; SHILLER, Robert J. Op. cit., p. 12.

elemento-base das decisões dos indivíduos (sejam estas de investimento ou não).

3.2.7 Nicholas Taleb: A ótica do cisne negro

Uma outra visão sobre confiança é apresentada no livro de Nicholas Taleb[84] que explora o fenômeno dos "cisnes negros na economia". Esses eventos (mencionados nos capítulos anteriores) são desafios à capacidade de predição dos agentes, capazes de transformar paradigmas econômicos e de arruinar um ambiente de confiança.

A alegoria do cisne negro ilustra eventos cuja ocorrência é passível de ser imaginada (eventos possíveis), mas extremamente improváveis, pois ficam fora do que o autor chama de "expectativas comuns".

Tais eventos, em última instância, por serem extremamente improváveis, são considerados erroneamente pelos agentes como impossíveis. E a consequência prática é que os agentes são pegos de surpresa, sem terem adotado as devidas precauções em relação a eles. Entre os exemplos citados por Taleb como "cisnes negros" estão a Primeira Guerra Mundial, a ascensão de Hitler, a Crise de 1929, os atentados de 11 de setembro.[85]

Na visão de Taleb, o que não sabemos é mais relevante do que aquilo que sabemos. Em um cenário onde se está sujeito a cisnes negros, o melhor é tentar se precaver contra as consequências dos eventos, e não buscar prevê-los. É importante também a cautela com a (auto)confiança derivada do conhecimento, que não necessariamente, para Taleb, gera aptidões mensuráveis, e sim um tipo de viés chamado "arrogância epistêmica".

Essa distorção faz com as pessoas confiem mais do que deveriam (no caso, em si mesmas), tendo a impressão de que conhecem bem a realidade e que por isso teriam condições de fazer boas previsões. Informação assimétrica não é o único problema: o autor demonstra que muitas vezes a informação em excesso é prejudicial à tomada de decisão. A questão está de fato no processamento das decisões.

---

84. Esse autor foi escolhido por fazer parte das linhas mais recentes de pesquisa em Economia Comportamental, tendo diversas afinidades acadêmicas com o paradigma de H&B. A crítica de Taleb mais contundente é direcionada ao ramo das Finanças. Segundo Daniel Kahneman, quando de sua passagem pelo Brasil em 2009, o trabalho do autor fornece precisas interpretações para o entendimento da Crise de 2008.

85. A Crise de 2008-2009 não seria propriamente um cisne negro, não era exatamente um *outlier*, era mais previsível do que os eventos citados acima. Diversos analistas já alertavam para a formação de uma bolha especulativa no mercado americano.

Acompanhando as críticas ao paradigma neoclássico de escolha racional, Taleb concorda que os agentes são contraditórios e frequentemente cometem erros. Nesse sentido, Taleb concorda com o programa H&B:

> Legiões de psicólogos empíricos das escolas heurísticas e de viés mostraram que o modelo de comportamento racional sob incerteza não é apenas grosseiramente inexato e sim simplesmente errado como forma de descrição da realidade. [...] portanto as pessoas fazem escolhas e decisões inconsistentes, o núcleo central da otimização econômica não funciona.[86]

Apesar de não explorar explicitamente o conceito de confiança, a análise de Taleb parece nos conduzir a um conceito de confiança entendida como "previsibilidade" e "conhecimento". Interessante é que o autor faz isso *a contrario sensu*, mediante o uso da figura do cisne negro, do imponderável: ele sempre abala qualquer noção precisa de confiança, qualquer previsão exata sobre a realidade.

A solução para a proteção dos agentes perante cisnes negros seria a busca de soluções para mitigar seus efeitos. Como não é possível determinar exatamente quando e como eles ocorrerão, os agentes precisam estabelecer uma rede de salvaguardas que lhes dê proteção contra o imponderável.[87] Dimensionar as possíveis consequências de um cisne negro é mais importante do que precisar a sua probabilidade de ocorrência. Nas palavras de Taleb: "saiba categorizar crenças não de acordo com a plausibilidade delas, e sim pelo dano que podem causar", até mesmo porque, completa o autor, "as probabilidades de eventos muito raros não são computáveis; o efeito que um evento tem sobre nós é consideravelmente mais fácil de se estimar".

3.3 Articulando visões sobre confiança

Estabelecer associações entre obras de autores com orientações tão heterogêneas não é tarefa fácil. Esgotar todas as associações possíveis é mais complexo ainda. Por isso, preservando-se o contexto autoral de cada um dos textos

86. TALEB, Nassim Nicholas. *A lógica do cisne negro*, p. 239.

87. Na esfera pessoal, podemos mencionar: a constituição de reservas pessoais que garantam alguns anos de subsistência sem o recebimento de remuneração, a constante qualificação e mapeamento do mercado de trabalho em que o indivíduo está inserido, diversificação de ativos para a composição do seu portfólio de investimentos, entre outros. Taleb utiliza o exemplo de um terremoto em San Francisco, em que os agentes dificilmente conseguem precisar as probabilidades de sua ocorrência, mas conseguem estabelecer uma estratégia de proteção para um evento como esse.

mencionados, procura-se alinhar as mensagens centrais das diversas obras em busca de alguns denominadores comuns e das principais diferenças.

O primeiro elemento comum aos autores, com exceção de Nicholas Taleb, que não aborda o tema tão explicitamente quanto os demais, é justamente o objeto de estudo: a confiança. Embora com propostas metodológicas diferentes e conclusões díspares, todos atribuíram importância suficiente ao tema para desenvolver estudos específicos sobre ele.

É interessante notar que, apesar de explorarem a confiança à exaustão, o trabalho dos autores estudados não deve ser visto como uma ourivesaria em torno de um conceito. Ao discutir confiança, seu enfoque recai mais sobre sua função, relevância social e implicações quanto à natureza humana do que sobre o conceito propriamente dito. Curiosamente, os autores estudam a confiança, mas não buscam defini-la hermeticamente.

Com o objetivo de ordenar o diálogo entre as obras analisadas, propõe-se aqui uma divisão por temas, comparando as visões dos autores acerca de aspectos selecionados, quais sejam o *homem econômico* (e.g., sociabilidade, caráter e racionalidade) e os *atributos da confiança* (e.g., características definidoras, utilidade acadêmica do conceito e relevância social). Assim, espera-se tornar mais claras as divergências e destacar algumas das contribuições individuais mais significativas.

Apesar de a ideia de *homem econômico* não ser objeto de discussão extensa ou muito explícita por qualquer dos autores, parece ser traço subliminar comum a todas as obras. Para Hardin, adepto da teoria da escolha racional, o homem econômico parece aderir com certa elegância às proposições neoclássicas. A razão pela qual se estabelecem vínculos de confiança entre as pessoas é o autointeresse, de maneira que o cálculo e estratégia são elementares na formação da confiança.

Para Williamson, o homem econômico é contratual: calculista, limitadamente racional e autointeressado. Entretanto, conta com um elemento peculiar: age com malícia. A confiança em uma contraparte, por exemplo, de acordo com ele, é fruto de um cálculo de conveniência e de oportunidade.

O trabalho de Taleb, por sua vez, desconstrói o homem racional, sendo um exercício crítico da escolha racional e das visões neoclássicas do homem econômico. Na *Lógica do cisne negro*, discorre-se muito sobre arrogância epistêmica e excesso de otimismo, que, segundo mostram os fatos relatados no livro, levaram a erros de avaliação catastróficos por parte dos agentes.

Já os autores de enfoques denominados sociais tendem a traçar um homem econômico que é produto da história e do seu contexto social. Este é indubitavelmente o caso de Peyrefitte, Putnam e Fukuyama. O senso de liberdade para o primeiro, de pertencimento social (conectividade) para o segundo e de cooperação para o terceiro são tendências intrínsecas aos agentes e devem ser incentivadas por serem extremamente benéficas.

Segundo os autores mencionados acima, a confiabilidade dos agentes e sua confiança em outras pessoas são, em relevante medida, determinadas pelo ambiente. Já, de acordo com visões mais racionais e calculistas, a confiança é relacionada a características "inatas", ligadas à natureza da racionalidade e do "caráter do agente", como fazem concluir as proposições de Hardin e Williamson.

O homem econômico de Luhmann, por outro lado, precisa de confiança para se levantar todas as manhãs: é um agente que vive em meio à complexidade e à incerteza. Por isso, para tomar decisões que envolvam predições sobre o futuro e assunção de riscos, ele precisa confiar. Depreende-se daí que é um homem que tem limitações, ainda que exógenas.

Em Arkerlof e Shiller, o homem econômico é keynesiano, e, como tal, sofre, de tempos em tempos, de uma urgência em agir. Ele é influenciado pelo *animal spirits*, componente anímico, intrinsecamente relacionado à confiança. Esse agente comete erros e pode ser influenciado por sentimentos quando da tomada de decisões.

Os *atributos da confiança* são também elemento de dissenso. Russel Hardin, defensor da teoria de escolha racional,[88] é o mais combativo dos autores, por sua forma direta e taxativa de criticar. O autor é ferrenho em sua defesa de uma abordagem baseada nos paradigmas de escolha racional e isenta de moral para a confiança. Nesse ponto, discorda em boa parte de todos os outros autores resenhados no Capítulo:

> Almost everything written on trust recognizes the possibility of accounting for much of what we call trust with a rational-choice expectations theory. Much of the literature, however, including contributions by the economists Oliver Williamson and Robert Frank, the philosophers Baier, Becker, and Hetzberg, and the theologian Buber suggests or even insists that there is something left over. Some of these people seem to want to say that the rational-choice elements or cases of apparent trust are not trust at all. Williamson (1993, 479) says that he calls personal trust is "nearly non-calculative". [...] Scholars as diverse as Partha Dasgupta, Diego Gambetta, Jon Elster, and Baier thinks

88. Mencionem-se como representantes desse enfoque de teoria racional para confiança James Coleman, Jon Elster e Diego Gambetta. Este último, contudo, em seu livro *Streetwise*, diz não ser adepto da escolha racional como quer Russel Hardin (GAMBETTA, Diego; HAMILL, Heather. *Streetwise: how taxidrivers establish costumer's trustworthiness*).

> trust is grounded in more than mere reliance and interests. Many of these scholars have been associated with self-interest theories of individual and choice behavior. If even they think there is something beyond rational choice involved in trust, we must expect a compelling case. Oddly, however, there is not "a" case for an extra rational notion of trust, other than perhaps a residual interest notion. What case there is for something beyond this residual is essentially a cluster of descriptive claims about trusting behavior. The case is that it *seems* that more than self-interest of the trusted is involved in the commitments of the truster.[89]

Em sua defesa por interpretar a confiança como um processo de escolha racional, Hardin quase concorda com Williamson a respeito da confiança. Na verdade, aquele autor crê faltar a este um pouco mais de ceticismo. Este posicionamento é ilustrado na passagem acima, em que Hardin não absolve Williamson pelo fato de que este, em seu construto sobre confiança como um tipo de cálculo, tenha concebido que, no âmbito das relações pessoais, exista uma confiança não calculista. Parece também destoar das proposições de Hardin a ideia proposta por Williamson de *hyphenated-trust*, que seria uma confiança nas instituições.

No que se refere a Niklas Luhmann, Hardin critica a sua visão de que existe algo mais além de um juízo de racionalidade ao se aceitarem os riscos derivados da confiança. Para Hardin, a inserção desse "algo mais" sempre poderá ser englobada pelos modelos de confiança como cálculo ou produto do autointeresse. Segundo ele, não há sentido em buscar um elemento moral na confiança ou na confiabilidade.

> Luhmann says, for example, that trust is at least partly something other than a reasonable assumption on which to decide correctly whether to risk cooperating with someone, and for this reasons, models for calculating correct decisions miss the point of the question of trust. Such remarks miss a core element that is captured in the encapsulated-interest account. One part of a reasonable assumption on which to decide correctly is some sense of what the trusted is likely to do as a result of my acting on my my trust of him or her. Often the something else is the belief that the trusted will have incentive to fulfill the trust for reasons of his or her relationship with me. That relationship can be direct in the sense that we will potentially be interacting repeatedly over time, to the benefit of both of us; or it can be indirect through reputational effects.[90]

89. HARDIN, Russel. Op. cit., p. 74.
90. Idem, ibidem.

Outro aspecto que merece destaque é que nenhuma das obras demonstra preferência clara por nenhuma definição de confiança. Mesmo autores que, diferentemente de Williamson e Hardin, são entusiastas da confiança, tais como Alain Peyrefitte, Francis Fukuyama, Niklas Luhmann e Robert Putnam, discutem características e impactos positivos da confiança, mas não se atêm a um conceito específico, muito embora se reconheça que a caracterização fornecida por Luhmann de confiança como "redutor da complexidade social" seja retoricamente poderosa.

Essa falta de comprometimento dos autores com uma definição parece confirmar a ideia de que o conceito de confiança tem realmente um aspecto elusivo, e em decorrência dele é difícil, provavelmente inapropriado e talvez impossível defini-la. Outro elemento que possivelmente contribui para a inexistência de consenso é a falta de uso prático para um conceito hermético.

Isto não significa que não há definições de confiança disponíveis. A noção construída por Partha Dasgupta,[91] por exemplo, é citada por Hardin e Williamson:[92] "correct expectations about the actions of other people that have a bearing on one's own choice of action when that action must be chosen before one can monitor the action of those others". É uma definição frequentemente citada, porém não implica a sua aceitação sem ressalvas por parte de outros autores.[93] Além de fornecer uma definição para confiança, Dasgupta estabelece a sua natureza: seria um tipo de *commodity*, como a informação, a reputação e o conhecimento. Nesse ponto, Hardin o cita diretamente, criticando essa visão, dizendo que se pode investir em confiabilidade, e não em confiança, por isso a confiabilidade é a *commodity*, e não a confiança.

Dasgupta traça uma diferenciação importante entre *trust* e *confidence*, similar à realizada por Luhmann, mediante a qual confiança (*trust*) está ligada às nossas ações e esperança (*confidence*), a fatores alheios a nós:

> The distinction between confidence and trust depends on our ability to distinguish between dangers and risk, whether remote or a matter of immediate concern. The distinction does not refer to questions of probability of improbability. The point is whether or not the possibility of disappointment depends on our own previous behaviour. [...].

91. DASGUPTA, Partha. Trust as a commodity. In: GAMBETTA, Diego (org.). *Trust*: making and breaking cooperative relations.

92. WILLIAMSON, Oliver E. Calculativeness, trust and economic organization, *Journal of Law and Economics*, v. 36, n. 1.

93. Um autor que se dedicou ao garimpo de definições de confiança foi Guido Möllering. Em seu livro *Trust: reason, routine and reflexivity*, elaborou praticamente uma glosa de conceitos. O autor também auxilia na classificação dos autores de acordo com suas posições metodológicas.

> The question is not simply to assign expectations to types and to sort them according to whether they are based respectively on confidence or on trust. A relation of confidence may turn one into one of trust if it becomes possible (or is seen to be impossible) to avoid that relation. Thus elections may to some extent convert political confidence into political trust, at least if your party wins. Conversely, trust can revert to mere confidence when the opinion spreads that you cannot really influence political behaviour through the ballot. As a participant in the economy you necessarily must have confidence in money. Other wise you would not accept it as part of of everyday life without deciding whether or not to accept it. In this sense money has always been said to be based on "social contract". But you also need trust to keep and not spend your money, or to invest it in one way and not in others.[94]

Outra discordância levantada por Hardin é quanto à visão de Robert Putnam de confiança como elemento do capital social. Para ele, na verdade, a confiança é resultado da interconexão entre os agentes, e não um pressuposto para que ela ocorra. E desautoriza de certo modo os autores da teoria de capital social a elaborar conceitos sobre confiança: "[...] the core of the meaning of social capital in the work of these scholars is not trust but rather the social relationships, or the networks of such relationships, that enable us to undertake cooperative endeavors". Para Hardin, a confiança surge como um interesse embutido, pois um indivíduo confia no outro porque recebeu confiança em outro momento da relação sucessiva travada entre os membros das redes sociais.

No que diz respeito à relevância social e acadêmica do conceito, as opiniões se dividem. Hardin atribui maior importância social e acadêmica à confiabilidade do que à confiança. Já Williamson crê ser mais importante a noção de cálculo, mas admite alguma aplicação da confiança às relações pessoais e à avaliação de aspectos institucionais (*hyphenated trust*). A redução de custos de transação proporcionada pela existência do que ele chama de *calculative trust* (cálculo) é eficiente sob o ponto de vista econômico. Já os demais autores mostram preocupação com o tema, incentivam o seu estudo e apontam-na como elemento crucial ao desenvolvimento social.

Ilustrada a controvérsia, é importante mencionar que uma ideia tão forte quanto a confiança possui definições de aceitação restrita e, na prática, pouco robustas. Nesse sentido, parece adequada a visão de Diego Gambetta, de "elusive notion of trust", em que ele afirma ser um conceito difícil de alcançar; sua importância é mencionada por todos, porém poucos se dedicam a estudá-la profundamente. Em seu livro *Trust: making and breaking cooperati-*

94. DASGUPTA, Partha. Op. cit., p. 98.

ve relations,[95] ele organiza uma série de estudiosos do tema, entre eles Partha Dasgupta e Niklas Luhmann.

É oportuna uma menção mais detalhada de Diego Gambetta. Pode-se dizer que a sua figura é um dos denominadores comuns entre os autores estudados neste capítulo. Sua linha de pesquisa (ele é sociólogo) consistentemente explora o tema da confiança, reunindo estudos empíricos sobre a máfia italiana, taxistas de Belfast e Nova York, além de reunir estudos teóricos sobre o tema. Gambetta é popular entre os autores das obras resenhadas no capítulo anterior: Putnam cita-o diretamente, Williamson basicamente trava um diálogo direto com a noção de confiança por ele aduzida, Hardin cita-o inúmeras vezes no texto, especialmente seus trabalhos quanto à máfia. Niklas Luhmann, por sua vez, contribuiu com um capítulo sobre confiança incluído na obra organizada por Gambetta. Com o intuito de consolidar visões, o quadro a seguir resume o enfoque e as conclusões de cada um dos autores analisados neste capítulo.

Quadro 2: Visões sobre confiança

VISÕES SOBRE CONFIANÇA				
Autor	**Homem Econômico**	**Atributos da confiança**	**Utilidade acadêmica do conceito**	**Relevância social**
Fukuyama	Heterodoxo. A racionalidade admite comportamento cooperativo, solidário e sociável	Virtude social, viabilizadora do desenvolvimento	Elevada	Elevada
Peyrefitte	Heterodoxo. Homem histórico, influenciado e inspirado pelas instituições	Liberdade	Elevada	Elevada
Luhmann	Parcialmente racional	Simplificadora das relações sociais	Elevada	Elevada
Putnam	Social e racional	Elemento do capital social	Média	Elevada – capital social é a noção crucial
Williamson	Homem econômico contratual. Limitadamente racional e oportunista	Cálculo	Baixa	Baixa – apenas importante nas relações pessoais

(continua)

95. GAMBETTA, Diego (org.). *Trust*: making and breaking cooperative relations.

VISÕES SOBRE CONFIANÇA				
Autor	**Homem Econômico**	**Atributos da confiança**	**Utilidade acadêmica do conceito**	**Relevância social**
Hardin	Racional neoclássico	Interesse (encapsulado)	Média	Baixa – confiabilidade é mais relevante
Akerlof / Shiller	Homem econômico keynesiano. Racional com rompantes de irracionalidade	Parte do *animal spirits*	Elevada	Elevada
Taleb	Homem racional, porém sujeito a erros e inconsistências	Questionável por conta da arrogância epistêmica	Média	Média – a confiança excessiva é fator de crises econômicas

3.4 Possíveis conclusões

Após essas leituras, a primeira conclusão é de que, de fato, a confiança é um conceito aberto e precisa ser assim para que possa absorver a multiplicidade de situações em que pode ser aplicada. Nesse sentido, a posição de Gambetta de considerar confiança como uma noção "elusiva" é bastante válida.

A importância do tema é inefável, e, para tanto, os ensinamentos dos autores de cunho sociológico como Fukuyama, Peyrefitte e Putnam são valiosos. Com base nesses autores, podem-se obter algumas premissas relevantes ao estudo da confiança: (a) as redes sociais[96] e a integração social são promotoras do desenvolvimento; (b) a confiança atua como fator de agregação entre os indivíduos; (c) a confiança possui papel crucial em propostas de desenvolvimento; e (d) sociedades desenvolvidas possuem altos níveis de confiança.

Considerada a riqueza de definições e visões disponíveis, um estudo da confiança precisa indagar de antemão qual o posicionamento metodológico dos autores, especialmente quanto à natureza do homem econômico. Incorrendo em uma generalização, recurso admitidamente perigoso, em regra, autores mais ortodoxos quanto à racionalidade tendem a considerar confiança como interesse ou cálculo. Já autores de visão mais histórica ou heterodoxa tendem a atribuir sentidos mais amplos à confiança. Autores ligados à tradição

96. Redes sociais, nesse contexto, devem ser entendidas no seu sentido mais amplo, incluindo as formas eletrônicas e pessoais de interação social.

neoclássica (vide Gambetta e Hardin) tendem a relativizar o efeito positivo da confiança e costumam mencionar como organizações criminosas ou terroristas se valem de esquemas baseados em confiança mútua para estabelecer suas conexões. A ponderação é válida, mas o mau uso da confiança por uma parcela isolada na sociedade não invalida a sua importância em termos mais gerais. Sendo assim, defende-se aqui que a confiança é bem-vinda.

Viu-se ainda na revisão de literatura que enfoques mais sociais e menos ligados à economia neoclássica valorizam mais a noção de confiança, atribuindo a ela aspectos morais e culturais de forma mais direta. Além disso, abrem mão da racionalidade estrita. Para os autores mais filiados à tradição neoclássica, a noção de risco é mais relevante do que confiança, e confiabilidade mais importante do que confiança.

Isto conduz a duas reflexões: o cotejo entre boa-fé e confiança e a ideia de heurísticas e vieses. Quanto ao primeiro caso, assumindo-se que boa-fé seja o conceito correspondente à confiabilidade, as diferentes visões de confiança permitem encontrar bases doutrinárias para a diferenciação. Isto fica extremamente claro, por exemplo, no trabalho de Russel Hardin.

Contudo, ao atribuir maior importância à noção de risco ou de confiabilidade, negligenciam-se possíveis erros de avaliação por parte de quem confia. E, tal qual visto nos Capítulos 1 e 2, sabe-se que eles existem com frequência e provocam grandes dificuldades no mundo econômico. Se confiança fosse equivalente a confiabilidade e se a escolha racional desse conta das situações de confiança, provavelmente diversos dos escândalos do mundo financeiro, mencionados nos capítulos anteriores, tais como Enron, WorldCom e Madoff, não teriam ocorrido. Ao discorrer sobre o assunto, Hardin sustenta que, se alguém é confiável, naturalmente haverá confiança. Os capítulos empíricos deste trabalho tentarão mostrar algumas situações em que erros concretos ocorrem e contradizem a assertiva.

Podemos citar como exemplo as garantias internacionais, mais especificamente as *Stand-By Letters of Credit* – SBLC (que são uma modalidade de crédito documentário). Estas normalmente compreendem partes que não se conhecem, envolvem uma estrutura de sofisticada técnica bancária em que atuam bancos correspondentes, bancos confirmadores, além do garantidor e do garantido. Trata-se de uma relação complexa eminentemente firmada em fidúcia.

Uma possível explicação de Hardin para o caso das SBLC seria que o agir "objetivo" em confiança presente nesse tipo de transação, em que há uma recíproca assunção de riscos (i.e., as instituições financeiras trocam declarações e realizam pagamentos em nome de outras), é garantida não necessariamente pela existência de confiança. Seria essa lealdade assegurada pela prática ligada a um costume cambiário internacional e a normas internacionais e locais que garantem o cumprimento das obrigações firmadas. Para Hardin, a reciprocidade seria ainda resultado de um *vínculo relacional* entre as partes e de uma preocupação por parte de todos os envolvidos quanto à sua reputação. A existência de confiança no circuito seria considerada por Hardin menos importante do que a garantia de confiabilidade.

Pode até ser que haja, na visão de Hardin, confiança no circuito de créditos documentários das SBLC. No entanto, o conceito que melhor explica a existência desses feixes obrigacionais no âmbito do mercado financeiro internacional, em que a palavra dada possui elevado valor monetário, está mais ligada a incentivos e garantias do que, de fato, à existência de confiança.

Contesta-se a visão de Hardin neste ponto (Robert Putnam, Francis Fukuyama e Niklas Luhmann possivelmente discordariam). A confiança dos agentes nas instituições é certamente um dos elementos que os levam a participar da sociedade organizada, depositando seus recursos em bancos, votando, casando-se, planejando decisões de investimentos. Ou seja, caso não houvesse uma crença nas chamadas regras do jogo,[97] seria muito difícil convencer os agentes a aderir a elas.

Uma prova disso é a relação dos agentes com a própria moeda. A crença no valor do dinheiro como reserva de valor, meio de pagamento e unidade de conta é o que sustenta o funcionamento da economia monetária. E constitui, inclusive, um dos sustentáculos da governabilidade.

O agir de boa-fé de um indivíduo e seus sinais de confiabilidade podem ser interpretados de diversas formas pela sua contraparte. Esta, mediante seu próprio processo cognitivo, pode, finalmente, confiar ou não. Prova cabal disso é que aquele que é confiável para um pode não ser confiável para outros. Logo, confiar depende de uma interpretação do confiante acerca do comportamento da outra parte. Esse exercício interpretativo está condicionado à percepção que aquele que confia tem da conduta e das características de sua contraparte. E, como se sustenta neste trabalho, tais percepções estão sujeitas a equívocos.

A obra de Nassim Nicholas Taleb sobre cisnes negros, erros, crises e decisões econômicas é especialmente interessante nesse aspecto. Os agentes confiam demais no que sabem e nas previsões realizadas por seus modelos. Com base nessa "arrogância epistêmica", se omitem na prevenção de danos.

97. Nos termos propostos pela Teoria dos Custos de Transação, em que as instituições são as regras do jogo.

Nesse sentido, o autor provoca ponderações sobre casos concretos. Uma rápida busca no Direito brasileiro permite perceber algumas proteções existentes contra os cisnes negros. Na disciplina dos contratos, por exemplo, nas cláusulas de caso fortuito e força maior, as partes avençam mecanismos de resolução de eventos extraordinários à realidade das partes. Contudo, cabe levantar a indagação a respeito da abrangência dessa proteção, se ela de fato resiste, e se sua imposição (*enforcement*) é eficaz para gerar segurança quanto a cisnes negros. Esta pergunta poderia ser aplicada, por exemplo, à legislação falimentar, considerando que a deterioração financeira de uma empresa de elevada reputação pode ser um cisne negro para a sua contraparte.

Nesse contexto, o Direito pátrio parece aplicar a receituário de Taleb ao lidar com as consequências de eventos imponderáveis.[98] Tanto que em nosso ordenamento contamos com uma teoria justamente para tratar da imprevisão, e as cláusulas acerca desse assunto normalmente não são exaustivas na descrição dos eventos que poderão compreender. Ou seja, os contratos não precisam detalhar todos os tipos de casos fortuitos e força maior, mas estabelecem mecanismos de proteção perante eventos que se encaixem nessa definição.

Conclui-se assim que, em termos de proteção à confiança, o Direito brasileiro, no que se refere aos eventos imponderáveis, teria uma boa solução para preservar os agentes quanto à sua ocorrência (em contratos privados): um receituário de solução de contendas justamente para as situações que não se consegue prever.

Entretanto, ao tratarmos de Direito Público, especialmente em situações em que não há contratos firmados entre o particular e a Administração, cabe questionar o grau de proteção existente contra os cisnes negros.

No caso de imprevistos (sejam estes cisnes negros ou não) promovidos pelo próprio Príncipe, em alguns casos a confiança do particular pode ser frustrada. Nessas situações, a precaução contra efeitos deletérios causados por um ato da Administração pode ser ainda mais necessária. Como a pesquisa empírica apresentada ao final deste trabalho revela, na percepção dos agentes, a falta de proteção contra determinados atos da Administração representa um elemento de desconfiança no Brasil. Uma hipótese em que a Administração

98. Parece que o mercado tenta se adaptar aos cisnes negros, ao menos nos contratos. Na prática contratual internacional, vemos com frequência a menção e a disciplina de eventos que possam comprometer significativamente as condições da outra parte em honrar seus compromissos, as chamadas cláusulas *material adverse change*. Tais disposições permitem à contraparte rescindir o contrato ou determinar a situação de inadimplemento.

pode "trair" a confiança do particular é a do *venire contra factum proprium*, tema tratado no capítulo a seguir.

A literatura multidisciplinar sobre confiança inspira ponderações e divagações de várias naturezas, porém faz-se necessário avançar: vistos estes aspectos gerais, a discussão a seguir centra-se no papel da confiança para o Direito brasileiro, como ela é definida (no caso, indefinida) e tutelada.

Segunda Parte

IDENTIFICAÇÃO DOS ASPECTOS JURÍDICOS DA CONFIANÇA

CAPÍTULO 4

A CONFIANÇA E O DIREITO

O tratamento dado à confiança pelo Direito é o objeto do presente capítulo. Com o propósito de oferecer elementos à discussão empírica que se empreende mais adiante, nos Capítulos 5 e 6 apresenta-se uma seleção de temas que mostram as aplicações e implicações da ideia de confiança no mundo jurídico.

Primeiramente, aborda-se a noção de confiança para o Direito. Pretende-se uma análise aprofundada de definições oferecidas por Judith Martins-Costa e Menezes Cordeiro, a cujos ensinamentos se recorre diversas vezes neste capítulo. Destacam-se os elementos psicológicos no processo de formação da confiança, e como, durante essa heurística, a confiança pode ser formada sobre bases equivocadas.

A segunda seção cuida dos mecanismos disponíveis no ordenamento jurídico para a proteção da confiança; em outras palavras, das condições para a sua tutela. Faz-se aqui um cotejo entre confiança e boa-fé, conceitos constantemente associados pela doutrina, pela jurisprudência e pelos próprios agentes. Além disso, são oferecidos exemplos de como se concretiza a tutela da confiança.

Em termos práticos, a expressão "tutela" remete a dispositivos que poderiam ser evocados pelo confiante que tivesse a confiança traída. No Brasil, a proteção à confiança não é expressa. Existem raras menções à confiança na legislação e não há nenhum dispositivo que inclua comando geral para protegê-la ou que a consagre como princípio.

Contudo, a tutela da confiança no Brasil, mesmo que em muitos casos reflexa (i.e., sua concretização dá-se pela aplicação de outras normas que dela não tratam diretamente), é uma realidade. A proteção à confiança é considerada por parte expressiva da doutrina e da jurisprudência como princípio implícito ao ordenamento e, ainda, em alguns casos, seria elemento teleológico central de diversos institutos.

A terceira e a quarta seções tratam de outros dois temas em que a confiança ganha importância no debate jurídico. A terceira seção, ainda na esfera do Direito Privado, cuida da disciplina dos contratos e do princípio da confiança como elemento interpretativo. Faz-se menção especial a uma modalidade de contrato em que a confiança tem destaque: os contratos relacionais. A quarta seção versa muito brevemente sobre Direito Público, em que o princípio da proteção da confiança tem conquistado maior consistência e mais larga aplicação ao longo do tempo. Nessa discussão, a ideia de confiança é cotejada com o princípio de segurança e de proteção às expectativas legítimas do particular ante a Administração Pública. Esses temas, conforme demonstra a pesquisa de campo apresentada no Capítulo 5, são considerados importantes por residentes e não residentes para o estabelecimento de confiança nos mercados brasileiros.

4.1 Algumas noções de confiança propostas pelo Direito Civil

A presente seção analisa algumas definições[1] de confiança fornecidas pela doutrina civilista,[2] aqui representada por dois de seus autores consagrados: Judith Martins-Costa e Menezes Cordeiro.

O primeiro autor analisado é o eminente civilista português Menezes Cordeiro, cujo pensamento, em linhas gerais, destaca a presença da confiança na História do Direito e observa que, nas diversas manifestações da boa-fé, a ideia de confiança lhe é subjacente, seja como "um dado efetivo, depreendido de várias concretizações do fenômeno, seja como tentativa de explicação, apresentada em conjunturas controversas".[3]

Ao indagar se, por redução dogmática, poder-se-ia elaborar um princípio de confiança que integrasse parte do conteúdo substancial da boa-fé, o

1. A análise aqui proposta não deve ser tomada como defesa da confiança como um conceito jurídico. Afinal, conforme observado no Capítulo 3, a confiança é uma ideia abstrata, multidisciplinar e elusiva; como em outras áreas do conhecimento, na disciplina jurídica também não parece lograr definição hermética, com aceitação e uso correntes. Além disso, é relevante ressaltar preliminarmente que este trabalho não se compromete com a formulação de um princípio da confiança, ou de sua classificação em qualquer outra categoria (i.e., como conceito jurídico indeterminado, valor etc.). Embora diversas áreas do Direito mencionem um princípio da confiança, este parece ter acepções diferentes dependendo do contexto.
2. Cabe justificar a escolha do Direito Civil como fonte das noções sobre confiança ora analisadas. As razões são, basicamente: o fato de o Direito Civil aplicar-se à maioria das situações que envolvem o mercado financeiro e os investidores; o fato de a sistematização do tema nesse campo ser maior que em outras áreas do Direito (no Direito Público, todavia, o estudo da confiança vem ganhando cada vez mais adeptos); e, finalmente, o fato de ser o Direito Civil o berço da ideia de boa-fé, conceito este importantíssimo para o estudo aqui empreendido.
3. CORDEIRO, António Menezes. *Da boa-fé no direito civil*, p. 1234. Para o autor, alguns institutos expressam a (proteção à) confiança, entre eles o *venire contra factum proprium*, a *surrectio* e a *supressio*, todos definidos nas seções a seguir.

autor chega à conclusão de que essa tarefa não é possível. Segundo ele, para elaborar um princípio de confiança, seria necessário percorrer todos os ramos do Direito, o que já estaria "fora das práticas", tendo em vista a especialização crescente dos juristas estudiosos. Por isso, seria impossível "efetuar a redução implicada pela formação de um princípio atuante: as lucubrações sobre a confiança tornam-se especulações de tipo central, desamparadas perante a realidade do sistema".[4]

Com essa afirmação, parece o autor rechaçar a aceitação da confiança como princípio de Direito.[5] Segundo Cordeiro, um princípio da confiança reconheceria a situação em que a pessoa adere a determinadas representações passadas, presentes ou futuras e lhe conferiria tutela.[6] Em razão da dificuldade de reunir toda a base juspositiva necessária à construção do princípio, visto que demandaria uma investigação em todos os ramos do Direito, ele descarta a possibilidade de formular a confiança como princípio autônomo.

Isso não significa que o referido jurista não reconheça a importância da confiança. Retira, contudo, a autonomia da noção de confiança, vinculando sua utilidade à Ciência Jurídica à noção de boa-fé. Em outros termos, a confiança precisa recorrer à boa-fé para que possa ter implicações efetivas no ordenamento. Nas palavras do próprio autor, "a confiança tem por certo um lugar na ordem moral, seja qual for a realidade que lhe queira abrigar. Mas a pretender, em tal base, encontrar fórmulas concretas de compor litígios vai uma distância alongada".[7]

Em relação à obra de Niklas Luhmann, autor analisado no Capítulo 3, Menezes Cordeiro reconhece sua importância sociológica, mas alerta que suas conclusões não gozam de transposição mecânica para o Direito.[8] Para

4. CORDEIRO, António Menezes. *Da boa-fé no direito civil*, p. 1237.

5. Vale estabelecer a ressalva de que não se pretende discutir aqui as possíveis classificações para confiança no ordenamento, por exemplo: conceito jurídico indeterminado, princípio, cláusula geral, *standard* jurídico ou valor. As razões são derivadas do escopo e da metodologia do trabalho. Em relação à metodologia, da mesma forma que não se defende um conceito de confiança (jurídico ou não), não se defende nenhuma proposta taxonômica. De todo modo, há de se realizar duas considerações: a jurisprudência correntemente refere-se à proteção da confiança como princípio e existem vários doutrinadores que também consideram a confiança como princípio do Direito.

6. Idem, ibidem, p. 1234.

7. Idem, p. 1242.

8. "A importância sociológica assumida pela confiança não deve levar, no seu alcance como na sua construção, a uma transposição mecânica para o Direito. Em termos de relacionamento social, o Direito, como sistema, é um fator poderoso de redução

ele, a relevância da visão de Luhmann é eminentemente sociológica. Afirma Cordeiro, ao concluir sua análise, que o Direito é fator de confiança e, por conseguinte, seria esse Direito o grande redutor da complexidade social, e não a confiança. Para Cordeiro, o Direito cuida das relações específicas de confiança e não da confiança generalizada. Em relação a esta última, a ordem jurídica atuaria como seu promotor, mas de forma involuntária (indiferente). Em outros termos, o Direito promoveria a confiança de maneira não proposital.

> As observações suscitadas pelo discurso luhmaniano sobre a confiança permitem apurar um primeiro vetor que a informa. A existência da ordem jurídica, com a onticidade que lhe advém da repetição de suas manifestações, conduz à rigidez mínima que concita a previsibilidade. Neste sentido, o Direito surge como fator de confiança, propiciando a redução das complexidades, base de qualquer decisão. Em tal processo o Direito atua como que alheio à confiança que provoca, diluída sob as necessidades conhecidas de estabilidade e de segurança. Quando se fala de confiança, não se tem em mente a generalidade desse fenômeno, tal como a reflexão sociológica o revela; cuida-se antes da eficácia demonstrada por situações concretas de confiança, quando o Direito, deixando a indiferença relativa à crença que suscite, passe a indagá-la e a associar-lhe efeitos.[9]

Feitas estas breves considerações a respeito da visão geral de Menezes Cordeiro sobre o tema, segue a sua acepção de confiança, que se pretende explorar: "A confiança exprime a situação em que a pessoa adere, em termos de atividade ou de crença, a certas representações, passadas, presentes ou futuras, que tenha por efetivas".[10]

A primeira observação é que o excerto não define a confiança *em si*, mas descreve, sim, a situação fática que a encerra. Em diversas obras analisadas ao longo deste trabalho, este é um recurso comum: não se adentra na essência do

da complexidade social, surgindo como fonte primordial de confiança; o conhecimento dos esquemas dogmáticos permite, por excelência, simplificar e ordenar os fatores condicionantes de decisão. Numa sociedade dominada pela impessoalidade, como é de norma na sequência das revoluções industriais, as reduções permitidas pela confiança num contrato celebrado não advêm tanto de expectativas de comportamento regular da outra parte, como da segurança inculcada pela inserção do pacto em canais jurídicos, cujo percurso se encontra pré-determinado. Tanto basta para deixar claro, não corresponder, a confiança sociológica, à dimensão que, da noção se espera no Direito. Os esclarecimentos propiciados por Niklas Luhmann, são, contudo, importantes" (idem, ibidem, p. 1243).

9. CORDEIRO, António Menezes. *Da boa-fé no direito civil*, p. 1243.
10. Idem, ibidem, p. 1237.

termo, faz-se alusão a algumas de suas características, ou, como no caso de Menezes Cordeiro, às suas circunstâncias. Definir confiança equivale frequentemente a descrever os elementos relativos à sua ocorrência.

A definição revela que a confiança está relacionada à percepção do indivíduo, ao momento em que ele se convence, chega à conclusão sobre algo ("situação em que a pessoa adere"). Pode-se dizer que essa adesão é o próprio resultado do processo heurístico do confiante; aderir, assim, significa escolher uma posição, acolher determinado entendimento como opinião.

O resultado de tal processo heurístico, segundo o autor, pode ou não resultar em ação; a confiança pode se dar em termos de "atividade ou de crença". Assim, pode existir confiança sem que uma ação tenha sido efetivamente tomada. Isso implica que tanto a execução de um contrato (que implica ação) quanto a expectativa criada em relação à figura da contraparte antes de qualquer contratação (que não necessariamente implica ação) são exemplos de situações que podem envolver confiança. A primeira encerra necessariamente uma atividade, a segunda pode existir apenas no plano da crença.

Ainda na definição de Menezes Cordeiro, observamos que o resultado do processo cognitivo está relacionado ao processamento individual dos dados da realidade: "certas representações [...] que tenha por efetivas". A representação é, portanto, a imagem que o sujeito constrói com base nos fatos, e a qual ele crê ser condizente com a realidade.

A noção oferecida por Menezes Cordeiro destaca ainda uma dimensão temporal para a confiança: as representações podem dizer respeito ao passado, ao presente ou ao futuro. Isso parece ampliar o alcance de uma possível tutela da confiança: esta abarcaria situações que dizem respeito a fatos consumados, negócios em formação e expectativas quanto a direitos vindouros.

De riqueza extrema, a definição de Menezes Cordeiro tem um aspecto considerado primordial no âmbito deste trabalho: a confiança exprime a percepção de um indivíduo quanto a determinado evento. A acepção de Menezes Cordeiro permite classificar o processo de formação da confiança como um processo de natureza heurística, por envolver, no plano psicológico, a adesão a representações mentais.

Passa-se agora à análise de algumas das contribuições de outra voz eminente, a de Judith Martins-Costa. A obra prolífica da autora oferece, ao lecionar sobre boa-fé, algumas reflexões importantes sobre a confiança. Cabe destacar o contexto em que a autora propõe a definição discutida mais adiante:

a responsabilidade pré-negocial, em que não há contrato ou pré-contrato, apenas tratativas.[11]

> Na responsabilidade pré-negocial, os deveres que se violam, portanto, não são os deveres (obrigações) principais, que só se concretizam com o contrato formado, mas os deveres instrumentais que em algumas hipóteses se concretizam previamente à formação do vínculo negocial, deveres de cooperação, de não-contradição, de lealdade, de sigilo, de correção, de informação e esclarecimento – em suma, deveres que decorrem da boa-fé objetiva como mandamento de atenção à legítima confiança despertada no futuro contratante e de tutela aos seus interesses.[12]

Discute-se, assim, na responsabilidade pré-negocial,[13] a interrupção de negociações, capaz de gerar dever de ressarcimento à parte prejudicada mediante a verificação de dois pressupostos: a ruptura injustificada e a confiança legítima.

O primeiro consiste num comportamento arbitrário, desleal, "objetivamente averiguável".[14] A confiança legítima, por sua vez:

> [...] quer expressar a expectativa de que a negociação seja conduzida segundo os parâmetros da probidade, da seriedade de propósitos. [...] A confiança, para ser qualificada como legítima, deve, pois, fundar-se em dados concretos, inequívocos, avaliáveis segundo critérios objetivos e racionais.[15]

A definição ora analisada desperta algumas questões relevantes. A primeira delas é que a confiança tem uma subdivisão, a "confiança legítima", esta

11. "Espaço do 'ainda-não contrato', o da inexistência, ainda, de vinculação contratual, o espaço do 'trato'. Por isso não ocorre *vinculação contratual*, mas pode haver – se reunidas certas condições – *vinculação obrigacional*. Para delimitá-lo é necessário ter presentes as categorias jurídicas da proposta e da aceitação" (MARTINS-COSTA, Judith. *A boa-fé no direito privado*, p. 481).

12. A passagem transcrita permite observar que a boa-fé objetiva é tratada como um veículo para a tutela da confiança, de modo que os deveres estabelecidos por aquela conduzem à tutela desta. Nesse sentido, o modelo de proteção à confiança no âmbito das relações pré-negociais é consistente com o modelo descritivo de Menezes Cordeiro, em que a confiança adentra o sistema pela observância aos paradigmas da boa-fé (idem, *A boa-fé no direito privado*, p. 487).

13. Observa a autora que, para se concretizar o dever de indenizar, é necessária, além da verificação dos pressupostos acima, a comprovação de dano e do nexo de causalidade, tradicionais elementos objetivos constitutivos da responsabilidade civil (idem, ibidem, p. 485).

14. Idem, ibidem, p. 483.

15. Idem, ibidem, p. 484.

sim passível de tutela para o Direito. Depreende-se daí que existe um tipo de confiança não tutelável, de cunho íntimo e subjetivo, não aferível pelo Direito.

O requisito básico para a classificação de uma confiança como legítima seria a sua fundamentação em dados (a) concretos, (b) inequívocos e (c) avaliáveis segundo critérios *objetivos e racionais*. Em outras palavras, a confiança é uma expectativa legítima quanto ao agir de boa-fé da contraparte.

Um aspecto importante que se depreende dessa definição é a tentativa de "objetivação" da confiança; isto é, com o estabelecimento de regras e padrões para que se possa dizer que há uma expectativa que merece ser tutelada pelo Direito, tal qual a boa-fé, que é considerada objetiva, a confiança também tenta ser expurgada de subjetivismos. Na prática, busca a definição objetivar o processo psicológico enfrentado pelo sujeito na geração de suas expectativas. A definição não é, nesse sentido, colidente com a posição de Menezes Cordeiro; ambas tratam de um processo mental, mas na definição oferecida por Judith Martins-Costa fica mais evidente o aspecto racional desse processo.

Dois aspectos particulares das posições dos autores mencionados convidam à reflexão. O primeiro é que as definições estudadas sugerem uma dependência da confiança em relação à boa-fé para sua introdução no ordenamento.

Apesar da intrincada relação entre os dois temas, parece haver espaço para o seu tratamento em separado, de modo que a confiança pode ser objeto de estudo independente, conforme elaborado nas seções a seguir. Outro aspecto é que a noção de confiança formada em bases racionais parece excluir a proteção do confiante em situações nas quais a confiança é gerada de forma equivocada, especialmente quando o erro cometido não é admissível.[16] Esse pressuposto, se por um lado confere segurança à aplicação do conceito de confiança, por outro limita sobremaneira o rol de situações a que tal conceito se aplica.

Parece ainda faltar maior detalhamento sobre os limites e conteúdo dessa racionalidade. Conforme discutido no Capítulo 1, há o ordenamento de exigir dos agentes um padrão de escolha mais compatível com o homem médio do que o homem econômico. Aquele exige previsibilidade e estabilidade da ordem jurídica, e é nesse sentido que são formadas suas expectativas. Já a confiança do homem econômico, possivelmente, nem precisaria de proteção, visto que, na maioria dos casos, ele faria julgamentos corretos a respeito das situações e fundaria sua confiança em bases acertadas.

Feitas as considerações acima acerca dessas duas acepções doutrinárias de confiança bastante influentes no ordenamento brasileiro, passa-se agora a um estudo das situações em que o Direito poderia, direta ou indiretamente, proteger a confiança.

16. Nos termos da disciplina jurídica do erro, abordados mais adiante nesta seção.

4.2 A tutela jurídica da confiança

A proteção da confiança é o objeto da presente seção. Descreve-se, assim, de forma breve, como se concretiza a tutela da confiança no Direito brasileiro.

Preliminarmente, define-se tutela[17] como as condições mediante as quais aquele que tem sua confiança traída pode buscar socorro no ordenamento. Em termos de delimitação do alcance dessa tutela, cabe dizer que as formulações mais modernas a respeito da proteção à confiança têm em comum o requisito de que, para ser tutelado, o sujeito deva ter formado suas crenças de forma proba, racional e diligente.

Desse modo, pode-se dizer que a confiança tutelável pelo Direito brasileiro é aquela formada sobre bases racionais, mediante um agir de boa-fé ou, em outros termos, a confiança considerada *legítima.*

A legislação pátria não contém um comando geral de proteção à confiança, não sendo esta consagrada explicitamente, como é o caso da boa-fé.[18] O arcabouço disponível é de natureza interpretativa, valendo-se de doutrina e jurisprudência para sua construção.[19]

As proteções disponíveis à confiança encontram-se, assim, difusas por todo o ordenamento, sendo difícil o estabelecimento do conteúdo de uma regra geral para sua tutela.[20] Contudo, há quem considere que a proteção da confiança é, na realidade, um princípio implícito da ordem jurídica.

No Brasil, podemos distinguir duas linhas de proteção à confiança, referentes, respectivamente, ao Direito Público e ao Direito Privado. A primeira ocupa-se da proteção das expectativas legítimas do particular ante os atos do Legislativo, do Executivo e do Judiciário, estando intrinsecamente ligada à manutenção da segurança jurídica.[21] A segunda linha,[22] por sua vez, trata da confiança intersubjetiva em relações privadas e relaciona-se fortemente com o regime jurídico da boa-fé.

---

17. Do latim *tutela*, ação de vigiar, proteger, defender (ACQUAVIVA, Marcus Cláudio. *Dicionário acadêmico de direito de acordo com o novo Código Civil*).
18. Art. 422 do Código Civil de 2002.
19. No mesmo sentido, referindo-se ao Direito português, Menezes Cordeiro afirma que, para a proteção da confiança, é necessário recorrer ao sistema, pois não há norma ou princípio específico que a tutele (CORDEIRO, António Menezes. Op. cit.)
20. Idem, ibidem.
21. Cabe ressaltar, no entanto, que a ênfase atual dá-se quanto à proteção do particular perante os atos da Administração Pública. Essa linha será objeto de seção própria neste capítulo.
22. A divisão proposta, contudo, não é estanque, sendo totalmente concebíveis as influências mútuas entre as linhas citadas. Como, em ambos os campos, a proteção

O presente estudo observa que, apesar de difusa no ordenamento, a tutela da confiança dá-se por três vias principais: (a) proteção à confiança como decorrência dos deveres e direitos relacionados à boa-fé; (b) proteção à confiança mediante mecanismos indiretos; e (c) a proteção direta que incluiria normas expressas e/ou uma responsabilidade por danos fundamentada exclusivamente na confiança.[23]

A primeira via é objeto das duas primeiras subseções deste capítulo, em que se dá o cotejo entre boa-fé (subjetiva e objetiva) e confiança. A boa-fé teria o condão de concretizar a proteção à confiança; seria seu veículo normativo.

Segundo Menezes Cordeiro, essa seria a via principal de entrada da confiança no ordenamento. Seria, nos termos do autor, dispensável uma legitimação formal axiomática da confiança, visto que sua tutela nos casos relevantes já estaria garantida pelo sistema jurídico de proteção à boa-fé:

> As implicações da confiança são inúmeras, ensejando a busca de sua sede legal para além da legitimação formal axiomática, pois, ainda que se reconheça um aspecto moral da confiança, não é dele que se pretende encontrar fórmulas concretas de compor litígios. Além da lei, o estudo da jurisprudência é útil, pois um estudo pormenorizado dos institutos em que a confiança se manifesta auxilia na sua aproximação ao sistema, transcendendo as afirmações pontuais de uma tutela da confiança. Por isso, a aproximação da boa-fé à confiança é de suma importância, tratando-se do veículo normativo, que permite a consideração do tema da confiança, com apoio seguro no sistema. [...] A confiança está presente tanto na boa-fé objetiva quanto na boa-fé subjetiva, tratando-se de crença passível de proteção jurídica, quer situada no âmbito interno do ser, quer revelada externamente por sua conduta. Na lição de Menezes Cordeiro, a confiança constitui uma ponte entre a boa-fé objetiva e a boa-fé subjetiva, devendo se assentar em ambas.[24]

Contudo, há quem critique essa posição, defendendo que, na verdade, o alcance de um eventual princípio de proteção à confiança seria mais amplo

---

à confiança é tema em construção a receber novas reflexões todos os dias, as influências mútuas entre Direito Público e Direito Privado são intensas. O princípio da boa-fé, por exemplo, cuja ascensão lançou novas luzes sobre o estudo da confiança, teria sido concebido no Direito Privado e influenciado, posteriormente, o Direito Público.

23. Essas últimas duas vias também podem ser analisadas mediante uma perspectiva de boa-fé. Contudo, para fins de discussão, é possível segregá-las, pois a boa-fé, nesses casos, não é necessariamente evocada.

24. GONÇALVES, Camila de Jesus Mello. *Princípio da boa-fé*: perspectivas e aplicações, p. 40.

do que a observância à boa-fé. E, por isso, a proteção da confiança mereceria tratamento autônomo.[25]

O trabalho não adentra essa controvérsia, apenas descreve o "estado da arte" da regulação da confiança estabelecida no Direito Privado. Avaliando o reconhecimento conferido pelo ordenamento jurídico contemporâneo à tutela da confiança, um comentário de Gerson Luiz Carlos Branco[26] sintetiza o panorama atual:

> A forma como o Direito tutela a confiança e as expectativas legítimas derivadas das situações de confiança é tema que, apesar de reiterada referência da doutrina, ainda está numa zona cinza do Direito, entre o "não mais" e o "ainda não", pois, embora a confiança não seja mais tratada como simples referência aos casos de erro na formação dos contratos, ainda é incipiente sua aplicação jurisprudencial.

A segunda via diz respeito a mecanismos indiretos que acabam por gerar uma tutela reflexa da confiança. Esse tipo de proteção indireta é perceptível em diversos institutos jurídicos, que possivelmente foram em sua formação inspirados na proteção à confiança. Ou seja, ao impor determinado comportamento, o legislador tem como um de seus resultados mediatos proteger a confiança. Exemplos dessa tutela podem ser encontrados em diversas áreas do Direito; o Capítulo 5 deste trabalho ocupa-se em apresentar alguns deles, oriundos do Direito Bancário e dos Mercados Financeiros.

Considerando que o agir de boa-fé é hoje objeto de um comando legal explícito, pode-se dizer que a tutela da confiança concretizada pelos deveres relacionados à boa-fé (mencionados na "primeira via") pode ser considerada também uma forma de tutela reflexa.[27] Exige-se, de plano, o agir de boa-fé e,

25. ARAUJO, Valter Schuenquener de. *O princípio de proteção da confiança*. Embora a obra refira-se à proteção da confiança em face do Estado, a defesa da confiança como princípio pode ser levada a outras áreas.

26. BRANCO, Gerson Luiz Carlos. A proteção das expectativas legítimas derivadas das situações de confiança: elementos dos princípios formadores da confiança e seus efeitos, *Revista de Direito Privado*, n. 12, p. 169-225.

27. "A regra da conduta de boa-fé exprime para nós essencialmente preocupações de correção, lisura, razoabilidade ou equilíbrio no relacionamento entre sujeitos. A confiança concretamente depositada por um deles no outro não é *qua tale* (autonomamente) protegida, pois a sua frustração não consubstancia *per se* uma situação de responsabilidade por violação daquela regra. [...] Não interessa por si aquilo em que a vítima da violação da regra de boa-fé acreditou. Quando muito, pode-se averiguar se ela *devia poder confiar* no comportamento do outro. Mas as expectativas neste sentido 'razoáveis' ou 'legítimas' de um sujeito não são uma

como consequência, obtém-se a tutela da confiança. Contudo, os casos a que se refere essa segunda via são aqueles em que a boa-fé não é expressamente mencionada.

A terceira via, por sua vez, trata da tutela direta, que compreenderia a responsabilidade fundada na confiança. Ou seja, de situações em que um dever de reparação *fundamentado* na frustração à confiança poderia surgir do sistema brasileiro de responsabilidade civil. A discussão, travada tanto nas linhas de análise do Direito Público quanto nas do Direito Privado, é extensa, e opta-se, por questões de escopo, por não enfrentá-la neste trabalho. No entanto, parecem raros, talvez mesmo inexistentes, os casos em que o Direito pátrio trata de responsabilidade *exclusivamente* fundada na confiança. A responsabilidade fundamentada na confiança no Brasil aparece sempre relacionada à violação de uma regra ou do princípio da boa-fé e, ao que parece, nunca de forma autônoma.[28] Tece-se, sobre o tema da responsabilidade civil fundamentada na confiança, apenas breve comentário, expresso nos parágrafos a seguir.

Segundo Judith Martins-Costa, o âmbito pré-negocial seria o espaço mais propício à criação dessa responsabilidade fundada na confiança, visto que não haveria nessa fase da relação jurídica contrato ou pré-contrato[29] que contivesse o regramento para a relação entre as partes. Não havendo tais regras, não é possível acionar o sistema jurisdicional para ver executadas as disposições que confeririam a justa proteção às partes. Precisam as partes se basear justamente no rompimento das relações de confiança estabelecidas.

---

projeção de exigências objetivas de comportamento impostas pela ordem jurídica. Por outras palavras: a tutela das expectativas mediante a regra da boa-fé é apenas reflexa. Releva somente no quadro das exigências de probidade e equilíbrio que aquela veicula. São estas que conferem o fundamento da proteção concedida" (CARNEIRO DE FRADA, Manuel António de Castro Portugal. *Teoria da confiança e responsabilidade civil*, p. 454).

28. Contudo, para se fazer a verificação desta assertiva, seria necessária, como nos diz Menezes Cordeiro, uma perquirição por todos os campos do Direito.

29. Para a autora, o campo operativo da responsabilidade pré-negocial (ou pré-contratual) difere daquele do pré-contrato ou dos contratos preliminares. "E isto por uma razão muito simples: o inadimplemento do pré-contrato resulta em *responsabilidade contratual*, porque aquele constituiu contrato que contém *obrigação de fazer* (contrair o contrato definitivo), sendo esta a obrigação descumprida. A questão se resolve, portanto, nos estritos lindes da culpa contratual, podendo o prejudicado promover a execução forçada da obrigação (Código de Processo Civil, CPC, art. 566, I), postulando a substituição, pelo juiz, da declaração de vontade do inadimplente (CPC, art. 639), cabendo, em qualquer caso, perdas e danos (CPC, art. 638, parágrafo único)" (MARTINS-COSTA, Judith. *A boa-fé no direito privado*, p. 480).

Nesse contexto, a autora destaca a existência da necessidade de ponderar dois valores importantes: de um lado, a liberdade negocial, especialmente nesse período de tratativas, quando da formação do contrato, e, de outro, o fomento da boa-fé e a proteção da confiança. Faz-se então necessária a análise do caso concreto, para dar sentido aos elementos objetivos e subjetivos envolvidos que o compõem, e para que se verifique, nos dizeres de Judith Martins-Costa, se é ou não o caso de responsabilidade.

Os requisitos específicos para a sua aplicabilidade seriam, segundo a autora (além do dano e do nexo de causalidade, elementos tradicionais da responsabilidade civil): (a) a existência de negociações antecedentes a um contrato; (b) a prática de atos tendentes a despertar, na contraparte, a confiança legítima de que o contrato seria concluído; (c) a efetiva confiança da contraparte; (d) a existência de dano decorrente da quebra dessa confiança, por terem sido infringidos deveres jurídicos que a tutelam; e, (e) no caso de ruptura das negociações, que esta tenha sido injusta ou injustificada.

Entretanto, apesar da robustez do argumento, parece ser um caso de tutela direta da confiança, mas não de tutela *autônoma*. Considerando que a ruptura injustificada das negociações e a frustração da confiança legítima estão, nessa doutrina, sempre ligadas à violação de um dever objetivo de boa-fé, não parece ser um caso de reparação de danos fundada *exclusivamente* na frustração da confiança, mas nesta e na violação do agir de boa-fé. Essa conclusão parece consistente com o fato de que o capítulo em que se insere esse tema na obra da autora trata justamente da "operatividade da boa-fé no processo obrigacional".

Cabe dizer, finalmente, que outra possibilidade, num caso de tutela direta, seria a existência de dispositivos que mencionassem expressamente a confiança. Contudo, não parece ser este o caso do ordenamento brasileiro. O trabalho, como dito anteriormente, não conclui sobre os benefícios concretos a respeito de uma proteção desse tipo, porém não há dúvida de que comporiam exemplos do que seria uma via direta de introdução da confiança no sistema jurídico.

E com isso, revistas as vias principais em que a confiança permeia o Direito – a saber: boa-fé, mecanismos indiretos e responsabilidade civil –, retorna-se à controvérsia sobre se existe vida autônoma para a proteção à confiança. Indaga-se se esta estaria fadada a seu uso conjugado com a boa-fé ou a mecanismos reflexos de proteção. O trabalho não responde a esses questionamentos, mas os defende como itens importantes para uma agenda de pesquisa acerca da tutela jurídica da confiança.

4.2.1 Confiança e boa-fé objetiva

Ao longo do capítulo, têm sido esboçadas algumas das possíveis relações entre confiança e boa-fé. A presente etapa do trabalho lida, assim, com duas ideias centrais. A primeira é que boa-fé objetiva e confiança são noções fundamentalmente distintas, por conta, entre outras razões, de seu referencial. A principal consequência dessa distinção parece ser justificar o estudo autônomo das disciplinas da proteção à confiança e da proteção à boa-fé, algo ainda raro na doutrina local.

A segunda ideia desenvolvida diz respeito a como a confiança se comunica, em termos de implicações no ordenamento jurídico, com a boa-fé objetiva. A relação é estreita, e nela a confiança surge, muitas vezes, nas formulações doutrinárias, num contexto de dependência ou de subjacência em relação à boa-fé. Ou, ainda, aparece de forma mais etérea, sendo considerada "a inspiração" dos deveres de boa-fé.

Segundo Judith Martins-Costa, por exemplo, *o princípio da boa-fé objetiva traduz a mais relevante feição tomada pelo princípio da confiança no Direito das Obrigações.*[30] Essa acepção demonstra a dependência existente da proteção à confiança em relação à boa-fé.

Inicia-se, assim, a discussão pela primeira ideia: a separação entre os conceitos. A boa-fé objetiva refere-se, sem prejuízo de outros desdobramentos, a um *dever geral de cooperação*, enquanto a confiança diz respeito, antes de mais nada, à *geração de expectativas legítimas, cuja manutenção pode constituir um dever jurídico.*[31]

Retornando à análise do termo "confiança", tem-se que a expressão é proveniente do latim *cum fide*, entendida como presença de fé, significando que o sujeito crê, possui convicções, expectativas. Já a boa-fé é um elemento objetivo revelado na conduta do sujeito. Oriundo do latim *bona fide*, o agir de "boa-fé" concerne à ideia de probidade e correção, à ausência de malícia ou torpeza. A boa-fé constitui, assim, um dado objetivo, e a confiança, um elemento subjetivo.

Apesar de próxima, a etimologia dos vocábulos ensina que os dois fenômenos estão interligados, mas não se confundem e, mais, podem se desenvolver de maneira autônoma. Narrado de forma simples: (a) é possível que alguém seja depositário de confiança alheia mesmo agindo de má-fé, e (b) é possível agir com a mais absoluta boa-fé e não suscitar a confiança dos demais agentes.

30. MARTINS-COSTA, Judith. *Comentários ao novo Código Civil*, p. 26. A relação entre boa-fé e confiança, contudo, é inefável. Ao comentar a necessidade de observar a relação obrigacional como "relação de cooperação", conforme mencionado no Capítulo 1, num ambiente em que a boa-fé atua como norte da colaboração intersubjetiva, a autora destaca a importância conferida à legítima confiança despertada nos outros por palavras, gestos e condutas. Apenas num ambiente em que se valorize e tutele a confiança, prossegue a jurista, é possível tal cooperação.

31. MARTINS-COSTA, Judith. *Comentários ao novo Código Civil*, p. 26.

É relevante notar que essa autonomia revela uma grande diferença existente entre boa-fé e confiança: seu referencial. Esse aspecto é ilustrado pela Figura 3, a seguir:

Figura 3: Confiança e boa-fé: diferenças de referencial numa relação jurídica

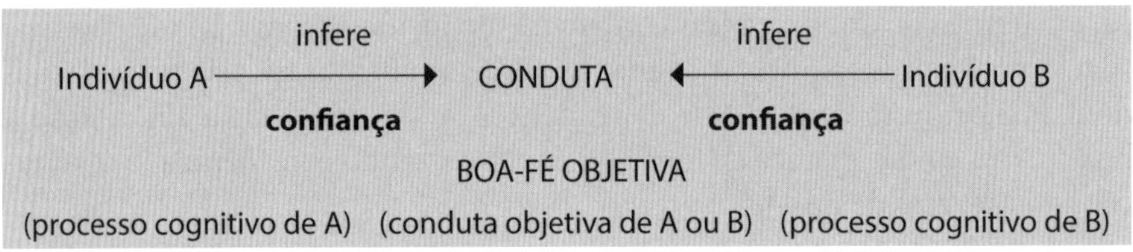

A Figura 3, acima, descreve a diferença de referencial a respeito dos agentes numa relação jurídica (e/ou econômica) bilateral: o indivíduo A, ao decidir adquirir Direitos e firmar obrigações perante B, realiza diversas inferências. Assim, mediante seu processo cognitivo, A forma opinião a respeito de várias características de B e de sua conduta. Por exemplo, avalia se este é digno de crédito, competente, honesto, leal. Pode-se dizer que A constrói e adere a uma representação mental acerca da boa-fé de B. A conclusão desse processo heurístico de A lhe fornecerá elementos para julgar se B é merecedor de sua confiança.

O processo heurístico de B ocorre, reflexamente, de forma similar, gerando inferências acerca da conduta de A, se este age ou não de boa-fé.

É relevante notar nos dois casos que a confiança é um processo subjetivo daquele que confia. Trata-se de uma ação: "confiar". Já a boa-fé objetiva é uma característica da conduta de um agente. Trata-se de um atributo da conduta: "de boa-fé".

A confiança difere, assim, da boa-fé objetiva por conta de seu referencial, dado que repousam sobre agentes diversos – a primeira é inerente àquele que confia, a segunda, àquele que receberá confiança dos demais.

Outras diferenças são destacadas na doutrina. Aponta-se, por exemplo, que o princípio de proteção à confiança seria mais amplo que o de tutela da boa-fé, embora tenham núcleo comum: as situações jurídicas concretas. A diferença, que é o princípio de proteção da confiança, abarcaria também situações em abstrato. Os princípios seriam assim superpostos em alguns campos, mas não se esgotariam mutuamente, visto que existiria um espaço da boa-fé objetiva que não seria alcançado pela proteção à confiança.[32]

32. DERZI, Misabel Abreu Machado. *Modificações da jurisprudência no direito tributário*, p. 381.

Com base nessa mesma linha de raciocínio, Valter Schuenquener de Araujo[33] refuta a hipótese de que o princípio da confiança seja fundamentado na boa-fé objetiva, pois não haveria lógica em que um princípio mais amplo fundamentasse outro de escopo mais restrito. Por isso, segundo o autor, é mais provável que a boa-fé tenha fundamento na proteção à confiança, e não o oposto.

Outra diferença destacada por Schuenquener é que o princípio de proteção à confiança estaria mais associado ao Direito Público, mais especificamente à exigência dirigida aos agentes públicos de não frustrar, mediante posturas contraditórias, a expectativa legítima do particular ao se relacionar com o Estado. Já a boa-fé objetiva, para ele, teria um campo de atuação mais individualista, com origens no Direito Privado, voltando-se para deveres de conduta ética e leal. Os princípios se reforçariam mutuamente, mas não se confundiriam.[34]

Mais uma diferença destacada, ainda no âmbito do Direito Público, é que a boa-fé poderia ser invocada tanto pelo Estado quanto pelo particular, enquanto a proteção à confiança seria apenas uma prerrogativa do cidadão ante os atos do Estado.

Vistas essas diferenças elementares entre o princípio de proteção à confiança e o princípio da boa-fé objetiva, passa-se à discussão do segundo tópico desta seção: algumas das possíveis relações existentes entre os dois. Duas visões se destacam: a confiança depende da boa-fé para se concretizar no ordenamento, e a confiança inspira as normas referentes à boa-fé.

É recorrente a afirmação de que a proteção da confiança inspiraria os deveres da boa-fé objetiva. Essa relação implica que a teleologia das normas que concretizam a boa-fé no ordenamento teria como (um dos) objetivo a proteção da confiança. Na seção de Direito Privado, em sua obra acerca das limitações ao poder de tributar, Misabel Derzi destaca que em toda hipótese de boa-fé existe confiança a ser protegida:

> Isso significa que uma das partes, por meio de seu comportamento objetivo, criou confiança em outra, que, em decorrência da firme crença na duração dessa situação desencadeada pela confiança criada, foi levada a agir ou manifestar-se externamente, fundada em suas legítimas expectativas que não podem ser frustradas.[35]

33. ARAUJO, Valter Schuenquener de. Op. cit.
34. Esta obra não defende diretamente o mérito dessa diferenciação, apenas menciona a título ilustrativo como a doutrina também percebe diferenças entre boa-fé e confiança.
35. DERZI, Misabel Abreu Machado. Op. cit., p. 378.

Uma outra visão é a de que a confiança toma feições concretas no ordenamento por meio da boa-fé. As relações entre confiança e boa-fé objetiva, e, por conseguinte, as relações entre o fomento da boa-fé e a tutela da confiança, estabelecidas pela doutrina, são, nesse enfoque, de dependência. Nessa visão, a proteção à confiança dependeria da aplicação da boa-fé objetiva para adentrar o ordenamento; tal aplicação seria, nos dizeres de Menezes Cordeiro, o veículo normativo da proteção à confiança. Um exemplo que denotaria essa concretização da proteção à confiança seria o caso do repúdio ao *venire contra factum proprium*. Considerado um princípio que remonta aos deveres da boa-fé objetiva, o repúdio ao comportamento contraditório acaba por tutelar a confiança entre as partes. Sendo assim, a subseção seguinte apresenta o instituto, com alguns exemplos jurisprudenciais que mostram o resultado concreto de sua aplicação.

4.2.2 Confiança como expectativa legítima: o nemo potest venire contra factum proprium (*vcfp*)

Considerado por civilistas como um subprincípio da boa-fé objetiva, o *vcfp* pode ser definido como "a inadmissibilidade de toda pretensão objetivamente contraditória a uma conduta anteriormente manifestada".[36] Esse repúdio ao comportamento contraditório que exige coerência de comportamento dos sujeitos de direito é um dos casos em que a tutela da confiança se mostra mais patente. Em outras palavras, o Direito no *vcfp* reprime o agir inconsistente, o voltar atrás na palavra dada.

Para ter implicações jurídicas, o comportamento contraditório precisa ter duas consequências constatadas. Em primeiro lugar, é necessário que tal conduta tenha gerado uma legítima expectativa; em segundo lugar, precisa ter causado prejuízo à contraparte. Isto quer dizer que, por si só, o comportamento contraditório não é considerado algo repudiável; é necessário que tal inconsistência tenha surtido alguns efeitos de ordem prática. Nos dizeres de Anderson Schreiber:

> Atenta o *venire contra factum proprium* à confiança despertada na outra parte, ou em terceiros, de que o sentido objetivo daquele comportamento inicial seria mantido e não contrariado. Ausentes tais expectativas, ausente tal atentado à legítima confiança capaz de gerar prejuízo a outrem, não há razão para que se imponha a quem quer que seja coerência com um comportamento anterior.[37]

36. SOMBRA, Thiago Luís Santos. A tutela da confiança e face dos comportamentos contraditórios, *Revista de Direito Privado*, ano 9, n. 33, p. 307-342.

37. SCHREIBER, Anderson. *A proibição de comportamento contraditório*, p. 96.

Segundo os ensinamentos de Menezes Cordeiro, a proibição ao *vcfp* é inspirada na proteção à confiança, mas deve ser vista como um modo de concretização da boa-fé. Esclarece ainda o autor que, ao aderir a determinado fato originado por outrem, o sujeito, embasado na confiança, realiza atividades cujo investimento requerido não permite retroceder sem que ocorram perdas.

> O investimento de confiança, por fim, pode ser sinteticamente explicitado como a necessidade de, em consequência do *factum proprium* a que aderiu, o confiante ter desenvolvido uma atividade tal que o regresso à situação anterior, não estando vedado de modo específico, seja impossível em termos de justiça.[38]

Um exemplo ilustrativo do *vcfp* no Direito brasileiro está contido no art. 175 do Código Civil de 2002, que enuncia: "A confirmação expressa, ou a execução voluntária de negócio anulável, nos termos dos arts. 172 a 174,[39] importa a extinção de todas as ações, ou exceções, de que contra ele dispusesse o devedor".

Nesse caso, admite o Direito a perpetuação de um negócio jurídico eivado de vício em prol da tutela de um outro valor maior, qual seja a confiança. Nos termos do dispositivo anteriormente citado, não pode um devedor, que dá sinais de que prosseguirá num negócio anulável, suscitar, posteriormente, em seu favor, a anulação desse negócio. Em termos de ponderação de valores, prefere a ordem jurídica manter um negócio defeituoso que surta efeitos a permitir conduta contraditória que fira a confiança alheia. Nos dizeres de Anderson Schreiber:[40]

> É evidente que algo se vê por aí, além do cumprimento negocial, que justifica a sua preservação, mesmo em contrariedade aos requisitos indicados pela ciência jurídica. Este elemento adicional é a confiança, e, no caso específico do artigo 175, a confiança legitimamente depositada pela contraparte em que aquele negócio a que o devedor deu voluntário cumprimento, apesar dos vícios, não seria impugnado pelo mesmo devedor com base nos mesmos vícios.

38. CORDEIRO, António Menezes. Op. cit., p. 759.
39. Transcrevem-se aqui, para maior clareza, os demais artigos do Código Civil de 2002 mencionados no art. 175: "Art. 172. O negócio anulável pode ser confirmado pelas partes, salvo direito de terceiro. Art. 173. O ato de confirmação deve conter a substância do negócio celebrado e a vontade expressa de mantê-lo. Art. 174. É escusada a confirmação expressa, quando o negócio já foi cumprido em parte pelo devedor, ciente do vício que o inquinava."
40. SCHREIBER, Anderson. Op. cit., p. 96.

O caso do art. 175 denota situação em que o próprio legislador quis vedar o comportamento contraditório. Em hipóteses assim, protegidas expressamente por dispositivos, a tutela da confiança fica assegurada.[41]

Há outras situações, menos definidas, nas quais o comportamento contraditório dá-se sem que haja vedação expressa aplicável. Nesses casos, cabe ao juiz decidir pela sua aplicação, mediante a ponderação do *vcfp* perante outros valores jurídicos. Revela-se nessas situações a extrema importância da aplicação do *vcfp* como princípio:

> A proibição de comportamento contraditório aplica-se, então, primordialmente, àqueles atos que não são originalmente vinculantes e sobre cuja possibilidade de contradição o legislador não tenha se manifestado expressamente. Sua aplicação é, por esta razão, muitas vezes subsidiária, porque restrita àquele campo em que não há a incidência direta de norma específica autorizando ou proibindo o comportamento incoerente.[42]

Nesses casos em que a lei silencia e se observam efeitos concretos negativos em decorrência do *vcfp*, a jurisprudência tem consolidado o repúdio ao ato contraditório. A seguir relatamos dois casos, extraídos da jurisprudência, que ilustram esse posicionamento, ambos referentes ao sistema financeiro nacional.

Em uma decisão de 2004 proferida pelo extinto[43] Primeiro Tribunal de Alçada de São Paulo,[44] a noção de confiança foi utilizada por duas vezes em sentidos opostos. A aplicação do *vcfp* decorre justamente de um desses sentidos.

---

41. Faz-se aqui referência à importância do *vcfp* no âmbito da tutela da confiança. Contudo, é relevante ter em mente que não se trata de um princípio absoluto. Em algumas situações, o Direito à retratabilidade, à mudança de conduta, é um valor perseguido pelo ordenamento. As situações mencionadas nesta seção dizem respeito aos casos em que o repúdio ao *vcfp* é um elemento fundamental na proteção da confiança alheia.
42. SCHREIBER, Anderson. Op. cit., p. 100.
43. Em decorrência da Emenda Constitucional 45/2004, foram extintos os Tribunais de Alçada.
44. Primeiro Tribunal de Alçada Civil de São Paulo. Autos de Apelação 1.239.158-1. Apelante: Maria Rosa Canadas Saball. Apelado: Banco Itaú. Acórdão: "Indenização de danos materiais e danos morais que se reclama treze anos depois da ocorrência bancária fraudulenta. – Prescrição de vinte anos, segundo a regra do art. 177, do CC de 1916. – Quando a instituição bancária facilita o saque de conta-poupança, não controlando a emissão de cheque administrativo que zera o saldo da correntista, fica obrigada a restituir o *quantum* desviado, além de compensar a cliente pelo constrangimento que o fato provoca na vida da pessoa traída em uma relação contratual marcada pela confiança no depositário. – Provimento

O caso em tela diz respeito a uma correntista de grande banco comercial que teve seus recursos peremptoriamente sacados, sem autorização, por meio de cheque administrativo emitido pelo banco. Ao retornar de viagem, constatou a autora não haver mais recurso algum em conta-corrente. Somente 13 anos após o ocorrido a autora decide propor ação de indenização pleiteando danos morais e materiais (a prescrição era vintenária quando da propositura da ação, nos termos do art. 177 do Código Civil de 1916).[45] Em primeira instância, os danos materiais foram concedidos e os morais, negados.

Em sede recursal, decidiu o Tribunal de Alçada que a conduta do banco violara o princípio da confiança, e que a fraude bancária ocorrida seria geradora inequívoca de danos morais indenizáveis:

> Uma fraude astronômica como esta que a autora sofreu não é um ato inconseqüente que a pessoa deve suportar com naturalidade, pois *consubstancia a ruptura do elemento confiança, que é fundamental no contrato bancário.* Quando a traição ocorre pelo mecanismo interno da instituição bancária, que é o que ocorreu, o correntista não sofre apenas as consequências nocivas do golpe financeiro, porque o ilícito rompe uma estrutura da fortaleza psíquica, que se ergueu apoiada na credibilidade. Ao analisar o forte vínculo subjetivo que se estabeleceu entre cliente e banco, o Prof. Argentino Eduardo A. Barbier anotou o seguinte: *En todo caso la relación jurídica sustancial contiene una relevante valoración subjetiva, ya que subyace siempre la confianza del cliente en le trayectoria, solvencia, buena organización y lealtad del banco, externo que se evidencia en el arquetipo del secreto bancario, cuya presencia excede el marco convencional regular del derecho privado, el que se agota paradigmáticamente en el cumplimiento de las obligaciones asumidas* (La responsabilidad civil del cuentacorrentista ante la entidad bancaria. In: ANDORNO, Luis et al. *Dano y protección a la persona humana.* Buenos Aires: Ediciones La Rocca, 1993. p. 302).

Contudo, a demora por parte da autora em postular seu direito foi considerada uma hipótese de *venire contra factum proprium.*[46] E teve como efeito

---

em parte, para deferir indenização por dano moral, aplicando-se, para arbitrar modestamente o valor devido, o instituto da "Verwirkung" dos alemães ou "supressio" dos portugueses, figura jurídica que se emprega, na falta de outro meio legal específico, para sancionar o comportamento contraditório do titular de um direito reivindicado com significativo atraso".

45. Atualmente, nos termos do art. 206, § 3.º, V, do Código Civil de 2002, a prescrição seria de três anos.

46. Nesta decisão o ato contraditório foi especificamente classificado como uma modalidade de abuso de direito do tipo *supressio* (*Verwirkung*), em que a parte imo-

jurídico reduzir a indenização deferida à autora. Não teve a aplicação do *venire* o condão de extinguir a pretensão à disposição da norma prescricional, mas o impacto de reduzir o *quantum* indenizatório. A autora, caso tivesse sido mais diligente na persecução de sua tutela, teria recebido montante bem mais elevado a título de indenização.

Observou-se nesse julgado que a confiança foi arguida para defender a autora em seu relacionamento com o banco (e a quebra de confiança por parte da instituição financeira ante a correntista foi um dos fundamentos para a fixação de indenização por danos morais). Ao mesmo tempo, ao aplicar o *vcfp*, a decisão protege a confiança da parte ré, reduzindo o *quantum* indenizatório por conta da morosidade da autora em buscar seus direitos. Segundo a decisão, a morosidade da autora, ao procurar a tutela jurisdicional, cria uma ilusão na contraparte de que a autora já não suscitaria questionamentos quanto à situação.

Outro julgado, este do Superior Tribunal de Justiça (STJ),[47] datado de 2006, envolveu caso complexo referente à atuação do Banco Central do Brasil (Bacen) junto a um grupo de instituições financeiras.

Em 1974, em meio à crise de liquidez que atingiu o mercado financeiro brasileiro, a Companhia Brasileira de Administração e Participação S.A. (Cobrasap), *holding* do Grupo Financeiro Ipiranga (GFI), viu-se em sérias dificuldades para dar prosseguimento a suas atividades. Em decorrência disso, decidiu recorrer ao Bacen.

O regulador, em face da situação do grupo, em maio daquele ano realizou intervenção no GFI, afastando a diretoria e nomeando em substituição seus prepostos. Teria sido uma intervenção não oficial, alcunhada "intervenção branca". O Bacen, como interventor, atuou de forma incisiva: teria suspendido contratos de publicidade, demitido pessoal e passado a controlar as atividades essenciais das empresas do grupo, determinando, inclusive, resgates antecipados de títulos.

---

tivadamente (ou, em alguns casos, deslealmente) deixa de exercer seus direitos. Esse tratamento doutrinário à inércia não preclusiva atende à presunção de que o tempo cura a lesão e de que é capaz de gerar na outra parte a crença de que o titular já não fará valer seu direito.

47. Recurso Especial 569.985/DF (2003/0130765-0). Relatora: Ministra Eliana Calmon. Recorrente: Companhia Brasileira de Administração e Participação S.A. – Cobrasap. Recorrente: Banco Ipiranga de Investimentos S.A. Recorrido: Banco Central do Brasil. "Acórdão: Prosseguindo-se no julgamento [...] dá-se, por maioria, provimento ao recurso".

Em novembro de 1974, o Bacen teria orientado os controladores do grupo sob intervenção a transferir – a custo zero – ao Banco de Crédito Nacional S.A. (BCN) parte das empresas do GFI. Efetuada a transferência, BCN e Bacen assumiriam em seguida a cogestão do GFI.

Contudo, a referida atuação conjunta do regulador e do BCN mostrou-se desastrosa. O insucesso da gestão levou o BCN a rescindir a transação, sendo liberado pelo Bacen de todos os compromissos assumidos até então. Ato contínuo, o Bacen decretou nova intervenção em todas as empresas do grupo. Uma delas, porém, de interesse do BCN, o Banco Ipiranga, permaneceu sob seu controle, tendo sido mantida fora do alcance do processo de intervenção.

No restante do grupo, permaneceu o Bacen como interventor durante quatro anos, ao final dos quais, em 1980, foi decretada a cessação da liquidação extrajudicial, sendo devolvido o restante do patrimônio à Cobrasap.

O relatório produzido pelo Superior Tribunal de Justiça enumera diversas irregularidades na atuação do Bacen como interventor e aponta para um favorecimento ilegítimo do BCN, com prejuízos severos ao Grupo Ipiranga e à pessoa de seus controladores originais. Além disso, a administração do grupo por parte do regulador teria sido ruinosa e longa demais, reforçando a alegação de danos patrimoniais.

O pedido da parte autora, a Cobrasap, foi de indenização pelos danos causados pela atuação do Bacen, réu da ação, no valor da diferença entre o patrimônio líquido do GFI contemporâneo à primeira intervenção do Bacen (em 1974) e o valor devolvido aos antigos controladores quando da cessação da liquidação, em 1980.

O Superior Tribunal de Justiça, por maioria de votos, acatou o pedido, especialmente por considerar que o Bacen não contestou os argumentos da parte autora de forma consistente. Não considerou o Tribunal que tivesse o regulador levado ao processo provas suficientes para descaracterizar os dados do balanço contábil apresentado pelos antigos controladores, os quais demonstravam cabalmente a ruína no patrimônio do grupo durante o período de intervenção.

A adução do *vcfp* está, curiosamente, inserida no voto vencido do Ministro João Otávio de Noronha, que se posicionou a favor do Bacen.

Em seu voto, o Ministro afirmou que o banco fora vendido pelos demandantes ao BCN, e não considerava o período de "intervenção branca" como interferência estatal propriamente dita. Tampouco discordava do argumento dos autores de que teriam sido os antigos controladores compelidos a realizar a venda. De forma contundente, sustentava:

> Tornou-se moda os banqueiros falidos transferirem voluntariamente seus ativos a uma outra instituição financeira para garantir a continuidade do atendimento aos clientes e, posteriormente, rediscutir a operação pedindo um complemento de preço ao Banco Central, alegando a existência de coação. Consta que existem várias ações assim concebidas, esquecendo-se os respectivos autores da vedação legal do "venire contra factum proprium", que é princípio geral de Direito. No caso presente, o controlador indireto do banco firmou contrato de venda com o BCN e agora pretende demonstrar que foi forçado a realizar a venda, pedindo perdas e danos.[48]

É interessante observar nesse voto, mais uma vez, a dupla utilização da ideia de confiança. A primeira relaciona-se com a figura do *vcfp*: contesta-se o comportamento contraditório da parte autora, que, ao se ver envolta em dificuldades, procurou o Bacen e consentiu em se desfazer da instituição financeira.

Tempos depois, voltaria a instituição atrás, requerendo compensação por possíveis perdas patrimoniais decorrentes do período da alienação. Configuraria o *vcfp* a situação em que o controlador da instituição financeira, ao enfrentar problemas, aceitara receber ajuda de terceiros, especialmente do regulador. A contradição estaria em, posteriormente, dizer que tal ajuda não lhe fizera bem e que não reconhecia a legitimidade daquela atuação estatal que o próprio controlador provocara. O comportamento contraditório, na visão do Ministro João Otávio de Noronha, favoreceria aquele que suscitou vício na relação que havia consentido quando a conjuntura lhe aproveitaria.

Outra utilização da confiança transparece quando, nesse mesmo voto, o Ministro defende a liberdade de atuação do Banco Central para a consecução de seus objetivos de políticas públicas, mormente para garantir a continuidade dos negócios, a integridade dos ativos dos correntistas e a higidez e confiança de que precisa gozar o sistema bancário. Por isso, questionar a intervenção seria uma temeridade, prejudicando a governabilidade das ações desse órgão.

---

48. O Ministro João Otávio de Noronha, cujo voto vencido consta dos autos, faz referência a algumas decisões importantes a respeito do *vcfp*, que, segundo ele, consagram o princípio na jurisprudência, quais sejam: Recurso Extraordinário 86.762; REsp 95.539/SP, *DJ* 14.10.1996, Rel. Min. Ruy Rosado; REsp 37.859/PR, *DJ* 28.04.1997, Rel. Min. Ruy Rosado; REsp 141.879, *DJ* 22.06.1998, Rel. Min. Ruy Rosado; e REsp 47.015, *DJ* 09.12.1997, Rel. Min. Adhemar Maciel. In: Rel. Min. 569.985/DF (2003/0130765-0). Relatora: Ministra Eliana Calmon. Recorrente: Companhia Brasileira de Administração e Participação S.A. – Cobrasap. Recorrente: Banco Ipiranga de Investimentos S.A. Recorrido: Banco Central do Brasil.

Embora vencido, o voto ilustra de forma precisa a aplicação do *vcfp* como um repúdio ao locupletamento pela contradição. O próprio fato de o argumento não ter prosperado traz uma lição importante: ilustra a condição do *vcfp* como apenas mais um princípio a ser ponderado. Em outras palavras, é um princípio que terá maior ou menor força mediante as circunstâncias concretas do caso.

No universo de julgados[49] que mencionam o *vcfp*, os dois casos analisados parecem representativos da estreita relação que tem este conceito para o estudo do tema da confiança. A aplicação desse princípio demonstra, de acordo com a própria linguagem adotada nas decisões, a sua importância como concretizador da confiança.

Vistas algumas das relações entre confiança e boa-fé objetiva, a próxima seção cuida de uma outra forma de introdução da confiança no ordenamento: a noção de boa-fé subjetiva.

4.2.3 Confiança e boa-fé subjetiva

As diferenças guardadas pela confiança em relação à boa-fé subjetiva são mais sutis do que aquelas em relação à boa-fé objetiva. Ambas as noções dizem respeito a aspectos psicológicos do sujeito (em oposição à sua conduta

49. Mencionem-se ainda outros julgados de interesse acerca do *vcfp:* Tribunal de Justiça de São Paulo, Apelação 563.055-4/1-00, 6.ª Câmara de Direito Privado, Relator Vito Guglielmi, j. 24.04.2008: "Condomínio - Assembléia Geral - Construção em regime de administração - Pretensão de decretação de nulidade de assembléia extraordinária e leilão extrajudicial - Inadmissibilidade - Ocorrência da 'Verwirkung' ou 'supressio' - Autora que permaneceu inerte até a outorga da escritura ao arrematante - Necessidade de proteção da boa-fé objetiva do adquirente, sendo que eventuais prejuízos decorrentes da nulidade devem ser resolvidos em perdas e danos - Recurso desprovido"; Tribunal de Justiça de São Paulo, Apelação Cível 366.207-4/0-00, 4.ª Câmara de Direito Privado, Relator Francisco Loureiro, j. 07.12.2006: "Sistema Financeiro da Habitação - Contrato de compra e venda de imóvel com mútuo hipotecário - Financiamento que foi inteiramente pago, com regular quitação e cancelamento da garantia junto ao registro imobiliário - Interposição de ação de cobrança pelo agente financeiro de verba referente ao FCVS, doze anos após a quitação do financiamento - Alegação de que os documentos apresentados pelo mutuário não eram completos - Aplicação de norma legal posterior à celebração do contrato - Inadmissibilidade - Comportamento concludente da mutuante - Boa-fé objetiva na função de controle - Incidência do 'venire contra factum' próprio e 'supressio' - Contrato de mútuo extinto - Recurso improvido".

objetiva); a diferença de referencial notada no caso da boa-fé objetiva aqui não persiste.

Tradicionalmente, a boa-fé subjetiva esteve ligada à confiança. Antes do advento da boa-fé objetiva como princípio de largo estudo e aceitação, a boa-fé subjetiva compreendia boa parte dos estudos a respeito de confiança. Hoje, o estudo da confiança, sem dúvida, ultrapassa essa seara.[50]

Tal qual a confiança, a boa-fé subjetiva possui vagueza semântica e seu papel no ordenamento é, por vezes, nebuloso. Algumas questões ao alcance da boa-fé subjetiva são, por vezes, vistas como de foro íntimo do sujeito, espaço que, a princípio, não caberia ao Direito perscrutar. A subjetividade, que é também associada à confiança, a leva, também, muitas vezes, a ser negligenciada pelo Direito.[51]

A dificuldade na fixação de um conceito hermético e na delimitação de seu alcance decorre justamente dos aspectos psicológico, ético e subjetivo dessa modalidade de boa-fé[52] e da dificuldade da sua aferição. Embora apresentem similitudes, existem diferenças entre os dois conceitos que merecem debate.

A boa-fé subjetiva refere-se "ao estado de desconhecimento ou compreensão equivocada acerca de determinado fato".[53] Trata-se, explica Menezes Cordeiro, de uma "qualidade reportada ao sujeito; opõe-se, deste modo, à boa-fé objetiva, que traduz, de imediato, uma regra de comportamento".[54] A doutrina é rica em definições; citam-se a seguir, como ilustração, alguns exemplos.

Segundo Eduardo Oliveira,

> [...] a boa-fé subjetiva corresponde a um estado psicológico. Diz com a convicção em que alguém se encontre de que está agindo de acordo com o Direito. "O que avulta na boa-fé subjetiva", assinala Régis Fichtner, "é a crença do agente, ou seja, a motivação interna que o levou a agir de determinada forma". Essa modalidade de boa-fé decorre de uma apreciação inexata dos dados fáticos, conduzindo a que, na mente da pessoa, exista uma

50. BRANCO, Gerson Luiz Carlos. Op. cit.

51. Fenômeno que se repete também na Economia, em que a confiança acaba sendo acolhida por ramos ditos mais heterodoxos da Ciência Econômica, como a Economia Comportamental, cujo caráter, mais humanista, consegue abrigar a confiança com todas as suas ramificações psicológicas.

52. CORDEIRO, António Menezes. Op. cit.: "A boa fé subjetiva é uma qualidade reportada ao sujeito. A lei civil, que também conhece locução diversa, a má fé, consagra-a, associando-lhe efeitos diversos."

53. BIERWAGEN, Mônica Yoshizato. *Princípios e regras de interpretação dos contratos no novo Código Civil*, p. 78.

54. CORDEIRO António Menezes. Op. cit., p. 408.

> falsa percepção da realidade. Pode advir, ainda, de um incorreto julgamento quanto ao Direito. Isso leva a que atue na suposição de que a ninguém está prejudicando, que age em consonância com o juridicamente exigível, quando, em realidade, coisa divergente sucede.[55]

Destaca o autor dois tipos possíveis de equívoco quando da formação da confiança: quanto aos fatos da situação e quanto ao Direito aplicável. O agente, nos casos da boa-fé subjetiva, age crendo acertar, mas, dada a sua representação imprecisa da realidade, acaba por se equivocar.

Teresa Negreiros, por sua vez, exemplifica a aplicação da boa-fé subjetiva em questão possessória, ressaltando a proteção que o Direito confere a quem errou, por estar "sob estado de crença ou ignorância":

> De um lado, tem-se a boa-fé subjetiva, definida como um estado de crença ou ignorância, que pode ou não se verificar, e à qual o Direito atribui relevância para o efeito, em geral, de proteger aquele que age ou deixa de agir *sob tal estado.* [...] A boa-fé subjetiva consiste, nos casos acima, na escusabilidade do erro do adquirente, em crer na realidade do que era uma titularidade ilusória, e o que levou à prática de um negócio jurídico, do qual o legítimo titular não participou, mas cujos efeitos jurídicos podem vir a se lhe opor. São hipóteses específicas - retratadas, respectivamente, nos arts. 1.817, 879, parágrafo único, e 689 do Código Civil - em que a solução do legislador é favorável ao terceiro *porquê* de boa-fé, resguardando-o dos efeitos retroativos do vício de legitimidade do seu título aquisitivo. Protege-se de tal maneira a confiança gerada pela crença errônea numa aparente legitimação, que, em tais hipóteses, ao verdadeiro titular nada mais resta do que respeitar um negócio jurídico praticado em seu prejuízo e sem a sua participação. Esses exemplos demonstram a importância da boa-fé subjetiva, inclusive como vetor de relativização de alguns dos postulados clássicos da teoria das nulidades - como seja a eficácia retroativa da decretação da nulidade do negócio jurídico.[56]

As palavras de Judith Martins-Costa resumem de forma clara o conceito de boa-fé subjetiva e sua similitude com a ideia de crença (que, por sua vez, é um sinônimo vernacular de confiança):

---

55. OLIVEIRA, Eduardo Ribeiro de. *Comentários ao novo Código Civil*, p. 251-252. O autor destaca ainda alguns exemplos do novo Código Civil que tutelariam a boa-fé subjetiva: arts. 286, 309, 766, 1.242, 1.260 e 1.561.
56. NEGREIROS, Teresa. O princípio da boa-fé contratual. In: MORAES, Maria Celina Bodin de (org.). *Princípios do direito civil contemporâneo*, p. 224-225.

> A boa-fé subjetiva denota, portanto, primariamente, a ideia de ignorância, de crença errônea, ainda que escusável, acerca da existência de uma situação regular, crença (e ignorância escusável) que repousa seja no próprio estado (subjetivo) da ignorância (as hipóteses do casamento putativo, da aquisição da propriedade alheia, mediante a usucapião), seja numa errônea aparência de certo ato (mandato aparente, herdeiro aparente, etc.).[57]

A boa-fé subjetiva (também denominada pela doutrina de "boa-fé crença") e a confiança seriam resultantes de um processo cognitivo. Contudo, parece a boa-fé subjetiva corresponder a um caso particular da confiança: aquela que se desenvolve sobre bases equivocadas.

Existem na boa-fé subjetiva dois grupos fundamentais de situações. Um diz respeito a equívocos do sujeito quanto a seu próprio estado: em avaliações sobre sua própria conduta, ele faz inferências sobre si próprio (se age ou não de forma proba, se cumpre ou não as leis). Ele *confia* em quem age corretamente, mas, na realidade, *não* age; seria uma *autoconfiança equivocada.*[58]

O outro grupo de situações se refere a erros quanto a fatos externos, que, avaliados equivocadamente, acabam conduzindo o sujeito a situações desvantajosas. Nesses casos, muitas vezes há uma contraparte que se locupleta das consequências de seu erro, ou que preferiria que o negócio jurídico fosse levado adiante, a despeito do erro.

Estão compreendidos nesse grupo de situações os casos em que o agente se deixa levar pela aparência de correção da outra parte, e nela confia de forma equivocada. A tutela da confiança se aproxima da tutela da boa-fé subjetiva justamente nesses tipos de situação, em que o agente confia em quem ou em que não deveria confiar.

A seção seguinte trata justamente dos erros e de seu tratamento jurídico. Embora a classificação do erro como pertencente ao estudo da boa-fé subjetiva não seja tão clara na doutrina, optou-se, por conta do conteúdo fortemente psicológico das duas disciplinas, por essa associação.

57. MARTINS-COSTA, Judith. *A boa-fé no direito privado*, p. 411-412, apud NEGREIROS, Teresa. O princípio da boa-fé contratual. In: MORAES, Maria Celina Bodin de (org.). *Princípios do direito civil contemporâneo.*

58. É extremamente ilustrativo um caso de Direito possessório em que o possuidor de boa-fé erra ao avaliar a idoneidade do título para a transmissão de propriedade. Nos termos do art. 1.201 do novo Código Civil, ainda que tenha errado em tal avaliação, é considerado um possuidor de boa-fé.

4.2.3.1 Confiança e disciplina jurídica do erro

A tutela da confiança formada em bases equivocadas é o objeto desta seção. Tema enquadrável no escopo dos estudos sobre boa-fé subjetiva, a ideia de erro[59] é um bom exemplo de como o ordenamento pode, em alguns casos, proteger o confiante, mesmo quando ele se equivoca ao confiar.[60] O erro leva, por vezes, o agente a tomar uma decisão que não tomaria se nele não tivesse incorrido.

Segundo a lição de Caio Mário da Silva Pereira,

> [...] o mais elementar dos vícios de consentimento é o erro. Quando o agente, por *desconhecimento* ou *falso conhecimento* das circunstâncias, age de um modo que não seria a sua vontade, se conhecesse a verdadeira situação, diz-se que procede com erro. Há, então, na base do negócio jurídico realizado, um estado psíquico decorrente da falsa percepção dos fatos, conduzindo a uma declaração de vontade desconforme com o que deveria ser, se o agente tivesse conhecimento dos seus verdadeiros pressupostos fáticos. Importa na falta de concordância entre a vontade real e a vontade declarada.[61]

Define-se ainda doutrinariamente o erro como "uma falsa representação da realidade que influencia de maneira determinante a manifestação de vontade. Esta não se formaria, ou se formaria diversamente, se o equívoco não existisse".[62] E ainda, na lição de Silvio Rodrigues:

> Ocorre o erro quando o autor da declaração a emitiu inspirado num engano, ou na ignorância da realidade. O vício recai sobre o próprio consentimento,

59. Ana Luiza Maia Nevares, citando Washington de Barros Monteiro, destaca que, embora se equipare o tratamento da ignorância e do erro na disciplina do negócio jurídico, os institutos, conceitualmente, merecem distinção. O erro é um registro mental que não corresponde à realidade, e a ignorância é a ausência de qualquer registro (NEVARES, Ana Luiza Maia. O erro, o dolo, a lesão e o estado de perigo no novo Código Civil (arts. 138 a 150, 156 e 157). In: TEPEDINO, Gustavo (coord.) *A parte geral do novo Código Civil*).
60. A análise realizada dá-se independentemente do juízo a respeito da malícia da outra parte. Cabe ainda a ressalva de que os demais vícios do negócio jurídico, de consentimento ou sociais, como o dolo, a coação e a fraude, não são tratados neste capítulo. Interessam à presente seção as situações em que o sujeito simplesmente incorre em erro por falhas espontâneas em seu processo cognitivo não induzidas por terceiros (RODRIGUES, Silvio. *Direito civil:* parte geral, p. 183).
61. PEREIRA, Caio Mário da Silva. *Instituições de direito civil*, v. 1, p. 353.
62. TEPEDINO, Gustavo; BARBOZA, Heloisa Helena; MORAES, Maria Celina Bodin de. *Código Civil interpretado conforme a Constituição da República*.

que não seria manifestado da maneira por que o foi se conhecidas as circunstâncias do negócio. O que marca é o fato de ser espontâneo.[63]

Reconhecendo, assim, a falibilidade dos agentes, o Direito, em algumas hipóteses, oferece tranquilidade ao agente de inteligência comum, que, mesmo cumprindo com seu dever com diligência e boa-fé, incorre em erros relevantes. Confere-se ao sujeito equivocado a possibilidade de se desvencilhar de determinada situação jurídica a que aderira por erro, tornando o negócio jurídico em que adentrou anulável.

Contudo, na relação em que o erro acontece, existe uma outra confiança a ser protegida: a da parte que firmou obrigações com o sujeito equivocado, a quem não aproveitaria a anulação do negócio. E era essa confiança objeto de forte proteção na sistemática do Código Civil de 2002.

Note-se no ordenamento a intenção de preservar as relações jurídicas ao máximo, provendo-lhes previsibilidade, de modo a só permitir em hipóteses restritas, como desenvolvido a seguir, a sua anulação em decorrência de erro.

A regra geral, na disciplina do erro, parece ser hoje a estabilidade das relações jurídicas e a tutela da confiança daquele que, de boa-fé, contratou com parte que incide em erro. É disso que tratam os parágrafos a seguir.

O Código Civil de 2002 disciplina em alguns artigos a tutela dos negócios jurídicos que, em sua formação, são eivados em erro. São três os requisitos legais para que um erro seja capaz de ensejar a anulação do negócio jurídico, quais sejam *substancialidade, essencialidade* e *perceptibilidade.* O art. 138 trata de dois desses elementos: "Art. 138. São anuláveis os negócios jurídicos, quando as declarações de vontade emanarem de erro substancial que poderia ser percebido por pessoa de diligência normal, em face das circunstâncias do negócio".

O primeiro elemento é a *substancialidade* do erro. Ou seja, para que se alcance a consequência desejada, a anulação do negócio jurídico, o erro precisa dizer respeito à natureza do negócio, à identidade ou qualidade essencial da pessoa a quem se refere a declaração de vontade ou, no caso do erro de direito, precisa constituir o motivo único ou principal para a realização do negócio. Em ambos os casos, o erro deve incidir sobre a substância da relação jurídica.

Em complementação ao disposto no art. 138, vem a caracterização do que é considerado um erro substancial:

> Art. 139. O erro é substancial quando:
>
> I – interessa à natureza do negócio, ao objeto principal da declaração ou a alguma das qualidades a ele essenciais;

63. RODRIGUES, Silvio. Op. cit., p. 183.

II – concerne à identidade ou à qualidade essencial da pessoa a quem se refira a declaração de vontade, desde que tenha influído nesta de modo relevante;

III – sendo de direito e não implicando recusa à aplicação da lei, for o motivo único ou principal do negócio jurídico.

A ideia de substancialidade vincula-se à *essencialidade* do erro. Ou seja, o equívoco tem de atingir o âmago do negócio jurídico, devendo dizer respeito a seus aspectos fundamentais, constituidores. Um erro que atinge uma questão lateral do negócio, na sistemática do Código Civil de 2002, que visa à preservação das relações jurídicas, não teria o condão de anular o negócio. Segundo Silvio Rodrigues, uma parte que incorre em erro substancial provavelmente não teria aderido ao negócio jurídico se não se tivesse equivocado.

Outro elemento importante do art. 138 é a ideia de que o erro "poderia ser percebido por pessoa de diligência normal, em face das circunstâncias do negócio". É o requisito de *perceptibilidade* (*recognoscibilidade*) do erro. Há duas correntes para a interpretação dessa passagem do dispositivo, o qual constitui uma inovação em relação ao Código de 1916. A diversidade de entendimento existe em razão da ambiguidade do texto, visto que a norma não diz a qual das partes se refere a diligência requerida: se a quem erra ou a quem recebe a declaração de vontade emanada do erro. Possivelmente, a intenção foi atingir a ambas.

Assim, há uma primeira corrente que afirma que o comando normativo refere-se à parte que cometeu o erro. Para esses doutrinadores, o legislador introduziu nesse artigo a ideia de escusabilidade do erro, bastante difundida em doutrina e jurisprudência. Alguns autores defendem, nessa linha, que a perceptibilidade do erro estaria a cargo de quem emite a declaração de vontade equivocada, estando relacionada aos requisitos de diligência que sustentam a noção doutrinária de erro *escusável*. Nos dizeres de Caio Mário da Silva Pereira,[64] o erro *não* escusável ocorre *quando o agente procede sem as cautelas normais*, ou seja, o erro não escusável é *tal quando não o cometeria um indivíduo de inteligência comum*.

Uma segunda corrente, cujo entendimento é majoritário, mostra-se mais preocupada com a frustração das expectativas de quem não errou (o que ocorre em caso de anulação do negócio jurídico) do que com a proteção de quem cometeu o erro. Afirma assim que o critério de escusabilidade, na verdade, não foi reconhecido pelo Código Civil de 2002, e, mesmo que tivesse sido, não seria suficiente e adequado para evitar injustiças.

64. PEREIRA, Caio Mário da Silva. Op. cit., v. 1, p. 357.

Em outras palavras, considera essa corrente que não seria legítimo imputar a quem firmou, de boa-fé, uma relação jurídica os prejuízos do erro de outrem. Por isso, para essa parte da doutrina, a correta interpretação do artigo estaria em aplicar o critério de *perceptibilidade* do art. 138 à parte que *recebeu* a declaração. Não se trataria assim de um critério de *escusabilidade*, mas de *recognoscibilidade* do erro.

De acordo com esse entendimento, a parte recebedora de declaração defeituosa, que, em sua diligência normal, percebeu ou poderia ter percebido o erro e, ainda assim, não se manifestou, pode ter seu negócio jurídico anulado. Essa posição harmoniza-se com o princípio da boa-fé objetiva, dado que o agir de boa-fé implicaria o dever de se manifestar quanto a um erro patente, potencialmente danoso à outra parte.[65] Estabeleceria ainda o dever de não se locupletar com base no erro da contraparte.

Em reforço a essa corrente está o comentário de Gustavo Tepedino, Heloisa Helena Barboza e Maria Celina Bodin de Moraes:

> O preceito em análise dispõe que só anula o negócio jurídico o erro "que poderia ser percebido por pessoa de diligência normal". De fato, embora para alguns autores a expressão estaria a indicar o expresso reconhecimento da escusabilidade pelo codificador, não se pode extrair da locução acima destacada o sentido pretendido, o qual, para significar erro escusável, deveria conter locução negativa: anulável seria o erro substancial que *não* poderia ser percebido por pessoa de diligência normal. Deste invencível argumento decorre o entendimento de que o Código Civil quer se referir não ao declarante, mas sim ao receptor da declaração, como quem poderia ter percebido o erro, se agisse com diligência normal. O artigo ora comentado

65. Ana Luiza Maia Nevares cita nesse aspecto Silvio Rodrigues: defrontam-se dois interesses colidentes, a saber, o daquele que errou e que pretende desfazer o ato jurídico gerado no erro e o de terceiro, que, de boa-fé, contratou com a vítima do erro, e que deseja que prevaleça o negócio jurídico. Ora, tendo de escolher a quem atribuir o prejuízo, o legislador italiano prefere atribuí-lo à vítima do erro, em vez de sacrificar a pessoa que, de boa-fé, acreditou na declaração. Se os dois contraentes estavam de boa-fé e um errou, não há razão para descarregar sobre os ombros do outro o prejuízo da anulação. Contudo, se aquele que contratou com a vítima do erro estava de má-fé, conhecia o erro da outra parte ou poderia descobri-lo se agisse com normal diligência, já não faz jus à proteção do ordenamento jurídico. Nesse caso, o negócio é anulado em benefício da vítima do engano (NEVARES, Ana Luiza Maia. Op. cit.).

inclui, portanto, um requisito autônomo, designado como *recognoscibilidade* do erro substancial, para que se deflagre a anulação do negócio.[66]

Nesse sentido, foi emitido o Enunciado interpretativo 12 sobre o Novo Código Civil,[67] art. 138: "Na sistemática do Art. 138, é irrelevante ser ou não escusável o erro, porque o dispositivo adota o princípio da confiança". Conforme anota Ana Luiza Nevares:

> Já no Código Civil de 2002 adota-se a teoria da confiança na interpretação dos negócios jurídicos. Consoante o art. 112 deste Código, nas declarações de vontade se atenderá mais à intenção nelas consubstanciada do que ao sentido literal da linguagem. Tem-se em vista não a intenção interna ou real do declarante, mas aquela consubstanciada na declaração da vontade, ou seja, aquela que emerge para o destinatário da declaração, ou, em outras palavras, aquela que é absorvida pelo destinatário da declaração.

O Princípio da Confiança, ou Teoria da Confiança (*Vertrauenstheorie*),[68] preocupa-se com a estabilidade das relações jurídicas, em que o elemento culpa é transferido ao destinatário – caso perceba o erro, deve alertá-lo. Preocupa-se esse princípio com a confiança despertada no destinatário que confiou na declaração recebida. Os celebrantes de boa-fé seriam protegidos, assim, por uma teoria de tratamento do erro que não leva em consideração nem a vontade real nem a declarada, mas uma "aparência de vontade".[69]

A lei, de fato, não exige expressamente a escusabilidade do erro, mas parte da doutrina entende que esse requisito de anulabilidade está implícito na ideia de erro. E que proceder a uma exegese literal, excluindo uma avaliação de escusabilidade, seria ferir a teleologia da norma. Nesse sentido, é clara a visão de Silvio Rodrigues:

66. TEPEDINO, Gustavo; BARBOZA, Heloisa Helena; MORAES, Maria Celina Bodin de. *Código Civil interpretado conforme a Constituição da República.*

67. Elaborado na I Jornada de Direito Civil, promovida em Brasília pelo Centro de Estudos Judiciários - CEJ do Conselho da Justiça Federal - CJF, entre nos dias 12 e 13 de setembro de 2002. Apud NEVARES, Ana Luiza Maia. Op. cit.

68. Na Itália, essa teoria é denominada *affidamento*, em que, segundo a doutrina, havendo divergência entre a vontade e a declaração, prevalece esta sobre aquela, porque o declarante deve responder pela *confiança que o declaratário nele depositou ao contratar.* GEBRIN, Vera Lúcia. *O erro no Novo Código Civil*, p. 50.

69. GEBRIN, Vera Lúcia. Op. cit., p. 52. A respeito da aparência e da confiança, vide: MOTA, Mauricio Jorge Pereira da. A teoria da aparência jurídica, *Revista de Direito Privado*, ano 8, n. 32.

> A omissão do referido pressuposto na lei decorre do fato de o legislador entender que ele se encontra implícito no conceito de erro, sendo, portanto, supérfluo insistir. Parece efetivamente impossível imaginar que a lei possa autorizar o desfazimento de um ato jurídico, em benefício de quem o promoveu, baseada em erro inescusável.[70]

Assim, percebe-se que, pela orientação do Código Civil de 2002, a regra geral é a preservação da relação jurídica. Exige-se assim menos conhecimento acerca do íntimo da contraparte (redução do subjetivismo) e se atribui maior peso à declaração emitida. Isso pode ser considerado um facilitador de relações numa época em que os agentes têm pouco tempo para se prepararem e analisarem detidamente todos os aspectos das transações, cada vez mais complexas, de que tomam parte. Nesse contexto, tenta o Direito conferir segurança jurídica ao sistema, preservando, quanto possível, as relações jurídicas firmadas. Ao escolher qual "das confianças" proteger, a do agente que se equivoca ou a do agente que negocia com o equivocado, garantida a existência de boa-fé entre as partes, opta o Direito por proteger a confiança de quem recebe a declaração de vontade.

Essa orientação de menor tolerância para com o erro de ambas as partes surte um efeito educativo sobre os agentes, que têm incentivos para atuarem de forma mais diligente. No entanto, o reverso existe: podem-se excluir do campo de proteção do Direito situações jurídicas em que é muito fácil errar.

4.3 Confiança e contratos

A dinâmica contratual é um ambiente especialmente rico para a análise das aplicações e implicações da confiança. Nos contratos, partes com interesses distintos precisam trabalhar juntas para um objetivo comum, normalmente disposto no objeto contratual. Para o sucesso do empreendimento comum, faz-se necessário algum grau de cooperação, e esta, em regra, está vinculada a relações de confiança.

Além disso, a confiança mútua tem a capacidade de agir como um poderoso redutor de custos, atuando como facilitadora de transações velozes e de alta complexidade.[71] Em certos casos, configura até mesmo uma precondição

70. RODRIGUES, Silvio. Op. cit., p. 190.

71. Para o papel da confiança como redutor de custos, vide: WILLIAMSON, Oliver E. Calculativeness, trust and economic organization, *Journal of Law and Economics*, v. 36, n. 1. Ressalve-se que, como comentado no Capítulo 3, a confiança, para Williamson, tem natureza calculista. Para referência quanto à visão de confiança como redutor de complexidade: LUHMANN, Niklas. *Confianza*; e Idem. Fami-

para contratar,[72] pois, dependendo do grau de especificidade dos ativos transacionados e da exposição mútua gerada pela relação contratual, os agentes podem demandar, além de todas as salvaguardas contratuais, um mínimo de confiança para contratar.

A confiança é particularmente notada quando está ausente. Sua carência leva as partes a decidirem procurar elementos artificiais que a substituam, tal qual a revisão exaustiva por advogados, o oferecimento de múltiplas garantias, as cartas-conforto, os procedimentos de *due diligence* e as checagens múltiplas, entre outras possibilidades que a inventividade jurídica é capaz de fornecer.

Outro exemplo da adoção de mecanismos supridores de confiança é a própria adoção da arbitragem. Quando não se confia no Judiciário em decorrência de aspectos relacionados a sua imparcialidade, morosidade e/ou falta de especialização, as partes buscam meios alternativos para a solução de controvérsias; nesse contexto, vê-se o crescimento desse instituto no Brasil e no exterior.

Já em relações em que a confiança é abundante as partes tendem a economizar recursos. As decisões são tomadas de maneira mais rápida, com menos trabalho e menor retorno[73] é exigido em função de uma percepção mais amena (em alguns casos, mais acurada) dos riscos do negócio. No mercado financeiro, as economias proporcionadas pela confiança podem ser muitas, visto que as soluções artificiais para a sua falta tendem a ser especialmente caras.

Na área jurídica, é possível afirmar que o instituto dos contratos passa por um momento de autorreflexão,[74] em parte relacionado à crescente importância da ideia de confiança. Esta constituiria uma nova fronteira do estudo da disciplina dos contratos. Autores como Claudia Lima Marques[75] chamam a atenção

liarity, confidence and trust: problems and alternatives. In: GAMBETTA, Diego. *Trust*: making and breaking cooperative relations.

72. O mercado financeiro é abundante em exemplos. Uma instituição financeira que não inspira confiança dificilmente seria contratada e aprovada pelos quotistas de um fundo de investimento para exercer tal função. O elemento de fidúcia presente nesse tipo de relação em que o investidor "confia" seus recursos à administração de um terceiro é um exemplo concreto da relevância da confiança numa relação contratual. Alguns desses casos são objeto do Capítulo 5, a seguir.
73. Retorno aqui entendido como remuneração ao risco.
74. MARQUES, Claudia Lima (org.). *A nova crise do contrato*, p. 21.
75. MARQUES, Claudia Lima. A chamada nova crise do contrato e o modelo de Direito privado brasileiro: crise de confiança ou de crescimento do contrato?, *A nova crise do contrato*, p. 21.

para uma Nova Crise dos Contratos, que viria na esteira de uma possível crise de confiança:

> Parece-me, pois, que o Direito privado do século XXI como um todo deve evoluir para redescobrir o princípio da confiança (*Vertrauensprinzip*)! Efetivamente, parece-me que a fase atual da pós-modernidade está a necessitar de uma resposta de valorização do paradigma da confiança, pois nossos tempos parecem fadados ao aumento dos litígios e da desconfiança entre os agentes econômicos (classes e instituições), com claros reflexos no Direito privado.

Consiste essa crise num questionamento dos cânones do contrato, especialmente considerado sob seu paradigma clássico.[76] O sentido dessa crise

76. A respeito do direito contratual clássico, ensina Ronaldo Porto Macedo Jr.: "O direito contratual clássico que se iniciou no século XVIII e teve o seu apogeu no século XIX apresentou dois caracteres distintivos básicos que marcaram todo o pensamento contratual que o sucedeu. Em primeiro lugar, como uma decorrência das exigências de racionalização e sistematização, o direito contratual passou a ser concebido como um conjunto de poucas regras e princípios, simples, abstratos e universais. Tal racionalização tornou-se possível graças a um processo seletivo de escolha de princípios e abstração, que os tornava independentes de seus contextos institucionais, morais e econômicos específicos que formavam sua tradição histórico-jurídica mais remota. [...] Um segundo aspecto importante do direito contratual clássico constitui-se no fato de que ele concebe o contrato como fórmula canônica geral e abstrata de diversas relações sociais. Assim, relações que anteriormente eram vistas em termos de *status*, confiança e dependência econômica passaram a ser interpretadas do ponto de vista de uma nova concepção de contrato. [...] Os princípios básicos do direito contratual eram os da autonomia da vontade, a supremacia do acordo firmado a partir do mútuo consentimento e a liberdade. O direito contratual era assim elevado a uma posição central dentro do direito das obrigações, o que produziu importantes consequências. Em primeiro lugar, havia uma relutância em impor obrigações a quem não as tivesse voluntariamente assumido. O direito das responsabilidades civis permanecia bastante incipiente e restrito. Em segundo lugar, havia uma tendência para se admitir que todas as obrigações deveriam ser contratuais. Tal tendência se efetivava muitas vezes através da ideia de que por detrás de toda obrigação havia um consentimento implícito. Por fim, é importante notar que, uma vez que a intenção das partes era fundamental para o reconhecimento da existência do consenso, os contratos passavam a ser vinculantes tão logo fossem firmados. Sendo assim, a máxima do *pacta sunt servanda* levava a uma separação radical entre a realização do contrato e seu cumprimento ou *performance*. O descumprimento contratual constituía-se justificativa suficiente para processar a parte inadimplente, independentemente de qualquer comprovação sobre existência de atos de cumprimento do contrato,

seria uma ruptura com o paradigma mais canônico dos contratos, segundo o qual os princípios do *pacta sunt servanda* e o da autonomia da vontade das partes constituem os principais parâmetros para a interpretação contratual.[77] A força obrigatória dos contratos no âmbito desse modelo sofre poucas limitações, e o subjetivismo, a necessidade de aferição da vontade das partes,[78] é um exercício necessário.

A inflexão vem com o advento de uma perspectiva mais holística do contrato,[79] que passa a ser visto não como a regra única a reger uma relação ju-

confiança ou ainda de ocorrência de prejuízo experimentado em razão do não cumprimento. Uma demanda judicial poderia fundar-se exclusivamente na expectativa frustrada em razão do inadimplemento contratual" (MACEDO JR., Ronaldo Porto. *Contratos relacionais e defesa do consumidor*, p. 43-44).

77. Ao lecionar acerca de contratos de distribuição, Paula Forgioni menciona três elementos para a interpretação contratual: causa, racionalidade e eficiência econômica e jurídica. Destaca a autora "que a complexidade dos contratos e a necessidade de resolução de problemas práticos que dele derivam levam a doutrina a reavivar o estudo dos métodos de interpretação contratual". Para ela, um modelo interpretativo que considere a racionalidade própria dos comerciantes e a causa do negócio (ou a adoção de uma "ótica de mercado pelo intérprete") traz consigo outros elementos de análise, como a boa-fé, a confiança e a proteção da expectativa legítima da outra parte (FORGIONI, Paula. *Contrato de distribuição*, p. 556).

78. "Verifica-se, então, a ruptura paradigmática que acompanha a evolução do instituto do contrato no curso do século passado e na primeira década do século XXI. O contrato é obrigatório, mas sua força não mais advém exclusivamente da vontade das partes, pois a vontade é de relevância minorada. Objetivada a lógica contratual, relativizou-se a própria noção de força obrigatória dos contratos. Na percepção do contrato como um processo dinâmico de cooperação e confiança, sem as quais o comércio não se desenvolve, impõem-se novos paradigmas: renova-se a lógica contratual, percebendo-se o contrato não como manifestação de uma vontade interna que deve ser levada à sacralização, mas sim como uma externalização de vontade relevante, na medida em que produz determinada repercussão social, gerando confiança em uma ou mais pessoas dentro de critérios objetivos de aferição" (CUNHA, Daniel Sica da. A nova força obrigatória dos contratos. In: MARQUES, Cláudia Lima (org.). *A nova crise do contrato*, p. 263).

79. Interpretando-se as palavras de Ronaldo Porto Macedo Jr., parece que o resultado do rompimento com o modelo contratual clássico seria um modelo neoclássico, de cláusulas abertas, em que a indeterminação e a flexibilidade relativizam a extensão do princípio do mútuo consentimento. Com menos formalismo, o contrato neoclássico de termos mais abertos possibilita o aumento do poder discricionário do operador do Direito. Isso, por um lado, segundo o autor, gera incerteza, mas, por outro, favorece as relações contratuais contínuas e mais relacionais. A indeterminação e maior informalidade iniciais favorecem o ajustamento das con-

rídica, mas como mais um elemento da ordem jurídica a ser observado. Nesse movimento de modificação, um sentido de objetivação é dado às suas cláusulas, de modo que a lei passa a preencher boa parte do seu conteúdo. Todavia, observa Paula Forgioni, a interpretação dos contratos no Brasil encontra-se num momento "bastante delicado",[80] uma vez que o Código Civil de 2002 traz conceitos muito largos, "silenciando sobre a interpretação de cláusulas aparentemente contraditórias",[81] condições estas que exigem ainda mais do intérprete.

Em nome da proteção da confiança e de outros valores, como a boa-fé, há de se buscar a interpretação do contrato não apenas com base no alvedrio das partes, mas nos usos, costumes, racionalidade, princípios e lei do local de celebração (e execução) do contrato. Nesse sentido, abandona-se o paradigma racional mais clássico, em que se busca uma certeza "pueril" das relações, obtida mediante uma literalidade ferrenha, por uma forma mais abrangente, mais complexa de observar a relação: trata-se de uma visão mais social do contrato.

A confiança relaciona-se, assim, com a referida crise contratual primordialmente sob duas formas. A primeira é que a procura por uma tutela mais eficaz da confiança é uma das razões pelas quais se analisa o contrato de modo mais amplo. A segunda é que a confiança é uma das ferramentas de interpretação do contrato, tal como a boa-fé objetiva e a função social do contrato; esses elementos interpretativos ganham força num paradigma contratual que adiciona sentido às cláusulas escritas.

A disciplina contratual constitui seara em que a boa-fé, especialmente em seu aspecto objetivo, funciona como materializadora da tutela da confiança, sendo verdadeiramente sua guardiã.

---

dições de troca. Destaque-se, para ilustrar, uma passagem do texto: "A mudança introduzida pela teoria neoclássica não chega a ponto de deixar de considerar os termos expressos como fonte prioritária dos significados dos termos contratuais. Entretanto, diferentemente do que ocorria com a teoria clássica, agora outras relações que não são exclusivamente de mercado podem ser usadas para suplementar definições de termos e significados, não apenas como supridores de lacunas (*gapfillers*), mas também em situações em que os termos expressos não tenham nenhuma lacuna aparente". Seria no preenchimento dessas lacunas que a boa-fé, a lealdade e a confiança exerceriam o papel de princípios modernos do direito contratual, ao lado de princípios tradicionais, herdados do paradigma clássico, tais como "a autonomia da vontade, a obrigatoriedade da convenção e da relatividade dos efeitos do contrato".

80. FORGIONI, Paula. A interpretação dos negócios empresariais no novo Código Civil brasileiro, *Revista de Direito Mercantil, Industrial, Econômico e Financeiro*, v. 42, n. 130, p. 37.

81. Idem, ibidem, p. 37.

> A boa-fé objetiva diz respeito à confiança no contrato. É inegável que, nos últimos anos, o resgate da importância da confiança vem despertando o interesse na doutrina, inclusive econômica. [...] nem sempre a boa-fé é observada pelos agentes econômicos e a "confiança" pode ser traída. A partir do instante em que a quebra da confiança trabalha contra o próprio direito, é natural e desejável que as normas jurídicas coajam os agentes econômicos a respeitá-las. Por isso, o sistema de direito comercial como um todo está voltada à tutela de princípios como a boa-fé objetiva e a confiança.[82]

Contudo, a pergunta a se fazer em termos de tutela da confiança é se existe espaço para algum outro tipo de proteção à confiança que não seja aquela concedida pelos deveres de boa-fé e pela cogência dos próprios termos do contrato.[83]

O estudo dos contratos sob sua perspectiva relacional é um campo de excelência para o estudo da confiança. As proposições teóricas de Ian MacNeil, relatadas a seguir, coadunam-se com a visão mais ampla do contrato mencionada anteriormente: trata-se de construto não apenas da vontade das partes, mas, em grande medida, da própria lei e do contexto social.

4.3.1 Um caso particular: contratos relacionais

Um tipo de análise contratual em Direito e Economia que comporta um estudo particularizado da confiança é a abordagem relacional. Conceito explo-

---

82. FORGIONI, Paula. A interpretação dos negócios empresariais no novo Código Civil brasileiro, *Revista de Direito Mercantil, Industrial, Econômico e Financeiro*, v. 42, n. 130, p. 12 e 30.

83. Carneiro da Frada crê que o Direito trata de boa-fé na disciplina contratual, e não de tutela de confiança: "Um contrato forma teias de expectativas, constitutivas de sistemas de referências, que podem versar sobre: a pessoa do outro contratante; seu comportamento ou alegações; e pressuposições ligadas às circunstâncias ambientais do negócio, gerais ou particulares, suscetíveis de interferir na execução do contrato. O fundamento da sanção legal, em caso de violação das representações que compõem as teias de expectativas do contrato, não é a tutela dessas expectativas, mas sim a proteção da boa-fé, impositiva de comportamentos retos, entre os quais se inclui o dever de não acalentar expectativas infundadas, devendo-se esclarecer o outro a esse respeito. Esse dever não é destinado a garantir a realização das expectativas, mas sim a atender às exigências da lealdade e correção de comportamento. Por isso a violação desse dever não constitui responsabilidade pela confiança, uma vez que a ordem jurídica não reage à frustração das expectativas em si mesma, mas sim à conduta contrária ao *civiliter agere* imposto pela boa-fé" (CARNEIRO DA FRADA, Manuel António de Castro Portugal. *Teoria da confiança e responsabilidade civil*).

rado largamente por Ian MacNeil[84] e revisto no Brasil de forma enriquecedora por Ronaldo Porto Macedo,[85] o contrato dito "relacional" é aquele em que as partes, por conta do trato sucessivo, da continuidade das relações e da interdependência das trocas estabelecidas, entre outros fatores, relacionam-se de maneira mais integral do que em transações isoladas.

Essa observação da dimensão relacional do contrato traz complexidade maior do que a visão das trocas e dos contratos encontrada na teoria neoclássica, em que a maximização e o comportamento autointeressado das partes constituem os principais parâmetros de atuação.

Os juristas, ao se depararem com a perspectiva relacional, tiveram de desenvolver novas percepções sobre como as pessoas se comportam em contratos relacionais, além de terem de desenvolver uma nova estrutura normativa para acomodar e regular tais comportamentos.[86] Para os economistas, o desafio parece ser abandonar o paradigma maximizador e compreender o contrato como um processo de aprendizado, em que preços e quantidades vão sendo moldados no decorrer da relação.

A dimensão relacional de um contrato permite traçar um espectro que compreende todos os contratos existentes e, com base nessa escala "relacional", pode-se dizer que todos os contratos são em alguma medida relacionais, mesmo que minimamente. Dependendo do nível de interação entre as partes (entre outros fatores), os contratos podem ser mais ou menos relacionais.

A definição de um contrato relacional dá-se em grande parte a partir da comparação com o seu antípoda: o contrato discreto (ou descontínuo).[87] Os contratos ditos de natureza relacional são aqueles em que as partes estabelecem uma continuidade de interação. Já as relações desenvolvidas no âmbito

84. MacNEIL, Ian. Bureaucracy, liberalism and community: American style, *Northwestern University Law Review*, v. 79, n. 5-6; Idem. Exchange revisited: individual utility and social solidarity, *Ethics*, v. 96, n.3; Idem. Economic analysis of contractual relations: it shortfalls and the need for a rich classificatory apparatus, *Northwestern University Law Review*, v. 75; Idem. Relational contracts: what we know and what we don't know, *Wisconsin Law Review*, n. 3; e Idem. Contracts: adjust of long-term economic relations under classical, neoclassical, and relational contract law *Northwestern University Law Review*, v. 72, n. 6. Para uma avaliação crítica a respeito das contribuições e do alcance da obra de MacNeil, vide WHITFORD, William: Ian Macneil's contributions to contracts scholarship, *Wisconsin Law Review*, n. 3.

85. MACEDO JR., Ronaldo Porto. Op. cit.

86. Vide: WHITFORD, William. Ian Macneil's contributions to contracts scholarship, *Wisconsin Law Review*, n. 3.

87. Tradução adotada por Ronaldo Porto Macedo Jr. (op. cit.).

dos contratos discretos são mais pontuais; um exemplo poderia ser a transação de compra e venda num mercado *spot*[88] de um contrato futuro de câmbio.[89] O exemplo de contrato descontínuo dado pelo autor é o abastecimento de um carro no posto de gasolina; já para ilustrar um contrato relacional ele indica o casamento.

No âmbito do estudo desenvolvido por Ian MacNeil, o autor destaca alguns tipos de normas[90] especialmente relevantes a essa espécie de contrato, que buscam preservar a integridade do papel exercido pelas partes, a preservação da relação, a harmonização de conflitos de relacionamento e normas supracontratuais.

Outros elementos são identificados por Porto Macedo nos contratos relacionais:

- ✓ presença de elementos não promissórios (há outros fatores relevantes além das promessas feitas pelas partes no âmbito do contrato);
- ✓ existência de relações primárias (em contratos relacionais, conhecer e aceitar a contraparte em sua inteireza faz parte da dinâmica transacional);
- ✓ medida e especificidade da transação (contratos relacionais são menos líquidos, o que aumenta a dificuldade de que tenham seu valor monetário definido);

---

88. Mercado disponível, à vista ou *spot* é a modalidade das operações em derivativos reservada apenas a alguns ativos ou *commodities*, cujos contratos têm liquidação imediata (Disponível em: <http://www.portaldoinvestidor.gov.br>; Acesso em: 2 jan. 2010). Compradores e vendedores não desenvolvem relacionamento, especialmente no modelo da BM&FBovespa, em que a Bolsa atua como contraparte central de todas as transações, de modo que as partes não sabem com quem estão transacionando na outra ponta.
89. Um outro exemplo, mais rudimentar e de menor impacto econômico (porém mais preciso conceitualmente), seria a venda de um picolé numa praia carioca a um turista romeno. As chances de repetição da transação são praticamente nulas, as partes acordam preços e condições do contrato num momento pontual, e não há aspectos de continuidade e preocupação com a continuidade da relação.
90. MacNeil destaca três tipos de "normas" contratuais que abrangeriam toda a tipologia de contratos existente: normas contratuais comuns, normas discretas e normas relacionais. Dependendo do espectro em que se encaixa determinada relação, se mais ou menos relacional, mais destacadas serão algumas dessas disposições. Uma norma reflete o comportamento e os deveres das partes surgidos na relação contratual.

- ✓ começo, duração e término (contratos descontínuos se iniciam abruptamente, duram pouco e terminam rapidamente, o que não ocorre com os contratos relacionais);
- ✓ planejamento e visão dos participantes (nos contratos relacionais, a visão tende a ser de mais longo prazo e o planejamento costuma ser mais extenso).

No que diz respeito a promessas, por exemplo, estas têm importante implicação para o tema da confiança. Na visão contratual clássica, seriam justificáveis e "tuteláveis" as posições de confiança baseadas em promessas (em muitos casos, escritas). No caso dos contratos relacionais, algumas expectativas não expressas em cláusulas, mas decorrentes do comportamento da contraparte, podem ser consideradas tuteláveis. Sob perspectivas mais alternativas, como a dos contratos relacionais, a confiança está submetida a um juízo de razoabilidade.

A resposta[91] neoclássica a essa visão veio robusta. Autores como Milton Friedman e Friedrich Hayek criticaram duramente a inviabilidade e a instabilidade que uma tutela mais ampla da confiança geraria.[92] Como diversos autores citados ao longo deste trabalho, MacNeil também propõe um afastamento do paradigma neoclássico, sobretudo no que diz respeito à análise dos contratos. Ao apresentar esse enfoque relacional, ele insere a importância de valores como solidariedade, cooperação e confiança, conceitos correlatos porém com sentidos distintos.

Ao comentar esse ponto, Porto Macedo[93] define confiança e estabelece a relação fundamental entre esta e os contratos relacionais. Primeiramente, com clareza, oferece uma definição e, em outra passagem de seu trabalho, fixa a importância da confiança para as relações sociais:

> [...] expectativa mútua de que, numa troca, uma parte não irá explorar a vulnerabilidade da outra, sem que para isso possa haver uma proteção segura dentro do paradigma contratual clássico. [...] Surge daí a necessidade e a importância de se estudar as condições nas quais nasce a confiança ("trust") e as alternativas ao pensamento microeconômico neoclássico subjacente ao pensamento contratual também neoclássico. [...] Assim, a confiança constitui-se, ao mesmo tempo, a partir da crença de que cada indivíduo deve ter uma intuição do que é ser vulnerável para os outros, e na suposição de que cada parte pode decidir depositar sua confiança no outro, após processo de reflexão e equilíbrio. A confiança aproxima-se de um pacto democrático,

---

91. Visão neoclássica de análise econômica do Direito (*Law and Economics*).
92. MACEDO JR., Ronaldo Porto. Op. cit.
93. Idem, ibidem, p. 146 e 148.

assumindo um caráter constitucional, onde se requer que as partes concordem em resolver suas disputas de modo a não violar sua autonomia, e fundamenta este acordo no reconhecimento pelos cidadãos da conexão entre a autonomia de cada um e o respeito pelos outros.

Portanto, fica explícita a posição do tema da confiança dentro da abordagem relacional dos contratos. Ao estabelecer relações em que as partes interagem de forma mais integral, dependente, contínua e de longo prazo, há uma necessidade de confiança mútua, ou, nos termos de Porto Macedo, é preciso que se crie uma série de exposições mútuas. E, num cenário como esse, um arranjo produtivo e economicamente atraente necessita de um ambiente institucional (e cultural) que ampare a confiança.[94]

O reconhecimento da aplicabilidade da noção de contratos relacionais para a prática jurídica brasileira torna-se patente pelos dizeres de Antonio Junqueira de Azevedo:[95]

> A categoria dos contratos relacionais ainda não inteiramente assimilada nos direitos da família romano-germânica representa importante tentativa de renovação da dogmática contratual clássica. São eles contratos de longa duração que exigem constante relação de confiança entre as partes. A economia moderna se desenvolve intensamente por meio destes contratos de duração (por oposição aos contratos instantâneos ou "descontínuos"); a complexidade das novas situações que vão surgindo favorece esses contratos que têm cláusulas abertas ou não-rígidas. A visão padronizada dos "momentos contratuais", conclusão e exclusão dos contratos, não cobre essa nova realidade, porque, nessas hipóteses, os contratos vão se fazendo e refazendo à medida que o tempo passa, respeitadas diretrizes gerais fixadas de início entre as partes. A nova categoria é extremamente útil para a prática jurídica. [...] Procurando adaptar essas idéias ao nosso mundo conceptual, o que se percebe é que há, no contrato relacional, um contrato de duração que exige fortemente confiança e colaboração entre as partes. São relacionais todos os contratos que, sendo prolongados no tempo, têm como seu objeto a própria colaboração (contratos de sociedade, contratos de parceria, etc.) e, ainda, os que, mesmo não tendo por objeto a colaboração, exigem-na intensa para poder atingir os seus fins, como os de distribuição, os de franquia, os de consórcio e os acordos de acionistas em geral. Ora, o princípio da boa-fé deve ser mais intensamente considerado nos contratos relacionais, tendo

94. Idem, ibidem, p. 150. Cabe ressaltar que o autor oferece um estudo pormenorizado dos tipos de responsabilidade oriundos da confiança no âmbito de um contrato relacional.

95. JUNQUEIRA DE AZEVEDO, Antonio. *Novos estudos e pareceres de direito privado.*

em vista o seu caráter aberto, com forte indefinição na sua projeção para o futuro, impondo, para atingir os seus fins, extrema lealdade entre as partes.

O mercado financeiro, mormente o ambiente de investimentos estrangeiros, possui uma série de exemplos de contratos que poderiam ser classificados como relacionais.[96] Foi justamente no mercado financeiro, em parecer a respeito de controvérsia mantida entre o grupo Opportunity e o Citigroup, que Junqueira de Azevedo encontrou extrema aplicabilidade para a análise relacional do contrato.

Em termos sucintos, uma parceria financeira desfeita unilateralmente foi considerada pelo ilustre jurista como um exercício de má-fé combinada com a frustração da expectativa da outra parte. A utilização do conceito de contrato relacional deu-se no sentido de enfatizar, dada a natureza da relação, a importância de observar a confiança mutuamente gerada.[97] Embora, sob o ponto

96. Mencionem-se alguns deles: o Contrato Global de Derivativos, o Contrato de Conta de Investidor não Residente – 2.689 e a adesão ao Regulamento de Fundos de Investimento (nesse caso, mencionaremos o FIP – Fundo de Investimentos em Participações). Tais instrumentos, propriamente definidos e analisados em detalhe no Capítulo 5, denotam a importância da confiança mútua e do trato sucessivo. Tanto é que, ao celebrar contratos desse tipo com os agentes, as instituições financeiras (inclusive por determinação legal) têm por prática estabelecer um procedimento de obtenção de informações do investidor, o chamado "conheça o seu cliente" ou *know-your-costumer policy* (KYC). Com base nos dados coletados, poderá assim a instituição financeira tolerar a exposição à sua contraparte, no caso o investidor. Diversas modalidades de contratos bancários, diga-se de passagem, podem ser interpretadas sob uma ótica relacional.

97. "Transcrevem-se, em resumo, os fatos atinentes ao caso: o Opportunity e o Citigroup celebraram em 1997 *joint venture* com o objetivo de participar do programa de privatizações do governo brasileiro. Desejavam adquirir o controle de companhias a serem privatizadas, para aliená-lo após determinado período. Os recursos dos investidores foram organizados sob a forma de fundos de investimento, sendo que os recursos do Citigroup originaram uma *limited partnership*, com sede nas Ilhas Cayman, a CVC LP. [...] A *joint venture* investiu em empresas de telecomunicações, transportes e saneamento, mediante a estruturação de diversas cadeias societárias. [...] Em meados de 2002, os fundos de investimento, as pessoas jurídicas administradoras e as sociedades participadas firmaram um acordo geral de coordenação entre acionistas e empresas, 'contrato guarda-chuva' (assim denominado, tendo em vista que os diversos atos subseqüentes deveriam se fazer debaixo de suas regras). Mais especificamente, o contrato guarda-chuva teve por objetivo assegurar a estrutura de controle das empresas participadas e protegê-las especialmente contra as tentativas de terceiros – alguns grandes fundos de pensão e sócios operacionais que nelas também haviam investido – no sentido de alterar o controle das aludidas companhias. [...] O acordo guarda-chuva reforçava, na ocasião, os laços

de vista estritamente literal, as cláusulas não vedassem a conduta adotada por uma das partes, mediante uma análise que contempla a boa-fé e a confiança num contrato eminentemente relacional encontrou-se fundamento jurídico para que se considerasse ilegítima a atuação da parte que frustrou as expectativas de seu parceiro comercial.

Nessa mesma trilha, de observar o mercado financeiro sob a ótica relacional, o capítulo a seguir trata de alguns institutos do Direito bancário que concretizam preocupações com a proteção da confiança. Alguns exemplos têm também o condão de ilustrar como a ótica de contratos relacionais é especialmente útil para a avaliação de relações de investimento, especialmente aquelas em estudo: os investimentos estrangeiros.

Antes disso, porém, a próxima seção faz uma brevíssima incursão sobre o tema da confiança à luz do Direito Público, em que é analisado em conjunto com a segurança jurídica, tema que, conforme demonstram as pesquisas empíricas relatadas no Capítulo 6, habita a mente do investidor.

4.4 Confiança e Direito Público: a expectativa legítima do particular

Como visto até aqui, a confiança e a boa-fé são temas recorrentes na disciplina jurídica das relações privadas. Ocorre que esses temas têm importância e aplicabilidade também nas relações de Direito Público. Nesse particular, a noção de confiança é comumente entendida como um dever da Administração de não frustrar as expectativas (a confiança) do particular.

A existência de princípios e valores no texto da Constituição, explica Maria Sylvia Di Pietro,[98] os torna cogentes inclusive à Administração,[99] auxi-

entre o Opportunity e o Citigroup; visava assegurar que o prêmio pelo poder de controle fosse compartilhado entre ambos, por ocasião da alienação das empresas participadas, premissa basilar sob a qual se assentara a *joint venture* de 1997. [...] Contudo, em 2004, o Citigroup passou a pleitear que o Opportunity renunciasse aos termos do acordo guarda-chuva. O Citigroup teria assegurado oralmente ao Opportunity que não utilizaria referida carta-renúncia para alijá-lo dos poderes de administração, o que não ocorreu. Em dezembro de 2004 o Opportunity assinou a carta e em março de 2005 foi destituído do papel de *general partner* da *limited partnership*, a CVC LP. O consulente, o Opportunity, indaga ao emérito professor, entre outras questões, se houve quebra da boa-fé objetiva, do dever de lealdade, e, ainda, se houve indução a erro" (JUNQUEIRA DE AZEVEDO, Antonio. *Novos estudos e pareceres de direito privado*, p. 87).

98. DI PIETRO, Maria Sylvia Zanella. *Os princípios da proteção à confiança, da segurança jurídica e da boa-fé, na anulação do ato administrativo, Biblioteca Digital Fórum Administrativo – Direito Público* – FA, ano 9, n. 100.

99. Especificamente a respeito da aplicação da boa-fé aos atos da Administração, escreve José Guilherme Giacomuzzi: "Em princípio, não existem diferenças subs-

liando na interpretação de normas e situações concretas, preenchendo lacunas da lei, atuando como fontes de Direito.[100] Nesse sentido, a confiança, entendida como princípio, tal qual a boa-fé e a segurança jurídica, nortearia a interpretação jurídica das situações concretas.

Entretanto, alerta a professora, "no Direito brasileiro não há previsão expressa do princípio de proteção à confiança; pelo menos não com essa designação, o que não significa que ele não decorra implicitamente[101] do ordenamento jurídico".[102] Como dito anteriormente, tutela-se a confiança no Brasil, tanto em âmbito público quanto privado, por meio de outros veículos normativos, e não de uma proteção explícita da confiança. Existe, contudo, tutela expressa[103] ao princípio da segurança jurídica.

---

tanciais entre o direito administrativo e o civil que impeçam a aplicação do princípio da boa-fé nas relações jurídico-administrativas, carregando consigo todas as suas consequências" (*A moralidade administrativa e a boa-fé da administração pública*, p. 265).

100. Nos termos da Lei 4.567, de 4 de setembro de 1942, que prevê os princípios gerais de Direito como fontes de Direito: "Art. 4.º Quando a lei for omissa, o juiz decidirá o caso de acordo com a analogia, os costumes e os princípios gerais do Direito".

101. Nesse mesmo sentido está a lição de Misabel Abreu Machado Derzi: "É que o princípio da confiança tem, nas ordens jurídicas europeias e americanas, inclusive na brasileira, a posição de princípio implícito, o que não contraria em nada a sua efetividade e a natureza própria dos princípios. Os ordenamentos positivos não o consagram expressamente" (DERZI, Misabel Abreu Machado. Op. cit., p. 321).

102. DI PIETRO, Maria Sylvia Zanella. *Os princípios da proteção à confiança, da segurança jurídica e da boa-fé, na anulação do ato administrativo, Biblioteca Digital Fórum Administrativo – Direito Público* – FA, ano 9, n. 100.

103. Idem, ibidem. Conforme destaca a Professora Maria Sylvia, são exemplos dessa expressa menção o art. 2.º da Lei de Processo Administrativo (Lei 9.784/1999) e o art. 103-A da Constituição Federal de 1988: "*Lei 9.784/1999*: Art. 2.º A Administração Pública obedecerá, dentre outros, aos princípios da legalidade, finalidade, motivação, razoabilidade, proporcionalidade, moralidade, ampla defesa, contraditório, *segurança jurídica*, interesse público e eficiência. Parágrafo único. Nos processos administrativos serão observados, entre outros, os critérios de: I – atuação conforme a lei e o Direito; II – atendimento a fins de interesse geral, vedada a renúncia total ou parcial de poderes ou competências, salvo autorização em lei; III – objetividade no atendimento do interesse público, vedada a promoção pessoal de agentes ou autoridades; *IV – atuação segundo padrões éticos de probidade, decoro e boa-fé*; V – divulgação oficial dos atos administrativos, ressalvadas as hipóteses de sigilo previstas na Constituição; VI – adequação entre meios e fins, vedada a imposição de obrigações, restrições e sanções em medida superior àquelas estritamente necessárias ao atendimento do interesse público; VII – in-

A confiança é um aspecto do princípio da segurança jurídica. Citando Almiro Couto e Silva,[104] Di Pietro informa que, no Direito brasileiro,

> [...] o princípio de proteção à confiança seria, na verdade, o próprio princípio da segurança jurídica. Com origens no Direito alemão, a segurança jurídica designaria a parte objetiva do conceito, ou então simplesmente o princípio da

dicação dos pressupostos de fato e de direito que determinarem a decisão; VIII - observância das formalidades essenciais à garantia dos direitos dos administrados; IX - adoção de formas simples, suficientes para propiciar adequado grau de certeza, segurança e respeito aos direitos dos administrados; X - garantia dos direitos à comunicação, à apresentação de alegações finais, à produção de provas e à interposição de recursos, nos processos de que possam resultar sanções e nas situações de litígio; XI - proibição de cobrança de despesas processuais, ressalvadas as previstas em lei; XII - impulsão, de ofício, do processo administrativo, sem prejuízo da atuação dos interessados; *XIII - interpretação da norma administrativa da forma que melhor garanta o atendimento do fim público a que se dirige, vedada aplicação retroativa de nova interpretação*" (grifos nossos). Já a Constituição Federal, em seu art. 103-A, trata do tema da Súmula Vinculante e de seu efeito quanto a apaziguar controvérsias e imputar segurança jurídica ao ordenamento: "Art. 103-A. O Supremo Tribunal Federal poderá, de ofício ou por provocação, mediante decisão de dois terços dos seus membros, após reiteradas decisões sobre matéria constitucional, aprovar súmula que, a partir de sua publicação na imprensa oficial, terá efeito vinculante em relação aos demais órgãos do Poder Judiciário e à administração pública direta e indireta, nas esferas federal, estadual e municipal, bem como proceder à sua revisão ou cancelamento, na forma estabelecida em lei. (Incluído pela Emenda Constitucional n. 45, de 2004) (Vide Lei n. 11.417, de 2006). § 1.º A súmula terá por objetivo a validade, a interpretação e a eficácia de normas determinadas, acerca das quais haja controvérsia atual entre órgãos judiciários ou entre esses e a administração pública que acarrete grave insegurança jurídica e relevante multiplicação de processos sobre questão idêntica. § 2.º Sem prejuízo do que vier a ser estabelecido em lei, a aprovação, revisão ou cancelamento de súmula poderá ser provocada por aqueles que podem propor a ação direta de inconstitucionalidade. § 3.º Do ato administrativo ou decisão judicial que contrariar a súmula aplicável ou que indevidamente a aplicar, caberá reclamação ao Supremo Tribunal Federal que, julgando-a procedente, anulará o ato administrativo ou cassará a decisão judicial reclamada, e determinará que outra seja proferida com ou sem a aplicação da súmula, conforme o caso".

104. SILVA, Almiro do Couto e. Os princípios da segurança jurídica (proteção à confiança) no direito público brasileiro e o direito da administração pública de anular seus próprios atos administrativos, p. 7-59, apud DI PIETRO, Maria Sylvia Zanella. *Os princípios da proteção à confiança, da segurança jurídica e da boa-fé, na anulação do ato administrativo, Biblioteca Digital Fórum Administrativo - Direito Público* - FA, ano 9, n. 100.

segurança jurídica, enquanto a parte subjetiva é identificada como "proteção à confiança" (no Direito germânico) ou "proteção à confiança legítima" (no Direito comunitário europeu).

E, com a seguinte passagem da obra de Canotilho,[105] conclui o raciocínio:

> O homem necessita de segurança para conduzir, planificar e conformar autônoma e responsavelmente a sua vida. Por isso, desde cedo, se consideravam os princípios da segurança jurídica e da proteção à confiança como elementos constitutivos do Estado de Direito. Estes dois princípios – segurança jurídica e proteção à confiança – andam estreitamente associados, a ponto de alguns autores considerarem o princípio da proteção da confiança como um subprincípio ou como uma dimensão específica da segurança jurídica. *Em geral, considera-se que a segurança jurídica está conexionada com elementos objetivos da ordem jurídica – garantia de estabilidade jurídica, segurança de orientação e realização do Direito –, enquanto a proteção da confiança se prende mais com as componentes subjetivas da segurança, designadamente a calculabilidade e previsibilidade dos indivíduos em relação aos efeitos jurídicos dos atos* (grifo nosso).

Pode-se depreender, assim, mesclando o pensamento dos autores, que "o princípio da confiança leva em conta a boa-fé do cidadão que acredita e espera que os atos praticados pelo poder público sejam lícitos, e, nessa qualidade, serão mantidos e respeitados pela própria Administração Pública e por terceiros".[106] Esse princípio subdivide-se em aspectos objetivos e subjetivos. A famigerada segurança jurídica diria respeito ao prisma objetivo do princípio da confiança, tratando dos *elementos objetivos da ordem jurídica – garantia de estabilidade jurídica, segurança de orientação e realização do Direito*.[107] Já a proteção da confiança referir-se-ia a elementos subjetivos, tais como *a calculabilidade e a previsibilidade dos indivíduos em relação aos efeitos jurídicos dos atos*. Esse último aspecto parece mais relacionado à proteção das expectativas, sendo tutelado no Brasil pela disciplina jurídica da boa-fé.

105. CANOTILHO, J. J. Gomes. *Direito constitucional e teoria da Constituição*, p. 256. Apud DI PIETRO, Maria Sylvia Zanella. *Os princípios da proteção à confiança, da segurança jurídica e da boa-fé, na anulação do ato administrativo, Biblioteca Digital Fórum Administrativo – Direito Público* – FA, ano 9, n. 100.

106. DI PIETRO, Maria Sylvia Zanella. *Os princípios da proteção à confiança, da segurança jurídica e da boa-fé, na anulação do ato administrativo, Biblioteca Digital Fórum Administrativo – Direito Público* – FA, ano 9, n. 100.

107. CANOTILHO, J. J. Gomes. *Direito constitucional e teoria da Constituição*. Este trecho inspira o seguinte questionamento: a suavidade na condição das políticas públicas referentes à estabilidade macroeconômica, tão cara aos investidores estrangeiros, faria parte desse aspecto objetivo do princípio da confiança?

Vale destacar visão sobre Canotilho a respeito da proteção da confiança e do escopo do princípio da segurança jurídica:

> A segurança e a proteção da confiança exigem no fundo: (1) fiabilidade, clareza, racionalidade e transparência dos atos do poder; (2) de forma que em relação a eles o cidadão veja garantida a segurança nas suas disposições pessoais e nos efeitos jurídicos dos seus próprios actos. Deduz-se desde já que os postulados da segurança jurídica e da proteção à confiança são exigíveis perante qualquer acto de qualquer poder – legislativo, executivo e judicial. [...] As refracções mais importantes do princípio da segurança jurídica são as seguintes: (1) relativamente a *actos normativos* – proibição de normas retroactivas restritivas de direitos ou interesses juridicamente protegidos; (2) relativamente a *actos jurisdicionais* – inalterabilidade do caso julgado; (3) em relação a *actos da administração* – tendencial estabilidade dos casos decididos através de actos administrativos constitutivos de direitos.[108]

A jurisprudência[109] já aplica essa orientação, inclusive responsabilizando o Estado civilmente por frustrar a confiança do cidadão (ao mesmo tempo em

108. CANOTILHO, J. J. Gomes. Op. cit.

109. Vide exemplo jurisprudencial a este respeito no Recurso Especial 040.262/CE (2008/0059183-0). Relator: Ministro Mauro Campbell Marques. Recorrente: União. Recorrido: Rita Maria de Oliveira Lima. Ementa: "Responsabilidade civil do Estado. Violação dos dispositivos constitucionais. Competência do Supremo Tribunal Federal. Supressão de consignação facultativa de folha de pagamento de servidor público federal aposentado. Decreto n. 1.093/1996. Conformação ao limite de 30% da remuneração do servidor. Ausência de notificação formal. Contracheque que, diante das peculiaridades do caso, não se mostra eficaz para dar ciência ao servidor. Cancelamento de planos de seguro de vida contratados. Teoria do risco administrativo. Necessidade de notificação, violação aos princípios da boa-fé e da confiança. Responsabilidade objetiva". Nesse caso, o aposentado havia autorizado o desconto em folha das parcelas referentes a seu seguro de vida. Contudo, a Administração interrompeu sem o próprio aviso os recolhimentos, gerando inadimplemento por parte do servidor, o que acarretou a suspensão de seu seguro; entendeu o STJ: "Se o servidor autoriza expressamente uma consignação facultativa em sua folha de pagamentos, tranquiliza-se quanto aos pagamentos autorizados – os quais serão efetuados pelo órgão da Administração Pública à entidade consignatária, sendo que as peculiaridades do caso em discussão demonstram que não se pode considerar o contracheque como documento capaz de notificar o servidor público aposentado para que o mesmo analise as rubricas ali inscritas e conclua pela supressão de consignação facultativa, sob pena de violação aos princípios da confiança e da boa-fé – segundo os quais pode se concluir que, *in casu*, ao autorizar o pagamento de consignação facultativa, o servidor

que viola o dever de agir de boa-fé). O princípio da confiança seria um dos fundamentos para se caracterizar o dever do Estado de indenizar.

Entendem alguns autores que a proteção à confiança seria evocável apenas pelo particular, sendo uma forma de controle dos poderes públicos.[110] Isso em razão de uma hipossuficiência que teria o cidadão perante o Estado, pelo fato de que o Estado apoia-se não na confiança mas na legalidade para fazer valerem seus interesses, e de que, desse modo, está mais bem protegido do que se precisasse contar com uma tutela baseada em confiança, entre outras razões.

Essas ponderações concernentes à confiança e à sua tutela no âmbito do Direito Público são altamente aplicáveis à seara dos investimentos estrangeiros no Brasil, independentemente de sua natureza – pública ou privada. Isso porque, mesmo ao se tratar de um investimento eminentemente privado, o comportamento da Administração é considerado uma variável relevante para as decisões de investir, estando frequentemente relacionado à figura da segurança jurídica.[111]

Além da influência genérica que possui a Administração em qualquer relação jurídica, no caso dos investimentos estrangeiros existe uma maior exposição à discricionariedade do governo. Podem-se citar exemplificativamente os controles cambiais e as exigências de registro, a imposição de exações de natureza extrafiscal (como o Imposto sobre Operações de Crédito, Câmbio e Seguro, ou relativas a Títulos ou Valores Mobiliários),[112] as regras para as remessas de lucros, as normas sobre juros sobre capital próprio, as licenças para operar no País (aplicáveis, por exemplo, no caso de instituições financeiras). Esses aspectos são objeto do capítulo seguinte, que trata da regulação específica do sistema financeiro brasileiro.

---

consignado deduz que aqueles pagamentos irão perpetuar-se e serão adimplidos corretamente pela Administração".

110. ARAUJO, Valter Schuenquener de. Op. cit. Misabel Derzi também oferece fortes argumentos para defender a unilateralidade da confiança: a relação de dependência do cidadão em relação ao Estado, apoiando-se na confiança de que o Estado não terá garantias melhores do que lhe fornece a lei, e, ainda, os atos, as ações, as omissões do cidadão em face do Estado, abusivos ou fraudulentos, delituosos ou de má-fé, todos já seriam previstos e sancionados nos termos da lei (DERZI, Misabel Abreu Machado. Op. cit., p. 397).

111. Esse aspecto fica claro tanto mediante a análise de artigos acadêmicos ou jornalísticos quanto pela observação do discurso dos agentes e dos próprios reguladores. Nesse aspecto, espera-se que a pesquisa empírica apresentada no Capítulo 6 traga bons exemplos dessa relação estabelecida pelo investidor estrangeiro entre confiança e segurança jurídica.

112. Decreto 6.306, de 14 de dezembro de 2007, conforme alterações posteriores.

Capítulo 5

CONFIANÇA E REGULAÇÃO DO INVESTIMENTO ESTRANGEIRO

A análise empreendida até este momento procurou reunir elementos teóricos para o estudo da confiança do investidor estrangeiro. Nesta trilha, os Capítulos 1 e 2 trataram de ferramentas de pesquisa hábeis ao estudo do universo psicológico do investidor.

Para se construir o retrato de seu processo heurístico de construção da confiança fez-se necessário também conhecer o seu ambiente sociojurídico. E, com esse propósito, as bases sociais da confiança foram abordadas na revisão de literatura do Capítulo 3 e seu reconhecimento pelo Direito foi tratado pelo Capítulo 4.

Agora, estudam-se os ambientes regulatório e econômico específicos ao nicho de atuação do investidor. E é a conjugação de todos os elementos citados que permitirá o enfrentamento dos dados colhidos mediante as pesquisas de campo relatadas e analisadas mais adiante.

O presente capítulo abre assim a etapa empírica do trabalho, analisando, em linhas breves, o estatuto jurídico do investimento estrangeiro no Brasil. Faz-se, para tanto, uma descrição econômico-jurídica das suas duas modalidades básicas, a saber, o Investimento Estrangeiro Direto (IED) e o Investimento em Portfólio (ou Carteira), destacando-se as principais diferenças.

Em seguida, passa-se ao estudo de alguns elementos jurídicos que visam, ao mesmo tempo, a promover e a proteger a confiança do investidor estrangeiro nos mercados locais, e que pertencem à categoria de *mecanismos indiretos de proteção à confiança*, mencionada no Capítulo 4. Cabe ressalvar que o conjunto de casos suscitados de tutela da confiança nesse capítulo não é exaustivo. Isso ocorre em razão da possibilidade de analisar boa parte da regulação dos mercados financeiros e de capitais como mecanismos de fomento da confiança no sistema. E, sob essa ótica, os possíveis exemplos de tutela indireta tornam-se numerosos.

Os elementos analisados nas seções 5.2 e seguintes pertencem assim a uma via indireta de concretização da confiança. Trata-se ali de aspectos jurídico-institucionais que, apesar de não se referirem expressamente à confiança, têm nela elemento teleológico central e, ainda que indiretamente, a sua aplicação acaba por tutelá-la. Foram eleitos para este capítulo, portanto, alguns casos de tutela indireta particularmente interessantes para a formação da confiança do investidor estrangeiro no Brasil.

5.1 As modalidades de investimento estrangeiro

A definição do termo *investimento* pode não ser tão abstrata quanto a de confiança, mas é também repleta de meandros. Conceito amplo, muito debatido e de difícil fixação pelo Direito,[1] recebe diversas interpretações nos diferentes ordenamentos jurídicos. Em Economia, as dissonâncias a seu respeito são também muito frequentes.

A complexidade definicional é agravada pelo fato de sua vasta aplicação empírica. Em razão desta, qualquer imprecisão conceitual gera consequências quantitativas e qualitativas concretas. Seu uso, corrente em análises econômicas, é central para a mensuração e avaliação do desempenho econômico dos mercados, sendo variável-chave para os formuladores de políticas públicas em diversas partes do globo.[2]

Além disso, tratando-se de investimentos estrangeiros, é necessário que se realizem análises conjuntas, comparativas entre as nações. Algo que, com diversidade de interpretação, torna-se pouco factível. É como comparar distâncias medidas com escalas diferentes, sem que se conheça qual a diferença exata entre elas. Padronizar a utilização do termo "investimento", contudo, não é tarefa simples, pois, além da complexidade crescente das transações financeiras, o estabelecimento de critérios comuns acaba sendo obstado também por questões políticas.[3]

1. Renata Marcheti menciona a dificuldade de conceituar investimento juridicamente e, citando Luiz Olavo Baptista, conclui que a noção é preponderantemente econômica: "A despeito da imensa importância do investimento nos dias de hoje, não se pode dizer que haja uma definição jurídica que abarque todos os aspectos de tal fenômeno. Se for considerado que a idéia de investimento é, de certo modo, abstrata e genérica e que o fenômeno estudado de forma global não se vincula a sujeitos específicos e individualizados, fica claro que, para se chegar a uma análise ampla e conclusiva do termo, sob o aspecto jurídico é necessário ater-se aos eventos no contexto microjurídico" (MARCHETI, Renata Auxiliadora. *Capital estrangeiro no Brasil*, p. 26).
2. Vide, a título ilustrativo: THE WORLD BANK. *World investment and political risk*. Washington: Multilateral Investment Guarantee Agency (Miga), 2009. Disponível em: <http://www.fdi.net>. Acesso em: 7 jan. 2010.
3. Dasgupta e Bajpai destacam esse aspecto ao comparar as mensurações realizadas para Índia e China (BAJPAI, Nirupan; DASGUPTA, Nandita. *What constitute fo-*

A noção econômica de investimento (a acepção jurídica será discutida nas seções específicas a respeito de IED e Investimento em Carteira), mesmo no plano teórico, gera muitos mal-entendidos. Especificamente na área de Contas Nacionais,[4] o termo "investimento" é utilizado com sentido específico, significando expansão da capacidade produtiva, mediante a aquisição de *novo* capital.

Para estudar o funcionamento de uma determinada economia, a Macroeconomia[5] utiliza equações macroeconômicas, relações compostas de variáveis, os agregados macroeconômicos. Estes mensuram determinados aspectos da economia, como renda, consumo etc. O investimento seria, precisamente, uma dessas variáveis.

Ensina a Macroeconomia que o investimento será idêntico, sob o ponto de vista contábil, a outro agregado, a *poupança*,[6] que, por sua vez, sob o ponto de vista privado, equivale ao *excesso de renda* ou ao *não consumo* (renda residual após consumo e pagamento de impostos). Sob o ponto de vista público,

---

reign direct investment? A comparison between India and China. Disponível em: <http://www.earth.columbia.edu>. Acesso em: 2 jan. 2010).

4. Contas Nacionais são o ramo da (Macro)Economia que estuda as formas de mensuração da riqueza em termos agregados. Mediante o seu estudo torna-se possível conhecer a riqueza de um país em termos absolutos (produção, apropriação da riqueza e abastecimento de estoques para riqueza futura) ou relativos (possibilidade de comparação da riqueza de um país em relação a outros países e, com o uso de séries históricas, em relação a si mesmo ao longo do tempo). A Contabilidade Social (outro nome para a disciplina) trata de (i) mensurar a atividade econômica e social em seus múltiplos aspectos; (ii) sistematizar regras para a produção contínua de informações relevantes para a economia; e (iii) fornecer estimativas dos agregados macroeconômicos derivados do sistema de Contas Nacionais. A Contabilidade Social fornece um retrato da realidade social e econômica dos países ou regiões, o qual permite acompanhar como crescem e se desenvolvem ao longo do tempo (SOUZA, Luis Eduardo Simões de. *Contas nacionais*). Vide também, para maiores esclarecimentos: NUSDEO, Fabio. *Curso de economia*.

5. Há de se considerar que algumas das formulações aqui mencionadas dizem respeito à macroeconomia desenvolvida pelo *mainstream* econômico, de modo que as contribuições de outros autores, inclusive Keynes, discutem os conceitos de poupança e investimento.

6. A equação Y = C + I + G (ou seja, o produto bruto – a renda total gerada na economia – equivale aos seus usos, que são, respectivamente, o consumo, o investimento e os gastos dos governos). Para mais detalhes, vide: MANKIW, Gregory N. *Princípios de macroeconomia*, p. 266; NUSDEO, Fabio. Op. cit.; e KINDELBERGER, Charles P. *Movimentos internacionais de capital*, p. 18-20.

poupança equivale à *receita tributária que resta ao governo uma vez pagas as suas despesas.*

Assim, de acordo com a Macroeconomia básica, poupança, sob o ponto de vista contábil, equivale ao investimento, mas com ele não se confunde.

É possível que a confusão conceitual provenha do fato de que a poupança, na prática, financia o investimento.[7] De forma muito geral: os agentes que decidem não consumir sua renda disponibilizam-na ao sistema financeiro, que, por sua vez, atua coordenando as preferências daqueles agentes econômicos que decidem poupar e daqueles que decidem investir.

Desse modo, realizando aplicações financeiras junto a mercados organizados, bancos e fundos mútuos, entre outras modalidades existentes no sistema financeiro, os agentes poupadores recebem remuneração pelos seus recursos.[8] Em contrapartida, os agentes que pretendem investir buscam financiamento também no sistema financeiro. E, em última análise, captam os recursos disponibilizados pelos poupadores.

Utilize-se, a título ilustrativo, a aplicação de um indivíduo numa Caderneta de Poupança junto a um banco comercial. Macroeconomicamente, ao contrário do senso comum, esta operação financeira não deve ser interpretada como investimento, mas, sim, como poupança.

O banco emissor que recebeu o depósito do cliente realizará operações de crédito com outros agentes que buscam recursos para expandir suas atividades. E, com base[9] nos recursos captados junto aos clientes em geral, o banco terá condições de atender a essa demanda por crédito. A destinação desse crédito, uma vez ligada à atividade produtiva, poderá ser considerada *investimento.*

Em uma economia aberta, ou seja, que realiza trocas com o exterior, o investimento subdivide-se em duas modalidades: interno e externo. O pri-

7. MANKIW, Gregory N. Op. cit., p. 265.
8. Idem, ibidem.
9. A oferta de crédito guarda proporção quantitativa com os recursos depositados junto à instituição. Essa proporção está estabelecida pela regulação internacional (bem como pela brasileira), que determina os limites para a alavancagem das instituições. Um conceito importante para compreender a dinâmica de disponibilização de recursos aos investidores por parte do sistema financeiro é o de multiplicador bancário. Esses temas ligam-se intimamente à confiança do investidor no sistema bancário, mas, por questões de delimitação de escopo, estão excluídas, infelizmente, deste trabalho. Vide, para detalhamento: CARDIM, Fernando et al. *Economia monetária e financeira*: teoria e prática.

meiro equivale à poupança interna, gerada por residentes.[10] O segundo diria respeito à poupança de outros países que financiam investimentos do exterior direcionados a essa economia. Ambos têm em comum a destinação dos recursos à formação bruta de capital fixo, ou seja, a expansão da capacidade produtiva local.

Assim, contrariamente ao senso comum, o investimento no jargão macroeconômico não inclui aplicações financeiras (i.e., operações em mercado financeiro,[11] aquisição de valores mobiliários, títulos, direitos etc.), que são consideradas modalidades de *poupança.*[12] Por isso, os Investimentos em Carteira, que basicamente são constituídos por ativos financeiros, acabam sen-

10. "The residence of an economic entity (or an institutional unit) is determined on the basis of the *economic territory* with which it has the strongest connection determined by its *predominant centre of economic interest*. While some units may have connections with more than one territory, for statistical consistency, there is a need to attribute a single economic territory based on objective and comprehensive criteria. An institutional unit is resident in an economic territory when there exists, within the economic territory, some location, dwelling, place of production, or other premises on which or from which the unit engages and intends to continue engaging, either indefinitely or over a finite but long period of time, in economic activities and transactions on a significant scale (BPM)" (OECD *Glossary of foreign direct investments terms and definitions*, último acesso em 10.11.2012, http://www.oecd.org/investment/investmentpolicy/2487495.pdf).

11. A menção a mercados financeiros diria respeito, sob a ótica do Direito, aos negócios jurídicos - contratos creditícios - que tenham como objeto a própria moeda ou títulos mobiliários (OLIVEIRA, Luis Maurício Sodré de. *Mercado de câmbio*: contribuição ao disciplinamento jurídico no Brasil, p. 124). Sob o ponto de vista econômico, pode-se dividir o mercado financeiro em quatro segmentos: "*mercado monetário*, caracterizado por operações de curto e curtíssimo prazos, onde as empresas buscam recursos para atender às suas necessidades imediatas de liquidez ou alternativas para a aplicação de saldos de caixa, e onde o Banco Central atua para ajustar a liquidez do sistema econômico; *mercado de crédito*, caracterizado por operações de curto e médio prazos, onde as empresas buscam recursos para a aquisição de bens de consumo duráveis (automóveis, eletrodomésticos e etc.); *mercado de capitais*, caracterizado por operações de prazo médio, longo ou indeterminado, destinadas a suprir recursos para atender às necessidades das empresas de capital fixo e de giro. O mercado de ações é um componente do mercado de capitais" (OLIVEIRA, Virgínia I.; GALVÃO, Alexandre; RIBEIRO, Érico (org.). *Mercado financeiro*, p. 15).

12. Vide, para maiores detalhes: SIMONSEN, Mario Henrique; CYSNE, Rubens Penha. *Macroeconomia*.

do reputados como a parte financiadora da atividade produtiva, mas ficam excluídos da definição de investimento da Macroeconomia.

Já no jargão da Ciência das Finanças, aplicações financeiras são recorrentemente denominadas *investimentos*. Estes podem ser definidos como o *comprometimento atual de recursos por um período na expectativa de receber recursos futuros que compensarão o investidor (i) pelo tempo durante o qual os recursos são comprometidos, (ii) pela taxa esperada de inflação e (iii) pelo risco assumido.*[13]

A definição não colide com a ideia de poupança definida macroeconomicamente: os recursos não consumidos pelos agentes serão aplicados mediante remuneração. Em razão de o IED estar mais ligado à expansão da capacidade produtiva (conforme analisado mais adiante), observam-se mais estudos a ele pertinentes no campo da Macroeconomia do que em Finanças. Já em relação aos Investimentos em Carteira, estes mais ligados às aplicações financeiras (ou à destinação da poupança), ocorre justamente o oposto.

Após estas considerações a respeito da noção de *investimento*, cabe destacar que estão excluídos da análise deste capítulo os empréstimos internacionais. Embora representem importante parcela dos fluxos de capitais estrangeiros no País, possuem peculiaridades econômicas e jurídicas que divergem um pouco da ótica do investimento e merecem ser tratadas em particular.

Embora a OCDE classifique instrumentos de dívida como IED,[14] este trabalho não adentra essa discussão,[15] preferindo excluir os empréstimos internacionais da análise em tela. Restringe-se, assim, o escopo do estudo aos investimentos em seu sentido mais estrito, cabendo a ressalva de que o objeto deste

13. REILLY, Frank K.; NORTON, Edgar A. *Investimentos*, p. 3.

14. Transcrevem-se textualmente os tipos de operação de crédito que a OCDE considera como IED: "Debt instruments include marketable securities such as bonds, debentures, commercial paper, promissory notes, non-participating preference shares and other tradable non-equity securities as well as loans, deposits, trade credit and other accounts payable/receivable. All cross-border positions and transactions related to these instruments, between enterprises covered by an FDI relationship other than between related financial intermediaries are included in FDI. The interest returns on the above instruments are included in FDI income on debt" (OECD. *Benchmark definition of foreign investment*. Disponível em: <http://www.oecd.org/dataoecd/26/50/40193734.pdf>. Acesso em: 3 jan. 2010).

15. A doutrina brasileira, no entendimento de Flavia Ferraz, corroboraria o entendimento de que os IED não devem incluir empréstimos (FERRAZ, Flavia. Investimentos externos diretos – aspectos mais relevantes da legislação cambial, *Revista de Direito Bancário e Mercado de Capitais*, ano 9, n. 33, p. 359). Contudo, apenas um levantamento vasto da doutrina seria capaz de confirmar essa posição.

Capítulo é o *investimento* estrangeiro, e não a categoria, mais ampla, do *capital estrangeiro* (que compreende não apenas IED, Investimentos em Carteira e empréstimos, como também importações e exportações e outras relações obrigacionais envolvendo não residentes).[16]

5.1.1 Mercado de câmbio[17]

A entrada dos investimentos estrangeiros, em quaisquer das duas modalidades, dá-se, no Brasil, pelo mercado de câmbio.[18] Regido pelo Regulamento de Mercado de Câmbio e Capitais Internacionais (RMCCI),[19] o ingresso (ou

16. DE CHIARA, José Tadeu. Capitais estrangeiros. *Revista de Direito Mercantil Industrial, Econômico e Financeiro*, ano XVI, n. 26.

17. Cabe salientar que este capítulo não faz retrospectivas acerca dos regimes cambiais brasileiros. Para uma discussão interessante sobre esse aspecto, com enfoque na liberação da conta de capitais, vide: RANCO, Gustavo H. B.; PINHO NETO, Demosthenes. A desregulamentação da conta de capitais: limitações macroeconômicas e regulatórias.

18. "O mercado de câmbio abrange as compras e vendas de moedas estrangeiras, as transferências internacionais em reais, a compra e venda de ouro – instrumento cambial –, os capitais brasileiros no exterior e os capitais estrangeiros no Brasil" (Banco Central do Brasil. Disponível em: <www.bcb.gov.br>. Acesso em: 8 jan. 2010). Essa estrutura reflete a centralização do fluxo de divisas por parte do Banco Central do Brasil. Isto significa que remessas envolvendo divisas (i.e., moedas que não a nacional), em regra, passarão pelo controle do Banco Central. Em alguns casos que envolvem transações de pequena monta, a regulação dispensa o fechamento do contrato de câmbio, contudo essa não será a situação dos investimentos aqui estudados, cujo valor é sempre muito expressivo. Pode-se dizer assim que o Banco Central centraliza e monitora as operações cambiais referentes ao IED e ao Investimento em Carteira.

19. O Regulamento do Mercado de Câmbio e Capitais Internacionais (RMCCI) foi instituído pela Circular 3.280, de 9 de março de 2005, sendo dividido em três títulos, a respeito da matéria tratada: Mercado de Câmbio (abrange as operações de compra e de venda de moeda estrangeira, as transferências internacionais em reais e as operações envolvendo ouro – instrumento cambia l –, bem como as matérias necessárias ao seu regular funcionamento); Capitais Brasileiros no Exterior (contempla os valores de qualquer natureza, os ativos em moeda, os bens e os direitos possuídos fora do território nacional por pessoas físicas e jurídicas residentes, domiciliadas ou com sede no Brasil; Capitais Estrangeiros no País (trata dos investimentos externos ingressados no Brasil e de outros recursos captados no exterior na forma da legislação e regulamentação em vigor) (Banco Central do Brasil. RMCCI. Disponível em: <http://www.bcb.gov.br/rex/rmcci>. Acesso em: 6 jan. 2010).

a saída) de capitais internacionais será realizado mediante operação cambial, objeto de um contrato de câmbio.[20]

Em termos práticos, um investidor que deseje aportar recursos no País, sob quaisquer modalidades, deverá recorrer ao sistema bancário para: fechar operação de câmbio, celebrar o respectivo contrato junto à instituição financeira[21] (banco ou corretora) e somente então realizar a sua liquidação mediante a transferência dos recursos para a conta de destino.[22] As divisas serão então convertidas em reais para sua livre utilização no mercado doméstico.

Cabem neste momento algumas considerações quanto à facilidade de entrada e saída de investimentos estrangeiros no Brasil, o que significa avaliar a existência de dois tipos de controle: cambial e de capital.

Controles cambiais podem ser definidos como medidas regulatórias que visam a restringir o montante de divisas transacionado em uma economia, e que são normalmente classificáveis nas categorias a seguir:

(a) restrições quanto às divisas estrangeiras (podendo compreender qualquer tipo de divisa estrangeira ou apenas determinadas divisas);

---

20. "Contrato de câmbio é o instrumento específico firmado entre o vendedor e o comprador de moeda estrangeira, no qual são estabelecidas as características e as condições sob as quais se realiza a operação de câmbio" (RMCCI, Título 3. Capítulo 3, seção I). Apesar de anterior a muitas mudanças ocorridas no mercado de câmbio, o artigo do Professor De Chiara traz ideias de corrente aplicação como a do papel do Banco Central como centralizador das operações de câmbio e da natureza jurídica do contrato de câmbio, este um contrato bancário (DE CHIARA, José Tadeu. Contrato de câmbio – exportação – posição do Banco Central do Brasil – reconhecimento da ausência de "legitimatio ad causam" passiva – conseqüente declaração de extinção do processo – embargos de declaração recebidos. *Revista de Direito Mercantil Industrial, Econômico e Financeiro*, ano XV, n. 23).

21. Os agentes autorizados a operar no mercado de câmbio são, atualmente: bancos comerciais, bancos múltiplos, bancos de investimento, bancos de desenvolvimento, caixas econômicas, sociedades de crédito, financiamento e investimento, sociedades corretoras de câmbio ou de títulos e valores mobiliários, sociedades distribuidoras de títulos e valores mobiliários, agências de turismo e meios de hospedagem de turismo. Isso não significa que todos estes poderão realizar contratos de câmbio ou efetuar remessas.

22. No caso dos IED, a conta de destino poderá ser a da empresa receptora ou de seu representante; no caso do Investimento em Portfólio a conta será de titularidade do investidor estrangeiro específica para os investimentos regidos pela Resolução 2.689/2000 (que pode ser coletiva ou individual, conforme descrito na seção a respeito de investimentos em portfólio).

(b) restrições quanto à natureza das transações que dão origem à operação cambial (mercadorias e serviços, movimentos de capital, etc.); e

(c) restrições tanto em relação às divisas como, também, em relação à natureza da transação.[23]

Atualmente, sob o ponto de vista cambial, as barreiras para envio e saída de investimentos no Brasil não são severas. A partir da promulgação do RMCCI, em 2005, confirmou-se uma tendência iniciada no final da década de 1980 de liberalização[24] da chamada conta de capitais, que diz respeito justamente às transações realizadas entre residentes e não residentes. Nos termos da regulamentação, o fluxo de entrada e saída dos investimentos é, regra geral, livre:

> RMCCI, Título 1, Capítulo 1, Item 3. As pessoas físicas ou jurídicas podem comprar e vender moeda estrangeira ou realizar transferências internacionais em reais, de qualquer natureza, sem limitação de valor, sendo contraparte na operação agente autorizado a operar no mercado de câmbio, observada a legalidade da transação, tendo como base a fundamentação econômica e as responsabilidades definidas na respectiva documentação.
>
> RMCCI, Título 1, Capítulo 1, Item 8: É facultada a liquidação no mercado de câmbio, em moeda estrangeira equivalente, de compromissos em moeda nacional, de qualquer natureza, firmadas entre pessoas físicas ou jurídicas, residentes ou domiciliadas ou com sede no exterior, mediante apresentação da documentação pertinente.

Os dois dispositivos destacados informam premissas relevantes sobre a liberdade do fluxo de capitais estrangeiros: ausência de restrições quanto ao valor e à natureza das transações. A norma cambial, pode-se dizer, define como regra básica (e princípio) a liberdade de enviar e receber recursos do exterior.

As condições hoje impostas para o envio e recebimento de capitais estrangeiros parecem ter como finalidade evitar fraudes e ilícitos fiscais. Exige-

23. RATTI, Bruno. *Comércio internacional e câmbio*, p. 224.

24. Essa liberalização contou com medidas como: a unificação dos mercados de câmbio (havia dois tipos: livre e flutuante), a redução e posterior eliminação tanto da necessidade de maturidade mínima para empréstimos externos, quanto da eliminação das restrições para investimento no mercado de títulos por parte dos investidores estrangeiros, simplificação dos procedimentos relacionados à remessa de capital para outros países e flexibilização nas operações de cobertura cambial para exportação (DE PAULA, Luiz Fernando; PIRES, Manoel Carlos de Castro; MEYER, Thiago Rinaldi. Regime cambial, taxa de câmbio e estabilidade macroeconômica no Brasil, *Fórum de Economia da EE FGV/SP*. Disponível em: <http://desenvolvimentobr.ning.com/forum/topics/2303053:Topic:242>. Acesso em: 8 jan. 2010).

-se, quando da realização de uma operação de câmbio, que a transação subjacente: (a) seja legal; (b) possua fundamentação econômica; e (c) seja embasada em documentação pertinente.

A responsabilidade pela aferição destes aspectos é atribuída aos agentes autorizados a operar no mercado de câmbio. Nesse sentido, pode-se dizer que o Banco Central incumbiu o mercado de parte substancial da fiscalização junto aos agentes privados. Embora o Bacen realize uma fiscalização contínua dos procedimentos internos adotados e audite as instituições periodicamente, no cotidiano das transações, quem exerce o papel fiscalizador são os próprios agentes do mercado. Esta espécie de "autorregulação" confere, sem dúvida, grande responsabilidade, mas, ao mesmo tempo, elevada liberdade ao mercado.

Em relação ao item "a", legalidade, existe um aspecto específico que merece consideração: as naturezas cambiais. Na regulamentação em vigor, uma transferência de recursos internacional precisa ser classificável sob uma natureza prevista em lei.

Isto significa dizer que a situação concreta de envio precisa corresponder a alguma hipótese mencionada no RMCCI. Essa correta classificação fica também a cargo dos agentes privados. Pode-se dizer que essas naturezas constituem um canal que pode ser utilizado pelas autoridades monetárias para a inserção de controles cambiais. Ao banir ou admitir determinada natureza, estará automaticamente o regulador proibindo ou permitindo determinada transação. Para os recursos transferidos a título de IED ou Investimentos em Portfólio, por exemplo, existe uma natureza específica.

Apesar de algumas restrições ainda vigentes, se contrastarmos as normas do RMCCI com as categorias mencionadas acima, podemos concluir que o Brasil atualmente não conta com um regime rigoroso de controles cambiais.

Em sede de política cambial, após um sem-número de alternâncias,[25] o País adota hoje um regime de câmbio flutuante. As taxas de câmbio são livremente formadas num mercado único, hoje denominado "mercado de taxas livres".

Nesse contexto, a paridade entre a moeda brasileira e a moeda estrangeira dá-se pelo preço que equilibra a oferta e a demanda por todas as moedas. Não

25. Em breve retrospectiva histórica: até 1994 havia um regime de *crawling peg* passivo; a partir de 1995 até o início de 1999 adotou-se um regime de bandas cambiais combinado com um sistema de minidesvalorizações cambiais (*crawling peg* ativo). A partir de 1999 passou-se formalmente a um regime de câmbio flutuante, que tem funcionado, por vezes, como flutuação administrada (DE PAULA, Luiz Fernando; PIRES, Manoel Carlos de Castro; MEYER, Thiago Rinaldi. Op. cit.).

ocorre no regime de câmbio flutuante o compromisso de o governo sustentar nenhuma paridade de preços específica ou de intervir nos mercados de câmbio.

Entretanto, a história recente mostra que o regime não é isento de intervenção do Banco Central. Em determinados momentos, especialmente quando a taxa de câmbio se afastou muito dos valores consideráveis toleráveis pelo governo, a autoridade monetária não se furtou de conter altas ou baixas excessivas na taxa de câmbio. Nesse sentido, pode-se dizer que o Brasil conta com um regime de *dirty floating*, ou flutuações sujas, em que o câmbio flutua, mas pode ser influenciado pelo governo de tempos em tempos.

Em termos de confiança do investidor estrangeiro, há argumentos para sustentar que costuma ser mais amparada por um regime de câmbio fixo, assim como há elementos para sustentar ser mais fomentada num regime de câmbio flutuante. No primeiro caso, o governo se compromete a sustentar um valor para a taxa de câmbio, de modo a tornar mais previsível o direcionamento da economia e, por conseguinte, o planejamento dos agentes. Contudo, regimes de câmbio fixo são difíceis de sustentar e se mostraram, historicamente, extremamente vulneráveis a choques especulativos. Normalmente atraem consigo controles cambiais e de capitais para que se possa manter um nível de reservas internacionais apto a sustentar a paridade prometida ao mercado. E, por consequência, uma maior regulação e maiores restrições à saída de capitais podem ser elementos de desconfiança do investidor. Em Economia a controvérsia a esse respeito é, academicamente, ardente.[26]

O outro tipo de controle que pode incidir sobre o investimento estrangeiro é o *controle de capitais*, que compreende todo e qualquer instrumento de intervenção no livre movimento de capitais através das fronteiras nacionais. Incluir-se-iam desse modo formas de intervenção por meio da imposição de depósitos de compulsórios sobre entradas de capitais e/ou saída de recursos financeiros, e a imposição de restrições de natureza quantitativa sobre fluxos de capital, abrangendo aí a proibição pura e simples de certos tipos de transação.[27]

26. Para argumentação a respeito da liberalização da conta de capitais, vide: FRANCO, Gustavo H. B.; PINHO NETO, Demosthenes. *A desregulamentação da conta de capitais: limitações macroeconômicas e regulatórias*. Disponível em: <www.econ.puc-rio.br>. Acesso em: 3 set. 2008. Em contrapartida, para uma crítica à liberalização, vide: DE PAULA, Luiz Fernando; PIRES, Manoel Carlos de Castro; MEYER, Thiago Rinaldi. Regime cambial, taxa de câmbio e estabilidade macroeconômica no Brasil. In: SICSÚ, João; FERRARI FILHO, Fernando (org.). *Câmbio e controles de capitais*: avaliando a eficiência de modelos macroeconômicos.

27. SICSÚ, João; FERRARI FILHO, Fernando (org.). *Câmbio e controles de capitais*: avaliando a eficiência de modelos macroeconômicos.

De acordo com essa definição, os controles de capitais, na verdade, *compreenderiam* os controles cambiais.

Analisando-se a disciplina jurídica brasileira quanto ao investimento estrangeiro, também não se notam regras explícitas de controle de capital, mesmo fora do âmbito cambial. Todavia, a discussão sobre esse tema é mais complexa, visto que determinadas medidas, por exemplo as restrições impostas ao capital estrangeiro em alguns setores da economia como o financeiro, as telecomunicações e setor de seguros, podem representar uma forma de controle de capital quanto à sua entrada.

Voltando-se à seara exclusivamente cambial, observando-se a legislação em vigor, nota-se que existe muito espaço para discricionariedade, de modo que o cenário pode, sem maiores alterações legislativas (apenas com alterações na regulamentação), mudar, dependendo dos rumos de política econômica. Vale como exemplo o texto do art. 28 da Lei 4.131/1962, o qual dispõe:

> Art. 28. Sempre que ocorrer grave desequilíbrio no balanço de pagamento ou houver sérias razões para prever a eminência de tal situação, poderá o Conselho da Superintendência da Moeda e do Crédito impor restrições, por prazo limitado à importação e às remessas de rendimentos dos capitais estrangeiros e para este fim outorgar ao Banco do Brasil monopólio total ou parcial das operações de câmbio.

Assim, é possível concluir que a prática em políticas públicas *hoje* contempla uma maior liberdade de fluxos de entrada ou saída. No entanto, nada impede que, mudando-se a política cambial, se decida por controlar a entrada e saída de capitais estrangeiros no sentido mais rigoroso da palavra. Essa possibilidade de mudança, embora confira maior liberdade aos governos, gera, em contrapartida, incerteza sob a perspectiva do investidor estrangeiro.

5.1.2 Investimento Estrangeiro Direto (IED)

Tradicionalmente conhecido como investimento produtivo, o IED tem estreita ligação com políticas de desenvolvimento e é considerado um elemento fundamental para a crescente integração econômica dos mercados.[28]

Segundo estudo produzido pela Organização Econômica para a Cooperação e Desenvolvimento (OCDE), o IED proporcionaria meios para a criação de vínculos diretos, estáveis e duradouros entre as economias.[29] E,

---

28. MANKIW, Gregory N. Op. cit.
29. OECD. Benchmark definition of foreign investment. Disponível em: <http://www.oecd.org/dataoecd/26/50/40193734.pdf>. Acesso em: 3 jan. 2010. Trata-se

sob determinadas condições de políticas públicas, teria a capacidade de incrementar a posição competitiva tanto da economia receptora desse investimento quando da economia que o envia.

Além disso, referido estudo destaca[30] como efeito vantajoso do IED o encorajamento da transferência de tecnologia e *know-how* entre as economias, permitindo à economia hospedeira promover seus produtos de forma mais ampla nos mercados internacionais, além de constituir uma fonte importante de capital para um espectro relevante de economias.

No que diz respeito à transferência de tecnologia, ela pode ocorrer direta ou indiretamente. No primeiro caso, a transferência de tecnologia decorre da própria aquisição de empresas locais e/ou da implantação de métodos de gestão e padrões técnicos às novas filiais. No segundo caso, trata-se de uma modalidade não automática e indireta, denominada *spill over* (transbordamento), em que a presença estrangeira, mediante relações competitivas intra ou intersetoriais, acaba, pela via concorrencial, influenciando o mercado local a adotar novos padrões de competitividade.[31]

No mesmo relatório, considera a OCDE que, nas últimas décadas,[32] tem-se notado um crescimento expressivo do nível de investimento direto, e a sua inserção internacional reflete tanto um aumento no número e tamanho de transações como também uma diversificação de empreendimentos. Grandes empresas multinacionais continuam responsáveis por grandes parcelas do IED, mas imagina-se que o rápido crescimento desses fluxos tenha aberto espaço para a participação de pequenas e médias empresas.

Existe uma trincheira importante na mensuração dos fluxos de IED: a qualidade dos dados produzidos. É necessário, para avaliar as tendências e o desenvolvimento dos países, bem como para dar suporte aos formuladores de

---

de um documento cujo objetivo é padronizar as definições e a metodologia para a análise de IED, de forma consistente com os trabalhos produzidos por outros órgãos, tais como o FMI e o Banco Mundial.

30. Idem, ibidem.

31. Um estudo empírico publicado pelo IPEA referente ao caso brasileiro revela-se conclusivo a respeito da efetividade desse transbordamento na economia brasileira: "Os resultados apresentados, no entanto, indicam, primeiro, que os efeitos indiretos da presença do IED não são tão significativos quanto os efeitos diretos, segundo, não sinalizam a existência de transformação estrutural por conta da penetração do capital estrangeiro, e, terceiro, mostram que há diferenças relevantes entre os setores" (JORGE, Marina Filgueiras. *Investimento estrangeiro direto e inovação: um estudo sobre ramos selecionados da indústria no Brasil*, p. 24).

32. OECD. Benchmark definition of foreign investment. Disponível em: <http://www.oecd.org/dataoecd/ 26/50/40193734.pdf>. Acesso em: 3 jan. 2010.

políticas públicas, que haja estatísticas internacionalmente padronizadas, atuais e confiáveis. A utilidade das estatísticas de IED depende da observância de alguns parâmetros de qualidade, como: (a) alinhamento com padrões internacionais; (b) prevenção de inconsistências entre países e redução das discrepâncias globais; (c) obtenção de séries estatísticas consistentes ao longo do tempo; (d) continuidade na produção de dados; e (e) troca significativa de informação entre os países.

O IED ocorre quando um *investidor baseado em um país adquire um ativo em outro país com o objetivo de gerenciar tal ativo. Isto significa que o influxo de IED em um país por um investidor estrangeiro implica um objetivo de comprometer-se a longo prazo.*[33]

A definição de IED mais difundida internacionalmente é aquela desenvolvida pelo Fundo Monetário Internacional (FMI) em conjunto com a OCDE. Nos termos do relatório de padronização de conceitos da OCDE:[34]

> Direct investment is a category of cross-border investment made by a resident in one economy (the *direct investor*) with the objective of establishing a lasting interest in an enterprise (the *direct investment enterprise*) that is resident in an economy other than that of the direct investor. The motivation of the direct investor is a strategic long-term relationship with the direct investment enterprise to ensure a significant degree of influence by the direct investor in the management of the direct investment enterprise. The lasting interest is evidenced when the direct investor owns at least 10% of the voting power of the direct investment enterprise. Direct investment may also allow the direct investor to gain access to the economy of the direct investment enterprise which it might otherwise be unable to do. The objectives of direct investment are different from those of Portfolio investment whereby investors do not generally expect to influence the management of the enterprise.

A definição acima revela alguns aspectos característicos ao IED, sendo um deles a intenção de permanência no país investido. Um dos elementos para a verificação desse intento é a influência exercida pelo investidor no empreendimento a que se destinam seus recursos.

A influência, por sua vez, pode ser evidenciada mediante critérios objetivos, como a participação societária, ou qualitativos,[35] como a partici-

33. BAJPAI, Nirupan; DASGUPTA, Nandita. Op. cit. Disponível em <http://www.earth.columbia.edu>. Acesso em: 2 jan. 2010.

34. Idem, ibidem, p. 11.

35. A OCDE admite que outras evidências societárias possam caracterizar poder de voto que não a mera participação societária. Cita, como exemplo, as *golden shares*,

pação do investidor no processo de gestão do empreendimento em que se investiu.[36]

Apresentados alguns dos parâmetros internacionais para avaliação do IED, mencione-se o caso brasileiro. Considerando a Economia brasileira recente, pode-se dizer que o perfil do País como receptor de IED alterou-se de forma significativa da década de 1980 em diante.

Na década de 1980, parece difícil destacar alguma característica específica do Brasil no quadro do IED, uma vez que a produção, os investimentos, a produtividade e o progresso tecnológico tiveram, num cenário recessivo, um desempenho fraco.[37]

A partir de 1990, uma cadeia de medidas, as quais incluíram a abertura comercial, o processo de estabilização econômica e a flexibilização da política cambial, foi adotada tendo como uma das finalidades a atração de capital estrangeiro. Esse conjunto de ações, aliado a uma perspectiva internacional favorável (a crescente internacionalização das atividades econômicas em razão da globalização), gerou um ponto de inflexão no cenário de investimentos externos.

Na segunda metade da década de 1990, favorecidos pelas medidas de liberalização econômica,[38] os fluxos de IED estiveram concentrados no intenso processo de privatização[39] dos serviços públicos. Após o esgotamento do processo de privatizações,[40] especialmente no período compreendido entre

---

que permitem, muitas vezes, maior poder do que várias ações reunidas. Outra hipótese mencionada são os casos em que se obtém poder de voto sem que se adquira, efetivamente, participação societária, como nos casos de *swaps* e compromissos de recompra (*repurchase agreements*) (idem, ibidem, p. 240).

36. O relatório da OCDE menciona que deve o investidor estrangeiro deter no mínimo 10% do capital votante para que fique evidenciada a influência e a intenção de permanência do investimento, sob o aspecto societário (OECD. Benchmark definition of foreign investment. Disponível em: <http://www.oecd.org/ dataoecd/26/50/40193734.pdf>. Acesso em: 3 jan. 2010).

37. A análise de Ricardo Bielschowsky faz um retrospecto das décadas de 1970 e 1980, mostrando a participação das empresas transacionais por setor de produção. Os resultados na década de 1980 não são expressivos, exceção seja feita ao setor exportador, que apresentou bons resultados (BIELSCHOWSKY, Ricardo (coord.). *Investimento e reformas no Brasil*: indústria e infra-estrutura nos anos 1990).

38. JORGE, Marina Filgueiras. Op. cit.

39. Banco Central do Brasil. *Investimentos estrangeiros diretos. Distribuição por país de origem dos recursos.* Disponível em: <http://www.bcb.gov.br/rex/IED/Port/ingressos/htms/index4.asp?idpai=inved>. Acesso em: 4 jan. 2010.

40. A literatura em Economia é ampla a respeito do período, com diversas perspectivas. Para uma síntese esclarecedora, vide: GIAMBIAGI, Fabio; ALÉM, Ana Clau-

2000-2005, a diversificação do IED garantiu a elevação dos fluxos de entrada no País, passando o capital estrangeiro a participar de forma importante de setores como o automobilístico, químico, alimentos e bebidas e materiais eletrônicos.

Hoje as empresas transnacionais respondem por parte relevante do desenho do moderno setor industrial brasileiro, liderando a formação dos segmentos mais intensivos em tecnologia.[41] Entre os países originadores de investimentos diretos no Brasil, destacam-se, em ordem descrente de volume de recursos enviados ao País: Holanda, Estados Unidos, Panamá, Uruguai, Ilhas Virgens Britânicas, Espanha, Ilhas Bahamas, Alemanha, Argentina e Ilhas Cayman.

A observação desse grupo de países provoca questionamentos, visto que, enquanto alguns parecem ter economia pujante e/ou muito integrada com o Brasil, justificando os fluxos de IED, isso não ocorre com outros.

A principal explicação é o oferecimento de condições fiscais e regulatórias vantajosas por parte dessas economias menos expressivas, sendo algumas delas paraísos fiscais (*tax havens*). E, de acordo com alguns estudos internacionais, são também sinônimo de *round-tripping*[42] do capital, isto é, o investidor residente constitui empresa (*off-shore*) no exterior, para a qual envia seus recursos e, em seguida, ilegitimamente, retorna como investidor não residente, passando a constar dos fluxos de IED e a gozar dos benefícios concedidos pela legislação local. A reentrada é ilegítima, pois os atrativos concedidos localmente são voltados ao investimento estrangeiro, e não deveriam

dia. *Finanças públicas.*

41. BIELSCHOWSKY, Ricardo (coord.). Op. cit.

42. A respeito do que ocorre na China, Bajpai e Dasgupta explicam o *round tipping*, em que a situação se torna crítica pelo fato de os recursos serem enviados ilegalmente, sem adequado reporte ou recolhimento de impostos: "Round-tripping is often referred to as a phenomenon, which contributes to swelling investment of neighboring countries (mainly Hong-Kong, Macao, Taiwan) into China. According to 'round-tripping' hypothesis, Chinese firms illegally transfer domestic (unaccounted) money to these countries and then invest it in the mainlands as FDI inflows in order to benefit from the preferential treatment given to FDI in terms of taxation, labor, policy, etc. Also, in the process, the unaccounted moneys on their way back into China become accounted for. Since round-tripping is essentially clandestine, accurate data is practically impossible to obtain. Nevertheless, it was estimated that in 1992, round tripping FDI accounted for one-fourth of China's total FDI. According to another estimate (Houang), round tripping was responsible for at least 23 percent of China's 1992 inward FDI (BAJPAI, Nirupan; DASGUPTA, Nandita. Op. cit., p. 6).

constituir uma forma de alguns residentes conseguirem vantagens competitivas ilegítimas. Vale dizer que esse fenômeno ocorre também na modalidade de Investimento em Carteira.

A detecção e a coibição dessa prática tornam-se extremamente difíceis em razão dos diversos obstáculos impostos pelos investidores para que se revele a identidade do chamado *beneficiário final* das transações, aquele a quem, em última análise, serão destinados os proventos oriundos daquele investimento. A legislação brasileira tem dado passos firmes nesse sentido, trazendo dispositivos que são cada vez mais rigorosos na obrigatoriedade de que se revele o destinatário final dos recursos, tanto nos mercados do IED quanto nos Investimentos em Portfólio.

Regime Jurídico

A regra básica a disciplinar o IED no Brasil é a Lei 4.131, de 3 de setembro de 1962,[43] também conhecida como "Lei do Capital Estrangeiro" ou "Lei da Remessa de Lucros", a qual dispõe acerca dos recursos provenientes do exterior tanto sob a forma de empréstimo quanto de investimento direto.

Seu art. 1.º traz a definição de capital estrangeiro:

> [...] são os bens, máquinas e equipamentos, entrados no Brasil, sem dispêndio inicial de divisas, destinados à produção de bens ou serviços, bem como os recursos financeiros ou monetários, introduzidos no país, para aplicação em atividades econômicas, desde que, em ambas as hipóteses, pertençam a pessoas físicas ou jurídicas, residentes, domiciliadas ou com sede no exterior.

A leitura do artigo mostra, claramente, duas hipóteses: a entrada de bens, máquinas e equipamentos e a entrada de recursos financeiros ou monetários. Nessa definição ainda não se tem clara qualquer diferenciação entre empréstimos e IED.

Extremamente relevante à tutela da confiança do investidor estrangeiro é a disposição do art. 2.º da referida lei, que dispensa ao capital estrangeiro investido no País tratamento jurídico idêntico ao capital nacional, em igualdade de condições, sendo vedadas quaisquer discriminações não previstas na Lei 4.131/1962. A teleologia da norma parece ser no sentido de evitar que o capital estrangeiro sofra restrições ao adentrar o Brasil, e não o sentido contrário, sendo-lhe permitido o estabelecimento de incentivos fiscais ou regulatórios.

43. Alterada pela Lei 4.390, de 29 de agosto de 1964.

A fixação do atual conceito brasileiro de IED é encontrada na Circular 2.997, de 2 de agosto de 2000, que instituiu o registro declaratório de investimentos externos diretos, o RDE-IED, detalhado mais adiante. Segundo essa norma, os investimentos externos diretos são definidos como:

> [...] as participações no capital social de empresas no País, pertencentes a pessoas físicas ou jurídicas, residentes, domiciliadas ou com sede no exterior, integralizadas ou adquiridas na forma da legislação em vigor, bem como o capital destacado de empresas estrangeiras autorizadas a operar no País.

A definição, de acordo do art. 10 da referida Circular, exclui as participações societárias de investidores não residentes adquiridas nos mercados financeiros e de capitais, bem como os rendimentos deles decorrentes, que constituam investimentos em Portfólio, regidos por normas específicas. A definição não inclui os empréstimos, que são sujeitos a outro tipo de registro, o RDE-ROF.[44]

Interessante observar que a definição do Banco Central é mais abrangente do que a proposta pela OCDE, no sentido de que não se estabelece nenhum percentual mínimo de participação societária, ou período mínimo de permanência, para que seja o investimento considerado IED.

Por outro lado, alguns investimentos considerados no Brasil como Portfólio são computados como IED pela OCDE. Além disso, os instrumentos de dívida dentro do mesmo grupo, os chamados empréstimos *intercompany*, são considerados pela OCDE como investimentos diretos, e, no Brasil, estariam registrados de outro modo, figurando apenas como operações financeiras.

Outro aspecto relevante do regime jurídico dos IED é o seu registro. Assim como os Investimentos em Carteira, devem ser continuamente declarados ao Banco Central. Isto significa que existe uma obrigação[45] de permanentemente informar ao regulador, desde a entrada, as principais características e eventos referentes à participação societária adquirida. Além disso, a cada exercício é necessário preparar uma declaração contendo as informações econômico-financeiras referentes ao investimento estrangeiro naquele ano. Esse registro,

---

44. Registro declaratório de operações financeiras.

45. Imposta tanto ao investidor quanto à receptora de investimentos estrangeiros. Aos declarantes, investidor e investida, que são considerados pelo sistema como um par, "investidor-receptora", é atribuído um número, similar ao de uma conta-corrente, sob o qual estarão reunidos os eventos mais relevantes a respeito do investimento e de seus declarantes.

de natureza declaratória, é realizado de forma eletrônica junto ao Sistema de Informações do Banco Central - o Sisbacen.[46]

O registro é relevante, primeiramente, por razões censitárias e macroeconômicas, visto que ele constitui a base de dados que permite a avaliação do IED para fins de condução das políticas públicas. Para gozar do *status* tributário e das proteções conferidas ao investimento estrangeiro, o IED precisa ser registrado. A previsão do registro já estava contida na Lei dos Capitais Estrangeiros, tendo sido objeto de diversas regulamentações posteriores, estando hoje em vigor a Circular 2.997/2000 e a Lei 11.371/2006.

Atualmente, as declarações a respeito dos IED são processadas eletronicamente, de maneira célere e eficiente, especialmente se comparado às décadas anteriores. A segurança de que o registro não obsta o investimento pode ser considerada mais uma forma de proteção à confiança do investidor. Além disso, a acessibilidade dos dados e a possibilidade de que o investidor verifique prontamente o *status* de seu registro perante o Banco Central garantem transparência ao sistema. Ademais, a proteção do manejo das informações (mediante senha e protocolos de autenticação) auxilia sob o ponto de vista da confidencialidade e da inalterabilidade dos dados.

De volta ao tema controle de capitais, pode-se dizer que, atualmente, tais registros não têm como objetivo restringir a saída ou entrada de capitais estrangeiros, mas apenas monitorá-la. A entrada de capitais estrangeiros com o objetivo de investir em atividade produtiva é permitida, de forma que o registro seja declaratório. O investimento tem liberdade de entrada e saída, sendo esta restrita apenas em caso de flagrante ofensa à lei,[47] desconformidade com as normas referentes a fraudes, lavagem de dinheiro ou em caso de omissão de informações. Do contrário, pode-se dizer que existe uma liberdade de fluxos garantida ao IED.

Estão enumerados pela Circular 2.997 os eventos sujeitos a registro no sistema declaratório eletrônico do Banco Central:

1. investimentos em moeda;
2. investimento em bens, assim denominados aqueles constituídos por conferência de bens tangíveis ou intangíveis, importados sem cobertura cambial;

---

46. O sistema eletrônico do Banco Central consiste de um conjunto de recursos de tecnologia da informação interligados em rede utilizado pelo regulador para a consecução de suas atividades. Sua regulamentação é dada pela Circular 3.232, de 6 de abril de 2004, e posteriores alterações.

47. Nesses casos, para impedir o fluxo do capital, seria necessária uma ordem judicial determinando o bloqueio dos recursos.

3. conversão, em investimento direto, de direitos e/ou créditos remissíveis ao exterior;
4. reinvestimentos por capitalizações de lucros, juros sobre capital próprio e reservas de lucros;
5. capitalizações de reservas de capital e de reavaliação; reaplicações de capitais e rendimentos de investimentos externos diretos já existentes no País;
6. reorganizações societárias decorrentes de incorporação, fusão e cisão;
7. permutas e conferências de ações ou quotas; destinação e remessa ao exterior de recursos classificáveis como retorno de capital ou valorização, decorrentes de alienação de participação societária a residentes no País, de redução de capital para restituição a sócio ou de liquidação de empresa, ou classificáveis como dividendos, lucros ou juros sobre capital próprio;
8. alterações que impliquem mudanças nas características do investimento externo direto e/ou patrimônio líquido da empresa receptora do investimento e informações econômico-financeiras.

A obrigatoriedade do registro está relacionada ao ato societário que deu origem ao evento a ser registrado. Em regra, são dados 30 dias às partes para efetuarem o registro pertinente no Banco Central.

Os capitais estrangeiros que ingressaram no País e não registrados recebem a alcunha de "capital contaminado". Este é definido pelo Banco Central como *capital pertencente a investidor não residente, que, por critérios internos ou interpretações da Lei 4.131/1962, não foi reconhecido para fins de registro como investimento estrangeiro direto.*[48] A contaminação ocorre pela ausência de registro e é um ilícito de per si, porém não permite inferir que o capital não registrado tenha sido oriundo de qualquer atividade criminosa. Até hoje existe certa confusão a esse respeito, associando-se comumente o *capital contaminado* àquele oriundo de atividades ilegais, especialmente a lavagem de dinheiro.

A esse respeito, em 28 de novembro de 2006 foi promulgada a Lei 11.371, que concedeu um período para a regularização do capital não registrado, o qual deve ter registro específico no balanço contábil da empresa receptora do capital estrangeiro.

Assim, buscou o regulador regularizar a situação dos investimentos estrangeiros no Brasil que ainda não haviam sido objeto de registro. Atualmente,

48. Banco Central do Brasil. *Glossário*. Disponível em: <www.bcb.gov.br/glossario>. Acesso em: 6 dez. 2009.

a inexistência de registro pode sujeitar o investidor a multas e, em casos mais extremos, obrigar a repatriação dos recursos trazidos ao País.

5.1.3 Investimento em Portfólio

O Investimento em Portfólio costuma ser o primeiro a debandar em crises econômicas. Isto porque é, em regra, mais líquido,[49] menos envolvido com o país de destino, mais sensível a perdas no curto prazo e, em muitas jurisdições, está sujeito a menos barreiras para a circulação. A alcunha desse tipo de investimento, utilizada em aspecto pejorativo, especialmente pelos economistas de linha mais heterodoxa, é "capital especulativo" ou "capital volátil".

Sob o ponto de vista econômico, o investimento em Portfólio feito por investidores internacionais consiste numa decisão de onde alocar sua renda disponível (i.e., não investida e não consumida):

> Individuals must allocate their income among current consumption, productive investment, and financial investment. Simplifying these choices by assuming that consumption and productive investment decisions have already been made and thereby omitting potential feedback effects leaves the portfolio decision narrowly defined: how to allocate the remaining wealth to financial and/or real assets so as to maximize the most desirable return, i.e. consumption in the future. Despite this simplification, there is still a bewildering array of forms in which wealth can be held, ranging from non-liquid holdings of real state, through gold coins and commodity futures, all the way to stocks, bonds, savings accounts, money market securities and cash equivalents. Investment theory, then comprises the principles that help investors to rationally allocate their wealth between the different investment alternatives.[50]

Os Investimentos em Carteira são, assim, relacionados a ativos financeiros de diversas naturezas (que, pela inventividade do mercado financeiro, parecem mudar todos os dias), podendo ser definidos como aqueles ativos:

> [...] nos quais a moeda corrente e outros tipos de títulos de crédito são elementos-chave quando não os próprios objetos das transações. A maior parte destes estoques não é manual e não tem existência física: é meramente escritural. Diferentemente dos ativos reais, eles não atendem diretamente a necessidades reais dos agentes econômicos. Por sua liquidez, podem ser reservas de valor. E, embora não tenham *valor de uso* e seu valor de face,

49. Liquidez significa a possibilidade de converter o investimento em moeda, neste caso em divisas.
50. BARTRAM, Söhnke M.; DUFEY, Gunter. *International portfolio investment*, p. 5.

> muitas vezes não tenha relação com seu valor intrínseco, esses ativos são a contrapartida da maioria das transações econômicas. Eles *têm valor de troca* e são os instrumentos básicos da intervenção dos agentes econômicos. Assim é a moeda, bem como os demais ativos financeiros não monetários. E o setor financeiro é aquele em que se custodiam esses ativos, em que se liquidam operações com transferência de seus saldos, em que eles se multiplicam e são emitidos, captados ou intermediados.[51]

O mercado brasileiro, nas últimas décadas, observou marcada expansão e diversificação dos Investimentos em Portfólio. Nesse movimento, os investimentos estrangeiros tiveram importante participação, talvez atraídos[52] pelo desenvolvimento regulatório, financeiro e operacional do mercado financeiro brasileiro. Dados recentes demonstram que, no mercado de capitais, o capital estrangeiro responde pela maior parcela dos recursos movimentados.[53]

Regime Jurídico

O investimento estrangeiro em Portfólio diz respeito à aplicação de recursos feita por não residentes por meio do mercado de câmbio de taxas livres, nos mercados financeiro e de capitais, sendo disciplinado hoje, principalmente, pela Resolução 2.689 do Conselho Monetário Nacional, de 26 de janeiro de 2000.

Além de regulados pelo Banco Central do Brasil, os Investimentos em Portfólio são fortemente disciplinados pela Comissão de Valores Mobiliários e pelos órgãos de autorregulação, que são, hoje, principalmente, BSM (BM&F Bovespa Supervisão de Mercados)[54] e Anbima.[55]

---

51. OLIVEIRA, Virgínia I.; GALVÃO, Alexandre; RIBEIRO, Érico (org.). Op. cit.
52. Há de se levar em conta os fatores de natureza puramente econômica, que têm tornado o Brasil mais atrativo ao investimento estrangeiro nos últimos anos.
53. Em 2009, os investidores estrangeiros lideraram (em participação) o mercado de ações com uma parcela de 34,18% em 2009 e 35,49% em 2008. Fonte: BM&FBovespa. Disponível em: <www.bmfbovespa.br>. Acesso em: 9 jan. 2010.
54. A BSM é responsável por: fiscalizar e supervisionar os participantes do mercado e a própria BM&FBovespa; identificar violações à legislação e à regulamentação vigentes, condições anormais de negociação ou comportamentos que possam colocar em risco a regularidade de funcionamento, a transparência e a credibilidade do mercado; instaurar e conduzir processos administrativos disciplinares; penalizar os que cometem irregularidades; administrar o Mecanismo de Ressarcimento de Prejuízos (MRP) (Disponível em: www.bmfbovespa.com.br).
55. Informações disponíveis no site da Anbima: <www.abima.com.br>.

Considera-se, nos termos da Resolução 2.689/2000, investidor não residente, individual ou coletivo as pessoas físicas ou jurídicas, os fundos ou outras entidades de investimento coletivo, com sede, residência ou domicílio no exterior. A legislação brasileira não faz restrições a investimentos por conta de sua origem. No entanto, algumas normas específicas estabelecem controles adicionais para os investimentos e/ou clientes oriundos de determinados países.

A Resolução 2.689/2000, que regula a modalidade no Brasil, define investimento em Portfólio de forma bastante aberta como *os instrumentos e modalidades disponíveis aos residentes, nos mercados financeiros e de capitais, incluindo não só ativos classificáveis como valores mobiliários,*[56] *nos termos da legislação em vigor, como também outros ativos financeiros.*[57] Possivelmente, desejou o legislador não enrijecer a regulação, podendo abrigar novas formas de aplicações financeiras. Podemos citar como exemplo de investimentos em Portfólio: aplicações em derivativos, negociações em bolsa de valores, aquisição de quotas em fundos de investimentos, aquisição de títulos públicos etc.

A igualdade de condições de que trata a Lei 4.131/1962 está espelhada no art. 1.º da Resolução 2.689/2000: os instrumentos e modalidades operacionais disponíveis ao investidor não residente no mercado local deverão ser oferecidos ao investidor residente.

Na prática, a aplicação dos recursos por parte do investidor não residente nos mercados financeiros e de capitais ocorre, assim como no caso dos investimentos realizados sob o modo 4.131/1962, mediante fechamento de contrato de câmbio. Pode-se dizer que, na modalidade Portfólio, os entraves à entrada do investimento estrangeiro não são elevados.

Antes de realizar o investimento, todavia, deve o investidor estrangeiro cumprir uma série de etapas antes de se tornar apto a realizar transações localmente: (a) constituição de um ou mais representantes no País, para fins regulatórios e tributários; (b) prestação de informações a respeito do perfil e qualificação do investidor mediante o preenchimento de um questionário padrão contido na Resolução 2.689/2000 e obtenção de registro junto à Comissão de Valores Mobiliários (CVM). Nenhuma destas etapas constitui grande dificul-

56. Vide YAZBECK, Otavio. *Regulação dos mercados financeiros e de capitais*, p. 90, para uma discussão da complexa delimitação do que seriam valores mobiliários. Parece que o regulador, na Resolução 2.689/2000, conseguiu escapar da discussão ao abrigar na modalidade Portfólio todos os ativos financeiros, e não apenas aqueles considerados "valores mobiliários".

57. Esta definição é uma compilação do disposto nos arts. 1.º e 6.º da Resolução 2.689/2000.

dade para o investidor estrangeiro, uma vez que costumam ser conduzidas com auxílio das instituições financeiras de escolha. A função de representação, por exemplo, é inúmeras vezes exercida pela própria instituição financeira, que assume essa incumbência mediante remuneração.

Estabelecida a entrada no sistema bancário, o investidor não residente (diretamente ou por intermédio da corretora de seu país de origem) escolhe uma corretora para executar em seu nome transações nos mercados financeiros locais. Para tanto, celebra contrato com essa instituição e atende aos requisitos regulatórios para sua identificação.

Registro

De forma análoga ao que ocorre no IED, os ingressos e saídas referentes aos Investimentos em Portfólio também estão sujeitos a registro.[58] Existe, assim, para essa finalidade, módulo específico no RDE, todos compreendidos no Sisbacen, que é o sistema eletrônico de informações do Banco Central. Contudo, diferentemente do registro do IED, na modalidade de Portfólio existe um facilitador ao investidor, que contará com o apoio da corretora ou do banco comercial que o representa para a efetuação dos registros. Pode-se dizer, atualmente, que para essa modalidade os controles cambiais também não são severos.

Ainda no que diz respeito aos registros aplicáveis ao investidor em Portfólio, destacam-se as regulamentações, oriundas da CVM (especialmente a Instrução Normativa 325, de 27 de janeiro de 2000), da Bolsa de Valores – BM&FBovespa e da Anbima. Estas estabelecem um registro da pessoa (física ou jurídica) do investidor, que passa a ser identificado perante o regulador.

5.1.4 IED e Investimento em Carteira: um crescente hibridismo

Com base na análise realizada até o presente momento, é possível separar as diferenças entre as duas modalidades de investimento em três aspectos principais, sob o vista jurídico e econômico: quanto aos ativos envolvidos (financeiros ou reais), horizonte temporal (curto ou longo prazo) e regime regulatório (classificação atribuída pela regulação).

Em relação ao primeiro aspecto, tipo de ativos envolvidos, o IED está, em princípio, mais ligado ao *setor real*[59] da economia, enquanto o Investimento em Carteira relaciona-se ao *setor financeiro.*[60] Isto significa dizer que o investimento direto destina-se à aquisição de produtos e serviços relacionados à ca-

58. Nos termos da Resolução 2.689/2000, o representante designado pelo investidor estrangeiro é o responsável por efetuar e atualizar o seu registro não só no RDE como também junto à CVM.

59. OLIVEIRA, Virgínia I.; GALVÃO, Alexandre; RIBEIRO, Érico (org.). Op. cit.

60. O setor real estaria mais ligado à produção; e o setor financeiro, aos mercados de ativos financeiros.

pacidade produtiva, ao passo que o Investimento em Portfólio tende a atender a uma demanda por ativos financeiros.

A respeito da duração, tende o IED a ser considerado um investimento que requer envolvimento e intenção de permanência no País. Apesar de os critérios da OCDE e da legislação brasileira serem distintos nesse aspecto, ambos requerem algum envolvimento com a economia local. Assim, normalmente se atribui ao IED um perfil de longo prazo.

Em relação ao Investimento em Carteira, especialmente em países emergentes, costuma ser associado ao curto prazo, visto que por conta da percepção a respeito do risco desses Países um investimento de longo prazo geraria uma exposição elevada, possivelmente não compensada pelos retornos prometidos pelo mercado.

Contudo, algumas modalidades de investimento têm mesclado essas características, trazendo formas híbridas e desafiando as definições tradicionais de IED e Portfólio. Uma delas são os chamados fundos de *private equity*, que basicamente são formados por investidores que desejam ter ativos financeiros, mas ao mesmo tempo compartilhar da realidade econômica do Investimento Direto. Esses agentes investem em fundos (Portfólio), que por sua vez adquirem participação societária (IED).

O horizonte temporal costuma ser mais longo do que no Portfólio mais tradicional, porém há estratégias de saída que permitem ao investidor alienar suas quotas se desejar. Além disso, nessa modalidade há um parcial envolvimento com o empreendimento local, que pode ser maior ou menor, dependendo da governança estabelecida para o fundo. Isto é, um fundo de pensão europeu pode desejar investir em infraestrutura no Brasil, mas não tem *expertise* nem interesse em se dedicar às atividades operacionais do circuito real da Economia. Ele procura, assim, no Brasil ou no exterior um viabilizador (*arranger*) para o empreendimento, que por sua vez tem contato com o empreendedor de infraestrutura do Brasil ou do exterior que deseja obter o aporte de recursos. O *arranger* monta o fundo e direciona os recursos dos investidores para o empreendimento. Desse modo, estão reunidas das condições básicas para uma estrutura de *private equity*.

Um exemplo bastante característico dessa modalidade é a figura do Fundo de Investimento em Participações (FIP), regulado pela Instrução Normativa CVM 391, de 16 de julho de 2003. Trata-se de um fundo constituído por meio de uma união de recursos com a finalidade de adquirir ações, debêntures, bônus de subscrição, ou outros títulos e valores mobiliários conversíveis ou permutáveis em ações de emissão de companhias abertas ou fechadas. Tal fundo reveste-se da forma de condomínio fechado, tratando-se de uma comunhão de recursos que se traduz na copropriedade de uma carteira de títulos. Importante notar que esse fundo participa efetivamente do processo decisório da(s) companhia(s) investida(s), influenciando na definição de sua política estratégica e de sua gestão.[61]

Uma estrutura comum ao FIP é a de que ele sirva de veículo para investir em projetos específicos. Assim, criam-se Sociedades de Propósitos Específicos (SPE), que são constituídas sob a forma de sociedades anônimas, para a execução de determinado projeto ou empreendimento.

Portanto, os investidores estrangeiros interessados definem a estrutura, implementam e adquirem quotas de um FIP, o qual, por sua vez, deterá ações das SPE. Embora os investidores estrangeiros não estejam no dia a dia do empreendimento levado a cabo pelas SPE, é inegável o liame relacional entre o FIP e o investimento local.

Muitas regras referentes à sua organização são estipuladas por um regulamento próprio. Tal característica confere caráter flexível ao seu funcionamento, visto que o regulamento de cada fundo poderá dispor a respeito de diversas questões de sua estrutura, como o prazo para integralização de suas cotas, política de investimento, regras e prazos para chamada de capital, despesas e encargos do fundo, prazo de duração do fundo etc.[62] Em outras palavras, a legislação confere espaços para que se molde o relacionamento do fundo com seus investidores, e, como resultado, observam-se no mercado estruturas que conferem maior ou menor poder aos administradores.

Quanto à administração do FIP, esta deverá ser exercida por uma pessoa jurídica autorizada pela CVM a funcionar como administradora de carteira de valores mobiliários. Essa pessoa jurídica, por sua vez, indicará um diretor ou um sócio-gerente responsável pela representação do fundo perante a CVM. Os cargos de administradora e de gestora podem ser exercidos pela mesma pessoa jurídica, ou por terceira pessoa contratada pelo administrador, desde que seja legalmente habilitada tanto para a função de administradora como de gestora da carteira do fundo. Entre os poderes do administrador está a capacidade para exercer todos os direitos inerentes aos títulos e valores mobiliários integrantes da carteira do fundo, assim como o de ação e o de votar em assembleias gerais e especiais, podendo delegar ao gestor esses poderes, no todo ou em parte.[63]

É possível verificar na referida Instrução da CVM algumas medidas que visam a conferir segurança ao FIP. Uma delas é a obrigação dos fundos de destacar em seu material de divulgação os riscos inerentes à concentração e a possível iliquidez dos ativos que integrem a carteira resultante de suas aplicações.[64]

61. Art. 2.º da Instrução Normativa CVM 391, de 16 de julho de 2003.
62. Art. 6.º da Instrução Normativa CVM 391, de 16 de julho de 2003.
63. Art. 9.º e parágrafos e art. 10 da Instrução Normativa CVM 391, de 16 de julho de 2003.
64. Art. 8.º da Instrução Normativa CVM 391, de 16 de julho de 2003.

Observa-se outro mecanismo de proteção no dever de fornecer ao investidor, assim que este ingressar como cotista no FIP, um exemplar do regulamento do fundo, uma breve descrição da qualificação e da experiência profissional do corpo técnico do administrador, e documentos de que constem as despesas com comissões ou taxa de subscrição, distribuição e outras com as quais o investidor deve arcar. Impõe-se também ao administrador que divulgue a todos os cotistas e à CVM qualquer ato ou fato relevante referente ao fundo. Além disso, o administrador deve remeter aos cotistas e à CVM uma série de informações, listadas no art. 32 da Instrução supramencionada. Ademais, cabe frisar que as informações prestadas ou qualquer material de divulgação do fundo não poderão ir de encontro com seu regulamento ou com os relatórios protocolados na CVM.[65]

Em termos de proteção de confiança ao investidor, vale ainda a menção às punições ao gestor e ao administrador que causarem prejuízos aos cotistas. Estes responderão culposa e dolosamente se violarem leis, normas editadas pela CVM ou o regulamento do fundo.[66] Além disso, o administrador ficará sujeito à multa de R$ 200,00 por dia, caso não encaminhe à CVM as informações previstas na Instrução 391.[67] Os arts. 40 e 41 também tratam de penalidades referentes ao descumprimento do disposto na Instrução citada.

Quanto ao hibridismo mencionado, apesar de ser classificado no País como um Investimento em Portfólio, os FIP são característicos pela sua proximidade com o empreendimento objeto do investimento, estando, nesse aspecto, mais próximos em perfil do Investimento Direto, considerado um *hands-on management style*,[68] do que outras modalidades de Portfólio, como é o caso dos derivativos. A seção a seguir traça um espectro que compara justamente a modalidade de investimento com o grau de envolvimento no País.

5.1.5 Os dois regimes vistos sob a perspectiva relacional

Como visto no Capítulo 4, o paradigma de estudo de Ian MacNeil fornece importantes subsídios para uma observação mais ampla do contrato. E, nesse

65. Arts. 30, 31, 32 e 34 da Instrução Normativa CVM 391, de 16 de julho de 2003.
66. § 3.º do art. 9.º da Instrução Normativa CVM 391, de 16 de julho de 2003.
67. Art. 38 da Instrução Normativa CVM 391, de 16 de julho de 2003.
68. ITAY, Goldstein; RAZIN, Assaf. *Foreign direct investment vs. foreign portfolio investment*, p. 1. Este tipo de gestão permite ao investidor obter informação refinada acerca da produtividade da companhia. Algo que é perfeitamente possível dependendo de como se estruturam os documentos societários do fundo; pode-se estabelecer, por exemplo, um dever de informar por parte das SPE ao FIP, e, respectivamente, por parte do FIP aos quotistas, que são, em última instância, os investidores estrangeiros em Portfólio. Tem-se a riqueza de informações de uma estrutura de Investimento Direto sem que se incorra em muitos dos respectivos custos.

tipo de abordagem, há lugar e relevância para aspectos relacionados à confiança. É possível identificar uma certa simetria entre a análise do envolvimento do investidor com o País nas modalidades IED e Portfólio e o espectro relacional traçado por MacNeil.

Define-se como grau de envolvimento do capital estrangeiro no País, de acordo com a visão da OCDE e do Bacen, a intenção de permanência e o grau de influência desejado nas atividades locais. Pode-se complementar esta definição incluindo no conceito de envolvimento a exposição a riscos políticos e a necessidade de enfrentar a burocracia local.[69]

Considerando que o investimento realizado por um não residente, sob quaisquer modalidades, possa ser considerado, em sentido amplo, como um contrato, é possível analisá-lo sob a ótica relacional. Assim, pode-se estabelecer uma escala comparativa entre o grau de envolvimento do investidor com o País e o grau relacional desse contrato. A utilidade prática dessa comparação é observar quais investimentos, comparativamente, requerem um nível relacional e, por conseguinte, exigem maior confiança dos agentes no ordenamento.

Assim, políticas que pretendam atrair investimentos diretos precisam lidar muito mais com questões relacionadas à burocracia local, por exemplo, do que os Investimentos em Portfólio. No Investimento em Portfólio, as questões de liquidez, liberdade cambial e de capital são muito mais sensíveis. Em outras palavras, esse tipo de comparação auxilia na compreensão do que motiva a confiança do investidor e também na percepção de seu *animus* quando da solução de conflitos.

Relembrando o estudo desenvolvido no Capítulo 4, destaquem-se os principais aspectos de um contrato dito relacional: *importância de elementos não promissórios*; *relações primárias*; *especificidade e dificuldades de mensuração da transação*; *começo, duração e término mais longos*; *planejamento de longo prazo*.

No IED, os elementos não promissórios são de extrema relevância: há uma grande exposição ao governo local (em todos os seus níveis), à institucionalidade de forma geral, aos fornecedores locais, aos clientes, aos funcionários, entre outros agentes, gerando situações em que o investidor precisa desenvolver uma relação local complexa.

Ademais, o liame contratual no IED é de natureza societária, o que implica, necessariamente, um vínculo relacional[70] com os demais sócios e administradores. As relações podem ser consideradas primárias, porque é necessário,

69. Vide amplo estudo sobre esse aspecto realizado pelo Banco Mundial para a África: EMERY, James J.; SPENCE JR., Melvin T.; WELLS JR., Louis T.; BUEHRER, Timothy S. *Administrative barriers to foreign investment*: reducing red tape in Africa.

70. JUNQUEIRA DE AZEVEDO, Antonio. *Novos estudos e pareceres de direito privado*.

para operar no Brasil, estabelecer com diversos agentes, por exemplo a administração local, uma relação de confiança, integral e de trato sucessivo.

A respeito da especificidade, o IED é moldado de acordo com o planejamento estratégico do investidor e a transferência desse investimento a um terceiro implica custos de transação muito mais elevados do que a transferência de Portfólio. Para alienar a participação societária, o investidor estrangeiro precisa contratar advogados, procurar compradores, abrir-se a procedimentos de *due diligence*, contratar auditores, redigir minutas de compra e venda, obter garantias, registrar todos os instrumentos etc. Em contrapartida, para alienar ações negociadas em bolsa, basta um rápido telefonema à corretora ou um acesso à internet.

O IED, até mesmo por todo esforço vinculado à sua entrada, tem prazo, normalmente, mais longo (embora a regulação local não apresente nenhuma exigência quanto a isso). O investidor de capital produtivo busca expandir suas operações no Brasil para obtenção de retornos que costumam ser percebidos em prazos longos. Vincula-se a isso o planejamento: os IED normalmente vêm no bojo de uma estratégia de expansão internacional das atividades produtivas, e, com isso, normalmente estão inseridos num planejamento de longo prazo. Até mesmo porque, nas grandes empresas transnacionais, a obtenção de autorização para esse tipo de investimento é normalmente baseada em planejamentos estruturados e *business plans*[71] muito detalhados.

Tudo isto difere muito em diversas espécies da modalidade Portfólio: as relações não são necessariamente societárias, e a exposição ao ambiente de negócios local é reduzida em razão do escopo de atividades pretendidas e do tempo médio de permanência; não estão necessariamente vinculados a um plano estratégico e não precisam estabelecer relações de trato sucessivo. Dependendo do tipo de Investimento em Portfólio, isto é, quanto mais ele se aproxima das características do IED, essa visão modifica-se, e ele tende a ter mais características de um contrato relacional.

> Para ilustrar a ideia, montou-se abaixo uma escala comparativa em que "-" (menos) significa o patamar mínimo do espectro racional e "+", o patamar máximo. No primeiro, o agente se envolve pouco: entra no País, aufere seus retornos e se retira quando vislumbra oportunidade melhor em outra praça de negociação. Depende pouco do ambiente local, não precisa confiar tanto. No segundo caso, o capital encontra-se muito envolvido, exposto ao ambiente local e pretende desenvolver atividade produtiva, tendo, para tanto, investido em capital fixo e incorrido em custos irrecuperáveis.[72]

71. Planos de negócios.
72. Tradução do conceito econômico de *sunk costs*.

Quadro 3: Espectro relacional dos investimentos estrangeiros

Modalidade e espécie de investimento		Espectro relacional – grau de envolvimento local
Investimento em Carteira, regulado pela Resolução 2.689/2000: (a) investimentos em instrumentos derivativos em mercado de bolsa (BM&FBovespa) e (b) investimentos em instrumentos derivativos em mercado de balcão.	-	Pouco relacional. Investidor estabelece relacionamento apenas com o banco, com a corretora e com a entidade de bolsa ou mercado de balcão organizado. Considerando que no Brasil as transações em bolsa são intermediadas pela BM&F (sistema de contraparte central), o investidor tem muito reduzida sua exposição no contrato de derivativos. Em transações de mercado de balcão os riscos são maiores, mas, em termos relacionais, há pouco envolvimento. Em ambos os casos as regras cambiais e de controle de capitais configuram o maior tipo de exposição do investidor.
Investimento em Carteira, regulado pela Resolução 2.689/2000: títulos da dívida pública.[73]		Pouco relacional. Embora o investidor não precise desenvolver relação com o País, ele acaba assumindo o risco de inadimplência do Tesouro Nacional e participando do financiamento do Estado.
Investimento em Carteira, regulado pela Resolução 2.689/ 2000: ações negociadas em bolsa de valores (BM&FBovespa).		Relativamente relacional. Existe um relacionamento desenvolvido com bancos e corretoras envolvidos e um envolvimento, ainda que indireto, com a empresa em que investiu, uma vez que o investidor está exposto ao seu desempenho. O horizonte ainda é de curto prazo.
Investimento em Carteira, regulado pela Resolução 2.689/2000: Investimentos em Fundos registrados, negociados em balcão: Investimentos em Fundos de Direitos Creditórios; Investimentos em Fundos de Participação (*Private Equity*).		Relacional. Para a OCDE, estes já seriam considerados IED. Liame societário com a empresa investida e um horizonte de médio e longo prazo. Envolvem planejamento e exposição ao ambiente local, mesmo que o investidor estrangeiro não participe do dia a dia do empreendimento.
IED, regulado pela Lei 4.131/1962. *Joint ventures*; abertura de subsidiária, aquisição de participação societária.	+	Altamente relacional. Categorias clássicas de IED: investidor é empreendedor. Exposição alta e múltiplos liames societários. A exposição é de um residente, com mais assimetria informacional.

73. Títulos da dívida pública são os títulos financeiros com variadas taxas de juros, métodos de atualização monetária e prazos de vencimento, utilizados como instrumentos de endividamento interno e externo. São integrantes da chamada dívida pública, especificamente da dívida pública mobiliária. A dívida pública é constituída por compromissos de um ente público decorrentes de operações de crédito, com o objetivo de atender às necessidades dos serviços públicos, em virtude de orçamentos deficitários, caso em que o governo emite promissórias, bônus rotativos etc., a curto prazo, ou para a realização de empreendimentos de

5.2 Mecanismos indiretos de proteção à confiança do investidor estrangeiro

A presente seção trata de alguns exemplos de como a regulação dos mercados financeiros, ainda que de forma indireta, pode proteger a confiança do investidor estrangeiro no País. Nos termos da divisão proposta no Capítulo 4, estes exemplos referem-se a como a confiança adentra o ordenamento jurídico, especificamente no caso da regulação aplicável ao investidor, brasileiro ou estrangeiro.

5.2.1 O papel do compliance *e a tutela da confiança*

A noção de *compliance* possui maior inserção no meio corporativo. Contudo, ainda assim, nesse ambiente em que é mais aplicada, frequentemente os agentes mostram conhecê-la de maneira superficial ou, até mesmo, desconhecê-la por completo. Oriunda do verbo em inglês *to comply*,[74] a expressão tem sido utilizada de forma crescente nos últimos anos, traduzindo o esforço das instituições em atuar conforme as regras, internas ou externas, aplicáveis a suas respectivas atividades.

Assim, o papel de uma área ou profissional responsável por *compliance* assemelha-se, na prática, ao de um *custos legis* ou fiscal da lei, que fiscaliza e promove o cumprimento das normas por parte de uma instituição, seja ela financeira ou não, pública ou privada. Visa assim a promover as melhores práticas ao alcance da empresa, auxiliar na prevenção de riscos e incentivar a aplicação dos melhores esforços para a consecução das atividades corporativas.

Uma das razões pelas quais este tema é relativamente pouco abordado fora do jargão corporativo é a sua abstração e elevada interdisciplinaridade. De fato, é tarefa difícil delimitar o escopo de atuação de uma área ou profissional que busque a "conformidade com regras". Parece o tema permear toda e qualquer atividade realizada numa instituição, abrangendo desde a contratação de funcionários, passando pela prevenção de fraudes e lavagem de dinheiro, e até mesmo as normas técnicas aplicadas aos produtos e serviços oferecidos. Por isso, a atividade é frequentemente confundida com outras, tais como auditoria interna, controladoria, assessoria jurídica, controles internos e riscos operacionais, sendo possível mencionar outros exemplos.

Esse esforço institucional das organizações em cumprir normas, todavia, nem sempre é autônomo. O feixe de responsabilidades do *compliance* não é

vulto, em que se justifica a emissão de um empréstimo a longo prazo por meio de obrigações e apólices. Os empréstimos que caracterizam a dívida pública são de curto ou longo prazo (Disponível em: <http://www.tesouro.fazenda.gov.br/servicos/glossario/glossario_d.asp>. Acesso em: 18 jan. 2010).

74. Cumprir, obedecer.

expressamente previsto na regulamentação (exceção seja feita às instituições integrantes do sistema financeiro), de modo que depende do bom senso das instituições o desenvolvimento de mecanismos que visem ao cumprimento de todo tipo de regras aplicável e zelem por uma atuação ética e confiável por parte das instituições. Resta nesse elemento a relação entre a confiança do investidor e da atividade de *compliance*.

No caso específico do sistema financeiro, esse tipo de atividade, o controle de conformidade, tem sido considerado especialmente relevante, merecendo especial atenção da regulamentação em vigor.

Tradicionalmente, no sistema financeiro brasileiro, pode-se selecionar uma pauta simplificada, relativamente comum à atividade de *compliance* em instituições financeiras: (a) adequação de produtos e serviços; (b) prevenção de fraudes; (c) prevenção à lavagem de dinheiro (PLD ou *Anti-Money Laundering - AML*); (d) apoio à gestão de riscos e controles internos. Esta pauta, não há dúvida, contribui para a higidez do sistema financeiro e, por conseguinte, fornece elementos para a confiança do investidor.

Em relação à adequação de produtos e serviços, o *compliance* busca desenvolver políticas e rotinas de monitoramento para garantir que a instituição cumpra a regulamentação específica (por exemplo, no caso de um novo derivativo a ser negociado em mercado de balcão, este deve atender a toda a legislação geral, bem como às recomendações específicas da CVM, Bacen, Cetip e Anbima). Mencione-se ainda a necessidade de observar as normas que regem o relacionamento com o cliente, que no caso das instituições financeiras brasileiras correspondem a obrigações referentes à defesa do consumidor,[75] à *suitability* (objeto da seção a seguir), à transparência e à concorrência, entre outras.[76]

No tocante às relações com o cliente, vale menção à Resolução CMN 3.694, de 26 de março de 2009, que substituiu a Resolução CMN 2.878, de 26 de julho de 2001, conhecida como Código do Consumidor Bancário. Segundo a referida resolução, as instituições financeiras e demais instituições autorizadas a funcionar pelo Banco Central do Brasil devem contemplar em seus sistemas de controles internos e prevenção de riscos:[77]

> [...] prestação das informações necessárias à livre escolha e à tomada de decisões por parte de seus clientes e usuários, explicitando, inclusive, as

75. Basicamente compostas pelo Código de Defesa do Consumidor (Lei 8.078, de 11 de setembro de 1990) e Código do Consumidor Bancário, cujas disposições hoje estão contidas na Resolução 3.694, de 26 de março de 2009.

76. Não obstante as vastas discussões institucionais a respeito da defesa da concorrência no setor bancário brasileiro.

77. Resolução 3.694, de 26 de março de 2009, art. 1.º, incisos I e II.

cláusulas contratuais ou práticas que impliquem deveres, responsabilidades e penalidades e fornecendo tempestivamente cópia de contratos, recibos, extratos, comprovantes e outros documentos relativos a operações e a serviços prestados; e

a utilização em contratos e documentos de redação clara, objetiva e adequada à natureza e à complexidade da operação ou do serviço prestado, de forma a permitir o entendimento do conteúdo e a identificação de prazos, valores, encargos, multas, datas, locais e demais condições.

São exemplos de obrigações: proporcionar clareza, transparência e eticidade no relacionamento com o cliente, de modo que ele tenha informações suficientes para a melhor tomada de decisão possível. Essas normas aplicam-se sem distinção ao investidor brasileiro e ao estrangeiro. Há outras disposições com o mesmo sentido, difusas na extremamente esparsa regulamentação do mercado financeiro e de capitais. Aliás, este é um dos motivos que torna difícil tanto ao investidor estrangeiro quanto ao brasileiro se orientarem em termos de regulamentação.

Apoio à *prevenção de fraudes* é outro campo extenso de atribuições clássicas de *compliance*. Não apenas se protege a instituição contra fraudes de terceiros quanto de ocorrências internas. Um caso notório, que levou à quebra de um dos bancos mais tradicionais da Inglaterra, o Barings,[78] decorreu justamente de uma fraude promovida por Nick Leeson, um de seus *traders* mais prestigiados, que, basicamente, disfarçou os prejuízos havidos em operações de derivativos no mercado asiático numa conta-erro, ocultando-os da contabilidade da instituição. Ao serem descobertas perdas - ocultadas por Leeson - com as quais o patrimônio da instituição não mais seria capaz de arcar, a instituição, que era considerada o banco da família real inglesa, declarou falência.

Em 2000, o caso Enron mostrou, mais uma vez, o potencial de uma fraude. Novamente, a exemplo do que ocorreu no caso Barings, as áreas de auditoria e *compliance* tiveram suas hesitantes recomendações transmitidas a ouvidos moucos. Em outras palavras, no caso Enron, a lucratividade espantosa e o arrojo da diretoria (em especial do *Chief Executive Officer*, ou CEO, Jeff Skilling) inebriaram a todos a ponto de negligenciarem as fraudes na contabilidade da empresa, promovidas pelos próprios diretores.[79]

A resposta à sequência de escândalos corporativos ocorrida nos Estados Unidos, da qual o episódio Enron é emblemático, veio na forma legislativa, a

78. Vide o relato do próprio Nick Leeson a esse respeito no *site* <http://www.nickleeson.com/>.

79. McLEAN, Bethany; ELKIND, Peter. Op. cit.

Lei Sarbanes-Oxley,[80] que conferiu mais força às atividades de controle, trazendo dispositivos importantes a respeito da assessoria jurídica, da auditoria e do *compliance*. Assim, a transparência e a conformidade passaram a estar entre as prioridades da comunidade financeira internacional.

Contudo, a Crise de 2008 trouxe casos que mostram, mesmo depois de escândalos e reformas regulatórias, que, na presença de ganhos extraordinários, a preocupação com a conformidade pode esmaecer. No ramo de derivativos (uma área de extrema preocupação em termos de gerenciamento de risco) imobiliários, ficou evidente que as instituições[81] assumiram riscos excessivos ou por vezes negligenciaram a legislação existente, mostrando a falta que fez um departamento de *compliance* eficaz. Considerando que, muitas vezes, essas áreas não são merecedoras de tanto prestígio como as áreas comerciais (que geram retornos diretos para a instituição), suas recomendações nem sempre são ouvidas e, bastante grave, nem sempre são disponibilizados os melhores recursos (capital e humano) para o desempenho de suas atividades.

A prevenção à lavagem de dinheiro (PLD)[82] é outro flanco importante nessa atividade. Considerando que frequentemente o sistema financeiro é utilizado para transformar em dinheiro "limpo" atividades oriundas de crimes precedentes,[83] o regulador conta com os próprios agentes (mormente as instituições financeiras) para a prevenção desse crime.

Considera-se, nos termos da Lei de Prevenção à Lavagem de Dinheiro (Lei 9.613/1998, alterada pela Lei 12.633/2012),[84] que incorre na mesma pena daquele que efetivamente pratica a lavagem do dinheiro o agente que (i) converte o dinheiro proveniente de crime em ativos lícitos; (ii) adquire, recebe, troca, negocia, dá ou recebe em garantia, guarda, tem em depósito, movimenta ou transfere recursos provenientes de crime; (iii) importa ou exporta bens com valores não correspondentes ao verdadeiros; ou, ainda, (iv) *utiliza, na atividade econômica ou financeira, bens, direitos ou valores que sabe serem provenien-*

80. Definida no Capítulo 1.
81. TETT, Gillian. Op. cit.
82. Termo definido pela Lei de Prevenção à Lavagem de Dinheiro, significa a ocultação ou dissimulação da natureza, origem, localização, disposição, movimentação ou propriedade de bens, direitos ou valores provenientes, direta ou indiretamente, de crime.
83. Crime antecedente é aquele considerado nos termos da Lei de Prevenção à Lavagem de Dinheiro (Lei 9.613, de 3 de março de 1998), capaz de gerar dinheiro considerado "sujo". Atualmente a noção de crime antecendente é a mais ampla possível, incluindo toda e qualquer infração penal.
84. Lei 9.613, de 3 de março de 1998.

tes de quaisquer dos crimes antecedentes previstos no artigo 1.º da referida Lei; e, por fim, (v) participa de grupo, associação ou escritório tendo conhecimento de que sua atividade principal ou secundária é dirigida à prática de crimes previstos nessa lei.

A lei estabelece ainda em seus arts. 9.º, 10, 11 um dever constante de cadastramento dos clientes e de seus representantes, quanto ao registro de transações que ultrapassem determinados limites estabelecidos na regulação, e de informar às autoridades sobre quaisquer atividades suspeitas. Tais atividades de controle numa instituição financeira são, em regra, desenhadas e supervisionadas pelos responsáveis pelo *compliance*.

As obrigações[85] referentes à prevenção à lavagem de dinheiro devem ser observadas pelas pessoas jurídicas[86] que tenham, em caráter permanente ou eventual, como atividade principal ou acessória, cumulativamente ou não:

85. As alterações inseridas pela Lei 12.683, de 9 de julho de 2012, ampliam as obrigações de monitoramento e reporte a diversos agentes econômicos e não apenas ao sistema financeiro. Nesse sentido, por exemplo, consultores, auditores e outras atividades econômicas precisarão estabelecer controles internos para a detecção e reporte tempestivo de operações consideradas suspeitas.

86. Sujeitam-se, ainda de forma específica, nos termos do art. 9.º da Lei 9.613/1998, aos deveres mencionados as bolsas de valores e bolsas de mercadorias ou futuros; as seguradoras, as corretoras de seguros e as entidades de previdência complementar ou de capitalização; as administradoras de cartões de credenciamento ou cartões de crédito, bem como as administradoras de consórcios para aquisição de bens ou serviços; as administradoras ou empresas que se utilizem de cartão ou qualquer outro meio eletrônico, magnético ou equivalente, que permita a transferência de fundos; as empresas de arrendamento mercantil (*leasing*) e as de fomento comercial (*factoring*); as sociedades que efetuem distribuição de dinheiro ou quaisquer bens móveis, imóveis, mercadorias, serviços, ou, ainda, concedam descontos na sua aquisição, mediante sorteio ou método assemelhado; as filiais ou representações de entes estrangeiros que exerçam no Brasil qualquer das atividades listadas neste artigo, ainda que de forma eventual; as demais entidades cujo funcionamento dependa de autorização de órgão regulador dos mercados financeiro, de câmbio, de capitais e de seguros; as pessoas físicas ou jurídicas, nacionais ou estrangeiras, que operem no Brasil como agentes, dirigentes, procuradoras, comissionárias ou por qualquer forma representem interesses de ente estrangeiro que exerça qualquer das atividades referidas neste artigo; as pessoas jurídicas que exerçam atividades de promoção imobiliária ou compra e venda de imóveis; as pessoas físicas ou jurídicas que comercializem joias, pedras e metais preciosos, objetos de arte e antiguidades, e as pessoas físicas ou jurídicas que comercializem bens de luxo ou de alto valor ou exerçam atividades que envolvam grande volume de recursos em espécie.

- a captação, intermediação e aplicação de recursos financeiros de terceiros, em moeda nacional ou estrangeira;
- a compra e venda de moeda estrangeira ou ouro como ativo financeiro ou instrumento cambial;
- a custódia, emissão, distribuição, liquidação, negociação, intermediação ou administração de títulos ou valores mobiliários.

Em termos de confiança, a existência de um ambiente institucional que coíba a lavagem de dinheiro é importante, entre outros motivos, por questões reputacionais. Um país onde se permita de forma indiscriminada a utilização do sistema financeiro para "legalização" de dinheiro proveniente de atividade criminosa é, tanto do ponto de vista privado quanto particular, uma fonte de desconfiança. Localidades que não possuem estruturas institucionais robustas para PLD logo se tornam referência para criminosos em todo o mundo, tornando-se um refúgio internacionalmente conhecido.

Sob a ótica do particular, ao adentrar em um mercado que não combate a lavagem de dinheiro, não há segurança nenhuma em relação à contraparte e, ainda, há o risco de que seja mal interpretado por parceiro de negócios e investidores por realizar operações financeiras em territórios tradicionais de lavadores.

No tocante à confiança dos outros Estados, a falta de uma política forte em AML pode ser um fator não só de desconfiança como de desgaste em relações diplomáticas, visto que pode o país, ao não impor restrições à prática de lavagem de dinheiro, estar auxiliando criminosos que cometeram crimes em outras jurisdições.

Para a implementação da PLD, a prática do "conheça o seu cliente" é de extrema relevância, pois auxilia na identificação de potenciais agentes de má-fé. Tal política consiste em obter uma quantidade suficiente de informações para que a instituição opere com confiança em relação a determinado cliente. Oriunda, inicialmente, dos deveres de cadastro da Lei 9.613/1998 (conforme alterada), a regulamentação emitida pelo Banco Central, pela CVM e pela BM&FBovespa, estabelece um rol de procedimentos para a identificação dos clientes e, por conseguinte, de potenciais lavadores.

Atualmente, no Brasil, os mecanismos existentes para cumprimento desses objetivos vão além do cadastro. Por conta dos avanços no processamento de dados, na tecnologia da informação e na própria técnica de gestão de riscos, há muitos dispositivos que auxiliam o *compliance officer* no estabelecimento de programas internos que coletam informações amplas e eficazes no combate à PLD, sem prejuízos das obrigações referentes ao sigilo bancário e do respeito à intimidade. Nesse sentido, pode-se dizer, com base na legislação em vigor, que o Brasil busca atender às melhores práticas internacionais sobre o tema - ao menos é o que tem mostrado os resultados das mais recentes *peer reviews* realizadas no País.

Além da existência de uma lei firme a esse respeito, o País tem aderido de forma consistente aos esforços internacionais[87] em AML, destacando-se, por exemplo, a adesão às recomendações do Gafi,[88] os acordos de cooperação internacional, a participação em diversos grupos de trabalho, entre outros aspectos.A reforma da Lei de Prevenção à Lavagem de Dinheiro intensifica o rol de atividades consideradas crime antecedentes para fins de PLD e amplia o rol de pessoas obrigadas a exercer um controle efetivo de operações suspeitas.

Último tema clássico de *compliance* abordado neste capítulo é o gerenciamento de riscos, que, vastíssimo, inclui procedimentos para evitar a materialização de riscos de crédito,[89] riscos operacionais[90] e riscos de mercado.[91] Entre

---

87. Importante mencionar ainda o papel do Conselho de Controle de Atividades Financeiras (Coaf), que, contando com a participação de membros de outras instituições, tais como o Banco Central, a Advocacia Geral da União, a Polícia Federal, a Comissão de Valores Mobiliários, o Ministério das Relações Exteriores, entre outros, constitui um órgão fiscalizador, supervisor e emissor de orientações a respeito de PLD. É ele o responsável pelo exame das denúncias encaminhadas pelas pessoas indicadas nos artigos 9.º, 10, 11 da Lei 9.613/1998. O seu estatuto foi aprovado pelo Decreto 2.799, de 8 de outubro de 1998.
88. O Grupo de Ação Financeira Internacional - Gafi (Financial Action Task Force - FATF) "é um grupo intergovernamental cujos propósitos são o desenvolvimento e a promoção de políticas nacionais e internacionais de combate à lavagem de dinheiro e ao financiamento do terrorismo. O FATF é considerado um órgão formulador de políticas públicas criado em 1989 que trabalha para gerar a mobilização política necessária à produção de normas e reformas regulatórias nestas áreas. Para cumprir com estes objetivos, o FATF publicou as chamadas '40+9 Recomendações'" (Disponível em: <www.fatf-gafi.org>. Acesso em: 19 jan. 2010).
89. A Resolução CMN 3.721, de 30 de abril de 2009, define *risco de crédito* como "a possibilidade de ocorrência de perdas associadas ao não cumprimento pelo tomador ou contraparte de suas respectivas obrigações financeiras nos termos pactuados, à desvalorização de contrato de crédito decorrente da deterioração na classificação de risco do tomador, à redução de ganhos ou remunerações, às vantagens concedidas na renegociação e aos custos de recuperação".
90. A Resolução CMN 3.380, de 29 de junho de 2006, define como *risco operacional* "a possibilidade de ocorrência de perdas resultantes de falha, deficiência ou inadequação de processos internos, pessoas e sistemas, ou de eventos externos".
91. A Resolução CMN 3.464, de 26 de junho de 2007, define como *risco de mercado* "a possibilidade de ocorrência de perdas resultantes da flutuação nos valores de mercado de posições detidas por uma instituição financeira".

os assuntos alcançados pelo gerenciamento de riscos, estão as normas referentes a requisitos de capital mínimo para funcionamento, níveis de alavancagem, limites de exposição das instituições financeiras e, de forma geral, adesão aos princípios de supervisão bancária dispostos no Comitê da Basileia.[92]

A análise detalhada de como o *compliance* atua em cada um desses segmentos representaria uma expansão mais complexa e aprofundada do argumento aqui proposto. É preferível, por restrições de escopo, ater-se à essência do argumento: o Brasil, ao apresentar uma estrutura regulatória preocupada com o gerenciamento de risco e aderente aos princípios internacionais de regulação bancária, cria uma estrutura propícia à confiança do investidor no sistema bancário e financeiro. Pode-se dizer, em termos gerais, que a gestão de risco protege a confiança do investidor por tentar evitar que a instituição assuma riscos excessivos, contribuindo assim, entre outros aspectos, para a higidez do sistema financeiro.

Além disso, a existência do *compliance* como um ator relevante do ambiente institucional, agindo como uma espécie de *watchdog* das atividades das instituições integrantes do sistema financeiro, é, também, por si só, um promotor da confiança. Cabe, como agenda para outras análises mais profundas, observar em que medida as práticas de *compliance* no Brasil recebem de suas instituições os recursos ideais, para eficazmente funcionar como defensoras da confiança do investidor.

5.2.2 Regras de suitability

A prática da *suitability*, hoje recorrente no mercado financeiro internacional, é ainda pouco difundida no Brasil, e consiste no compromisso por par-

92. "The Basel Committee on Banking Supervision provides a forum for regular cooperation on banking supervisory matters. Its objective is to enhance understanding of key supervisory issues and improve the quality of banking supervision worldwide. It seeks to do so by exchanging information on national supervisory issues, approaches and techniques, with a view to promoting common understanding. At times, the Committee uses this common understanding to develop guidelines and supervisory standards in areas where they are considered desirable. In this regard, the Committee is best known for its international standards on capital adequacy; the Core Principles for Effective Banking Supervision; and the Concordat on cross-border banking supervision. The Committee's members come from Argentina, Australia, Belgium, Brazil, Canada, China, France, Germany, Hong Kong SAR, India, Indonesia, Italy, Japan, Korea, Luxembourg, Mexico, the Netherlands, Russia, Saudi Arabia, Singapore, South Africa, Spain, Sweden, Switzerland, Turkey, the United Kingdom and the United States" (Disponível em: <http://www.bis.org/bcbs/>. Acesso em: 20 jan. 2010).

te da instituição financeira[93] de empreender os seus melhores esforços para oferecer produtos ou serviços que sejam adequados ao perfil do cliente.

Assim, por exemplo, ao oferecer um derivativo cambial de balcão a uma empresa de médio porte que não possui nenhum tipo de risco atrelado a variações do câmbio em seu balanço (situação esta que não justificaria a realização de uma operação de derivativos com o objetivo de proteção, ou *hedge*), deve a instituição verificar se o cliente, de fato, conhece o produto, seus riscos e características, e se ele tem a habilidade para avaliar esses elementos de forma independente.

Ao concluir que esse produto não é adequado ao seu perfil, seria reputada uma má prática o seu oferecimento ao cliente. Considera-se ainda, dentro de regras de *suitability*, necessária a perquirição dos motivos pelos quais um cliente deseja adquirir um produto que não se destina ao seu perfil.

A prática da *suitability* constitui um mecanismo indireto de proteção à confiança, na medida em que fornece segurança ao investidor de que ele pode dar ouvidos às recomendações de sua instituição financeira de escolha, sabendo que esta levará em conta não apenas seu autointeresse e objetivos comerciais, mas também a adequação do produto ao perfil do cliente. Em outras palavras, a regulação de *suitability* faz que a instituição financeira passe a ter, entre os seus interesses, o do cliente. Seria a concretização de uma relação de confiança baseada em *encapsulated interest*, nos termos elaborados por Russel Hardin, revistos no Capítulo 3, em que um agente confia no outro se, e somente se, o depositário da confiança tem incentivos para ter entre o seu feixe de interesses o bem-estar do confiante. A regulação traz, precisamente, esse incentivo.

Assim, ao recomendar a compra, venda ou negociação de um produto ou serviço a um investidor, deve a instituição realizar avaliação sólida a respeito do perfil do cliente.[94] Normalmente, as regras relacionadas à *suitability* estão destinadas a investimentos de maior complexidade, tais como fundos de investimento e contratos de derivativos. Existe ainda uma preocupação específica com investidores com limitada capacidade de avaliação dos riscos ine-

93. A regulamentação de *suitability* ao redor do mundo é destinada, na maioria dos casos, a instituições financeiras ou assemelhadas.

94. Nos Estados Unidos a regulação emitida pela Financial Industry Regulatory Authority (FINRA) determina que a instituição financeira deve empreender os melhores esforços para garantir que sejam considerados, nos casos de investidores não institucionais, aspectos como a capacidade financeira do cliente, sua condição tributária, seus objetivos de investimento, entre outros aspectos (Disponível em: <http://www.finra.org>).

rentes a ativos mais complexos. Altamente difundidos nos Estados Unidos[95] e na Europa, os procedimentos de verificação da *suitability* são comumente desenvolvidos pelas próprias instituições, com base em orientações mais gerais definidas pela regulação (governamental ou autorregulação).

Dois elementos relevantes importantes para a delimitação do escopo das regras de *suitability* são (a) avaliação da capacidade do cliente em julgar e avaliar os riscos de investimento de forma independente e (b) que o cliente esteja exercendo julgamento independente ao avaliar a recomendação da instituição.

No Brasil, a regulamentação governamental é ainda incipiente.[96] Todavia, já se notam alguns dispositivos nesse sentido provenientes da autorregulação de mercados. Um exemplo concreto ocorre no mercado de derivativos de balcão. Ao final de 2009, um parecer emitido pela Associação Brasileira dos Mercados Financeiros e de Capitais (Anbima) definiu práticas a serem observadas pelas instituições financeiras no que diz respeito à análise de perfil do investidor.

Nesse sentido, o artigo 6.º do Código de Ética[97] da antiga Andima[98] já previa que as instituições associadas são obrigadas a orientar o cliente sobre o investimento (não apenas em derivativos de balcão) que este pretenda realizar, evitando qualquer prática capaz de induzi-lo a erro. Em seu art. 15, II, tal Código dispunha que compete ao Comitê Operacional e de Ética "manter atualizada a lista de práticas correntes do mercado financeiro, bem como a descrição de novos procedimentos ou produtos [...]". Diante disso, o Comitê de Ética decidiu editar o Parecer de Orientação 14/2009,[99] que trata da verificação da adequação de operação ao cliente (*suitability*) em negociações com derivativos de balcão.

---

95. Destaca-se nos Estados Unidos a FINRA, que constitui um dos maiores órgãos de autorregulação dos mercados financeiros americanos, sendo resultante da fusão dos órgãos de supervisão da National Association of Security Dealers (NASD) e da New York Stock Exchange (NYSE).
96. A minuta de Instrução Normativa para regular o tema *suitability* foi apresentada ao mercado pela CVM na Audiência Pública SDM 15/2011.
97. Os Códigos de Ética das entidades de autorregulação são, por si sós, instrumentos cruciais para a tutela da confiança do investidor.
98. Associação Nacional das Instituições do Mercado Financeiro, que hoje, em resultado de fusão, denomina-se Associação Brasileira das Entidades dos Mercados Financeiro e de Capitais (Anbima).
99. Associação Nacional das Instituições do Mercado Financeiro (Andima). Parecer de orientação 14/2009. Este parecer dá sentido interpretativo ao Código de Ética da Andima.

Assim, ao contratar uma transação financeira no mercado de derivativos de balcão, o investidor deve ser informado pela instituição financeira a respeito de seu próprio perfil de risco, da consistência da transação pretendida em relação ao seu histórico de transações, bem como das características e potenciais riscos da transação que pretende fechar.

Nesse sentido, as regras produzem um duplo efeito: por um lado, permitem a proteção dos clientes contra produtos e serviços que não correspondem ao seu perfil e necessidades e, por outro, ajudam a proteger as instituições financeiras, ao possibilitarem uma melhor administração dos riscos assumidos nessas operações.

A respeito das informações prestadas ao investidor estrangeiro e aos produtos a ele oferecidos, não existe na legislação em vigor nada que sugira uma avaliação de *suitability* voltada especificamente para as necessidades desse público. Considerando as assimetrias de informação existentes, as dissonâncias cognitivas, as barreiras de linguagem, as diferenças em regulação, talvez um protocolo de atendimento com maior informação ao investidor estrangeiro pudesse ter efeitos positivos sobre a confiança, reduzindo os custos de transação de investir no Brasil.

Há de se reconhecer, todavia, a existência de profissionalismo por parte das instituições financeiras ou autorizadas pelo Bacen na condução de suas relações com o investidor estrangeiro e o esforço dos reguladores em proporcionar guias de informação sobre a legislação local em inglês.[100]

Contudo, não parece existir nenhum estudo do perfil do investidor ao se acatar uma ordem de investir localmente, nem muitas informações que auxiliem na avaliação do *risco* (acaba sendo este o papel desempenhado por consultores, advogados, agências de *rating*, nem sempre de forma isenta pelos *próprios* bancos). Embora, em princípio, qualquer norma a respeito de *suitability* para o mercado local deva ser aplicada aos investidores estrangeiros, não é possível concluir se, na prática, se avalia se o produto que é oferecido no mercado local é adequado aos interesses do estrangeiro.

5.2.3 Coibição ao uso de informação privilegiada: o insider trading

O terceiro mecanismo indireto de proteção à confiança é o delito de *insider trading*, o qual consiste no uso de informação privilegiada por determinados agentes para auferição de vantagens econômicas que não obteriam sem

100. Vide as brochuras com a legislação traduzida preparadas pela CVM e pela Bovespa, bem como o guia para investidores estrangeiros preparado pelo Best Brazil (*Brazil: Excellence in securities transactions*), que resume os passos práticos para investir no Brasil.

o uso dessas informações. O *insider*, em relação a determinada companhia, é "toda a pessoa que, em virtude de fatos circunstanciais, tem acesso a 'informações relevantes' relativas aos negócios e situação da companhia".[101]

Doutrinariamente,[102] define-se esse ilícito como:

> Efetivo aproveitamento de informações confidenciais ou reservadas acerca do estado e dos negócios de determinada companhia, por parte dos administradores, principais acionistas e outros que a ele têm acesso, para negociar com investidores que a tanto se recusariam, pelo menos pelas bases estabelecidas, caso conhecedores das mesmas informações.[103]

---

101. PARENTE, Norma Jonssen. *Aspectos jurídicos do insider trading*, p. 1. Segundo Modesto Carvalhosa, que também cita o estudo de Norma Parente publicado em 1979, o *insider* é aquela pessoa que: "em conluio ou mesmo por negligência do administrador, efetivamente se aproveita das informações privilegiadas para obter ganhos ou evitar prejuízos, mediante a compra ou venda precipitada de valores mobiliários de emissão da companhia, os quais, necessariamente, seriam negociados em outras bases ou simplesmente não seriam se o público investidor tivesse simultaneamente conhecimento dessas mesmas informações. Dessa forma, além do administrador, caracteriza-se como *insider* qualquer pessoa que, por ação ou omissão, aproveita-se da ação ou da omissão de boa ou má-fé dos administradores para operar no mercado com os valores mobiliários emitidos pela companhia. Assim, será considerada *insider* qualquer pessoa que, em decorrência do exercício de funções na sociedade ou no mercado ou mesmo por circunstâncias especiais de acesso à administração da companhia, venha a deter, antes dos acionistas de mercado, dos investidores ou de agentes, as informações relevantes aos negócios e ao estado da companhia (CARVALHOSA, Modesto. *Comentários à Lei de Sociedades Anônimas*, p. 294).

102. Para Leães, *insider trading* significa a utilização de informações confidenciais da empresa pelos administradores e controladores em proveito próprio, ao negociar com ações da sociedade (LEÃES, L. G. Paes de Barros. *Mercado de capitais e "insider trading"*). A definição, por ser antiga, é um tanto estrita, ainda que verdadeira em essência, especialmente se considerarmos que, de acordo com a legislação em vigor, informações consideradas privilegiadas não são necessariamente aquelas consideradas como confidenciais, mas sim as classificáveis como relevantes e, muito importante, ainda não divulgadas no mercado. Ademais, a vedação à negociação com bases nessas informações estende-se a outras pessoas, além da figura dos administradores.

103. PROENÇA, José Marcelo Martins. *Insider trading*: regime jurídico do uso de informações privilegiadas no mercado de capitais, p. 41-42. Vide ainda, para uma crítica à coibição do *insider trading*: MANNE, Henry G. Insider trading: Hayek, virtual markets and the dog that did not bark, *Journal of Corporation Law*, v. 31, n. 1.

A racionalidade econômica subjacente à coibição do *insider trading* é de que este constituiria uma prática que acabaria por privilegiar agentes do mercado em detrimento de outros (seleção adversa). De acordo com esse argumento, *dealers* experientes perderiam em resultado na presença de *insiders* e repassariam essas perdas a todos os demais investidores com quem negociam. Em termos agregados e de longo prazo, os investidores adquiririam essa percepção e passariam a deixar de confiar no mercado e a reduzir seus investimentos:

> If outsiders expect insiders to take advantage of them in trading, outsiders will reduce their investment. The insiders' loss form this diminished investor confidence may more than offset their trading gains. Consequently, a prohibition on insider trading may effect a Pareto improvement. Insiders are made better off if they can precommit in not to trade on their privileged information; government regulation accomplishes exactly this.[104]

Contudo, sob o ponto de vista do debate econômico, existe alguma discussão sobre os benefícios da coibição ao *insider trading*.[105] Há quem diga, por exemplo, que essa prática constitui uma forma importante de compensação para os executivos e não geraria nenhum impacto deletério a investidores de longo prazo. E ainda que o *insider trading* contribuiria para a eficiência do mercado. A despeito do instigante debate econômico internacional, que não faz parte do escopo deste trabalho, o Brasil coíbe expressamente esse tipo de prática.

No País, a matéria é hoje regulada pela Lei de Sociedades Anônimas,[106] em seu arts. 155 e 157, pela Instrução Normativa CVM 358, de 3 de janeiro de 2002, e pela Lei 6.385, de 7 de dezembro de 1976, que trata da divulgação de informações ao mercado.

---

104. AUSUBEL, Lawrence M. Insider trading in a rational expectations economy. *The American Economic Review*, v. 80, n. 5, p. 1022.

105. Vide justificativa para a coibição ao *insider trading* em: SCALZILLI, João Pedro; SPINELLI, Luis Felipe. A racionalidade econômica do combate ao *insider trading*: assimetria de informação e dano ao mercado, *Revista de Direito Mercantil*, n. 147, p. 42-54. Segundo os autores, o uso de informações privilegiadas selecionaria adversamente aqueles que delas desfrutam. Os investidores de boa-fé passariam a ter menos incentivo para participar desse mercado, o que, em última análise, faria minguar os recursos destinados ao mercado de capitais. Para sua explanação, fazem alusão ao célebre estudo de George Akerloff sobre o mercado de carros usados (op. cit.).

106. Conforme modificações introduzidas pela Lei 10.303, de 31 de outubro de 2001, que altera e acrescenta dispositivos da Lei 6.404, de 15 de dezembro de 1976, e da Lei da Comissão de Valores Mobiliários (Lei 6.385, de 7 de dezembro de 1976) (CARVALHOSA, Modesto. *Comentários à Lei de Sociedades Anônimas*, p. 293).

A coibição do *insider trading*, embora o legislador não adote esta expressão, está contida nas vedações à negociação na presença de informações relevantes ainda não divulgadas ao mercado. Nesse sentido, vale a transcrição do art. 155 da Lei 6.404/1976 e do art. 13 da Instrução Normativa CVM 358/2002:

> Art. 155 [Lei 6.404/1976]. O administrador deve servir com lealdade à companhia e manter reserva sobre os seus negócios, sendo-lhe vedado:
>
> [...]
>
> III – adquirir, para revender com lucro, bem ou direito que sabe necessário à companhia, ou que esta tencione adquirir.
>
> § 1.º Cumpre, ademais, ao administrado de companhia aberta, guardar sigilo sobre qualquer informação que ainda não tenha sido divulgada para conhecimento do mercado, obtida em razão do cargo e capaz de influir de modo ponderável na cotação de valores mobiliários, sendo-lhe vedado valer-se da informação para obter, para si ou para outrem, vantagem mediante compra ou venda de valores mobiliários.
>
> § 2.º O administrador deve zelar para que a violação do disposto no art. 1.º não possa ocorrer através de subordinados ou terceiros de sua confiança.
>
> § 3.º A pessoa prejudicada em compra e venda de valores mobiliários com infração do disposto nos §§ 1.º e 2.º tem o direito de haver do infrator indenização por perdas e danos, a menos que ao contratar já conhecesse a informação.
>
> § 4.º É vedada a utilização de informação relevante ainda não divulgada, por qualquer pessoa que a ela tenha tido acesso, com a finalidade de auferir vantagem, para si ou para outrem, no mercado de valores mobiliários.
>
> Art. 157 [Lei 6.404/1976]. O administrador de companhia aberta deve declarar, ao firmar o termo de posse, o número de ações, bônus de subscrição, opções de compra de ações e debêntures conversíveis em ações, de emissão da companhia e de sociedades controladas ou do mesmo grupo, de que seja titular.
>
> § 1.º O administrador de companhia aberta é obrigado a revelar à assembleia-geral ordinária, a pedido de acionistas que representem 5% (cinco por cento) ou mais do capital social:
>
> *a)* o número dos valores mobiliários de emissão da companhia ou de sociedades controladas, ou do mesmo grupo, que tiver adquirido ou alienado, diretamente ou através de outras pessoas, no exercício anterior;
>
> *b)* as opções de compra de ações que tiver contratado ou exercido no exercício anterior;
>
> *c)* os benefícios ou vantagens, indiretas ou complementares, que tenha recebido ou esteja recebendo da companhia e de sociedades coligadas, controladas ou do mesmo grupo;

d) as condições dos contratos de trabalho que tenham sido firmados pela companhia com os diretores e empregados de alto nível;

e) quaisquer atos ou fatos relevantes nas atividades da companhia.

§ 2.º Os esclarecimentos prestados pelo administrador poderão, a pedido de qualquer acionista, ser reduzidos a escrito, autenticados pela mesa da assembleia, e fornecidos por cópia aos solicitantes.

§ 3.º A revelação dos atos ou fatos de que trata este artigo só poderá ser utilizada no legítimo interesse da companhia ou do acionista, respondendo os solicitantes pelos abusos que praticarem.

§ 4.º Os administradores da companhia aberta são obrigados a comunicar imediatamente à bolsa de valores e a divulgar pela imprensa qualquer deliberação da assembleia-geral ou dos órgãos de administração da companhia, ou fato relevante ocorrido nos seus negócios, que possa influir, de modo ponderável, na decisão dos investidores do mercado de vender ou comprar valores mobiliários emitidos pela companhia.

§ 5.º Os administradores poderão recusar-se a prestar a informação (§ 1.º, alínea *e*), ou deixar de divulgá-la (§ 4.º), se entenderem que sua revelação porá em risco interesse legítimo da companhia, cabendo à Comissão de Valores Mobiliários, a pedido dos administradores, de qualquer acionista, ou por iniciativa própria, decidir sobre a prestação de informação e responsabilizar os administradores, se for o caso.

§ 6.º Os administradores da companhia aberta deverão informar imediatamente, nos termos e na forma determinados pela Comissão de Valores Mobiliários, a esta e às bolsas de valores ou entidades do mercado de balcão organizado nas quais os valores mobiliários de emissão da companhia estejam admitidos à negociação, as modificações em suas posições acionárias na companhia.

Art. 13 [Instrução Normativa CVM 358/2002]. Antes da divulgação ao mercado de ato ou fato relevante ocorrido nos negócios da companhia, é vedada a negociação com valores mobiliários de sua emissão, ou a eles referenciados, pela própria companhia aberta, pelos acionistas controladores, diretos ou indiretos, diretores, membros do conselho de administração, do conselho fiscal e de quaisquer órgãos com funções técnicas e consultivas criados por disposição estatutária, ou por quem quer que, em virtude de seu cargo, função ou posição na companhia aberta, sua controladora, suas controladas ou coligadas, tenha conhecimento da informação relativa ao ato ou fato relevante.

Art. 27-D [Lei 6.385/1976]. Utilizar informação relevante ainda não divulgada ao mercado, de que tenha conhecimento e da qual deva manter sigilo, capaz de propiciar, para si ou para outrem, vantagem indevida, mediante negociação, em nome próprio ou de terceiro, com valores mobiliários: Pena – reclusão, de

1 (um) a 5 (cinco) anos, e multa de até 3 (três) vezes o montante da vantagem ilícita obtida em decorrência do crime.[107]

A respeito das pessoas a quem se imputa o dever de não negociar com base em informações privilegiadas, o art. 14 da Instrução Normativa CVM 358/2002 estende a vedação a quem tenha acesso à informação, sabendo que é privilegiada (não divulgada ao mercado), fazendo menção especial àqueles que possuem relação comercial, profissional ou de confiança com a companhia, tais como auditores independentes, analistas de valores mobiliários, consultores e instituições integrantes do sistema de distribuição. A todos é imputado o dever de acompanhar a divulgação da informação antes que sejam realizadas quaisquer negociações.

Aspecto importante para a coibição do *insider trading* foi a sua criminalização, que surgiu com a modificação introduzida pela Lei 10.303/2001, que alterou, nesse sentido, a Lei 6.385/1976. Segundo Nelson Eizirik, contudo, o alcance da responsabilidade criminal é restrito, visto que o art. 27-D da Lei 6.385/1976 sujeita apenas os *insiders* ditos primários, ou seja, pessoas sujeitas a obrigações de confidencialidade para com a companhia. Os demais, *insiders* secundários, podem ser culpáveis apenas na medida em que tiverem algum dever de confidencialidade em relação à companhia. Ademais, deve ser comprovado o uso da informação relevante para a negociação nos mercados.

Pessoas que passam as informações adiante (*tippers*)[108] mas não negociam valores, em princípio não seriam criminalmente responsáveis. Além disso, há necessidade de comprovar que o agente, caso tenha efetivamente utilizado a informação privilegiada, pretendeu ter vantagem. Ainda, para a consumação do crime, tal vantagem tem de ter sido efetivamente auferida.

Os *tippees*, beneficiários das informações obtidas por *insiders* primários, estariam abrangidos no § 4.º do art. 155 da Lei 6.404/1976, mas não no crime de *insider trading*, este previsto pela Lei 6.385/1976.

O repúdio ao *insider trading* no Brasil, que segundo Nelson Eizirik reflete o princípio do Direito americano do *disclose or refrain from trading*,[109] apoia-se no binômio: dever de informar e dever de lealdade dos administradores (*standard of loyalty*). O primeiro, expresso pelo art. 157 da Lei 6.404/1976, baseia-se

---

107. Artigo incluído pela Lei 10.303, de 31 de outubro de 2001.

108. Do inglês *to tip*, fornecer "dica".

109. EIZIRIK, Nelson. Insider trading in Brazil: recent developments. In: *Briefing Book – Symposium on building the financial system of the 21st century*, p. 173.

na necessidade de fornecer igual acesso à informação a todos os investidores que negociem tanto em mercado de balcão quanto em bolsas de valores.[110]

O segundo elemento[111] possui fulcro no art. 155 da mesma norma e está relacionado com as obrigações fiduciárias devidas pelos administradores e diretores em relação à companhia de seus acionistas e investidores. Seria, também no entender de Modesto Carvalhosa, uma remissão ao *standard of loyalty*[112] do Direito americano. A quebra do dever de lealdade, um dos componentes das obrigações fiduciárias dos administradores, é, assim, considerada lesiva não apenas à companhia, mas também aos seus acionistas: "diante do pressuposto que 'directors and officers and persons in a position of great power', cabe-lhes *fiduciary obligations*, assim explicitadas: dever de diligência (*duty of care*), dever de lealdade (*duty of loyalty*) e dever de informar (*duty of disclosure*)".[113]

Na visão de Carvalhosa,[114] a prática do *insider trading* encerra a responsabilidade objetiva do agente, tratando-se de um ilícito formal referente à quebra do dever de lealdade para com a companhia, os demais acionistas e o mercado de ações.

A referida responsabilidade, entende o autor, estende-se aos demais controladores e a terceiros que se aproveitaram do vazamento de informações. Trata-se *de um caso de responsabilidade de quebra de confiança que não se baseia num dano, mas no caráter fiduciário das funções do administrador*. Estas considerações sugerem que o *insider trading* possa ser considerado um exemplo de responsabilidade fundamentada exclusivamente na quebra da confiança, sendo desnecessária a comprovação do dano:

> [...] dispensa-se, nessa específica conduta de deslealdade, o nexo entre a ação ou a omissão e o prejuízo ou dano sofridos pela companhia. É o que prescreve o inciso I da norma, que veda ao administrador o uso das oportunidades "com ou sem prejuízo da companhia". O dever de lealdade no qual se inclui a abstenção da prática do *insider trading*, não se funda, pois, no dano, mas no caráter fiduciário das funções do administrador.[115]

110. EIZIRIK, Nelson. Insider trading in Brazil: recent developments. In: *Briefing Book – Symposium on building the financial system of the 21st century*, p. 173.
111. Idem, ibidem.
112. CARVALHOSA, Modesto. *Comentários à Lei de Sociedades Anônimas*, p. 294.
113. Idem, ibidem, p. 294.
114. Idem, ibidem, p. 293.
115. EIZIRIK, Nelson. Op. cit., p. 303.

Segundo Eizirik, na verdade, o dano não é comprovado, pois fica presumido na ocorrência de *insider trading*. O que precisa ser averiguado é a efetiva ocorrência da utilização de informação relevante e privilegiada por parte do *insider*. Transcreve-se, assim, a posição do autor:

> [...] o elemento fundamental na análise de responsabilidade civil do *insider* não é, porém, a natureza de sua responsabilidade, mas sim o nexo causal entre a sua conduta ilícita e o dano causado aos investidores. Tratando-se de operação realizada no mercado, que se caracteriza por ser absolutamente impessoal, não é necessário que o prejudicado prove que comprou ou vendeu do *insider*. Exigir tal relação direta seria condenar o combate ao *insider trading* ao absoluto insucesso, uma vez que, dadas as características do mercado de capitais, muitas vezes é impossível ligar as partes contratantes. Não interessa, assim, de quem o *insider* comprou ou vendeu. O nexo de causalidade deve ser inferido mediante a prova de que as informações obtidas eram relevantes e privilegiadas. Sendo assim, a responsabilidade puramente objetiva do *insider* seria excessiva. Na realidade, há uma presunção de culpa, admitindo-se, porém, prova em contrário. Tal presunção de culpa, que aproxima-se bastante da noção de responsabilidade objetiva, ocorre tanto na esfera cível quanto na administrativa.[116]

Independentemente do resultado das discussões a respeito da responsabilidade civil do *insider*, é clara, mediante análise de legislação e doutrina, a relação entre as regras de proibição ao *insider trading* e a tutela da confiança.

Em primeiro lugar, há de se reconhecer que o fundamento do *standard of loyalty*, o dever de lealdade, é a proteção à confiança. Esse dever pode ser entendido também como uma obrigação de agir em boa-fé, porém, como se explorou no Capítulo 4, esse caminho também pode levar à tutela da confiança.

Contudo, há mais sobre confiança na coibição ao *insider trading*. Pode-se destacar, por exemplo, a proteção da crença do investidor no próprio mercado de valores mobiliários. Em outras palavras, ao impedir que negociações ocorram em bases privilegiadas, aumenta-se a chance de que os preços em relação aos ativos negociados tenham-se formado por mecanismos de mercado, sem privilégios ilegítimos, e de que todos estejam sujeitos às mesmas regras, tendo cada um dos negociantes oportunidade para auferir bons resultados.

Essa confiança não tem relação tão intrínseca com o agir de boa-fé, mas diz respeito à percepção dos agentes do funcionamento do mercado em bases sadiamente competitivas e não manipuladas. O banimento do *insider trad-*

116. EIZIRIK, Nelson. *Insider trading* e responsabilidade de administrador de companhia aberta, apud PROENÇA, José Marcelo Martins. *Insider trading*, p. 280.

ing torna as negociações menos assimétricas, de maneira que os negociantes possuem relativamente o mesmo grau de informação acerca dos negócios realizados.

5.2.4 Outros mecanismos indiretos de proteção à confiança

Os três mecanismos citados neste capítulo, a saber, estruturas de *compliance*, prevenção ao *insider trading* e regras de *suitability*, de forma alguma esgotam o manancial de temas em direito bancário e do mercado de capitais que pode ser analisado sob o prisma da confiança.

A presente subseção apenas busca ilustrar este fato, citando outros tópicos que claramente guardam relação com a tutela da confiança do investidor, seja este estrangeiro ou brasileiro, e que podem ser objeto de estudo sob essa ótica.

Entre outros temas, podem ser avaliados sob a ótica da confiança: a autorregulação da BM&FBovespa,[117] as obrigações de transparência existentes na regulação bancária, os limites de alavancagem impostos às instituições financeiras, a proibição de negociação com derivativos em diversos tipos de fundos, as obrigações fiduciárias dos administradores,[118] as regras que coíbem a realização de práticas não equitativas, os deveres de divulgação de informações relevantes às companhias abertas,[119] o sistema de registros públicos que dá transparência às garantias e outras relações obrigacionais, as regras que diferenciam o tratamento aplicável a investidores institucionais e investidores qualificados.

A respeito dos aspectos mencionados acima, uma pergunta válida, embora difícil, de pesquisa seria verificar em que medida eles, de fato, são capazes de promover a confiança do investidor.

---

117. Nesse sentido, esclarecem o conceito os normativos produzidos pela da BM&FBovespa e Anbima, que detalham como se dá a autorregulação. Vide também discussões doutrinárias em: WALD, Arnoldo. Auto-regulação e mercado de opções, *Revista de Direito Mercantil Industrial Econômico e Financeiro*, ano XXXIX, n. 79; GOMES, Bianca de Oliveira. Auto-regulação e o mercado financeiro: a experiência da Andima, *Revista de Direito Bancário e do Mercado de Capitais*, ano 9, n. 34; COMPARATO, Fabio Konder. Natureza jurídica das bolsas de valores e delimitação do seu objeto, *Revista de Direito Mercantil Industrial Econômico e Financeiro*, ano XXIV, n. 60; e YAZBEK, Otavio. A regulamentação das bolsas de valores e das bolsas de mercadoria e futuros e as novas atribuições da Comissão de Valores Mobiliários, *Revista de Direito Bancário e do Mercado de Capitais*, ano 9, n. 34.

118. Lei 6.404/1976 e Instrução Normativa CVM 400, de 29 de dezembro de 2003.

119. Lei 6.385/1976, Instrução Normativa CVM 358/2002 e Lei 6.404/1976 (conforme alterações posteriores).

Entretanto, as potencialidades do tema evidenciam as limitações do presente capítulo: sem exaurir a revisão de todos os mecanismos indiretos de proteção à confiança, passa-se ao Capítulo 6, que buscou descobrir empiricamente, sob o ponto de vista dos agentes, quais seriam os elementos capazes de promover a confiança no Brasil.

Terceira Parte

PROPOSTA EMPÍRICA E ANÁLISE DOS RESULTADOS

CAPÍTULO 6

A CONFIANÇA NOS MERCADOS FINANCEIROS SOB A ÓTICA DO INVESTIDOR ESTRANGEIRO

O presente capítulo representa uma proposta de aplicação empírica do manancial teórico visto até então ao estudo da confiança na área jurídica. O objetivo principal é investigar os determinantes jurídicos da confiança do investidor estrangeiro no Brasil mediante uma análise do seu processo heurístico.

A empiria aqui desenvolvida explora primordialmente a potencialidade de dois tipos principais de heurística: representatividade e disponibilidade. Explora-se ainda a ocorrência do fenômeno de *framing*. Foram desenvolvidas três atividades de pesquisa, todas de cunho eminentemente qualitativo:[1] (a) entrevistas com os reguladores; (b) grupo focal com estudantes; e (c) pesquisa-espelho comparando visões de residentes e não residentes.

As próximas seções apresentarão uma descrição de cada atividade empreendida, destacando seus aspectos metodológicos, objetivos e limitações específicas. Em seguida, apresentam-se os resultados e, finalmente, sua análise. Ao final do capítulo uma conclusão geral a respeito da atividade empírica resumirá os principais pontos obtidos mediante as três modalidades de pesquisa.

Algumas limitações são gerais e se aplicam a todos os três tipos de atividades. Uma delas está ligada ao subjetivismo nas conclusões quanto às informações coletadas. Em razão da necessidade de interpretação dos dados, há de se atentar para a possibilidade de vieses atrelados ao processo heurístico pelo próprio pesquisador. É fato que, após toda leitura sobre o tema, procuram-se construir interpretações atentando para as armadilhas cognitivas. Contudo,

1. É relevante mencionar que, dado o seu cunho qualitativo, a pesquisa busca compreender especificamente o fenômeno (a confiança) observado, sem ter entre os seus objetivos o estabelecimento de generalizações, princípios e leis (MARTINS, Joel; BICUDO, Maria Aparecida Viggiani. *A pesquisa qualitativa em psicologia*, p. 23). Para as demais características da pesquisa qualitativa, vide: DIEHL, Astor Antonio; TATIM, Denise Carvalho. *Pesquisa em ciências sociais aplicadas*, p. 52.

parece que o risco de incorrer em vieses, em razão da subjetividade inerente ao processo, pode ser mitigado mas não extinto.

A realização dessa pequena pesquisa de campo procurou, além de apresentar os componentes jurídicos da confiança, demonstrar as aplicações concretas da noção de confiança e da potencialidade do programa H&B para o estudo do ambiente jurídico-institucional.

6.1 A visão dos reguladores: entrevistas

6.1.1 Descrição da atividade

Nessa atividade empírica foram indagados seis representantes de órgãos reguladores e autorreguladores nacionais, atuantes na disciplina dos mercados financeiros e de capitais, a respeito de suas visões sobre confiança e o papel do Direito como seu promotor.

Todos os entrevistados ocupam posições-chaves em suas respectivas instituições, podendo ser considerados *decision-makers* em suas áreas. Além disso, a análise de perfil dos entrevistados permitiu assegurar previamente que sua prática profissional está ligada à disciplina jurídica dos mercados financeiros e de capitais, tendo todos os participantes conhecimento a respeito do regramento aplicável aos investidores estrangeiros.

As entrevistas foram realizadas presencialmente, com duração de cerca de 40 minutos no período compreendido entre outubro e dezembro de 2009. Todos os relatos foram gravados e posteriormente transcritos. O compromisso de confidencialidade das informações foi estabelecido junto a todos os respondentes, que, doravante, serão denominados "Regulador", ou, em conjunto "Reguladores".

6.1.2 Aspectos metodológicos

Essa primeira atividade de pesquisa segue o formato tradicional da entrevista[2] em pesquisa qualitativa, tendo sido observadas as orientações[3] propostas

2. A entrevista na pesquisa qualitativa é uma técnica de coleta de dados que permite uma discussão orientada para um objetivo definido, que leva o respondente a discorrer sobre temas específicos. Nesse caso, aplicou-se a chamada entrevista investigativa, que pela seleção de "pessoas competentes, procura reunir tanto dados úteis para as hipóteses levantadas, como respostas às mesmas" (ROSA, Maria Virginia de Figueiredo do Couto; ARNOLDI, Marlene Aparecida Gonzáles Colombo. *A entrevista na pesquisa qualitativa*, p. 32).

3. Por exemplo, (i) planejar a entrevista, (ii) obter conhecimento prévio sobre o entrevistado, (iii) atentar para os itens que o entrevistado deseja esclarecer, (iv)

pela literatura sobre o tema. Assim, foram conduzidas entrevistas semiestruturadas[4] partindo de um roteiro básico e que permitiram um aprofundamento em determinadas questões, que puderam variar de acordo com os rumos da entrevista e o perfil de atuação do entrevistado. As entrevistas foram conduzidas no período compreendido entre outubro e dezembro de 2009.

As questões propositalmente abertas permitiram ao entrevistado recorrer à heurística da disponibilidade, de modo que as respostas trouxeram as ideias imediatamente "disponíveis" a respeito do tema. Como, na maioria dos casos, os Reguladores não tiveram acesso prévio às perguntas, foi possível observar a sua reação espontânea. Nos casos em que o envio das questões foi solicitado antes da entrevista, a formulação de perguntas adicionais auxiliou na introdução do elemento surpresa. Em diversos momentos das entrevistas, os respondentes admitiram não refletir com frequência a respeito da confiança e de suas implicações. Por isso, a metodologia parece ter sido capaz de apresentar o que está mais acessível mentalmente aos Reguladores.

Em termos de limitações, é relevante mencionar que o relato dos participantes não representa a opinião oficial de suas instituições. As respostas foram concedidas sob o ponto de vista individual, com base na experiência profissional e pessoal dos respondentes. Esse aspecto precisa também ser considerado na avaliação das respostas, que podem estar influenciadas por aspectos de convicção íntima, referentes a vivências pessoais. Contudo, esse exercício tenta explicar alguns dos padrões de resposta com base nas ferramentas propostas pelo programa H&B.

Recomendam Kahneman e Tversky[5] aos pesquisadores da área de julgamento humano evitar interpretações muito restritivas dos dados (i.e., ser condescendente demais, racionalizando todas as respostas, ou severo demais, considerando como erros respostas perfeitamente razoáveis). Nesse sentido, cabe esclarecer que não se utilizará a ferramenta do H&B para detectar erros objetivos, mas, sim, para compreender e justificar algumas características das respostas recebidas.

---

ouvir mais do que falar, (v) evitar divagações, (vi) registrar informações, dados e evidências durante a entrevista, (vii) com a concordância do entrevistado, usar o gravador, (viii) se necessário, formular questões secundárias (MARTINS, Gilberto de Andrade; THEÓPHILO, Carlos Renato. *Metodologia da investigação científica para as ciências sociais aplicadas*, p. 86-87).

4. "A entrevista semi-estruturada é conduzida com uso de um roteiro, mas com liberdade de serem acrescentadas novas questões pelo entrevistador" (MARTINS, Gilberto de Andrade; THEÓPHILO, Carlos Renato. Op. cit.).

5. KAHNEMAN, Daniel; SLOVIC, Paul; TVERSKY, Amos. Op. cit., p. 494.

Outra limitação importante é que, por ser qualitativa, a pesquisa não opta pela quantidade de respondentes, e sim pela avaliação detalhada das respostas. A pesquisa, desse modo, não possui relevância estatística e não deve ter seus resultados generalizados.[6] A representatividade da amostra é verificável tão somente pela adequação do perfil dos entrevistados ao critério definido: reguladores (autorreguladores) experientes que atuem junto à regulação do investimento estrangeiro.

A aleatoriedade nesse caso não é um elemento fundamental justamente porque os entrevistados tiveram de ser eleitos de acordo com o perfil previamente traçado. Contudo, pôde-se assegurar que os respondentes foram acessados de forma independente e não houve influência mútua nas respostas. O quadro a seguir mostra o roteiro básico aplicado a todos os respondentes, bem como as perguntas dele derivadas:

Quadro 4: Pesquisa com reguladores

Roteiro básico	Perguntas específicas
Pergunta 1: O que é confiança?	Você considera confiança um tema jurídico? Você considera este um tema aplicável no cotidiano profissional?
Pergunta 2: Quais aspectos determinam a confiança do investidor estrangeiro no Brasil quando a finalidade é investir recursos?	Os mesmos aspectos influenciam o investidor estrangeiro e o brasileiro? O tema da confiança é relevante sob o ponto de vista de políticas públicas?
Pergunta 3: Quais aspectos jurídicos motivam a confiança no Brasil?	Quais são as normas na sua área de atuação que você considera capazes de tutelar a confiança? Os investidores estrangeiros conhecem esses aspectos? Você pensa em confiança no cotidiano profissional? O advogado atrapalha ou ajuda neste processo de construção de confiança entre regulador e regulado?
Pergunta 4: Você confia no Brasil?	Se você fosse um investidor estrangeiro, investiria no Brasil? Você, como cidadão brasileiro, confia no Brasil?

6.1.3 Apresentação e análise de resultados

A primeira pergunta (*O que é confiança?*), de cunho conceitual, mostrou que os Reguladores creem que confiança corresponde, de forma geral, a segurança, previsibilidade e garantia de que a contraparte agirá de forma proba ou

6. MARTINS, Joel; BICUDO, Maria Aparecida Viggiani. Op. cit.

de boa-fé. O aspecto intuitivo da confiança foi ressaltado pela linguagem empregada, que remete sempre a um sentimento; falam alguns dos entrevistados de "sensação de conforto e segurança".

Esses aspectos remontam ao sentido vernacular de confiança destacado na pesquisa em dicionários e são bastante coerentes como os sentidos explorados nos Capítulos 3 e 4. Interessante notar que alguns entrevistados consideraram ser a confiança um aspecto multidisciplinar, que pode ser até mesmo jurídico, mas que tem forte carga afetiva, sociológica, religiosa e filosófica. Nenhum dos entrevistados, cuja maioria possui formação em Direito, afirmou ser a confiança um *conceito jurídico*. Um dos Reguladores afirmou que confiança é "ter fé".

Há um respondente que define confiança como "um atributo da previsibilidade ou da presentificação do comportamento do outro e que eu possa ter determinado comportamento baseado na boa-fé e que esta boa-fé será respeitada pelo outro". Esta definição é interessante por remeter diretamente à discussão do Capítulo 1, especialmente ao padrão de expectativas do homem médio, que atua conforme a ordem jurídica do mercado. As considerações feitas por Natalino Irti,[7] e no Brasil por Paula Forgioni,[8] acerca de previsibilidade descrevem precisamente a acepção de confiança fornecida por esse respondente.

A segunda parte da definição de confiança fornecida por esse Regulador estabelece uma relação entre confiança e boa-fé. Contudo, não se trata de uma expectativa de boa-fé em relação ao outro, mas da garantia de que "crer" no outro não implicará efeitos deletérios para o confiante. Trata-se da garantia de que o comportamento probo não sujeitará o indivíduo a uma posição menos favorável. Depreende-se daí a ideia de tutela da confiança como geradora de confiança, abordada na literatura por Russel Hardin e objeto de discussão jurídica mantida no Capítulo 4.

Um dos respondentes afirma que a confiança é um comprometimento prévio, unilateral. Confiar, segundo essa resposta, é apostar, ainda que num primeiro momento, sem garantias. Essa visão é interessante por ser antagônica à ideia de confiança como *encapsulated interest*, que é o conceito racional de confiança proposto por Russel Hardin.[9]

---

7. IRTI, Natalino. *L'ordine giuridico del mercato.*
8. FORGIONI, Paula. *A evolução do direito comercial brasileiro*; *Idem. Contrato de distribuição; Idem.* A interpretação dos negócios empresariais no novo Código Civil brasileiro, *Revista de Direito Mercantil Industrial, Econômico e Financeiro.*
9. HARDIN, Russel. Op. cit.

Destaca-se uma das respostas em que a confiança foi associada "ao relacionamento interpessoal, posições políticas e socioeconômicas", expondo o conceito de *thick trust*, relatado por Robert Putnam[10] e estudado no Capítulo 3, e mediante o qual a confiança é formada pela convivência e pelas relações sociais. Nessa resposta, o Regulador destaca os aspectos sociológicos como importante fonte de confiança, sentido este bastante presente também nas obras de Francis Fukuyama[11] e Alain Peyrefitte.[12]

A segunda pergunta básica do roteiro (*Quais aspectos determinam a confiança no Brasil com a finalidade de investir recursos?*) busca explorar, com base na heurística da disponibilidade,[13] o que vem à mente dos agentes quando perguntados sobre o que determina a confiança. O Direito é propositadamente omitido da pergunta para que se possa verificar se aspectos jurídicos são espontaneamente mencionados.

As respostas a esta pergunta trazem fundamentalmente elementos econômicos, tais como retorno, capacidade financeira do empreendimento e sustentabilidade. Apenas um dos respondentes citou espontaneamente questões jurídico-institucionais como fatores-chaves para a confiança. E um dos Reguladores, ao ser indagado especificamente, crê que, na visão do estrangeiro, a regulação não é uma variável crucial para a decisão do investimento, mas sim os bons retornos. E conclui seu ponto de vista dizendo que a confiança que primordialmente rege o investimento internacional é a confiança (expectativa) de *retorno financeiro*. Outros também creem ser a confiança muito ligada a aspectos econômicos: "embora se fale muito de todo o aparato jurídico, os investidores estrangeiros buscam, sobretudo, o retorno e a saída garantida".

10. PUTNAM, Robert. *Bowling alone*.
11. FUKUYAMA, Francis. *Confiança*.
12. PEYREFITTE, Alain. Op. cit.
13. Apenas relembrando o conceito explorado no Capítulo 2, a heurística da disponibilidade corresponde à regra de bolso: "categorias mais numerosas são mais fáceis de lembrar". Assim, de acordo com essa heurística, as pessoas consideram mais prováveis os eventos que vêm à mente com maior facilidade. São quatro os vieses a ela associados: (*i*) *erros decorrentes da obtenção de exemplos, (ii) erros de imaginação, (iii) correlação ilusória e (iv) erros referentes à efetividade do conjunto observado*. A heurística, para esse caso concreto, encerraria seguinte regra de decisão: "categorias mais fáceis de lembrar provavelmente são mais importantes". Assim, espera-se que as pessoas utilizem também essa heurística para indicar aquilo que é mais importante, tem mais peso, na determinação da confiança (TVERSKY, Amos; KAHNEMAN, Daniel. Judgement under uncertainty: heuristics and biases, *Science*, v. 185, n. 4157).

A terceira pergunta aborda diretamente o Direito. As respostas obtidas foram surpreendentemente genéricas, sempre mencionando aspectos inespecíficos, como "ambiente institucional", "arcabouço regulatório bem definido" ou "Judiciário imparcial". Alguns Reguladores apenas, após um tempo de reflexão e insistência na pergunta, identificaram normas específicas em suas áreas de atuação que, no seu entender, têm o condão de tutelar a confiança.

Alguns Reguladores, após alguma reflexão, não lograram elaborar exemplos.

Uma explicação para esse fenômeno (de vagueza) no âmbito do programa H&B é que, ao utilizar a heurística da disponibilidade, os agentes com frequência incorrem em vieses relacionados *à obtenção de exemplos, à imaginação* e *à efetividade do conjunto observado*. Esses vieses fazem que as pessoas, respectivamente, atribuam mais importância a eventos mais fáceis de imaginar ou pertencentes a grupos mais fáceis de acessar mentalmente.

O primeiro viés, de *obtenção de exemplos*, descreve bem a dificuldade[14] de todos os respondentes em fornecer exemplos de normas que promovam a confiança. Por não existir uma norma que expressamente a tutele, o processo mental dos agentes na associação entre "regras" e confiança torna-se mais complexo, e a associação, menos direta. Por isso, temas específicos parecem ser menos importantes aos agentes.

Já o viés *efetividade do conjunto observado* revela que as pessoas têm mais facilidade para fornecer exemplos abstratos do que concretos. Por isso, respostas mais genéricas parecem ser mais fáceis de formular.

Outro viés que pode auxiliar na explicação da vagueza em relação ao assunto, também relacionado à heurística da disponibilidade, é o chamado *erro de imaginação*, mediante o qual as pessoas tendem a utilizar algumas regras para construir impressões. Por exemplo, são mais acessíveis à imaginação eventos recentes do que passados, os mencionados na mídia do que por outras fontes, ou aqueles envolvendo pessoas famosas do que desconhecidos. A confiança, à época das entrevistas, foi muito citada pelos meios de comunicação por conta da Crise de 2008. Contudo, nessas matérias, as menções foram também inespecíficas, abstratas e vagas, o que pode reforçar o viés associado a uma heurística da disponibilidade.

A terceira pergunta, na maioria das entrevistas, foi complementada pela seguinte indagação: se a confiança era um conceito útil no dia a dia regulatório ou se ela era objeto recorrente de reflexão. A resposta, em todos os casos, foi

14. Verificada também nas demais modalidades de pesquisa, conforme ilustrado nas seções a seguir.

negativa: os Reguladores não indicaram a confiança como um conceito instrumental no seu dia a dia, como seria, por exemplo, o risco.

Entretanto, ao serem indagados anteriormente sobre a relevância do tema da confiança, todos os respondentes alegaram, sem hesitação, ser ele de extremo interesse e importância. Nas palavras de um dos respondentes: "utilizamos muito o conceito, mas não a palavra confiança".

Pode-se dizer que a confiança é um tema em alta conta aos respondentes, mas não é uma noção tão acessível mentalmente quanto o risco, a transparência e a boa-fé. Em outras palavras, a confiança não é tão rapidamente lembrada pelos entrevistados.

A confiança é diáfana, não está expressa em legislação ou em política específica, sendo mais presente na linguagem jornalística do que no jargão jurídico. Por isso, a elevada abstração do tema confiança pode ser um dos empecilhos à sua presença no dia a dia do Regulador. Em razão dessa aura elusiva e filosófica, a confiança acaba se tornando pouco disponível à mente. Possivelmente o fato de a confiança não ser objeto de dispositivo legal expresso, diferentemente do que ocorre com os outros termos mencionados, a torna ainda mais indisponível aos agentes.

Talvez, nesse sentido, uma maior difusão do conceito de confiança seja um processo a ser trilhado. Em uma das entrevistas surgiu uma comparação entre transparência e confiança. Constatou o respondente que, nos últimos anos, a transparência passou a ser percebida com maior intensidade pelos reguladores, e, como fruto do próprio progresso da regulação, os próprios investidores passaram a ser mais exigentes com as informações de que precisam saber. Ou seja, a transparência conquistou espaço na mente do regulador e, por conseguinte, do investidor.

Apesar da tendência geral de vagueza, alguns elementos específicos foram citados. Entre os fatores jurídicos concretos capazes de condicionar a confiança, foram citados pelos agentes: as Instruções Normativas CVM 8,[15] 358[16]

15. Instrução Normativa CVM 8, de 8 de outubro de 1979, que coíbe a criação de condições artificiais de demanda, oferta ou preço de valores mobiliários, a manipulação de preço, a realização de operações fraudulentas e o uso de práticas não equitativas.

16. Instrução Normativa CVM 358, de 3 de janeiro de 2002, que trata da divulgação e uso de informações sobre ato ou fato relevante relativo às companhias abertas, disciplina a divulgação de informações na negociação de valores mobiliários e na aquisição de lote significativo de ações de emissão de companhia aberta, e estabelece vedações e condições para a negociação de ações de companhia aberta

e 387;[17] a Lei de Falências,[18] a Lei de Arbitragem[19] e a liberdade de fluxo de capitais.[20] Assim, a qualidade das leis é percebida como um elemento favorável à formação da confiança.

O oposto ocorre no que diz respeito à aplicação e ao cumprimento (*enforcement*) das leis. O Poder Judiciário é mencionado como um fator-chave para a desconfiança. Segundo um dos Reguladores, "o mais importante [para a confiança do investidor estrangeiro no Brasil], independentemente de norma ou normatização, é como o Judiciário vem interpretando e aplicando a lei, [...] sob o meu ponto de vista, o Judiciário garante mal o investidor". Outro Regulador responde no mesmo sentido, apontando a falta de celeridade, afirmando ser um problema, mas que não chega a afetar o nível de investimentos.

Uma das respostas indica que o tempo para o aperfeiçoamento das estruturas de investimento (por exemplo, para a abertura de uma sociedade ou constituição de um fundo) é também um fator-chave para a confiança do investidor.[21]

A derradeira pergunta mede o otimismo dos Reguladores (*Você confia no Brasil?*). Note-se que aqueles mais diretamente envolvidos, em razão da sua função, com o momento exuberante do mercado financeiro brasileiro tendem a ser mais otimistas. Já outros, envolvidos de forma menos direta, tendem a ser menos otimistas. Um dos respondentes afirmou ser o fato de conhecer com profundidade o ambiente regulatório o motivo pelo qual confia no Brasil:

> [...] eu confiaria talvez por conhecer com um nível de detalhe um pouco maior que o das outras pessoas, uma parte do mercado de capitais e como as coisas são realizadas. Tenho plena convicção de que a nossa regulação de mercado de capitais não é muito diferente de outras regulações, em muitos

na pendência de fato relevante. Trata-se da norma que regulamenta a coibição ao *insider trading*.

17. Instrução Normativa CVM 387, de 28 de abril de 2003, que versa sobre os procedimentos a serem observados nas operações realizadas com valores mobiliários, em pregão e em sistemas eletrônicos de negociação e de registro em bolsas de valores e bolsas de mercadorias e futuros.
18. Lei 11.101, de 9 de fevereiro de 2005.
19. Lei 9.307, de 23 de setembro de 1996.
20. Vide RMCCI e aspectos relatados no Capítulo 5.
21. Essa foi a tônica do estudo promovido pelo Banco Mundial para a África, em que se avaliou onde a burocracia gera os maiores impedimentos ao capital estrangeiro. Os problemas ali relatados lembram muito a realidade brasileira (EMERY, James J.; SPENCE JR., Melvin T.; WELLS JR., Louis T.; BUEHRER, Timothy S. Op. cit.

aspectos ela é melhor. Se eu fosse um investidor de boa-fé, creria que o Brasil é um país bom para se investir.

Uma explicação possível para essa diferença de níveis de otimismo poderia ser a ocorrência de *framing*, visto que aqueles envolvidos de forma mais direta com o investimento estrangeiro tendem a ver o mercado com mais otimismo, tal qual os investidores estrangeiros. Contudo, esta seria apenas uma das explicações possíveis. Outros fatores envolvidos, como as experiências pessoais de cada entrevistado, precisam ser levados em consideração e, como a amostra é bastante pequena, não é possível formular mais conclusões genéricas a esse respeito.

6.2 Experimento com grupo de discussão: grupo focal

6.2.1 Descrição da atividade

Essa atividade reuniu dez alunos do último ano de uma faculdade de Direito, no mês de outubro de 2009, com o fim de observar, principalmente, a ocorrência do fenômeno de *framing* e, de forma menos importante, a utilização das heurísticas de representatividade e da disponibilidade. Os participantes foram divididos igualmente em dois grupos denominados respectivamente "grupo focal" e "grupo de controle".

O primeiro grupo participou de atividade presencial, que consistiu em uma sessão de discussão de duração de cerca de uma hora em uma das salas da faculdade de Direito a que pertencem os estudantes. Ao segundo grupo seriam enviadas apenas algumas perguntas a serem respondidas por *e-mail*.

Durante o encontro, foi discutido de forma livre, porém orientada, um tema de política internacional envolvendo a crise hondurenha, na qual o Brasil teve importante participação, especialmente sob o ponto de vista diplomático. Foram distribuídos aos alunos, como material preparatório, recortes[22] de

22. Reportagens a respeito do caso hondurenho extraídas do jornal *O Estado de S. Paulo*, de 30 set. 2009: "Crise hondurenha: governo de fato sob pressão"; "Aliados de Micheletti buscam saída"; "Da missão, líder pede protestos por emissoras. Donos de rádio e TV fechadas entram com ação para rever equipamentos"; "Entrevista Ruy Cesares (embaixador brasileiro na Organização dos Estados Americanos): volta de hondurenho abre oportunidade de diálogo". Reportagens extraídas do jornal *O Estado de S. Paulo*, de 1.º out. 2009: "País mantém contato informal com o regime. Embora Brasil não reconheça Micheletti, canais de diálogo não se fecharam"; "Governo de fato desaloja zelaystas de prédio público"; "Micheletti rejeita proposta de aliados"; "Brasileiro não pode deixar a embaixada. Golpistas vetam saída de diplomata que se reveza com chefe da missão". "Para analistas, re-

um jornal de grande circulação que retratavam os principais aspectos da crise. Os artigos relatavam a incerteza quanto ao desfecho da situação política em Honduras, e a participação do Brasil, apoiando o presidente deposto Manuel Zelaya, era vista com hesitação. Cada um dos alunos foi incumbido de analisar e relatar uma reportagem, para que depois se iniciasse uma discussão em grupo. O tempo dado ao grupo para análise do material foi de cerca de 20 minutos.

Em seguida, cada um dos participantes deveria relatar a reportagem a ele destinada. A discussão foi orientada por duas pessoas não participantes do grupo de discussão, que buscaram ressaltar os aspectos negativos da situação analisada, fazendo propositalmente uma referência ao estereótipo de República de Bananas, com base na leitura de um texto a esse respeito.[23] Nos 30 minutos que se seguiram, a discussão do grupo aprofundou-se em torno da instabilidade e insegurança geradas pela crise.

Na sequência, um questionário (vide Anexos) foi distribuído aos participantes do grupo focal para preenchimento no tempo máximo de dez minutos. Ao grupo de controle, formado pelos demais cinco alunos que não participaram do encontro, foi enviado por correio eletrônico o mesmo questionário (Anexo II), sem nenhum tipo de preparação prévia ou discussão. A atividade empírica consistiu em (1) analisar as respostas dos dois grupos e (2) comparar os níveis de confiança indicados em cada um dos grupos.

O objetivo foi verificar se, na presença de *framing*, as respostas do grupo focal divergiriam do grupo de discussão. Assim, o experimento buscou observar se, na presença de informações negativas, os membros do grupo de discussão seriam mais pessimistas do que os do grupo de controle.

6.2.2 Aspectos metodológicos

Essa atividade mesclou aspectos da pesquisa qualitativa e da pesquisa em economia comportamental (em particular, da pesquisa empírica experimental). O exercício em grupo focal é tradicional em pesquisa qualitativa e

gime mostra estar sem opções". Duas reportagens do mesmo jornal, sem relação direta com Honduras, mas que geram sentimento negativo em relação à América Latina, foram incluídas propositalmente nos recortes fornecidos aos alunos: "BNP Paribas vai fechar filiais em paraísos fiscais" (edição de 30 set. 2009) e "Justiça condena Fujimori a mais 6 anos de prisão" (edição de 1.º out. 2009).

23. PEREIRA, Merval. Honduras - República de Bananas. *Blog Arquivos de Artigos Etc.* Disponível em: <http://arquivoetc.blogspot.com/2009/09/merval-pereira-republica-de-bananas.html>. Acesso em: 20 jan. 2010.

consiste,[24] basicamente, numa discussão coletiva sobre tópico específico, na presença de um moderador.

No entanto, a criação de um ambiente negativo, mediante a introdução proposital de um viés negativo, altera as condições da pesquisa, tornando-a similar ao experimento. Nesse contexto, testou-se o comportamento dos respondentes, como é típico das modalidades de experimento.[25]

A metodologia de grupo focal foi utilizada não para coletar informações acerca da discussão em si, que versou sobre tema alheio a este trabalho, mas para "preparar os respondentes", introduzindo um viés (*framing*), sem que percebessem, para que depois fosse aposto um questionário[26] sobre confiança.

A aplicação do fenômeno de *framing* deu-se mediante a criação de um ambiente negativo, em que os estudantes que participaram do grupo focal discutiram intensamente uma crise internacional envolvendo diversos países da América Latina. A ideia seria inseri-los num contexto negativo, esperando que, após essa inserção, suas respostas fossem mais negativas do que a dos alunos que não participaram do grupo.

Nesse sentido, buscou-se propiciar a aplicação da heurística da representatividade a serviço do *framing*. Ao mencionar o famoso estereótipo "República de Bananas", e ao comparar Brasil e Honduras, o experimento procurou alimentar esse tipo de atalho mental. A ideia é que se propiciasse uma contaminação negativa das notícias políticas de Honduras, para que, quando os respondentes passassem ao preenchimento dos formulários sobre o Brasil, nele refletissem a ótica negativa lançada sobre a situação hondurenha.

---

24. MARTINS, Gilberto de Andrade; THEÓPHILO, Carlos Renato. Op. cit.
25. ABELSON, Robert P.; FREY, Kurt P.; GREGG, Aiden P. *Experiments with people*: revelations from social psychology.
26. Essa combinação entre o grupo focal e outros tipos de coleta de dados é prevista na literatura: "O *focus group* também poderá ser utilizado para coleta de informações que possam favorecer a concepção de testes, questionários, de roteiros de entrevistas e de escala de atitudes". Em termos de orientação, a pesquisa atendeu aos seguintes parâmetros, entre outros: (i) grupos de seis a doze pessoas; (ii) formulação de um roteiro prévio; (iii) participantes escolhidos de acordo com os propósitos da pesquisa; (iv) participantes com informações para discutir as questões levantadas pelo moderador (este foi um dos motivos da distribuição das reportagens e da troca de informações sobre o seu conteúdo antes da discussão); (v) participantes com nível sociocultural semelhante quanto aos aspectos de interesse da pesquisa; e (iv) as reuniões devem ser realizadas em lugares confortáveis em torno de uma mesa de formato de "u" (MARTINS, Gilberto de Andrade; THEÓPHILO, Carlos Renato. Op. cit.).

Um reforço adicional ao *framing*, mais frugal, foi a forma de estruturar a questão: aos participantes do grupo focal foi feita a pergunta em sentido negativo: "*Você desconfia do Brasil? Por quê? Enumere quatro fatores em ordem decrescente de importância*". Já aos membros do grupo de controle a pergunta foi realizada em sentido neutro: "*Você confia ou desconfia do Brasil? Por quê? Enumere quatro fatores em ordem decrescente de importância*".

Com isso, pretendeu-se reforçar o sentido de uma moldura pessimista em relação ao Brasil. Para contornar a formulação negativa da pergunta, o respondente teria de fazer um esforço mental adicional. Em outros termos: para dizer que confia, ele precisa não apenas descartar os elementos de desconfiança (que tendem a acorrer à mente primeiro, em razão de como a pergunta foi formulada), como encontrar elementos que lhe deem segurança para fazer a afirmação positiva.[27]

A neutralidade inicial foi assegurada pela omissão de quaisquer informações sobre o tipo de análise a ser feita, e pode-se dizer que os participantes não haviam tido contato até então com qualquer experimento em H&B ou Economia Comportamental.

Essa modalidade experimental foi livremente inspirada nas pesquisas desenvolvidas por Dan Ariely, que testou diversos aspectos da Economia Comportamental em alunos do MIT.[28] Já Daniel Kahneman também realizou pesquisas experimentais para fundar as bases do H&B.

Uma grande diferença, que constitui limitações relevantes à presente pesquisa, é que os autores citados acima realizaram experimentos formalmente mais rigorosos e controlados. Além disso, a análise é sempre quantitativa, enquanto o enfoque, neste trabalho, é qualitativo. Isso impede uma generalização dos resultados para a população em geral e também dificulta a refutabilidade da pesquisa aqui desenvolvida. Contudo, crê-se ter preservado a essência da linha de pesquisa empírica em H&B, que é estudar o processo heurístico mediante perguntas pontuais aos agentes.

Há de se observar outras duas limitações[29] importantes, referentes à pesquisa com base em grupo focal: há menor controle sobre os dados gerados, e a

27. Em termos práticos, embora se trate da mesma opinião, parece ser necessária menor convicção para dizer simplesmente "confio" (em resposta à pergunta *Você confia no Brasil?*) do que para fazer a afirmação, "Não, não desconfio, pelo contrário, eu confio" (resposta negativa à pergunta *Você desconfia do Brasil?*).

28. ARIELY, Dan. *Predictably irrational.* No livro são citados diversos experimentos, os quais serviram de inspiração para este estudo empírico. Destaquem-se especialmente as considerações feitas no Capítulo 1, "*The truth of relativity*".

29. ABELSON, Robert P.; FREY, Kurt P.; GREGG, Aiden P. Op. cit.; e MARTINS, Gilberto de Andrade; THEÓPHILO, Carlos Renato. Op. cit.

interação do grupo pode não corresponder ao comportamento individual dos participantes. A limitação mais relevante relacionada ao aspecto experimental da atividade é a artificialidade do ambiente, que também pode produzir efeitos nas respostas fornecidas.

Outras limitações, estas talvez nem tão relevantes para o trabalho, são no sentido de que o material distribuído aos alunos veio de uma única fonte e de que todos são alunos em Direito. Estas duas circunstâncias poderiam gerar por si sós algum tipo de viés. No entanto, nesse contexto, estes seriam vieses desejados: no primeiro caso, os recortes já tinham como objetivo inserir um viés negativo, de modo que a neutralidade da informação já não constituiria um dado fundamental. Os alunos não foram informados de onde haviam sido obtidos os recortes, por isso não parece ser este um fator que tenha retirado a credibilidade da informação.

Em relação à formação, o viés jurídico não preocupa em razão do fato de ser este um trabalho em Direito. Além disso, em diversos experimentos em H&B os pesquisadores selecionam alunos da mesma faculdade e do mesmo curso. Inclusive, considerando-se o fato de ser esta uma pesquisa jurídica, seria interessante obter a visão de futuros advogados.

6.2.3 Análise de resultados

A análise das respostas fornecidas pelos alunos mostrou resultados interessantes. O nível de otimismo dos dois grupos, como esperado por hipótese, mostrou-se mais baixo na presença do *framing*. Em termos absolutos,[30] no grupo focal, 4/5 dos respondentes afirmaram desconfiar do Brasil e um deles asseverou "não desconfiar" (não é claro se "não desconfiar" significa, necessariamente, confiar). Nenhum dos integrantes do grupo focal, exposto ao *framing*, afirmou taxativamente confiar no Brasil.

Já no grupo de controle os resultados foram distintos: 3/5 dos respondentes afirmaram confiar no Brasil, um disse desconfiar e o outro respondeu "estar num estágio intermediário entre confiança e desconfiança, com maior propensão a desconfiar".

Embora não generalizável e não significativo do ponto de vista estatístico numérico, o resultado é interessante por indicar uma tendência dos alunos a responder de forma mais aberta e positiva na ausência de *framing*.

Em relação aos fatores espontaneamente mencionados como fatores de desconfiança, os alunos do grupo de discussão e do grupo de controle citaram mais frequentemente (e de forma equilibrada entre os dois grupos) a corrup-

30. Isto é, sem comparar com a amostra total.

ção e a instabilidade institucional. Nas respostas espontâneas foi surpreendente a homogeneidade de linguagem, algo que também se verifica na pesquisa-espelho, relatada a seguir. Isto pode ser justificado pela utilização da heurística da disponibilidade, mediante a qual termos muito mencionados pelos meios de comunicação, nos estágios e na Faculdade, podem formar o manancial mais acessível aos alunos.

Abaixo, segue quadro que lista os fatores mais citados como motivadores tanto de confiança quanto de desconfiança, nos dois grupos:

Quadro 5: Fatores de confiança e desconfiança mais mencionados pelos alunos de Direito

Fatores de desconfiança	Fatores de confiança
impunidade	alternância democrática de poder
corrupção	estabilidade econômica
instabilidade institucional	crescimento econômico
ineficiência estatal/burocracia	redução da dependência externa
desigualdades sociais	recursos naturais

Praticamente todos os alunos mencionaram a corrupção como grande fator de desconfiança no Brasil. Contudo, como veremos a seguir na pesquisa-espelho, este fator não surgiu de forma expressiva nas respostas dos investidores estrangeiros.

Entre os motivos mais citados para confiar no País, o bom momento econômico predomina como fator de confiança, e os elementos jurídicos como fatores de desconfiança, especialmente no que diz respeito ao cumprimento das leis.

6.3 Pesquisa-espelho: uma análise das heurísticas e vieses do investidor estrangeiro

6.3.1 Descrição da atividade

A terceira atividade empírica realizada neste trabalho consistiu numa pesquisa mediante aposição de formulários enviados por e-mail a 48 pessoas, entre residentes e estrangeiros. O objetivo central é comparar, utilizando a heurística da disponibilidade e explorando a ocorrência do *framing*, as percepções de estrangeiros e brasileiros a respeito da confiança no Brasil. A pesquisa tenta observar (a) determinantes jurídicos da confiança, na visão dos agentes, e (b) se brasileiros estão cientes do que estrangeiros consideram como motivos para confiar no Brasil, em outras palavras, se existe dissonância cognitiva entre eles.

O envio de questionários (Anexos III, IV, V e VI) realizados entre outubro e dezembro de 2009 teve como critério de seleção o tempo de experiência e o envolvimento do agente com investimentos estrangeiros, não necessariamente no Brasil. O perfil incluiu agentes envolvidos tanto com IED quanto com Investimentos em Carteira, bem como garantiu que não houvesse leigos na amostra.

6.3.2 Aspectos metodológicos

Essa atividade empírica é um híbrido de pesquisa quantitativa e qualitativa, sendo mais próxima desta. As respostas serão interpretadas utilizando a metodologia de H&B, bem como alguns recursos doutrinários explorados ao longo deste trabalho. Serviram de inspiração à pesquisa três trabalhos realizados respectivamente: pelo Banco Mundial em 2009[31] em diversos países; na Rússia,[32] em 2002; e um estudo[33] empírico sobre confiança realizado por Diego Gambetta em Belfast e Nova York.[34]

O objetivo principal é mapear as noções de confiança e seus determinantes jurídicos, comparando a visão do investidor estrangeiro com a dos agentes locais, para que se detectem dissonâncias cognitivas, ou diferenças de percepção.

Aproveita-se o ensejo para tentar uma interpretação do processo heurístico da disponibilidade, que, dada a característica aberta dos questionários, deve ser aplicado para a obtenção de exemplos. Aplica-se ainda o *framing* em relação à residência, visto que a moldura de quem está fora do Brasil, por conta da imprensa, do meio social e até das barreiras linguísticas, é diversa daqueles que aqui residem. Outro efeito moldura pesquisado é em relação à formação: advogados ou não advogados.

O *investidor estrangeiro* está representado pelo grupo de *não residentes*. Consideramos para essa análise como investidor estrangeiro aquele que, autonomamente ou a serviço de um ente internacional (instituição financeira ou não financeira), investe ou é investidor em potencial do País sob quaisquer das

31. THE WORLD BANK. *World investment and political risk.*
32. FUCHS, Michael (org.). *Building trust – developing the Russian financial sector.*
33. GAMBETTA, Diego; HAMILL, Heather. *Streetwise.*
34. Nesse estudo, Gambetta realiza também uma mescla entre pesquisa qualitativa e quantitativa, contabilizando as respostas.

modalidades: IED ou Investimentos em Portfólio. Tomamos nesta pesquisa "estrangeiros" por "não residentes", pois neste caso preferimos optar por um *framing* geográfico em vez de nacionalidade, pois interessa a este trabalho a visão de quem observa o Brasil "de fora".

Características da amostra

A amostra, que tem um total de 48 pessoas (n = 48), foi dividida em dois grandes grupos: residentes e não residentes, que por sua vez foram divididos em dois subgrupos: advogados e não advogados.

O grupo *residentes* inclui advogados e não advogados com mais de três anos de experiência trabalhando com investimentos estrangeiros no Brasil. A definição abrangente busca incluir desde integrantes dos departamentos jurídicos de transnacionais, passando por consultorias internacionais, *traders* de bancos de investimento, entre outras situações. A ideia seria reunir uma mescla de indivíduos envolvidos com IED e com Investimentos em Carteira. Estrangeiros que trabalham no Brasil podiam participar da pesquisa, embora não houvesse respondentes com esse perfil.

Por sua vez, o grupo *não residentes* espelha o grupo anterior, incluindo advogados e não advogados com mais de três anos de experiência trabalhando com investimentos internacionais. A definição, também abrangente, inclui brasileiros que atuam no exterior, havendo dois respondentes na amostra com essa característica.

A categoria dos *advogados residentes* deveria incluir pessoas com mais de três anos de experiência atuando na assessoria de investidores estrangeiros. Assim, abrangeram-se pessoas que trabalham em subsidiárias brasileiras de empresas estrangeiras, advogados de escritórios especializados em clientes estrangeiros, bem como advogados de bancos internacionais.

Para a formação do subgrupo *advogados não residentes*, o critério de experiência foi o mesmo, assim como o perfil de atuação. Contudo, as pessoas que na categoria anterior trabalham em subsidiárias de empresas estrangeiras no Brasil, neste caso atuam em empresas que investem no exterior. A divisão da amostra é ilustrada pelo quadro a seguir:

Quadro 6: Amostra pesquisa-espelho

advogados residentes (12)	**advogados não residentes (12)**
não advogados residentes (12)	**não advogados não residentes (12)**

Vale um comentário a respeito dos países de origem dos não residentes. Não existe na amostra nenhuma concentração específica de países, ou continentes, havendo representantes da América Latina (Argentina, Brasil, Colômbia, México e Uruguai), América do Norte (Canadá e Estados Unidos), Europa (Alemanha, Holanda, Inglaterra e Suíça) e Ásia (China, Japão e Índia).

Formulação dos questionários

A formulação dos questionários (Anexos III, IV, V, VI) consumiu tempo expressivo no processo de pesquisa, por demandar o cumprimento de alguns requisitos, tais como formulação de perguntas que atendessem aos propósitos de pesquisa em H&B (i.e., que pudessem captar a heurística da disponibilidade e o *framing*), neutralidade, liberdade de resposta, instruções de preenchimento razoavelmente claras e compromisso de confidencialidade. Em relação ao primeiro aspecto, tentou-se na redação isentar as perguntas de *framing* positivo ou negativo.

Entretanto, foi preciso direcionar o contexto para que as respostas fossem voltadas ao escopo do trabalho: pergunta-se assim a respeito de confiança *para investimentos* e determinantes *jurídicos* da confiança. A orientação foi necessária, pois do contrário não haveria como assegurar que as respostas dos agentes fossem formuladas com fulcro no ambiente de investimentos internacionais.

A pergunta que mede otimismo (*Você confia ou desconfia no Brasil?*), foi feita de forma diferente para cada uma das metades da amostra. A um grupo, chamado "tipo 1", foi enviado o questionário com formulação positiva, ao outro, chamado "tipo 2", a redação gera um *framing* negativo, visto que foi criada negativamente (*Você desconfia do Brasil?*).

A confidencialidade está no compromisso inserido no texto de apresentação do questionário. Constam também desse texto algumas orientações para envio e preenchimento. Curioso notar que as instruções de envio foram sistematicamente desobedecidas no que diz respeito ao endereço de e-mail. As respostas eram enviadas para o endereço do remetente, e não para aquele indicado na carta.

A quantificação das respostas

Em razão da homogeneidade dos padrões de resposta, foi possível montar uma tabela de correspondências para viabilizar a contabilização dos elementos mais comumente citados. Como veremos na parte de análise dos resultados, a seguir, a partir de um estudo do jargão utilizado, foi montada, para cada pergunta, uma tabela de termos-chaves. Assim, se um agente diz que confiança é "previsibilidade" e outro responde que confiança "é saber como o outro irá agir", podemos dizer, para fins de contabilização das respostas, que ambos responderam de forma igual. As referidas correspondências estão dispostas junto aos resultados apresentados a seguir. Estabelecer essas categorias de respostas mostrou-se viável, na fase de planejamento da pesquisa, mediante a realização do chamado "pré-teste", em que são enviadas perguntas a algumas pessoas apenas para testar o método e o seu potencial em gerar resultados palpáveis para os objetivos da pesquisa. Nessa fase piloto já se observou um padrão de considerável homogeneidade na linguagem utilizada pelos respondentes.

Com base nesse ranking de respostas mais recorrentes, são montados os gráficos apresentados na seção a seguir. Realizados de forma extremamente frugal, os cálculos computam as frequências sempre relativas ao universo de 48 pessoas e realizam comparações sucessivas entre os subgrupos. Os dados e gráficos foram elaborados em planilha Excel.

Limitações

Por ser um híbrido, esta pesquisa pode apresentar conflitos com determinados protocolos mais rígidos de pesquisa, o que pode ser identificado como uma importante limitação. Outra questão relevante é que a pesquisa aplica o H&B em bases qualitativas, o que é algo, como já mencionado anteriormente, incomum.

A aposição de questionários abertos por e-mail (em detrimento de entrevistas) é desaconselhável sob o ponto de vista de pesquisa qualitativa. Contudo, para alcançar, em menos tempo (e com menos recursos) uma amostra mais expressiva, respostas mais elaboradas e acesso mais fácil aos não residentes, optou-se pelo envio remoto dos formulários. Os questionários precisariam ser abertos para que pudessem gerar respostas espontâneas e, assim, captar a heurística da disponibilidade, que é um dos objetivos centrais dessa atividade empírica.

Essa escolha foi tomada a partir de uma experiência concreta. Inicialmente, na fase de pré-tese, alguns respondentes foram entrevistados presencialmente.[35] Em paralelo, enviaram-se alguns outros questionários por e-mail. Além da menor eficiência no fluxo de obtenção das respostas, as entrevistas presenciais apresentaram resultados mais superficiais do que os questionários preenchidos por e-mail. O mercado financeiro, área de atuação de muitos dos respondentes, é tipicamente conhecido pela falta de tempo e pela necessária objetividade de seus membros. Por isso, durante as entrevistas presenciais, notou-se perda da espontaneidade em razão das pressões referentes ao tempo. Além disso, o tema, bastante abstrato, que é a confiança, tende a piorar a impressão de perda de tempo das pessoas. Por isso, preferiu-se a pesquisa por e-mail, em que o agente escolheo momento em que fornecerá as respostas.

35. Excluídos da amostra em razão da diferença na coleta de dados para os demais.

Outra questão importante, pela qual se evita o envio de pesquisas por e-mail, é a impossibilidade de checar se foi, de fato, o respondente quem forneceu as respostas. Neste trabalho, prefere-se confiar que os entrevistados são, de fato, quem afirmam ser, por uma questão de princípio, ou melhor, de confiança.

Em razão do pequeno tamanho da amostra, a pesquisa, sob o aspecto quantitativo, não possui relevância estatística, não sendo possível generalizar os seus resultados para a população em geral. No entanto, o número é adequado e até mesmo excede os protocolos de pesquisa qualitativa.

A metodologia de correspondências foi elaborada com a máxima objetividade, porém é resultado de um processo de interpretação das respostas e não escapa a subjetivismos. Se interpretados de forma diferente, possivelmente alguns números seriam modificados.

Uma derradeira limitação identificada foi a barreira de linguagem. Os questionários em português foram vertidos para o inglês, esperando conseguir o mesmo sentido. Contudo, sabe-se que sutilezas de linguagem podem ocorrer, alterando o sentido das respostas. O mesmo vale, inversamente, para as interpretações recebidas das respostas em inglês.

6.4 Apresentação e análise de resultados

Os resultados da pesquisa estão divididos em razão da pergunta elaborada. As perguntas em português são as seguintes: *1. O que é confiança? 2. No contexto de investimentos, quais aspectos lhe geram confiança (ou desconfiança) no Brasil? E quais aspectos lhe geram desconfiança? 3. Quais aspectos jurídicos são determinantes para você confiar no Brasil? E desconfiar? 4. Você desconfia do Brasil? (para questionários com viés positivo, pergunta-se: Você confia no Brasil?) 5. Na sua opinião, na maioria das vezes, investidores estrangeiros têm a mesma visão que você em relação às perguntas anteriores?*

Aos investidores não residentes, independentemente de nacionalidade, foram disponibilizadas as mesmas perguntas, com exceção da pergunta 5, vertidas para o inglês: *1. What is the meaning of "trust" to you? 2. In the context of business, what makes you trust Brazil? And what makes you distrust it? 3. Which legal aspects make Brazil trustworthy to you? And which ones make it untrustworthy? 4. Generally speaking, is Brazil trustworthy? (Para os respondentes do tipo 2, a pergunta foi formulada com viés negativo, Generally speaking, is Brazil untrustworthy?*)

Conceito de confiança

A primeira pergunta do questionário (*O que é confiança?*) teve como objetivo investigar o conceito de confiança e fornecer um elemento inicial de reflexão ao respondente.

O padrão relativamente homogêneo das respostas permitiu a construção da tabela de correspondências abaixo, que, na coluna da direita, padroniza os elementos citados e na da esquerda apresenta as construções que foram contabilizadas como pertencentes a determinada categoria. Em muitas das vezes os respondentes empregaram o termo exato designado como palavra-chave.

Foram identificadas, entre residentes e não residentes, seis categorias recorrentes de resposta: previsibilidade; cumprimento de contratos; estabilidade; reputação/relacionamento; reciprocidade; e exposição (no sentido de "poder depender", do inglês *reliance*).

Quadro 7: Tabela de correspondências da Pergunta 1: *O que é confiança?*

	Palavras-chaves	Correspondentes
C1	Previsibilidade	"não é necessário analisar profundamente informações", "saber os riscos inerentes ao negócio", "acreditar numa situação futura", "desenvolvimento em direção predefinida"
C2	Cumprimento de Contratos	"o combinado será cumprido", "cumprimento de acordos", "honrar com compromissos assumidos"
C3	Estabilidade	"não ter mudanças", "tranquilidade", "segurança", "no change of the rules of the game", "assurance"
C4	Reputação/ Relacionamento	"knowing the other person very well", "loyalty"
C5	Reciprocidade	"agir como o outro", "comportamento seguirá princípios que compartilho", "exchange", "it is trust in the others and trust in us"
C6	Exposição/Poder depender	"count on in case of problem", "account on a person", "make not try to take advantage of the other party", "be in the hand of others"

O gráfico a seguir mostra, com base na tabela de correspondências, que entre todos os respondentes, não residentes e residentes, o conceito que traz a ideia de poder depender ou *reliance* (C6) foi o mais citado para descrever confiança.

Em seguida, vem o fator ligado à estabilidade (C3), seguido da ideia de reciprocidade (C5). A categoria N/A agrega outros fatores não mencionados de forma frequente, que distintos entre si são agregados para fins de cálculo.

Em quarto lugar vem a ideia de previsibilidade (C1), mencionada por pouco mais de 10% dos respondentes.

Gráfico 1: O que é confiança para residentes e não residentes - ranking

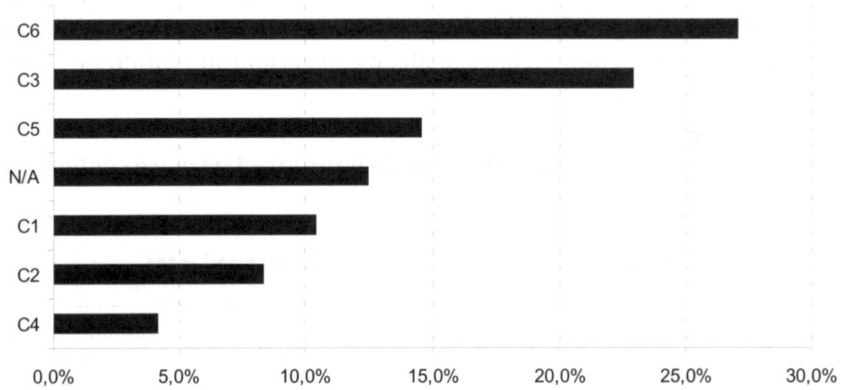

A comparação entre as respostas à pergunta 1 fornecidas por residentes e não residentes apresenta um resultado interessante. A menção à categoria *reliance* (C6) é ampla entre os não residentes, que consideram em 50% dos casos ser essa a essência da confiança. Já entre os brasileiros viceja a categoria estabilidade (C3), com quase 40% das opiniões.

Uma interpretação possível para essa resposta vem da ideia do *framing* de residência. Os brasileiros, após um longo período inflacionário e de incerteza política, gozam hoje os frutos de um período de quase 16 anos de consistência em político-econômica e quase 23 anos de alternância democrática no poder, sem maior desestabilização das instituições. Já no contexto dos não residentes a estabilidade foi, para a maioria dos países, sempre uma realidade, por isso talvez eles não considerem isso, e sim a imunidade ao risco e a oportunismos como a essência da confiança.

Essa diferença em razão da geografia pode ser em parte explicada também pela heurística da ancoragem, a qual mostra que as pessoas tendem a se ancorar no passado para realizar seus julgamentos. Nesse sentido, residentes no País vivenciaram uma história recente de instabilidade. Não residentes, por sua vez, especialmente aqueles oriundos de países desenvolvidos, experimentaram maior estabilidade, por isso possivelmente não percebem as diferenças entre um ambiente estável e instável de forma tão marcada.

Gráfico 2: O que é confiança: residentes *versus* não residentes

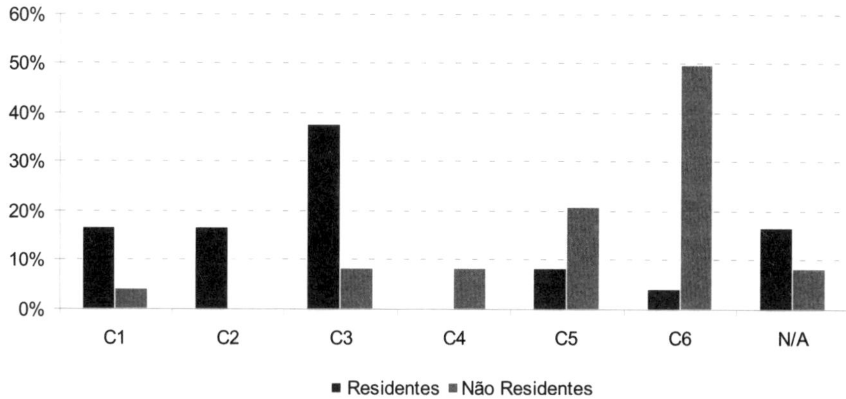

Já na comparação entre as respostas fornecidas por advogados e não advogados, ilustrada no gráfico a seguir, a categoria exposição à contraparte (C6) destaca-se entre os advogados, independentemente da residência. E as categorias estabilidade (C3) e reciprocidade (C5) sobressaem-se entre os não advogados.

Uma possível interpretação é o fato de que a categoria C3 possui forte conotação econômica (estabilidade macroeconômica), cara aos não advogados, e a proteção contra o oportunismo e a má-fé da contraparte, descritos na categoria exposição (C6), são tipicamente uma preocupação dos advogados.

Gráfico 3: O que é confiança: advogados *versus* não advogados

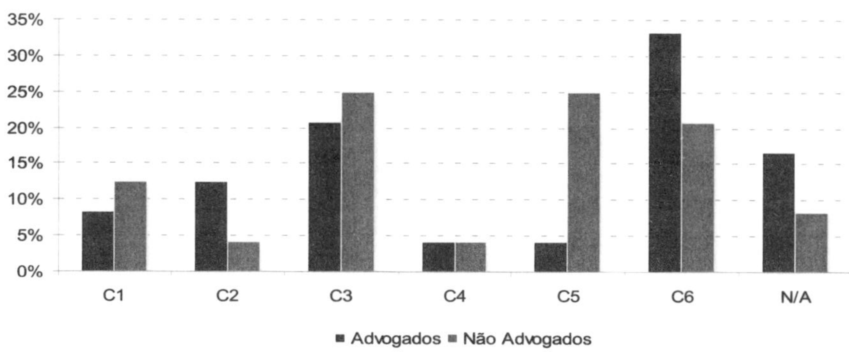

Em termos gerais, a respostas obtidas para a pergunta 1 permitem concluir que os entrevistados consideram que confiar *é poder crer na conduta da contraparte, de modo que se possa dela depender ou, em outras palavras, a ela se*

expor. Em particular os brasileiros, em especial os não advogados, fazem forte associação entre confiança e estabilidade, possivelmente em razão de aspectos relacionados ao momento econômico e político atual em comparação aos momentos anteriores.

Determinantes da confiança no contexto de investimentos

Passemos agora à análise dos resultados obtidos a partir da segunda pergunta (*No contexto de investimentos, quais aspectos lhe geram confiança no Brasil? E quais aspectos lhe geram desconfiança?*). Apenas relembrando, o objetivo desta questão era observar se os elementos jurídicos são espontaneamente mencionados, ou, no linguajar H&B, se estão disponíveis.

A tabela de correspondências abaixo mostra os fatores mais citados para confiar ou desconfiar: estabilidade econômica; crescimento econômico; segurança jurídica e celeridade do Poder Judiciário. Além de previsibilidade, moralidade e autonomia, a princípio, aspectos jurídicos são prontamente citados, contudo é relevante observar em que proporções as menções ocorreram. Essa aferição será feita a seguir.

Quadro 8: Tabela de correspondências da Pergunta 2: *No contexto de investimentos, quais aspectos lhe geram confiança no Brasil? E quais aspectos lhe geram desconfiança?*

	Palavras-chaves	Correspondentes
C1	Estabilidade econômica	"solidez", "stability", "rigidez", "failure to control", "consolidação", "segurança", "instabilidade econômica", "política monetária consistente", "atividade bancária rígida", "infraestrutura de mercado", "política econômica", "intervenção do Estado na economia"
C2	Crescimento econômico	"superávit", "produtividade", "potential in natural resources"
C3	Segurança jurídica	"cumprimento de contratos", "marcos regulatórios definidos", "legislação específica", "legislação bancária excelente e robusta", "sistema regulatório bancário", "regulations", "rules, "legal system", "real estate legislation", "burocracia regulatória", "obsoleto", "leis ultrapassadas", "mudanças no ambiente regulatório", "quebra de contratos", "regulation instabiliy", "criminality"
C4	Celeridade judiciária	"demora do Judiciário", "obsoleto", "morosidade do poder judiciário", "efetividade do sistema judiciário"
C5	Previsibilidade	"visibilidade", "straightforward", "previsibilidade do poder judiciário", "(falta de) previsibilidade de risco"
C6	Probidade política (moralidade)	"corrupção", "honest", "impunidade", "estabilidade política", consolidação democrática", instabilidade política", denúncias contra o governo", "poor education system"
C7	Autonomia (separação de poderes)	"independência", "imparcialidade", "instituições fortes"

A análise das proporções foi desmembrada em fatores de desconfiança e fatores de confiança. Esse desmembramento é necessário em razão do modo como foi formulada (e respondida) a questão. Os agentes normalmente respondem a fatores diferentes para descrever confiança e desconfiança. A tabela de correspondências, nesse sentido, unifica as respostas, destacando elementos citados como influentes seja para desconfiar seja para confiar.

O ranking geral, que engloba residentes e não residentes a respeito dos elementos que despertam *confiança* nos agentes, é liderado pelo fator estabilidade econômica, seguido por crescimento econômico, tendo, em terceiro, o fator segurança jurídica. Este último, de cunho inegavelmente jurídico, está profundamente ligado, conforme visto no Capítulo 4, à estabilidade da atuação do Estado perante o particular. A tabela de correspondências, nesse caso, reúne segurança jurídica quanto a contrapartes privadas e também em relação aos atos dos Três Poderes.

Gráfico 4: O que determina a confiança para investir no Brasil – ranking

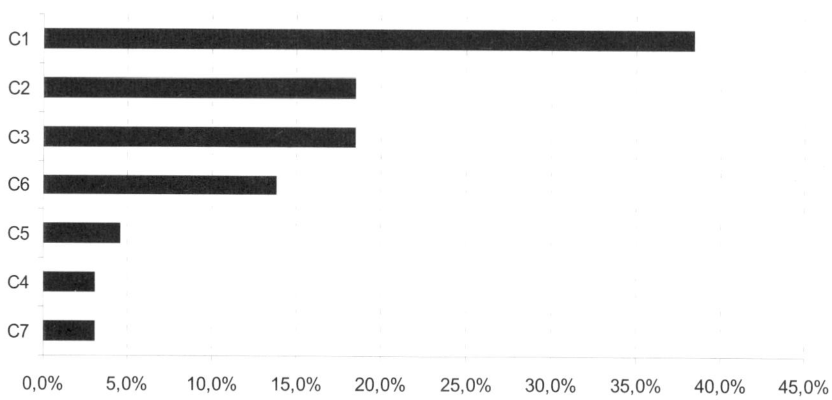

Observe-se ainda que nas respostas em que se menciona segurança jurídica os agentes normalmente falam que idealmente a segurança jurídica os faria confiar, ou seja, parecem (com base no tempo verbal utilizado nas respostas) ter compreendido a pergunta como "que fatores *fariam* com que confiasse no Brasil". Já as respostas que fazem alusão aos aspectos mais econômicos tendem a ser mais efetivas. Em outras palavras, a condição econômica atual é, efetivamente, apontada como fator de confiança. Outro aspecto é que citam a qualidade das leis, frequentemente, como elemento gerador de confiança.

A outra parte da questão, por seu turno, que indaga acerca dos elementos desconfiança, traz uma distribuição diferente. A segurança jurídica (falta de) vem em primeiro lugar, seguida das questões referentes à moralidade e à corrupção. A percepção negativa da moralidade dos agentes públicos aparece como elemento significativo para a desconfiança no País.

Gráfico 5: O que determina a desconfiança para investir no Brasil – ranking

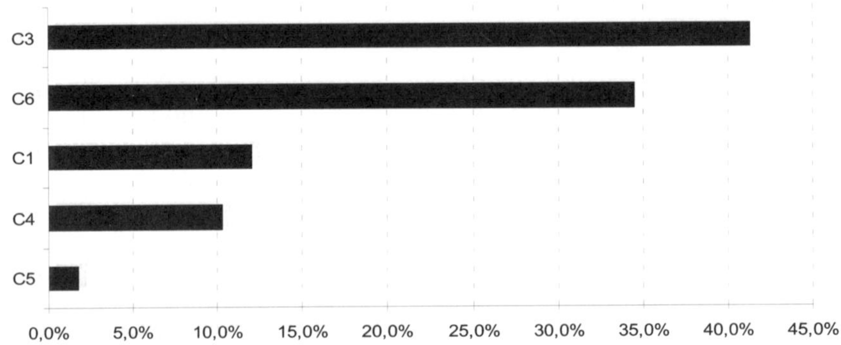

Em relação à presença de elementos jurídicos, podemos observá-los mais presentes quando os agentes afirmam *desconfiar* do País do que quando afirmam *confiar*. O Direito, surpreendentemente, por algumas ausências, especialmente quanto ao cumprimento das leis e à percepção geral de impunidade, tem um efeito negativo sobre a confiança. O próximo gráfico esclarece se essa visão é peculiar aos brasileiros ou se é partilhada pelos investidores estrangeiros.

Gráfico 6: O que determina a desconfiança para investir no Brasil – residentes *versus* não residentes

Residentes

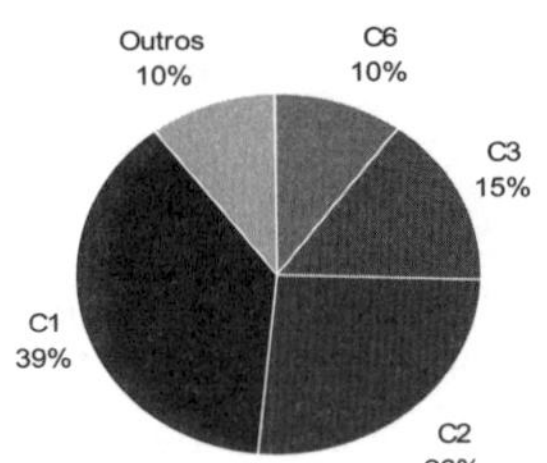

Não Residentes

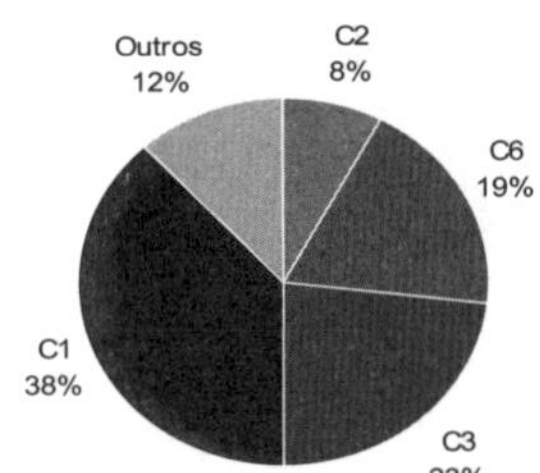

Em termos de distribuição, ao se dividir a amostra entre residentes e não residentes, a conclusão é de que entre residentes e não residentes há um equilíbrio muito grande nas respostas, sendo o item "estabilidade econômica" muito citado em ambos os casos como promotor de confiança.

É importante destacar que esse resultado não é inconsistente com o anterior, em que os residentes associam confiança a estabilidade mais frequentemente do que os não residentes. Nesse caso, pergunta-se objetivamente, a todos os entrevistados: Qual a motivação da confiança deles para investir *no Brasil*. Nessa situação, residentes e não residentes falam de confiança já uma moldura referente ao contexto brasileiro. Pode-se concluir daí que o elemento estabilidade está ligado ao País.

No que diz respeito aos fatores de desconfiança, a distribuição de respostas entre residentes e não residentes parece alterar-se um pouco. As categorias mais citadas continuam sendo a segurança jurídica e a moralidade. Contudo, entre os residentes, como elemento principal de desconfiança, com 47% das citações, está a segurança jurídica, seguida da moralidade, com 32%. Para os não residentes as questões referentes à moralidade lideram com 38%, acompanhadas de perto também pela segurança jurídica, com 33%.

Gráfico 7: O que determina a desconfiança para investir no Brasil – residentes *versus* não residentes

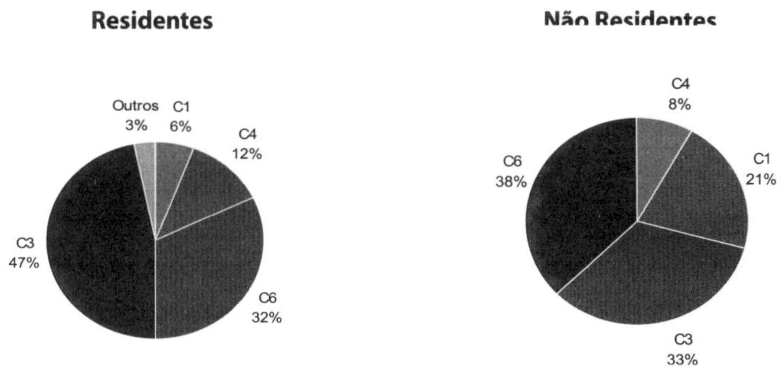

A comparação entre as percepções de advogados e não advogados, confirmando-se a hipótese de *framing* de formação profissional, deveria, teoricamente, conter elementos jurídicos citados de pronto. De fato, os resultados mostraram a segurança jurídica como o fator mais citado para confiar no Brasil entre os advogados (29%), e a estabilidade econômica ganha por larga margem (51%) entre os não advogados. De certo modo, esses valores tendem a confirmar a ideia de que fatores jurídicos estão mais disponíveis a advogados do que a não advogados.

Sob o ponto de vista do programa H&B, pode-se explicar essa ocorrência tanto em razão do *framing*, já mencionado, quanto em razão da heurística da disponibilidade, visto que os fatores jurídicos estariam mais próximos da atividade diária dos advogados do que dos não advogados, sendo dessa forma mais fáceis de acessar mentalmente. O Gráfico 8, a seguir, detalha os resultados aqui mencionados.

Gráfico 8: O que determina a confiança para investir no Brasil – advogados *versus* não advogados

Advogados

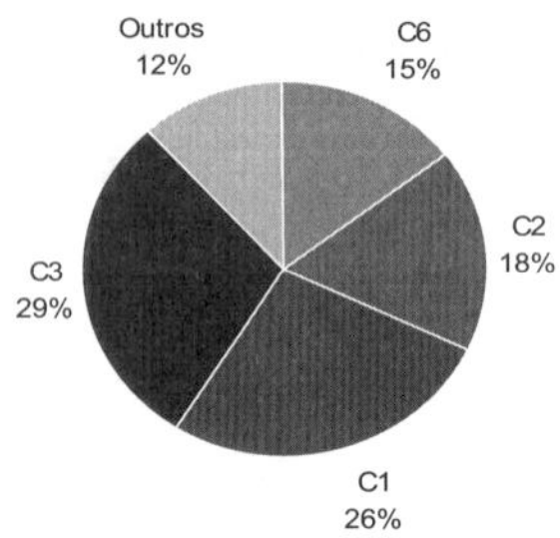

Não Advogados

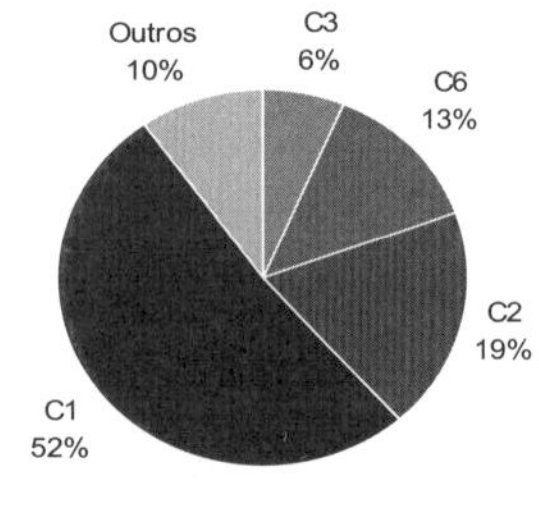

A respeito das razões para desconfiar, entre os advogados a mais citada é o fator "(C3) – segurança jurídica", que é também, em proporção idêntica (42%), a mais citada entre os não advogados. Em seguida, menciona-se o fator "(C6) – moralidade", que foi o mais mencionado pela categoria dos advogados.

Esse resultado sugere que, a despeito da formação, os respondentes consideram que a falta de segurança jurídica é o elemento que mais abala a confiança no País. O Gráfico 9, a seguir, indica os resultados de forma completa.

Gráfico 9: O que determina a desconfiança para investir no Brasil – advogados *versus* não advogados

Advogados

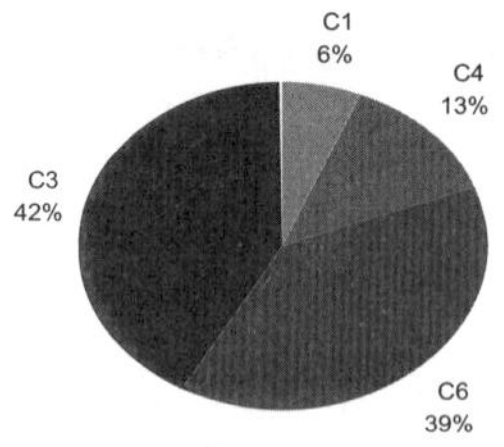

Não Advogados

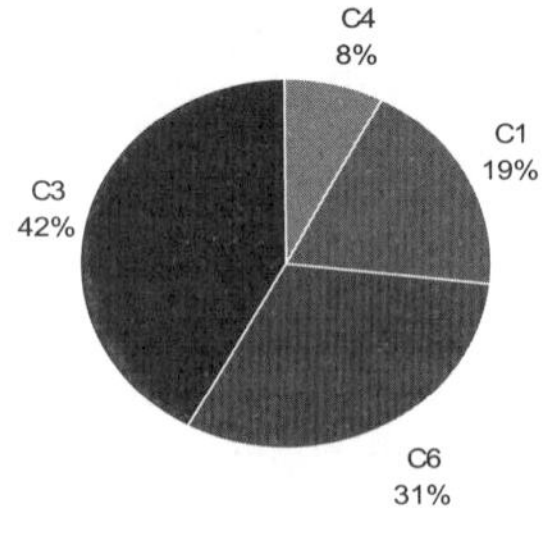

Determinantes jurídicos da confiança no Brasil, num contexto de investimentos

Este é um momento crucial para o trabalho: chega-se à pergunta 4, que resume o espírito deste trabalho: *Quais os determinantes jurídicos para a confiança no Brasil?*

A tabela de correspondências abaixo apresenta como variáveis mais citadas o cumprimento de contratos, a autonomia no âmbito dos Poderes Executivo, Legislativo e Judiciário, a qualidade da regulação, a morosidade do Poder Judiciário, a previsibilidade nas relações negociais e a moralidade.

Quadro 9: Tabela de correspondências da Pergunta 3: ***Quais aspectos jurídicos são determinantes para você confiar no Brasil? E desconfiar?***

	Palavras-Chaves	Correspondentes
C1	Cumprimento de contratos	"enforcement of international business regulation", "respeito aos tratados e contratos", "viabilização de pagamentos", "comply with this international obligation"
C2	Autonomia	"independência do Judiciário", "Estado Democrático de Direito", "imparcialidade", "neutralidade dos tribunais", "imparcial and neutral judiciary", "burocracia", "não imparcialidade", "utilização de medida provisória" "democracia"
C3	Qualidade da regulação	"lei específica", "developments", "regulamentação financeira que busca atender aos padrões internacionais", "marcos regulatórios", "legislação bancária", "estabilidade das leis", "Leis da S.A. e de novos mercados", "segurança jurídica", "high and Strong presence of CVM", "developments of Brazilian international arbitration", "the legal failure to control violence", "rule of Law State", "imprecisão nos comandos legais", "falta de segurança jurídica", "excesso de tributação", "resoluções antigas com interpretação ambíguas", "falta de clareza", "differs from what laws and regulations etablish""lack of legal enforceability", "antitrust legislation"
C4	Morosidade do Judiciário	"agilidade", "morosidade", "Poder Judiciário lento", "eficiência"
C5	Previsibilidade	"visibilidade", "clareza", "conservadorismo", "transparência", "legal provisions", "mudanças", "falta de transparência"
C6	Probidade (moralidade)	"corrupção", "credibilidade dos poderes", "power abuse"

No cômputo geral, pode-se observar que a qualidade da regulação é citada como principal aspecto jurídico que determina a confiança no País. A elaboração das normas e o papel dos reguladores são ressaltados como elementos de confiança. Esse resultado parece muito adequado ao momento presente, em que muito se destacou nos meios de comunicação que a regulação e suas bem elaboradas normas foram decisivas para que a crise não atingisse o País de forma por demais contundente.

Analisando-se qualitativamente as questões, pode-se perceber que as citações positivas em relação à qualidade da regulação referem-se às regras aplicáveis ao mercado financeiro, o que corrobora a visão de que a aparente "imunização" do País perante a Crise de 2008 ocorreu em razão da boa regulação dos mercados financeiros e de capitais. Em termos heurísticos, o uso da regra da disponibilidade parece ter levado os agentes a automaticamente acessar os fatos mais recentes envolvendo a economia brasileira.

Gráfico 10: Aspectos jurídicos que determinam a confiança para investir no Brasil – ranking

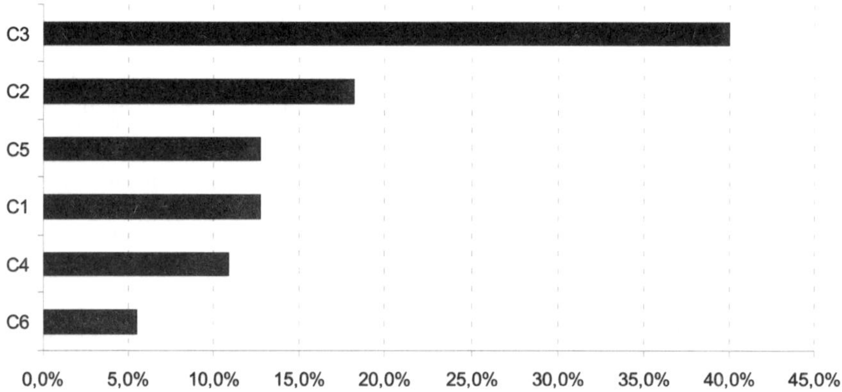

Já entre os elementos citados de forma negativa, ou seja, que motivariam a desconfiança no Brasil, destaca-se em primeiro lugar também a qualidade da regulação, que, nesta padronização, é importante esclarecer, inclui o elemento segurança jurídica, que foi indicado na questão anterior como um forte elemento de desconfiança. Em seguida vem, mais uma vez, a exemplo da pergunta anterior, o elemento moralidade.

Em termos de resultado, as respostas dos agentes mostram um nível elevado de generalidade, mesmo entre os advogados. O mesmo ocorreu com a entrevista qualitativa presencial junto aos reguladores. O fato, se interpretado à luz do H&B, mostra que as pessoas acessam mais rapidamente questões gerais do que específicas, e que os elementos, no mesmo padrão de linguagem utilizado pelos meios de comunicação, estão refletidos nas respostas. Mesmo com uma grande diversidade de origens geográficas e funções, os agentes apresentam uma uniformidade expressiva ao responder ao questionário. Isso pode significar que o padrão de raciocínio é similar, buscando-se os elementos mais correntemente citados. O gráfico a seguir apresenta o ranking de fatores negativos:

Gráfico 11: Aspectos jurídicos que determinam a desconfiança para investir no Brasil - ranking

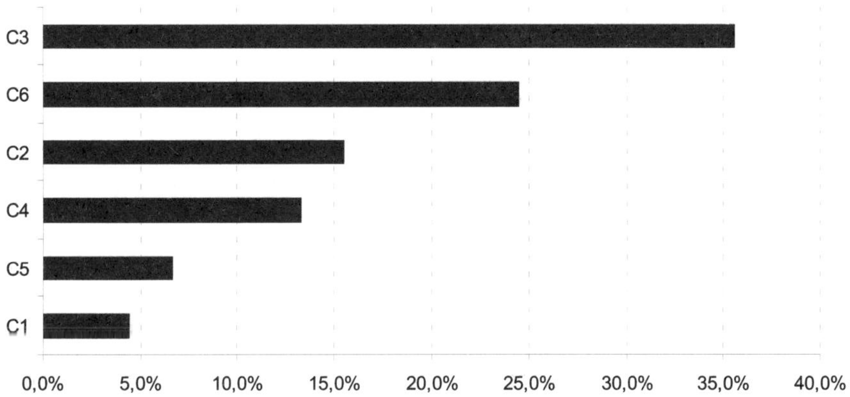

Ao desmembrarmos os respondentes entre residentes e não residentes, observamos entre os residentes que o principal fator jurídico de confiança é considerada a qualidade da regulação, seguida da visão de independência entre os Três Poderes. Os não residentes entrevistados deram maior importância à qualidade da regulação e, em seguida, ao cumprimento dos contratos e à previsibilidade.

Gráfico 12: Determinantes jurídicos da confiança para investir no Brasil - residentes *versus* não residentes

Residentes

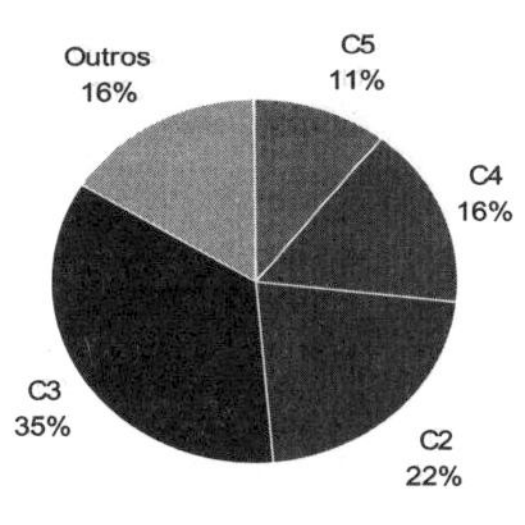

Não Residentes

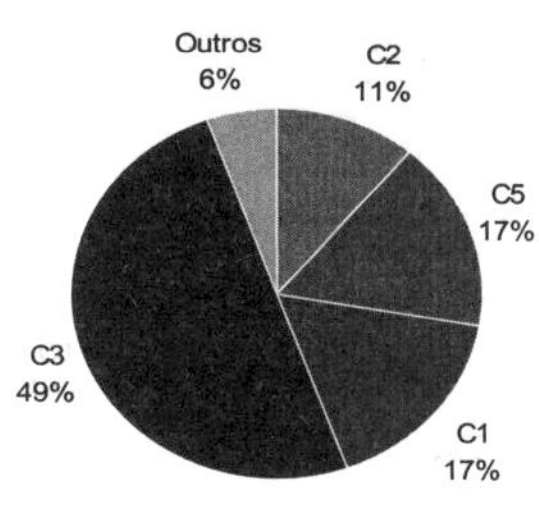

A respeito dos motivos jurídicos para desconfiar, destaca-se, entre residentes e não residentes, a qualidade da regulação. Lembrando, mais uma vez, que sob seu aspecto negativo essa categoria agora inclui a segurança jurídica. Para os residentes, contudo, a moralidade é uma forte raiz de desconfiança, enquanto para os não residentes a ingerência entre os Poderes é considerada um problema de maior impacto.

Gráfico 13: Determinantes jurídicos da desconfiança para investir no Brasil – residentes *versus* não residentes

Residentes

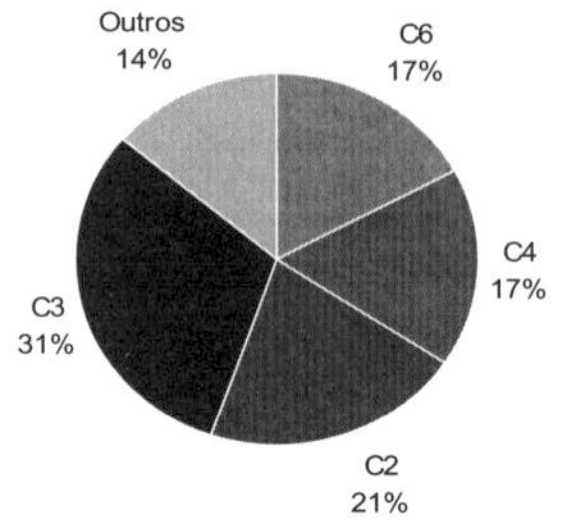

Não Residentes

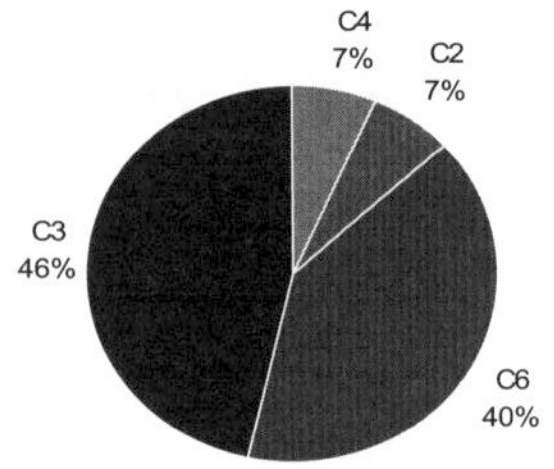

Os advogados, no quesito confiança, atribuem maior valor à qualidade da regulação e, em seguida, à autonomia das instâncias de poder, em proporção praticamente idêntica aos não advogados. Não se verificam, nesse caso, dissonâncias cognitivas relevantes.

Gráfico 14: Determinantes jurídicos da confiança para investir no Brasil – advogados *versus* não advogados

Advogados

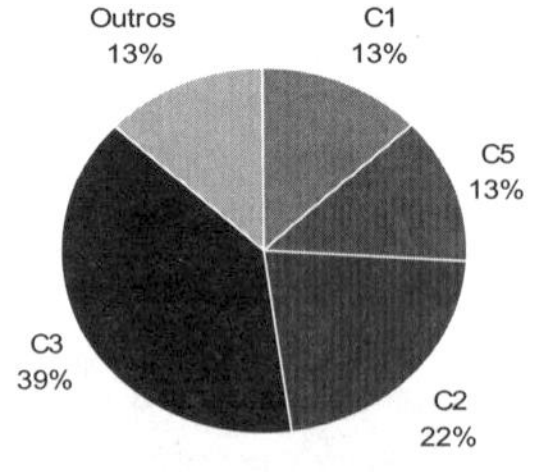

Não Advogados

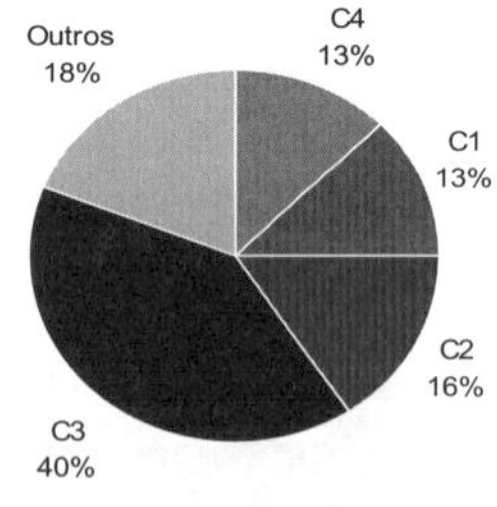

No quesito desconfiança, relatado no gráfico a seguir, os elementos jurídicos mais citados pelos advogados são questões de moralidade e qualidade da regulação. Os não advogados demonstram opiniões parecidas, apenas atribuindo maior peso às categorias citadas. O gráfico a seguir apresenta os resultados.

Gráfico 15: Determinantes jurídicos da desconfiança para investir no Brasil - advogados *versus* não advogados

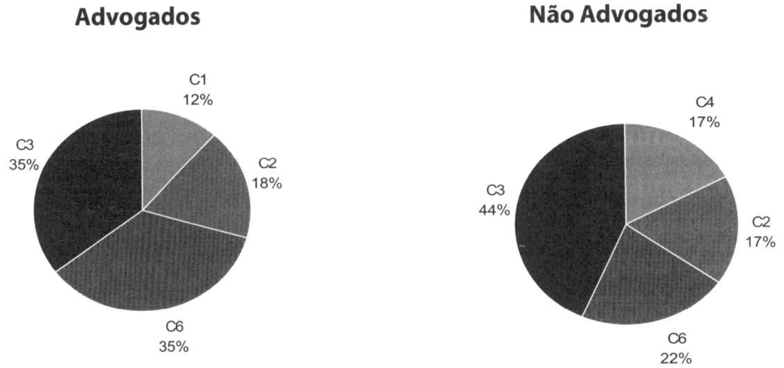

Confiar ou não confiar no Brasil?

A derradeira pergunta é um termômetro da sensação de confiança e desconfiança provocada pelo Brasil. O resultado é interessante e mostra absoluta ausência de dissonâncias entre advogados e não advogados, como mostra o Gráfico 16, e uma grande diferença de percepção entre residentes em não residentes, como aponta o Gráfico 17.

Entre os residentes, o nível de confiança é praticamente igual ao de desconfiança; já entre os não residentes o cenário é de elevada confiança. O resultado parece sugerir que o *framing* local piora as perspectivas de confiança dos residentes, que são mais pessimistas em relação ao País do que os estrangeiros, ao menos atualmente.

Gráfico 16: Você confia/desconfia do Brasil? - advogados *versus* não advogados

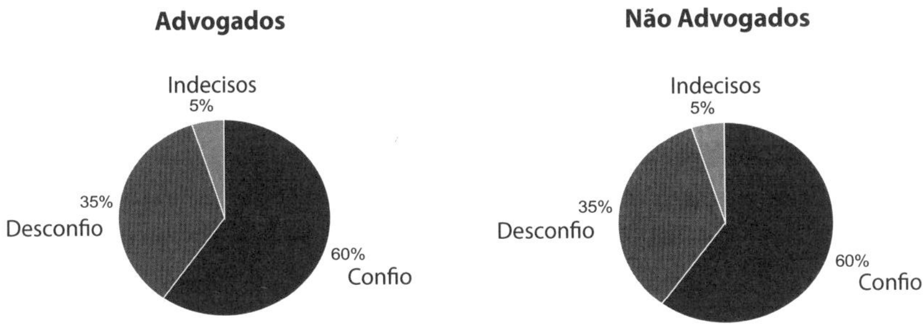

Gráfico 17: Você confia/desconfia do Brasil? – residentes *versus* não residentes

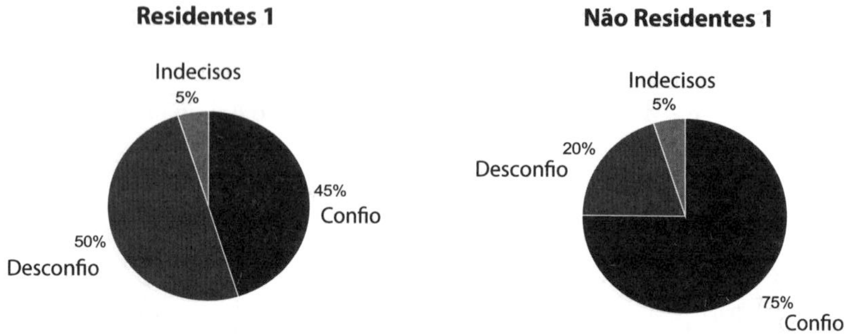

6.5 Síntese da pesquisa empírica

A realização da pesquisa empírica permitiu uma série de resultados aplicáveis somente aos entrevistados nesta amostra, sem possibilidade de generalização para a população em geral, os quais são resumidos e interpretados de forma bastante sucinta nesta seção. Cabe lembrar que, por seu cunho qualitativo, apresenta porcentagens apenas para ilustrar padrões de resposta e tendências, os valores aqui retratados não devendo ser considerados representativos da população em geral.

Poderiam ser gerais se a pesquisa tivesse seguido os cânones da pesquisa quantitativa (com aplicação de métodos estatísticos), algo não compreendido no escopo deste trabalho. O objetivo foi ilustrar alguns dos conceitos observados ao longo deste trabalho, observando algumas tendências constatadas no grupo selecionado.

A presente seção faz um resumo dos resultados apresentados, procedendo à remissão aos conceitos em H&B que poderiam ser ilustrados pelas conclusões aqui alcançadas a respeito do tema da confiança do investidor estrangeiro.

Aspectos gerais

- Os elementos determinantes da confiança destacados em todas as atividades revelaram uma expressiva homogeneidade de resposta. Em muitos dos casos, a linguagem utilizada é estritamente a mesma, inclusive por respondentes de diferentes nacionalidades. Este parece ser um indicativo da heurística da disponibilidade, em que os agentes considerarão mais frequentes (ou neste caso mais importantes) fatores facilmente acessíveis pela mente.

- O *framing* geográfico mostrou resultados relevantes, apontando algumas dissonâncias cognitivas entre residentes e não residentes. Logo, parece ser o referencial (i.e., a residência) um fator importante para a percepção sobre o País. Contudo, o *framing* na formulação das respostas não apresentou resultados tão significativos entre os grupos. De fato, tanto no grupo focal quanto na pesquisa-espelho esse tipo de *framing* mostrou-se pouco eficaz. Talvez um *framing* mais sutil ensejasse maior discrepância nas respostas.
- Os elementos referentes ao ambiente institucional são mais lembrados do que leis ou regulamentações específicas.

Pesquisa qualitativa – reguladores

- Na pesquisa qualitativa junto aos reguladores detectou-se um padrão de inespecificidade de respostas. Contudo, as respostas são extremamente consistentes com aquelas identificadas nas demais atividades empíricas e no Capítulo 4, em que se trata dos sentidos vernaculares da confiança.
- Os reguladores indicaram que fatores econômicos são tão ou mais importantes do que os jurídicos para a confiança do investidor estrangeiro.

Grupo focal

- O *framing*, em decorrência da atividade de grupo focal, parece ter surtido efeitos. Os resultados do grupo de discussão foram mais pessimistas do que os do grupo de controle. O grupo focal sugere ter respondido ao *framing* quando se comparam seus resultados aos obtidos no grupo de controle: os respondentes, após uma discussão sobre instabilidade, mostraram-se menos otimistas em suas respostas.

Pesquisa-espelho

- Considerando o cômputo geral, os respondentes da pesquisa-espelho consideram confiança como *reliance*, ou seja, poder depender ou se expor a alguém.
- A associação entre confiança e estabilidade mostrou-se mais forte entre brasileiros do que entre estrangeiros.
- Ao serem indagados sobre confiança em investimentos, sem mencionar o Direito, os respondentes atribuem espontaneamente maior peso a questões econômicas do que jurídicas.

- O *framing* em razão da profissão parece ter sido confirmado pela pesquisa na indicação de elementos determinantes da confiança: advogados citam mais aspectos jurídicos do que não advogados.
- Advogados tendem a ver confiança como a possibilidade de se salvaguardar em relação a oportunismos que podem ser cometidos pela contraparte. Não advogados tendem a mencionar previsibilidade e estabilidade.
- Entre os elementos jurídicos que determinam a confiança no Brasil destacam-se a qualidade da regulação e a autonomia das instâncias de poder.
- Entre os elementos de desconfiança destacam-se a qualidade, a insegurança jurídica e a falta de moralidade (corrupção).
- Para não residentes, a autonomia das instâncias de poder do Brasil não é vista como um fator de confiança tão forte quanto é considerado pelos residentes.
- A morosidade do Judiciário é vista como um problema maior por residentes do que por não residentes.
- Os não residentes confiam muito mais no Brasil do que os residentes.
- Advogados e não advogados confiam no Brasil da mesma forma.

6.6 Algumas reflexões quanto à pesquisa empírica

A primeira conclusão a respeito desse exercício empírico é de natureza metodológica. Apesar de as pesquisas em H&B adotarem como cânone a pesquisa quantitativa, mostrou-se possível acompanhar as heurísticas e retratar vieses mesmo mediante um método qualitativo. As porcentagens aqui reveladas apenas sugerem tendências, auxiliando no debate.

Embora limitações inerentes ao método impeçam a generalização e comprovação taxativa de hipóteses, essa metodologia permitiu maior interação com os sujeitos pesquisados (especialmente nas entrevistas) e uma análise mais rica em termos de elementos jurídicos, onde se pôde contar com um elemento muito importante: a espontaneidade das respostas.

Em termos de resultados, a presença dos quesitos "estabilidade" e "previsibilidade" em muitas das respostas, remete às considerações feitas a respeito da ordem jurídica do mercado e da racionalidade dos agentes elaboradas no Capítulo 1, quando se discutiram as diferenças entre homem médio e homem econômico.

Os entrevistados, especialmente aqueles que participam de forma efetiva do ambiente de investimentos estrangeiros internacionais, demonstraram ter expectativas quanto a esses dois aspectos, traduzindo-os como confiança. Um resultado marcante, obtido na pesquisa-espelho, foi a diferença nos níveis de otimismo. Não residentes apresentaram respostas mais confiantes do que os brasileiros na larga maioria dos casos. Esses resultados - tanto o otimismo quanto a dissonância - são consistentes com recentes abordagens da mídia internacional[36] e com algumas pesquisas de percepção:[37]

> Investors surveys suggest robust optimism about investment prospects in developing countries over the next three years, sustained by signs that a recovery of the global economy is underway. [...] For now, the expected growth rebound in emerging markets, while uneven appears enough to sustain survey respondents.[38]

Segundo a edição dedicada ao Brasil pela revista britânica *The Economist*, as divergências de percepção, de fato, existem: "Foreigners have short memories, but Brazilians have learned to temper their optimism with caution - even now, when the country is enjoying probably the its best moment since a group of Portuguese sailors (looking for India) washed up on its shores in 1.500".[39]

Interpretar essas diferenças em otimismo de forma não especulativa é tarefa complexa, porém os resultados sugerem a presença forter de *framing* de residência, ou seja, o local de origem é fator preponderante para a percepção do País. Como os grupos têm o mesmo perfil, a princípio o único diferencial que explicaria a diferença de percepção seria a residência. Algo que, em situações de escolha racional (i.e., internamente consistentes), em princípio, não deveria ocorrer: o mesmo fenômeno deveria ser analisado da mesma forma pelos dois grupos. É possível, de acordo com os analistas de mercado, que os estrangeiros estejam superotimistas, o que, por sua vez, remonta à ideia de *overconfidence*, explorada no Capítulo 2.

O papel do Direito é central nesse debate. Em meio a tanto otimismo, o sistema jurídico insatisfatório é apontado como uma das "armadilhas ao investimento"; em outra passagem, a revista *The Economist* se refere ao ordenamento brasileiro como um "disfunctional legal system":

> Investments in Brazil that have failed tend to have one feature in common. Foreign companies arrive in Brazil, full of optimism, pay too much for a local firm and then leave when things turn sour, often selling the same company

36. THE ECONOMIST. *Brazil takes off*. Nov. 12th, 2009.
37. THE WORLD BANK. *World investment and political risk.*
38. Idem, ibidem, p. 24.
39. THE ECONOMIST. *Brazil takes off*. Nov. 12th, 2009.

> back to a Brazilian firm for a small fraction of what they gave for it. One example is Molson, a Canadian beer company that bought Kaiser, a Brazilian brand, in hopes of refreshing Brazil's hordes of beer drinks.
>
> [...]
>
> Now that Brazil has become more predictable, fewer foreign investors will fall into this particular trap, but there are others. Because of the unsatisfactory legal system, commercial disputes with other companies are best avoided. This makes personal ties very important. And once the boss's children are safely married to the offspring of the firm's business partners, any company, wanting to succeed in Brazil will still have to learn the art of "the jeitinho" – a Brazilian knack for getting around obstacles to doing business which would make European or American compliance departments shudder.[40]

Na pesquisa realizada neste trabalho, o Direito foi amplamente destacado como fator de desconfiança pelos residentes, mais especificamente a falta de segurança jurídica, o cumprimento das leis e o funcionamento do Judiciário. As questões referentes à moralidade e à impunidade foram também frequentemente citadas.

A insegurança jurídica foi mencionada tanto sob o ponto de vista de resolução de conflitos privados quanto das relações com o Estado. Nesse sentido, apesar de ter-se verificado a sua crucialidade para o tema da confiança, aparece em diversos casos com uma conotação negativa.

Por outro lado, entre os fatores de confiança os aspectos jurídicos também aparecem. Dessa vez não sob o aspecto da segurança jurídica ou do funcionamento do Judiciário,[41] mas de algo mais específico: a qualidade da regulação, especialmente nos mercados financeiros. Uma explicação possível seria a recente justificativa para o descolamento da economia brasileira do restante do mundo durante a Crise de 2008: a boa qualidade da regulação do sistema financeiro.

Finalmente, sem prejuízo de outras reflexões que poderiam ser feitas a partir dessa pesquisa, cabe alertar que este trabalho não pretende discutir a propriedade desses julgamentos, pois isso dependeria de uma avaliação da concreta eficiência do Judiciário, dos níveis efetivos de corrupção, do grau de moralidade dos agentes públicos etc., algo que foge ao escopo e às possibili-

40. THE ECONOMIST. *Brazil takes off.* Nov. 12th, 2009.

41. Nesse sentido, já existem pesquisas permanentes que mensuram a confiança do brasileiro no Judiciário. Destaque-se o Índice de Confiança na Justiça (ICJ), elaborado pela Fundação Getulio Vargas – SP, que mensura a confiança da população no Judiciário em sete capitais brasileiras.

dades deste trabalho. Contudo, parece a pesquisa indicar um caminho: a utilização da confiança como uma espécie de bússola, podendo orientar o formulador de políticas públicas acerca da eficácia e desenvolvimento do arcabouço jurídico-institucional a partir da percepção dos agentes. Os residentes, como demonstra a pesquisa, parecem ter algumas diferenças de percepção justificáveis por um possível *framing* de residência, o que fazcom que uma agenda de construção de confiança com enfoque nos investidores estrangeiros acabe sendo voltada a preocupações, que, na verdade, são mais caras aos brasileiros.

Conclusões

Esta jornada de pesquisa assemelhou-se à montagem de um quebra-cabeça, com uma peça levando à outra. Os elementos "homem econômico", "confiança", "investimentos estrangeiros" e "percepção" foram sendo explorados para dar sentido à frase completa: *os aspectos jurídicos da confiança do investidor estrangeiro no Brasil.*

Por isso, neste momento de encerramento do trabalho, parece mais adequado, para que se destaquem as conclusões obtidas em cada etapa e, ao mesmo tempo, se forneça uma visão panorâmica dos resultados, dividir as lições apreendidas em três flancos: conclusões parciais (por capítulo), resultados alcançados e considerações gerais.

O Capítulo 1 apresentou elementos para uma crítica à racionalidade e uma introdução aos aspectos psicológicos das decisões econômicas. No âmbito do modelo neoclássico, de racionalidade ilimitada e escolhas consistentes, tudo o que era necessário sobre as escolhas dos agentes estaria revelado pelas simplificações da realidade contidas no arquétipo do homem econômico.

Um manancial de críticas aos aspectos dessa postura metodológica incluiu autores como Oliver Williamson, John Maynard Keynes, Richard Thaler, Daniel Kahneman, Herbert Simon, George Akerlof, Amartya Sen, entre outros.

Embora muito distintos entre si, esses autores, por discordarem da teoria neoclássica, são muitas vezes alcunhados de forma coletiva como "heterodoxos". Suas obras apontam motivos pelos quais o modelo econômico proposto pela teoria neoclássica, mediante o qual o homem tem todas as informações e as processa de forma perfeita ao tomar decisões, é considerado falho.

Nesse contexto, discorre Sen a respeito da perda da dimensão ética; Simon aponta para as limitações da racionalidade; Kahneman menciona a violação aos axiomas da teoria da utilidade esperada; Keynes, de forma pioneira, e hoje Akerlof alertam para o sentimento de "urgência em agir" (o *animal spirits*); Thaler destaca a necessidade de um paternalismo que liberte; e Williamson descreve um mundo de incerteza e contratos complexos que necessita de mecanismos de governança para conter os custos de transação. No bojo dessas contribuições tem lugar a Economia Comportamental, um programa alternativo de pesquisa que traz ao estudo da Economia valiosas contribuições da Psicologia. E o trabalho tentou mostrar o seu interesse para a pesquisa em Direito.

Nessa área, mais especificamente numa vertente da Economia Comportamental denominada Psicologia Econômica, situa-se o *Heuristics & Biases* (H&B). Daniel Kahneman, agraciado em 2002 com o Prêmio Nobel em Economia, no trabalho realizado em parceria constante com Amos Tversky, sem romper com o paradigma neoclássico (especificamente no que diz respeito ao paradigma de escolha racional), ambos, em conjunto, desenvolveram métodos de pesquisa para o estudo da racionalidade e, especificamente, das falhas no processo cognitivo humano.

Perceberam que os agentes recorrentemente utilizam regras de bolso para a tomada de decisão e que esses atalhos mentais podem levar a erros. Tais equívocos representam desvios em relação ao padrão decisório do homem econômico da teoria neoclássica. Como ocorrem de maneira sistemática e previsível, esses desvios são passíveis de estudo. E, mais, constituem importante fonte de estudo, pois auxiliam os agentes a raciocinar melhor e errar menos.

Transpondo essa metodologia para a confiança, viu-se que a sua formação pode ser considerada um processo cognitivo, heurístico, de natureza *intuitiva*. Os vieses podem ser a fonte do estabelecimento da confiança em bases equivocadas. Podem obstar decisões de investimento lucrativas, afetar o desenvolvimento de mercados e, mais ainda, constituir, em muitos casos, a raiz do preconceito contra determinadas nações em momentos cruciais. Em tempos de crise e incerteza, isso pode significar a ruína de um determinado sistema econômico.

Assim, ao estudar o programa H&B no Capítulo 2, explorou-se um receituário versátil, embora de não muito fácil apreensão por envolver métodos quantitativos densos e proposições abstratas, para o estudo desses desvios do paradigma racional. Pretendeu-se no Capítulo 6 ilustrar a sua aplicação à análise de variáveis jurídicas.

As três regras heurísticas estudadas – *representatividade, disponibilidade e ancoragem* – mostram-se úteis à compreensão das percepções dos agentes, especialmente do investidor estrangeiro, como tentaram mostrar os exemplos apresentados ao longo do Capítulo 2.

A *representatividade* revela pontos de contato com um recurso bastante conhecido na disciplina jurídica: a analogia. Considerando-se que um elemento é similar ao estereótipo referente a determinada classe, o agente assume ser provável que ele pertença a essa classe.

Parece, à primeira vista, simples e eficiente. Entretanto, isso encerra problemas, visto que o uso dessa heurística normalmente vem acompanhado de omissões importantes, os vieses. No caso da representatividade, o agente, ao utilizar essa heurística, frequentemente ignora fatores históricos, deixa de criticar a informação recebida ou se deixa levar por aspectos laterais que não deveriam afetar a sua previsão dos eventos.

A *disponibilidade*, por seu turno, mostra que os agentes consideram mais provável ou correto aquilo que vem facilmente à mente. Ou seja, eventos facilmente lembrados são mais prováveis. Contudo, isso nem sempre é verdade, pois somos sujeitos a determinadas armadilhas que, associadas a essa heurística, nos afastam da decisão correta. Como exemplo do uso dessa heurística, os agentes tendem a considerar que circunstâncias facilmente imagináveis são mais prováveis, que elementos rapidamente lembrados são os mais importantes, que eventos envolvendo pessoas famosas são mais prováveis, entre outros desvios.

A terceira heurística, a *ancoragem*, não foi objeto das pesquisas empíricas deste trabalho, em razão do seu caráter mais quantitativo. Contudo, é importantíssima nas decisões do dia a dia. O agente, ao decidir, pode ancorar-se em valores que muitas vezes são arbitrários, por exemplo preços de referência. A questão subjacente descortina toda uma possibilidade de falhas na teoria neoclássica, segundo a qual, em condições normais, o preço praticado no mercado seria de equilíbrio e otimizaria a situação dos agentes. No entanto, se os preços não necessariamente refletem a utilidade e o prazer proporcionado aos agentes, seriam os preços de mercado realmente de equilíbrio? A questão é levantada por Dan Ariely, que, de forma lúdica, aplica aspectos metodológicos importantes da Economia Comportamental.

O Capítulo 3, por sua vez, inicia uma incursão, que continua até o Capítulo 5, em que são estabelecidas as bases sociojurídicas da confiança. A revisão de literatura lança luzes sobre os significados e a importância da confiança, preparando a discussão com aspectos etimológicos, econômicos e sociológicos. A análise de obras selecionadas mostrou, em linhas gerais, como os autores podem dar maior ou menor valor à confiança, dependendo de seu enfoque. Parece ser esta a tendência das obras revistas: quanto mais sociológico o enfoque do autor, maior é a valorização da confiança.

O Capítulo 4 discorre sobre como o Direito receberia a noção de confiança. Foram identificadas três vias de entrada da confiança no ordenamento jurídico: a boa-fé (subjetiva e objetiva), a tutela direta (por exemplo, um sistema de responsabilidade fundamentado na confiança) e a tutela indireta. A leitura de autores clássicos do Direito Civil, como Menezes Cordeiro e Judith Martins-Costa, mostrou que confiança, de fato, não se confunde com boa-fé. Reserva-se a uma agenda de pesquisa futura a investigação a respeito da conveniência e factibilidade de um sistema de proteção fundamentado exclusivamente na confiança.

O Capítulo 5 aponta também a realidade jurídica da confiança, porém de forma mais concreta, aplicada ao universo do trabalho: o investimento estrangeiro. Aproveita-se a oportunidade para ambientar a pesquisa empírica que se dá no Capítulo 6, ou seja, apresenta-se o sistema dual de investimentos, que compreende a categoria de IED e Investimento em Portfólio. Concluiu-se que o IED possui um caráter de permanência e envolvimento com o país destinatário dos recursos maior do que na modalidade Portfólio. Observou-se ainda que a ferramenta teórica de análise relacional dos contratos se mostra adequada ao estudo dessas duas modalidades de investimentos. Nesse sentido, concluiu-se que os IED podem ser considerados contratos relacionais.

Outro ponto a destacar é que as fronteiras entre IED e Portfólio estão se redefinindo em razão das espécies mais modernas de investimento, como os fundos em *private equity*, que apontam ser um híbrido entre investimentos no setor financeiro e no setor real. Atualmente, observou-se que há uma divergência entre a regra brasileira para a classificação desse tipo de investimento (considerados localmente como de Portfólio) e da regra emanada pela OCDE (que os considera IED).

Ademais, pinçaram-se na regulação dos mercados financeiros e de capitais normas que se mostraram protetivas à confiança. Trata-se de *mecanismos indiretos de proteção à confiança*, tal qual a nomenclatura desenvolvida no Capítulo 4, ou seja, são normas que, sem mencionarem a confiança explicitamente, parecem tê-la como elemento teleológico central. Alguns dispositivos da regulação como a *suitability* e as estruturas de *compliance* parecem ter sido moldados para a proteção à confiança do investidor e mostram ter o condão de proteger a confiança.

O Capítulo 6 resultou da ida a campo para conhecer os determinantes jurídicos da confiança, que haviam sido teoricamente estudados nos Capítulos 4 e 5. Tentou-se responder empiricamente à pergunta de pesquisa do trabalho: *Quais os determinantes jurídicos da confiança do investidor estrangeiro no Brasil?* Foi escolhida a metodologia qualitativa, com perguntas abertas, especialmente para se ter uma impressão mais detalhada do sentimento de confiança dos agentes e para que se pudesse observar o funcionamento da heurística da disponibilidade. Isto é, para que os agentes pudessem mencionar o que lhes viesse à mente.

Desenvolveram-se assim três modalidades de pesquisa: grupo focal, pesquisa qualitativa e pesquisa-espelho (mediante a aposição de questionários), que investigaram os elementos que despertaram ou mitigaram a confiança para investir no Brasil. O processo heurístico de resposta foi objeto da análise. A sensação geral provocada pelos resultados da pesquisa é de que, apesar de importante, as pessoas não pensam muito sobre confiança.

Outro resultado marcante foi a vagueza das respostas. Com algumas exceções, poucos agentes citaram normas específicas de tutela direta ou indireta da confiança. As normas mencionadas no Capítulo 5 foram mencionadas, mas raramente, e somente por reguladores. Em termos de H&B, interpretaram-se esses dados como um exercício de heurística da disponibilidade marcado por viés de imaginação. Ou seja, os agentes possivelmente são vagos por não refletirem ou lidarem com o conceito de confiança no dia a dia. Muitos consideram confiança como algo filosófico. Elementos concretos possivelmente não foram considerados cruciais ou importantes por serem difíceis de imaginar, o que, justamente, caracteriza o viés de imaginação.

Constatou-se ainda que, em lugar de normas específicas, são apontados como motivadores da confiança aspectos mais gerais, institucionais. A despeito da importância dos fatores institucionais, isso pode ser também decorrência de um viés relacionado à heurística da disponibilidade, visto que os termos citados pelos agentes estão muito presentes na mídia. O padrão de resposta parece indicar um viés: respostas genéricas são mais fáceis de mencionar do que respostas específicas. Além disso, pensar em exemplos mais específicos requer um esforço maior do que ser vago; eles se tornam, por consequência, nesse cômputo mental, menos relevantes. É importante ressaltar que a vagueza se revelou tanto nas entrevistas presenciais quanto nos questionários enviados remotamente.

Em termos de *resultados alcançados*, conforme as promessas feitas na Introdução deste trabalho, o Capítulo 4 consegue elementos para sustentar que confiança difere de boa-fé. No caso da boa-fé objetiva, a diferença principal parece estar no referencial, uma vez que boa-fé objetiva e confiança ocorrem a sujeitos diversos. Já na boa-fé subjetiva as diferenças parecem residir no fato de que esta é um caso particular da confiança, e aquela é fundada em bases equivocadas. O exemplo de boa-fé subjetiva utilizado, a disciplina jurídica do erro, parece deixar isso claro.

A utilização do programa H&B para a pesquisa em Direito, um dos objetivos deste trabalho, mostrou-se possível e útil para a reflexão, conforme ilustram as pesquisas no Capítulo 6. O resultado das atividades empíricas foi passível de interpretação mediante as categorias de heurísticas e vieses apresentados. A utilização das heurísticas da representatividade e da disponibilidade mostrou a presença de alguns possíveis vieses que tiveram como resultados mais destacados a vagueza e a homogeneidade de algumas respostas.

As hipóteses de pesquisa mencionadas parecem ter sido confirmadas pelas observações realizadas, uma vez que foram confirmadas as três hipóteses principais de trabalho. De acordo com a Hipótese 1, as pesquisas empíricas deveriam revelar elementos referentes, em larga medida, relacionados ao ambiente institucional. Isto de fato foi verificado nos resultados apresentados no Capítulo 6.

Segundo a Hipótese 2, existem dissonâncias cognitivas entre residentes e não residentes a respeito dos determinantes jurídicos da confiança no Brasil. Em outras palavras, os investidores estrangeiros preocupam-se mais com aspectos jurídicos distintos do que os brasileiros. De fato, o peso atribuído aos fatores de confiança e desconfiança variou nos dois casos. No entanto, as discrepâncias não são alarmantes. Foi possível reunir as respostas num mesmo grupo de variáveis, ou seja, os fatores citados costumam ser os mesmos, apenas o peso relativo dado aos fatores é que varia de grupo para grupo.

Nos termos da Hipótese 3, os agentes possuem vieses em seu processo heurístico que influenciam a identificação dos determinantes jurídicos da confiança e podem dificultar a identificação dos fatores, levando-os a pautar sua confiança em temas não necessariamente primordiais.

Embora sem nenhuma relevância estatística (principalmente em decorrência do método qualitativo e do tamanho reduzido da amostra), o que impede generalizar os resultados obtidos para a população, a pesquisa aponta tendências importantes e pode servir para inspirar pesquisas maiores. Estas, sim, poderiam validar taxativamente a utilização do conceito de confiança como uma espécie de bússola para as políticas públicas. A presente pesquisa apenas apresenta essa possibilidade.

As diferenças cognitivas entre brasileiros e estrangeiros ficaram evidentes na demonstração da pesquisa-espelho: os não residentes mostraram ter mais confiança no Brasil do que os residentes. Além disso, observaram-se também algumas diferenças em termos de prioridades quanto aos motivadores da confiança.

Enquanto os residentes creem serem a estabilidade e a previsibilidade fatores-chave para confiar, os não residentes votaram em "poder depender", que corresponde ao vocábulo inglês *reliance*. As diferenças observadas nas respostas entre advogados e não advogados não foi significativa, de modo que não é sugerida dissonância cognitiva na visão que os dois grupos possuem do que é confiança. Entretanto, as diferenças entre as respostas de residentes e não residentes mostraram-se amplas.

O efeito do *framing* foi testado no grupo focal, com estudantes, em que ocorreram impactos significativos. Numa atividade que mesclou características experimentais e de pesquisa qualitativa, o grupo focal foi exposto ao sentimento de insegurança, utilizando-se como pretexto a instabilidade institucional gerada pela crise hondurenha, refletida em material jornalístico. Em relação ao grupo de controle, que não recebeu influência nenhuma, os resultados foram interessantes: o grupo em que ocorreu o *framing* apresentou um nível de pessimismo maior do que o grupo que não participou de discussão alguma.

Em relação às *considerações gerais*, o trabalho desenvolvido inspirou inúmeras constatações, mais amplas, sobre o tema da confiança. A primeira é de que esta é uma ideia rica em adjetivações e pobre em substância. Essencial, elusiva, simplificadora, oportunista, vaga, "de fronteira", desenvolvimentista, entre outras atribuições foram emprestadas à confiança pelos mais doutos comentadores.

No entanto, ao contrário da riqueza descritiva de atributos, comumente as definições obtidas junto ao vernáculo, agentes de mercado, reguladores ou doutrinadores são tautológicas (i.e., "confiar é ter confiança em alguém"), imprecisas ("confiar é prever", "confiar é ter expectativas de que os meus interesses serão os interesses do outro"), ou igualmente abstratas ("confiar é ter fé").

Algumas definições, como as propostas por Oliver Williamson e Russel Hardin, ao relatarem o processo de confiança, descrevem-no como um processo de tomada de decisão igual a qualquer outro, nos termos do paradigma de escolha racional. Para Williamson, falar em confiança sem tomá-la como cálculo é falar de relações afetivas, não econômicas.

Considera-se essa percepção um empobrecimento do sentido da confiança, alijando-se de sua análise o contexto social, histórico e antropológico que a ela é inerente. Esse tipo de visão deixa de agregar avanços obtidos no necessário aprimoramento da visão que se tem do homem econômico. Nesse particular, as visões de confiança que incorporam esses aspectos parecem fornecer um recorte mais acertado da realidade, tal como enunciam Alain Peyrefitte, Niklas Luhmann e Robert Putnam, entre outros.

Essa visão racionalizada da confiança retira-lhe também o aspecto intuitivo. Em Economia, a linha comportamental demonstra conviver melhor com a natureza falível do ser humano do que as correntes mais ortodoxas. A aceitação do erro e a sua investigação, conforme acolhido pelo Programa H&B, mostram-se extremamente úteis como um caminho de aprimoramento do raciocínio e dos processos decisórios.

Com base nas críticas à racionalidade estrita do homem econômico vaticinada pelo modelo neoclássico, objeto das incursões do Capítulo 1, vem-se defender a necessidade de uma aproximação mais realista entre esse arquétipo e o próprio ser humano.

Não há motivos evidentes para tanta diferenciação entre o homem médio e o homem econômico. Ambos são arquétipos inspirados no mesmo agente, o ser humano, a quem tanto a análise econômica quanto a disciplina jurídica são dirigidas. Contudo, dado que essas diferenças existem, é necessário cuidado de não tomar um pelo outro, pois seus pressupostos de atuação e a racionalidade que os pauta são diferentes: o *homo oeconomicus* decide de acordo com o modelo (de escolha racional); o homem médio, conforme a ordem jurídica do mercado, movido por uma objetividade, dada pela generalização das práticas (de comércio, por exemplo), porém também dotado de subjetivismo.

Nesse sentido, aceitar a inserção de elementos psicológicos e subjetivos no Direito e na Economia é de suma importância. A confiança é um tema subjetivo, psicológico e afetivo, conforme ensina a literatura revisada no Capítulo 3. E trazê-la para o campo jurídico ou econômico não deve significar a sua descaracterização, e sim vencer a percepção de que um conceito que pouco se conhece ou que é de difícil verbalização não deve ser estudado tecnicamente.

O programa de pesquisa H&B, abordado no Capítulo 2, mostra ser possível a sua aplicação a qualquer tipo de julgamento, não apenas na formação da confiança. Na área jurídica, seara em que o H&B tem ainda pouca entrada, pode servir como ferramenta para o estudo do erro e até mesmo fundamentar estudos a respeito dos processos heurísticos utilizados pelos juízes (e entes das demais instâncias decisórias) em suas deliberações.

Ao buscar a inserção do tema na teoria jurídica já existente, identificamos três vias de acesso: boa-fé, tutela direta e tutela indireta. Em relação à primeira, encontramos um conceito quase reflexo à confiança: a boa-fé. Considerada uma norma de comportamento, os deveres de boa-fé, especialmente a objetiva, logram em conceder uma proteção a alguns tipos de expectativas, aquelas consideradas legítimas.

Já as expectativas fundamentadas em bases equivocadas, dependendo do tipo de equívoco cometido (precisam cumprir determinados requisitos), podem ser protegidas dentro do escopo da boa-fé subjetiva, que se vincula às percepções equivocadas da realidade.

Entretanto, as normas de tutela da confiança dentro das proteções jurídicas concedidas pela cláusula geral de boa-fé e seus princípios correlatos fornecem uma proteção indireta à confiança. A confiança não é mencionada explicitamente (pelas regras), e não existe uma averiguação (pois não é considerada necessária) da confiança dos agentes numa dada relação, embora a doutrina e a jurisprudências pesquisadas tragam a confiança para esse contexto de forma recorrente.

É verdade que a proteção indireta tem a confiança como elemento teleológico importante, mas isso difere de tê-la como um dos fundamentos imediatos. No Direito brasileiro a palavra "confiança" é raramente mencionada na legislação, porém tem sido cada vez mais referida na jurisprudência. Não que a menção expressa à confiança constitua uma panaceia protetiva, até mesmo porque, já existindo um dever geral de boa-fé, a superposição de vários comandos normativos poderia ter efeitos ambíguos, em termos de comportamento, e gerar confusão interpretativa.

Há quem defenda que a confiança é princípio subjacente à boa-fé. Ao mesmo tempo, em sentido oposto, outros autores sustentam que a proteção jurídica da confiança não está confinada ao princípio da boa-fé objetiva. Este trabalho contenta-se em distinguir os conceitos e alertar que, talvez, a tutela da confiança possa ser tratada de forma mais autônoma do que vem sendo feito atualmente.

Não é apenas o Direito que tem ação sobre a confiança, o inverso também é verdadeiro. Mediante a observação de institutos consagrados (como a boa-fé), depreende-se que a confiança inspira o Direito, sendo um elemento seu subjacente.

Assim, observando-se esse contexto de influências mútuas, conclui-se que um ambiente jurídico protetivo é relevante à própria formação da confiança *intersubjetiva* e *institucional* (dos sujeitos nas instituições). Portanto, existindo uma ordem jurídica robusta que proteja a confiança, terão os agentes maiores incentivos para confiar no sistema.

Similar ao que ocorre na literatura interdisciplinar revisada no Capítulo 3, na doutrina jurídica brasileira, seja em legislação ou em jurisprudência, não há uma noção amplamente utilizada (e prática) para a confiança, sendo ela mais adotada como princípio interpretativo. A doutrina local discorre, por vezes, sobre um possível significado, sendo de aceitação majoritária a posição adotada por autores como Menezes Cordeiro e Judith Martins-Costa, mas não oferece uma definição taxativa e corrente.

Definitivamente, trata-se de um conceito indeterminado e considerado por muitos de praticidade nebulosa. Contudo, apesar de reconhecidamente importante para o Direito, não é claro tratar-se de um conceito *jurídico*. Há muito se menciona a sua importância, mas a sua operabilidade, autonomia e campo de aplicação ainda são pouco claros. A confiança é referida doutrinária e jurisprudencialmente, sempre aliada a outros institutos (i.e., a boa-fé), os quais seriam o fundamento legal de sua proteção. No entanto, a proteção à confiança *per se* não é correntemente considerada um fundamento jurídico. De fato, não existe, por exemplo, uma norma destinada explicitamente à proteção da confiança.

Entre os deveres jurídicos inspirados pela ideia de proteção à confiança está o agir de boa-fé. Ao exigir dos agentes uma conduta pautada na probidade e na diligência, o ordenamento acaba por proteger a confiança da contraparte que crê que seu parceiro negocial agirá corretamente.

Além disso, o Direito, ao estabelecer como padrão de conduta o agir probo e diligente, cria condições para que os agentes legitimamente confiem uns nos outros. Imputa-se um agir de boa-fé e promete o Direito sancionar aqueles que o descumprirem. Por ser responsável por esse incentivo à confiança, precisa o Direito providenciar a sua tutela. Reflexamente, se o padrão de conduta esperado é o de boa-fé, a postura esperada da contraparte é de confiar que o sujeito agirá com essa boa-fé. Assim, no modelo legislativo para a boa-fé e suas implicações para a confiança, podemos concluir que confiar é a regra, e não desconfiar. Nesse sentido, citem-se as proposições de Irti e Forgioni a respeito do mercado como uma ordem: ao estabelecer um ambiente onde se nutrem crenças sobre a previsibilidade de comportamentos, precisa o Direito agir para garantir a não frustração dessas expectativas.

Embora jurisprudencial e doutrinariamente venha-se explorando cada vez mais a noção de confiança (no sentido de expectativa legítima), e a sua tutela venha sendo cada vez mais defendida, recorre-se ao apoio de outros deveres jurídicos para tornar a sua proteção efetiva. O crescimento da figura da boa-fé, cabe ressaltar, traz consigo menções mais frequentes à confiança.

A observação da dinâmica dos mercados financeiros internacionais, aos quais o Brasil está cada dia mais integrado, aponta para o surgimento de um mercado de confiança composto por diversos tipos de profissionais, tais como auditores, consultores, agências de *rating*, escritórios de advocacia e entidades certificadoras, estas últimas muitas vezes compostas pelos próprios reguladores ou autorreguladores. A existência desse mercado exprime, portanto, duas tendências: (i) a demanda dos agentes por confiança é patente; (ii) a forma como os agentes se relacionam não tem sido suficiente para suprir o medo e sanar desconfianças.

A primeira tendência é cabal para relevar a essencialidade do tema da confiança. Ela atua, como descreve Luhmann, como elemento simplificador, e, num mundo de alta velocidade e relações complexas, tornar os processos mais simples faz-se imprescindível.

Já a segunda tendência mostra algum fracasso nas relações sociais, e em certa medida uma deficiência do Direito em sua função de promotor da confiança. Por ser tão necessário na relação entre os agentes, talvez ele não esteja estruturado de forma a punir quem trai a confiança de modo a suprir pelo menos em parte esta demanda por segurança. O Direito pode exercer dois papéis: promover a confiança e artificialmente supri-la. Considerando os dados fornecidos por Putnam sobre a sociedade americana, o crescimento do número de advogados de forma contemporânea à desagregação das redes sociais parece indicar que o Direito tem preferido funcionar na lucrativa função de supridor de confiança.

Esse resultado foi observado também na pesquisa empírica, e parece estar o Direito deixando a desejar em termos de confiança. Ao indagar aos agentes as razões pelas quais eles desconfiam do País, ficam em destaque os vácuos deixados pelo Direito, verbalizados por expressões como "falta de segurança jurídica" e "impunidade". O cumprimento das leis e a atuação do Judiciário são também largamente mencionados pelos agentes como fator de desconfiança. Nesse sentido, o ordenamento parece de forma oblíqua confirmar sua importância para o tema, porém parece que o exercício dessa influência tem sido feito de forma negativa.

As crises mostram que nem sempre buscar a confiança artificialmente é eficaz. Na crise que se sucedeu à *débâcle* da Enron e na Crise 2008, os fornecedores de confiança (i.e., auditores, analistas de mercado, advogados etc.) estiveram na berlinda. No primeiro caso, a firma de auditoria foi considerada conivente com a empresa fraudadora. Na segunda Crise, as agências de *rating* e os próprios reguladores foram considerados corresponsáveis pela negligência quanto aos produtos financeiros, cujo risco era subestimado quando do oferecimento aos investidores.

A confiança poderia auxiliar como uma espécie de termômetro do sentimento dos agentes em relação a determinadas normas, fornecendo mais um subsídio ao formulador de políticas públicas. E o programa H&B é interessante ao Direito por fornecer elementos para identificar como pensa (e erra) o homem médio, tendo não apenas aplicações regulatórias, mas também podendo ser utilizado no estudo jurisprudencial.

O estudo do processo de convencimento de instâncias judicantes é uma área em que o programa de pesquisa em H&B poderia ter aplicações interessantes. Embora seja uma área muito tradicional, especialmente na Filosofia do Direito, a aplicação de um método de análise calcado na Psicologia Econômica poderia trazer reflexões úteis para avaliar a forma como se decidem as questões.

Estas foram basicamente as contribuições que se pretendeu com este trabalho.

Durante a elaboração dos capítulos era perene a sensação de que, quanto mais se estudava, mais se poderia avançar. Alguns temas, como a racionalidade ou o cotejo entre boa-fé e confiança, mereceriam trabalhos específicos. Mas a delimitação do tema, diz-se, serve justamente para manter o pesquisador na trilha dos objetivos inicialmente traçados. Parece esta regra ser um pouco inspirada no recurso utilizado por Ulisses, que na *Odisseia* optou por amarrar-se no mastro para não sucumbir às tentações do caminho. O aspecto positivo é que as restrições enfrentadas aqui acabam por reservar matéria para pesquisas vindouras.

Posfácio

A imensa maioria dos clássicos trabalhos acadêmicos que tratam da discussão sobre a regulação do capital estrangeiro no Brasil se detêm na disputa em torno da remessa de lucros para o exterior por parte das empresas estrangeiras ou suas filiais atuantes no País. Afinal, o poder econômico (e consequentemente político) exercido pelas empresas de capital estrangeiro no Brasil, sua influência na formação da opinião pública e sua capacidade de pressionar o Poder Público em várias questões de política econômica sempre gerou discussões sobre como limitar e fiscalizar esse poder, cuja fonte é externa ao País. Nesse sentido, a questão do controle sobre o capital estrangeiro, portanto, está vinculada à transferência, ou não, dos centros de decisão sobre a atividade econômica para o exterior.

A partir do final dos anos 1980, a adoção das políticas ortodoxas de ajuste fiscal e a implementação das medidas de redução do papel do Estado na economia e de atração de investimentos estrangeiros fez que se tornasse necessário garantir determinadas medidas de política econômica mesmo contra as maiorias políticas, gerando um processo de reformas constitucionais em vários países, cujo objetivo foi "constitucionalizar a globalização econômica". Com a garantia dos investimentos constitucionalizada e a retórica sobre "segurança jurídica", "regras claras", "respeito aos contratos", "Estado de direito" (ou *rule of law*) sendo utilizada contra qualquer atuação estatal que contrarie os interesses econômicos dominantes, instituiu-se um fenômeno que denominei "blindagem da constituição financeira", ou seja, a preponderância das regras vinculadas ao ajuste fiscal e à manutenção da política monetária ortodoxa que privilegia os interesses econômicos privados sobre a ordem constitucional econômica e as políticas distributivas e desenvolvimentistas.

A tese de Anna Lygia Costa Rego, em boa hora publicada em livro, vem, nesse contexto, trazer uma importante contribuição. A sua preocupação diz respeito justamente à efetividade prática dessa retórica em torno da "confiança dos investidores". O que ampliaria e o que reduziria, afinal, a confiança dos investidores estrangeiros em um país como o Brasil? A retórica dominante da "segurança jurídica" e do "respeito aos contratos" seria suficiente ou não?

Anna Lygia inova ao adotar a perspectiva de uma das linhas da chamada economia comportamental (*behavioral economics*), a *Heuristics and Biases*, para criticar os lugares comuns da análise neoclássica tão disseminada nos manuais de economia e na denominada *law and economics*, como o *homo oeconomicus* racional e eficiente. A partir do levantamento e análise dessas discussões teóricas, Anna Lygia consegue vincular as suas relações com concepções jurídicas essenciais, como a boa-fé, e traz, assim, uma reflexão inédita no âmbito jurídico sobre o papel do investimento estrangeiro, conciliando a precisão conceitual com o conhecimento da realidade prática, combinação extremamente rara de se encontrar nos nossos trabalhos jurídicos.

Gilberto Bercovici
Professor Titular de Direito Econômico e Economia Política na Faculdade de Direito da Universidade de São Paulo.

Bibliografia

ABELSON, Robert P.; FREY, Kurt P.; GREGG, Aiden P. *Experiments with people*: revelations from social psychology. New Jersey: Lawrence Erlbaum Associates, 2004.

ACQUAVIVA, Marcus Cláudio. *Dicionário acadêmico de direito de acordo com o novo Código Civil.* São Paulo: Jurídica Brasileira, 2003.

ADAMS, Robert Merrihew. *A theory of virtue*: excellence in being for the good. New York: Oxford University Press, 2006.

AKERLOF, George A. The market for 'lemons'; qualitative uncertainty and the markets mechanism. *Quarterly Journal of Economics*, v. 85, p. 488-500, Aug. 1970.

AKERLOF, George A.; SHILLER, Robert J. *Animal spirits*: how human psychology drives the economy and why it matters for global capitalism. Princeton: Princeton University Press, 2009.

ALBERIGO, Guiuseppe (dir.). *História dos concílios ecumênicos.* São Paulo: Paulus, 1995.

ALCHIAN, Armen A.; DEMSETZ, Harold. Production, information costs and economic organization. *The American Economic Review*, v. 62, n. 5, p. 777-795, Dec. 1972. Disponível em: <http://links.jstor.org>. Acesso em: 30 maio 2006.

ALVAREZ, Juan José. *Crisis de gobernabilidad y control en Argentina.* Buenos Aires: Cuidad Argentina, 2007.

ALVES, Alaor Caffé. *Lógica*: pensamento formal e argumentação. São Paulo: Quartier Latin: 2005.

ALVES, Liane. De braços abertos. *Vida Simples*, São Paulo, ed. 65, abr. 2008, p. 22-29.

AMAL, Mohamed; SEABRA, Fernando. Determinantes do investimento direto externo (IDE) na América Latina: uma perspectiva institucional. *Revista Anpec,* Brasília, v. 8, n. 2, p. 231-247, 2007.

AMARAL JR., Alberto; SANCHEZ, Michelle Ratton. *Regulação internacional dos investimentos*: algumas lições para o Brasil. São Paulo: Aduaneiras, 2007.

ANDORNO, Luis et al. *Dano y protección a la persona humana.* Buenos Aires: Ediciones La Rocca, 1993.

APRIGLIANO, Ricardo de Carvalho. Insider trading. Comentário ao acórdão do Tribunal de Justiça de São Paulo na Apelação Cível n. 12.145-1. *Revista de Direito Mercantil, Industrial, Econômico e Financeiro*, ano XXXVI, v. 109 (Nova Série), p. 173-182, jan.-mar. 1998.

ARAÚJO, Cícero; WAIZBORT, Leopoldo. Sistema e evolução na teoria de Luhman (mais: Luhmann sobre o sistema mundial). *Lua Nova*, n. 47, p. 179--200, 1999.

ARAUJO, Clarice von Oertzen de. *Semiótica do direito*. São Paulo: Quartier Latin, 2005.

ARAUJO, Valter Schuenquener de. *O princípio de proteção da confiança*: uma nova forma de tutela do cidadão diante do Estado. Niterói: Impetus, 2009.

ARIDA, Pérsio; BACHA, Edmar Lisboa; LARA-RESENDE, André. *Credit, interest and jurisdictional uncertainty*: conjectures on the case of Brazil. *Casa das Garças*. Rio de Janeiro: Casa das Garças, 2003. Disponível em: <www.iepcdg.com>. Acesso em: jan. 2008.

ARIELY, Dan. *Predictably irrational*: the hidden forces that shape our decisions. New York: Harper Collins, 2008.

ARVANTIDIS, Paschalis. The diverse traditions of institutional economics: conceptual and methodological underpinnings. *Discussion Paper Series*, n. 10(12), p. 317-435, Out. 2004.

ASCENSÃO, José de Oliveira. Cláusulas contratuais gerais, cláusulas abusivas e boa-fé. *Revista de Direito Privado*, São Paulo, v. 1, n. 4, p. 9-25, out.-dez. 2000.

AUSUBEL, Lawrence M. Insider trading in a rational expectations economy. *The American Economic Review*, v. 80, n. 5, p. 1022-1041, Dec. 1990.

BACHUR, João Paulo. *Distanciamento e crítica*: limites e possibilidades da teoria de sistemas de Niklas Luhmann. Tese de Doutorado. São Paulo: Faculdade de Direito da Universidade de São Paulo, 2009.

BAJPAI, Nirupan; DASGUPTA, Nandita. *What constitute foreign direct investment? A comparison between India and China*. Center on Globalization and Sustainable Development. The earth institute at Columbia University. Working Paper n. 1, Jan. 2004. Disponível em: <http://www.earth.columbia.edu>. Acesso em: 2 jan. 2010.

BANCO CENTRAL DO BRASIL. *Glossário*. Disponível em: <www.bcb.gov.br/glossario>. Acesso em: 6 dez. 2009.

BANCO CENTRAL DO BRASIL. *Investimentos estrangeiros diretos. Distribuição por país de origem dos recursos*. Disponível em: <http://www.bcb.gov.br/rex>. Acesso em: 4 jan. 2010.

BANDEIRA DE MELLO, Celso Antônio. *Curso de direito administrativo*. 26. ed. São Paulo: Malheiros, 2009.

BAPTISTA, Patrícia Ferreira. A tutela da confiança legítima como limite ao exercício do poder normativo da administração pública – a proteção às expectativas legítimas dos cidadãos como limite à retroatividade normativa. *Revista de Direito do Estado*, São Paulo, ano 1, n. 3, p. 155-181, jul.-set. 2006.

_______. *Segurança jurídica e proteção da confiança legítima no direito administrativo*: análise sistemática e critérios de aplicação no direito administrativo. Tese de Doutorado. São Paulo: Faculdade de Direito da Universidade de São Paulo, 2006.

BARBER, Bernard. *The logics and limits of trust*. New Brunswick: Rutgers University Press, 1983.

BARNETT, Adrian G.; VAN DER POLS, Jolieke C.; DOBSON, Annette J. *Regression to the mean: what is and how to deal with it*. Disponível em: <http://ije.oxfordjournals.org/cgi/reprint/34/1/215>. Acesso em: 20 jan. 2001.

BARRACHO, Carlos. *Lições de psicologia económica*. Lisboa: Instituto Piaget, 2001.

BARRAL, Welber (org.). *Direito e desenvolvimento*: análise da ordem jurídica sob a ótica do desenvolvimento. São Paulo: Singular, 2005.

BARTRAM, Söhnke M.; DUFEY, Gunter. *International portfolio investment*: theory, evidence and institutional framework. May, 2001. Disponível em: <http://papers.ssrn.com/sol3/papers.cfm?abstract_id=270196>. Acesso em: 20 jan. 2010.

BARZEL, Y. *A theory of organizations to supersede the theory of the firm*. Sept. 2001. Disponível em: <http//www.econ.washington.edu/people/detail.asp?uid=yoramb>. Acesso em: 22 set. 2004.

BATESON, Patrick. The biological evolution of cooperation and trust. In: GAMBETTA, Diego (org.). *Trust*: making and breaking cooperative relations. Oxford: Basil Blackwell, 1988.

BATISTA NEVES, Iêdo. *Vocabulário prático de tecnologia jurídica e de brocardos latinos*. São Paulo: APM Ed., 1987.

BAUMAN, Zygmunt. *Confiança e medo na cidade*. Rio de Janeiro: Zahar, 2009.

BERNSTEIN, Peter. *A história do mercado de capitais*: o impacto da ciência e da tecnologia nos investimentos. Rio de Janeiro: Elsevier, 2008.

BIELSCHOWSKY, Ricardo (coord.). *Investimento e reformas no Brasil*: indústria e infra-estrutura nos anos 1990. Brasília: Ipea/Cepal. Escritório do Brasil, 2002.

BIERWAGEN, Mônica Yoshizato. *Princípios e regras de interpretação dos contratos no novo Código Civil*. São Paulo: Saraiva, 2007.

BOBBIO, Norberto. *Estado, governo e sociedade*: para uma teoria geral da política. Rio de Janeiro: Paz e Terra, 1987.

BOLTON, Brenda. *A Reforma na Idade Média*. Lisboa: Edições 70, 1986.

BORGERTH, Vânia Maria da Costa. *Sox*: entendendo a Lei Sarbanes-Oxley. São Paulo: Thomson Learning, 2007.

BORGES, Alice Gonzalez. Valores a serem determinados no controle jurisdicional da administração pública: segurança jurídica - boa-fé - conceitos indeterminados - interesse público. *Biblioteca Digital Interesse Público - IP*, Belo Horizonte, ano 4, n. 15, jul. 2002.

BOURDIEU, Pierre. *A produção da crença*: contribuição para uma economia dos bens simbólicos. Porto Alegre: Zouk, 2006.

BRANCO, Gerson Luiz Carlos. A proteção das expectativas legítimas derivadas das situações de confiança: elementos dos princípios formadores da confiança e seus efeitos. *Revista de Direito Privado*, São Paulo, n. 12, p. 169-225, out.-dez. 2002.

BREHM, John; RAHN, Wendy. Individual level-evidence for the causes and consequences of social capital. *American Journal of Political Science*, n. 41, p. 999-1023, Jul. 1997.

BUENO, Francisco da Silveira. *Dicionário escolar da língua portuguêsa*. Rio de Janeiro: Fename (Fundação Nacional de Material Escolar), 1956.

CAMPILONGO, Celso Fernandes. *Política, sistema jurídico e decisão judicial*. São Paulo: Max Limonad, 2002.

CANARIS, Claus-Wilhelm. *Die Vertrauenshaftung im deutschen Privatrecht*. München: Beck, 1971.

CANOTILHO, J. J. Gomes. *Direito constitucional e teoria da Constituição*. Coimbra: Almedina, 1997.

CANUTO, Otaviano; FERREIRA JR., Reynaldo R. *Assimetrias de informação e ciclos econômicos*: Stiglitz é keynesiano? Texto para discussão. IE/Unicamp, Campinas, n. 73, maio 1999. Disponível em: <http://www.eco.unicamp.br/Downloads/Publicacoes/TextosDiscussao/texto73.pdf>.

CARDIM, Fernando et al. *Economia monetária e financeira*: teoria e prática. Rio de Janeiro: Campus, 2000.

CARNEIRO DA FRADA, Manuel António de Castro Portugal. *Teoria da confiança e responsabilidade civil.* Coimbra: Almedina, 2007. Reimpressão da edição de 2004.

CARVALHO NETO, Inácio. *Abuso de direito*. 5. ed. Curitiba: Juruá, 2009.

CARVALHOSA, Modesto. *Comentários à Lei de Sociedades Anônimas*. 4. ed. rev. e atual. São Paulo: Saraiva, 2009. v. 3: artigos 138 a 205.

_______. *Comentários à Lei de Sociedades Anônimas*. 5. ed. rev. e atual. São Paulo: Saraiva, 2007. v. 1: artigos 1.º a 74.

CASEY, John L. *Ética no mercado financeiro*. Rio de Janeiro: IMF Ed./BM&F, 1998.

CHAMI, Ralph; FULLENKAMP, Connel. *Trust and efficiency*, Jul. 2001. Disponível em: <http: //www.ssrn.com>. Acesso em: 1.o dez. 2008.

_______; _______. Trust as a means of improving corporate governance and efficiency. *International Monetary Fund*. IMF Working Paper WP/02/03. Disponível em: <www.imf.org>. Acesso em: 1.º set. 2008.

CIPOLLA, Carlo M. *História econômica da Europa pré-industrial.* Rio de Janeiro: Zahar, 1974.

COASE, Ronald. *The firm, the market and the law*. Chicago: University of Chicago Press, 1988.

_______. The marginal cost controversy. *Economica*, New Series, v. 13, n. 52, p. 278-294, Nov. 1946.

_______. The nature of the firm. *Economica*, New Series, v. 4, n. 16, p. 386-405, Nov. 1937.

_______. The problem of social cost. *The Journal of Law and Economics*, v. 3, p. 1-44, Oct. 1960.

COELHO, Fábio Ulhoa. *Curso de direito civil.* São Paulo: Saraiva, 2009. v. 3: Contratos.

_______. O direito à restituição de recursos fornecidos por bancos estrangeiros ao financiamento à exportação na falência do banco repassador nacional. *Revista de Direito Bancário e do Mercado de Capitais*, São Paulo, v. 10, n. 36, p. 200-213, abr.-jun. 2007.

COLEMAN, James S. *Foundations of social theory.* Cambridge: Harvard University Press, 1990.

_______. Social capital in the creation of human capital. *The American Journal of Sociology*, v. 94, p. 95-120, 1988.

COLEMAN, James S.; FARARO, Thomas J. *Rational choice theory*. London: Sage Publication, 1992.

COMPARATO, Fabio Konder. *Ética: direito, moral e religião no mundo moderno*. São Paulo: Companhia das Letras, 2006.

_______. Natureza jurídica das bolsas de valores e delimitação do seu objeto. *Revista de Direito Mercantil Industrial, Econômico e Financeiro*, ano XXIV, n. 60, Nova Série, out.-dez. 1985.

CONAN DOYLE, Sir Arthur. *Um estudo em vermelho*. Porto Alegre: L&PM Pocket, 2009.

CORAZZA, Gentil (org.). *Métodos da ciência econômica*. Porto Alegre: Ed. da UFRGS, 2003.

CORDEIRO, António Menezes. *Da boa-fé no direito civil*. Coimbra: Almedina, 2001.

CORREA, Paulo; PEREIRA, Carlos; MUELLER, Bernardo; MELO, Marcus. *Regulatory governance in infrastructure industries*. Washington: The International Bank for Reconstruction and Development/The World Bank, 2006.

COVEY, Stephen R. O *poder da confiança*: o elemento que faz toda a diferença. Rio de Janeiro: Elsevier, 2008.

CRUZ, Scheila da. *Fidelização de investidores institucionais*: um princípio para a área comercial de instituições financeiras. São Paulo: A Girafa, 2004.

CUNHA, Daniel Sica da. A nova força obrigatória dos contratos. In: MARQUES, Claudia Lima (org.). *A nova crise do contrato*: estudos sobre a nova teoria contratual. São Paulo: RT, 2007.

DAMODARAN, Aswath. *Mitos de investimentos*. São Paulo: Financial Times/ Prentice Hall, 2006.

DANTAS JR., Aldemiro Rezende. *Teoria dos atos próprios no princípio da boa-fé*. Curitiba: Juruá, 2008.

DASGUPTA, Partha. Trust as a commodity. In: GAMBETTA, Diego (org.). *Trust*: making and breaking cooperative relations. Oxford: Basil Blackwell, 1988.

DAWKINS, Richard. *O gene egoísta*. São Paulo: Companhia das Letras, 2007.

DE CHIARA, José Tadeu. Capitais estrangeiros. *Revista de Direito Mercantil Industrial, Econômico e Financeiro*, ano XVI, n. 26, Nova Série, 1977.

_______. Contrato de câmbio – exportação – posição do Banco Central do Brasil – reconhecimento da ausência de "legitimatio ad causam" passiva – conseqüente declaração de extinção do processo – embargos de declaração recebidos. *Revista de Direito Mercantil Industrial, Econômico e Financeiro*, ano XV, n. 23, Nova Série, 1976.

DE PAULA, Luiz Fernando; PIRES, Manoel Carlos de Castro; MEYER, Thiago Rinaldi. Regime cambial, taxa de câmbio e estabilidade macroeconômica no Brasil. *Fórum de Economia da EE FGV/SP.* São Paulo: Fundação Getulio Vargas, 2008. Disponível em <http://desenvolvimentobr.ning.com/forum/topics/2303053:Topic:242>. Acesso em: 8 jan. 2010.

_______; _______; _______. Regime cambial, taxa de câmbio e estabilidade macroeconômica no Brasil: uma avaliação do período recente. In: SICSÚ, João; FERRARI FILHO, Fernando (org.). *Câmbio e controles de capitais*: avaliando a eficiência de modelos macroeconômicos. Rio de Janeiro: Elsevier, 2006.

DE PLÁCIDO E SILVA. *Vocabulário jurídico.* Rio de Janeiro: Forense, 1999.

DE SANCTIS, Fausto Martin. *Crime organizado e lavagem de dinheiro.* Destinação de bens apreendidos. Delação premiada e responsabilidade social. São Paulo: Saraiva, 2009.

DELFAUD, Pierre. *As teorias econômicas.* Rio de Janeiro: Zahar, 1987.

DENZIN, Norman K.; LINCOLN, Yonna (org.). *O planejamento da pesquisa qualitativa.* Porto Alegre: Artmed, 2000.

DERZI, Misabel Abreu Machado. *Modificações da jurisprudência no direito tributário:* proteção da confiança, boa-fé objetiva e irretroatividade como limitações constitucionais ao poder judicial de tributar. São Paulo: Noeses, 2009.

DI PIETRO, Maria Sylvia Zanella. *Discricionariedade administrativa na Constituição de 1988.* 2. ed. São Paulo: Atlas, 2001.

_______. *Os princípios da proteção à confiança, da segurança jurídica e da boa-fé, na anulação do ato administrativo. Biblioteca Digital Fórum Administrativo – Direito Público – FA, Belo Horizonte, ano 9, n. 100, jun. 2009.*

DIEHL, Astor Antonio; TATIM, Denise Carvalho. *Pesquisa em ciências sociais aplicadas. São Paulo: Prentice Hall, 2004.*

DINIZ, Maria Helena. *Dicionário jurídico.* São Paulo: Saraiva, 1998.

DOWNES, John; GOODMAN, Jordan Elliot. *Dicionário de termos financeiros e de investimento.* Tradução de Ana Rocha Tradutores Associados. São Paulo: Nobel, 1993.

DUARTE, Liza Bastos. A impossibilidade humana de um julgamento imparcial. *Revista de Direito Privado*, São Paulo, n. 12, p. 226-259, out.-dez. 2002.

DUNN, John. Trust and political agency. In: GAMBETTA, Diego (org.). *Trust*: making and breaking cooperative relations. Oxford: Basil Blackwell, 1988.

EBERT, Tara A. E. *Interdisciplinary trust meta-analysis*. Analysis of high rank trust articles between 1996-2006. Discussion Paper 2007-18. München: Munich School of Management. Disponível em: <http://epub.ub.uni-muenchen.de>. Acesso em: 11 jan. 2010.

EIZIRIK, Nelson. *Insider trading in Brazil*: recent developments. In: *Briefing Book – Symposium on building the financial system of the 21st century*: an agenda for Latin America and the United States. Program on International Financial Systems. Cambridge: Harvard Law School, 2008.

_______. *Questões de direito societário e mercado de capitais*. Rio de Janeiro: Forense, 1987.

ELLIOT, Kimberly Ann. *A corrupção e a economia global*. Brasília: Editora da UnB, 2002.

EMERY, James J.; SPENCE JR., Melvin T.; WELLS JR., Louis T.; BUEHRER, Timothy S. *Administrative barriers to foreign investment*: reducing red tape in Africa. Washington: The World Bank – IAS, 2000.

ENEI, José Virgílio Lopes. *Project finance*: financiamento com foco em empreendimentos (parcerias público-privadas, *leveraged buy-outs* e outras figuras afins. São Paulo: Saraiva, 2007.

FARIAS, Cristiano Chaves de; ROSENVALD, Nelson. Lineamentos acerca da interpretação do negócio jurídico: perspectivas para a utilização da boa-fé objetiva como método hermenêutico. *Revista de Direito Privado*, São Paulo, n. 31, p. 1- 30, jul.-set. 2007.

FEIJÓ, Ricardo. *História do pensamento econômico*. São Paulo: Atlas, 2007.

FERNANDES, Francisco. *Dicionários de verbos e regimes*. Rio de Janeiro: Globo1973.

FERRAZ, Flavia. Investimentos externos diretos – aspectos mais relevantes da legislação cambial. *Revista de Direito Bancário e Mercado de Capitais*, ano 9, n. 33, p. 358-374, jul.-set. 2006.

FERREIRA, Aurélio Buarque de Holanda. *Novo dicionário Aurélio da língua portuguesa*. Rio de Janeiro: Nova Fronteira, 1976. (3. ed. rev. e ampl., 1999; 6. reimpr. Curitiba, 2004; 1. reimpr. Positivo.)

_______. *Novo dicionário Aurélio da língua portuguesa*. Rio de Janeiro: Nova Fronteira, 1986.

FERREIRA, Vera Rita de Mello. *Decisões econômicas*: você já parou para pensar? São Paulo: Saraiva, 2007.

FERRY, Luc. *Homo aestheticus*. A invenção do gosto na era democrática. Coimbra: Almedina, 2003.

FONSECA, Eduardo Giannetti da. *Mercado das crenças*: filosofia econômica e mudança social. São Paulo: Companhia das Letras, 2003.

FORGIONI, Paula. *A evolução do direito comercial brasileiro*: da mercancia ao mercado. São Paulo: RT, 2009.

_______. A interpretação dos negócios empresariais no novo Código Civil brasileiro. *Revista de Direito Mercantil Industrial, Econômico e Financeiro*, v. 42, n. 130, p. 7-38, abr.-jun. 2003.

_______. *Contrato de distribuição*. 2. ed. São Paulo: RT, 2008.

FRANCO, Gustavo H. B.; PINHO NETO, Demosthenes. *A desregulamentação da conta de capitais: limitações macroeconômicas e regulatórias*. Pontifícia Universidade Católica do Rio de Janeiro (PUC-Rio). *Texto para discussão* n. 479. Rio de Janeiro: PUC-Rio, 2004. Departamento de Economia. Disponível em: <www.econ.puc-rio.br>. Acesso em: 3 set. 2008.

FREITAS, Juarez. *O controle dos atos administrativos*. 4. ed. São Paulo: Malheiros, 2009.

FREY, Bruno S.; STUTZER, Alois. Beyond outcomes: measuring procedural utility. *Oxford Economic Papers*, v. 57, n. 1, p. 90-111, 2005. *Social Science Research Network* - SSRN. Disponível em: <http://ssrn.com/abstract=916816>. Acesso em: 11 jan. 2001.

FRIEDMAN, Milton. *Essays in positive economics*. Chicago: The University of Chicago Press, 1970.

FUCHS, Michael (org.). *Building trust – developing the Russian financial sector*. Washington: The World Bank, 2002.

FUKUYAMA, Francis. *Confiança*: as virtudes sociais e a criação da prosperidade. Rio de Janeiro: Rocco, 1996.

_______. *O fim da história e o último homem*. Rio de Janeiro: Rocco, 1992.

GADREY, Jean; FLORENCE, Jany-Catrice. *Os novos indicadores de riqueza*. Tradução de Assef Kfouri. São Paulo: Senac São Paulo, 2006.

GALBRAITH, John Kenneth. *Capitalismo americano*: o conceito do poder compensatório. São Paulo: Novo Século, 2008.

GALLO, Giovanna Mazzeto. Classificação de crédito (*rating*) - 1.ª parte. *Revista de Direito Bancário e de Capitais*, São Paulo, ano 11, n. 42, p. 182--195, out.-dez. 2008.

GAMBETTA, Diego. Can we trust trust? In: GAMBETTA, Diego (org.). *Trust*: making and breaking cooperative relations. Oxford: Basil Blackwell, 1988.

_______. *Codes of the subworld*. How do criminals communicate? Princeton: Princeton University Press, 2009.

_______. Mafia: the price of distrust. In: GAMBETTA, Diego (org.). *Trust*: making and breaking cooperative relations. Oxford: Basil Blackwell, 1988.

_______. *The Sicilian Mafia*. The business of private protection. Harvard: Harvard University Press, 1993.

GAMBETTA, Diego; HAMILL, Heather. *Streetwise*: how taxidrivers establish costumer's trustworthiness. New York: Russel Sage Foundation, 2005.

GARNER, Bryan A. (ed.). *Black's law dictionary*. St. Paul: Thomson Business, 2004.

GASTINEAU, Gary L.; KRITZMAN, Mark P. *Dicionário de administração de risco financeiro*. São Paulo: Bolsa de Mercadorias e Futuros, 1999.

GEBRIN, Vera Lúcia. *O erro no novo Código Civil*. São Paulo: Forense, 2005.

GELLNER, Ernest. Trust, cohesion and the social order. In: GAMBETTA, Diego (org.). *Trust*: making and breaking cooperative relations. Oxford: Basil Blackwell, 1988.

GIACOMUZZI, José Guilherme. *A moralidade administrativa e a boa-fé da administração pública*: o conteúdo dogmático da moralidade administrativa. São Paulo: Malheiros, 2002.

GIAMBIAGI, Fabio; ALÉM, Ana Claudia. *Finanças públicas*: teoria e prática no Brasil. 3. ed. Rio de Janeiro: Elsevier, 2008.

GIGERENZER, Gerd. *O poder da intuição*. Rio de Janeiro: Best Seller, 2009.

GILLOVICH, Thomas; GRIFFIN, Dale; KAHNEMAN, Daniel (ed.). *Heuristics and biases*: the psychology of intuitive judgement. New York: Cambridge University Press, 2002.

_______; _______; _______. *Judgment under uncertainty*: heuristics and biases. New York: Cambridge University Press, 1982.

GINZBURG, Carlo. *Mitos, emblemas e sinais*: morfologia e história. São Paulo: Companhia das Letras, 2007.

GIRENZER, Gerd; SELTEN, Reinhard. *Bounded rationality*: the adaptive toolbox. Cambridge: The MIT Press, 2001.

GOMES, Bianca de Oliveira. Auto-regulação e o mercado financeiro: a experiência da Andima. *Revista de Direito Bancário e do Mercado de Capitais*, ano 9, n. 34, out.-dez. 2006.

GONÇALVES, Camila de Jesus Mello. *Princípio da boa-fé*: perspectivas e aplicações. Rio de Janeiro: Elsevier, 2008.

GONZAGA, João Bernardino. *A inquisição em seu mundo*. São Paulo: Saraiva, 1993.

GOOD, David. Individuals, interpersonal relations and trust. In: GAMBETTA, Diego (org.). *Trust:* making and breaking cooperative relations. Oxford: Basil Blackwell, 1988.

GOOD, David; HARDIN, James W. *Common errors in statistics* (and how to avoid them). New Jersey: Willey, 2009.

GRAU, Eros Roberto. *A ordem econômica na Constituição de 1988*. 9. ed. São Paulo: Malheiros, 2004.

_______. *O direito posto e o direito pressuposto*. 7. ed. São Paulo: Malheiros, 2008.

GRAU, Eros Roberto; FORGIONI, Paula. *O Estado, a empresa e o contrato*. São Paulo: Malheiros, 2005.

GREENSPAN, Alan. *A era da turbulência*: aventuras em um novo mundo. Tradução de Afonso Celso da Cunha Serra. Rio de Janeiro: Elsevier, 2008.

GAROFALO FILHO, Emilio. *Câmbio, ouro e dívida externa de Figueiredo a FHC*. São Paulo: Saraiva, 2002.

GUERRA, Sergio (org.). *Temas de direito regulatório*. Rio de Janeiro: Freitas Bastos, 2004.

GUP, Bento E.; KOLARI, James W. *Commercial banking*: the management of risk. New Jersey: John Wiley & Sons, 2005.

HABERMAS, Jürgen. *Racionalidade e comunicação*. Lisboa: Edições 70, 1996.

HARDIN, Russel. *Trust & trustworthiness*. A volume in the Russel Sage foundation series on trust. New York: Russel Sage, 2002.

HART, Keith. Kinship, contract, and trust: the economic organization of migrants in an African city slum. In: GAMBETTA, Diego (org.). *Trust*: making and breaking cooperative relations. Oxford: Basil Blackwell, 1988.

HART, Oliver. Foundations of incomplete contracts. *Review of Economic Studies*, n. 66, p. 115-138, 1999.

HAUSMAN, Daniel M.; McPHERSON, Michael. *Economic analysis, moral philosophy and public policy*. 2. ed. Cambridge: Cambridge University Press, 2006.

HAWTHORN, Geoffrey. Three ironies in trust. In: GAMBETTA, Diego (org.). *Trust*: making and breaking cooperative relations. Oxford: Basil Blackwell, 1988.

HENDERSON, Hazel. *Mercado ético*: a força do novo paradigma empresarial. São Paulo: Cultrix, 2007.

HEYMAN, James; ARIELY, Dan. Effort for payment: a tale of two markets. *Psychological Science*, v. 15, n. 11, Nov. 2004.

HOBSBAWN, Eric J.; RANGER, Terence. *A invenção das tradições*. São Paulo: Paz e Terra, 2006.

HORNBY, A. S. *Oxford advanced learner's dictionary of current English*. Oxford: Oxford University Press, 2000.

IRTI, Natalino. A ordem jurídica do mercado. *Revista de Direito Bancário e do Mercado de Capitais*, ano 11, n. 39, p. 94-100, jan.-mar. 2008.

_______. Concetto giuridico di mercato e dovere di solidarietà. *Rivista di Dirito Civile*, anno XLIII, n. 2, p. 185-191, mar.-apr. 1997.

_______. *Diritto ed economia*: problemi e orientamenti teorici. Padova: Cedam, 2003.

_______. *L'ordine giuridico del mercato*. Roma-Bari: Laterza & Figli, 2001.

_______. Persona e mercato. *Rivista di Diritto Civile*, anno XLI, n. 3, p. 289-298, mag.-giu. 1995.

JORDÃO, Eduardo Ferreira. *Abuso de direito*. Salvador: JusPodivm, 2006.

JORGE, Marina Filgueiras. *Investimento estrangeiro direto e inovação: um estudo sobre ramos selecionados da indústria no Brasil*. IPEA. Texto para discussão n. 1327. Brasília: IPEA, 2008.

JUNQUEIRA DE AZEVEDO, Antonio. *Estudos e pareceres de direito privado*. São Paulo: Saraiva, 2004.

_______. *Novos estudos e pareceres de direito privado*. São Paulo: Saraiva, 2009.

JUSTEN FILHO, Marçal. Considerações acerca da modificação subjetiva dos contratos administrativos. *Biblioteca Digital Fórum de Contratação e Gestão Pública – FCGP*, Belo Horizonte, ano 4, n. 41, maio 2005.

KAHNEMAN, Daniel; SLOVIC, Paul; TVERSKY, Amos. *Judgement under uncertainty*: heuristics and biases. Cambridge: Cambridge University Press, 1982.

KAHNEMAN, Daniel; TVERSKY, Amos. Prospect theory: an analysis of decision under risk. *Econometrica*, v. 47, p. 263-291, 1979.

KAPLOW, Louis; SHAVELL, Steven. *Economic analysis of law*. Harvard Discussion Paper 2836/2000. Disponível em: <www.law.harvard.edu/programs/olin_center/papers/pdf/283.pdf>. Acesso em: 11 jan. 2010.

KAUSTIA, Markku; ALHO, Eeva; PUTTONEN, Vesa. How much does expertise reduce behavioral biases? The case of anchoring effects in stock return estimates. *Financial Management*, v. 37, n. 3, p. 391-412, 2008.

KEYNES, John Maynard. *General theory of employment, interest and money*. London: MacMillan, 1936.

KHAN, Ali M. On trust as a commodity and on the grammar of trust. *Journal of Banking & Finance*, v. 26, p. 1719-1766, 2002.

KINDELBERGER, Charles P. *Manias, panic and crashes*: a history of financial crisis. Hoboken (NJ): Wiley Investment Classics, 2000.

_______. *Movimentos internacionais de capital*. Rio de Janeiro: Record, 2007.

KLOR, Adriana; FERNÁNDEZ ARROYO, Diego P.; PIMENTEL, Luiz Otávio (org.). *Investimento estrangeiro*: direito do comércio internacional: temas e atualidades. Florianópolis: Fundação Boiteux, 2005.

KNIGHT, Frank H. *Risk, uncertainty and profit*. Orlando: Signalman Publishing, 2009 (Edição original Hart, Schaffner & Marx, Houghton Mifflin Co., 1921.)

KRAUS, Jady S. *The limits of Hobbesian contractarianism*. Cambridge: Cambridge University Press, 1993.

KRECKÉ, Elisabeth. *The nihilism of the economic analysis of law*. University of Aix-Marseille III. Disponível em: <http://mises.org/journals/scholar/Krecke>. Acesso em: 28 jan. 2010.

KRUGMAN, Paul. *A crise de 2008 e a economia da depressão*. Rio de Janeiro: Elsevier, 2009.

KRUGMAN, Paul; OBSTFELD, Maurice. *Economia internacional*: teoria e política. 6. ed. São Paulo: Pearson Addison Wesley, 2005.

LANE, Silvia T. M.; CODO, Wanderley. *Psicologia social*: o homem em movimento. São Paulo: Brasiliense, 2006.

LAUTENSCHLÄGER, Milton Flavio de A. C. Variações sobre a teoria do abuso do direito no âmbito do Código Civil brasileiro. *Revista de Direito Privado*, São Paulo, n. 31, p. 190-211, jul.-set. 2007.

LEÃES, L. G. Paes de Barros. *Mercado de capitais e "insider trading"*. São Paulo: RT, 1982.

LEWIS, Alan. *The Cambridge handbook of psychology and economic behavior*. Cambridge: Cambridge University Press, 2008.

LIMONGI FRANÇA, Rubens. *Enciclopédia Saraiva do Direito*. Sao Paulo: Saraiva, 1977.

LINDLEY, David. *Uncertainty*: Einstein, Heinsenberg, Bohr and the struggle for the soul of science. New York: Anchor Books, 2007.

LOCKE, John. *An essay concerning human understanding*. New York: Oxford University Press, 2008.

LOPES, João do Carmo; ROSSETTI, José Paschoal. *Economia monetária*. 7. ed. São Paulo: Atlas, 1998.

LORENZ, Edward H. Neither friends nor strangers: informal networks of subcontracting in French industry. In: GAMBETTA, Diego (org.). *Trust*: making and breaking cooperative relations. Oxford: Basil Blackwell, 1988.

LOWENSTEIN, George et al. Risk as feelings. *Psychological Bulletin*, Washington, v. 127, n. 2, p. 267-286, 2001.

LUECK, Dean; MICELI, Thomas J. Property law. In: POLINSKY, Mitchell; SHAVELL, Steven (ed.). *Handbook of law and economics*. Arizona Legal Studies Discussion Paper n. 06-19. Disponível em: <http://ssrn.com/abstract=895141>.

LUHMANN, Niklas. *Confianza*. Barcelona: Anthropos, 1996.

_______. Familiarity, confidence and trust: problems and alternatives. In: GAMBETTA, Diego (org.). *Trust*: making and breaking cooperative relations. Oxford: Basil Blackwell, 1988.

MacCORMICK, Neil. *Argumentação jurídica e teoria do direito*. São Paulo: Martins Fontes, 2006.

MACEDO JR., Ronaldo Porto. *Contratos relacionais e defesa do consumidor*. 2. ed. São Paulo: RT, 2007.

MacKAAY, E. History of law and economics. In: BOUCKART, B.; DE GEEST, G. (ed.). *Encyclopedia of law and economics*. Cheltenham: Edward Elgar, 2000. v. 1, p. 65-117.

MacNEIL, Ian. Bureaucracy, liberalism and community. American style. *Northwestern University Law Review*, v. 79, n. 5-6, 1984.

_______. Contracts: adjust of long-term economic relations under classical, neoclassical, and relational contract law. *Northwestern University Law Review*, v. 72, n. 6, 1988.

_______. Economic analysis of contractual relations: it shortfalls and the need for a rich classificatory apparatus. *Northwestern University Law Review*, v. 75, 1984.

_______. Exchange revisited: individual utility and social solidarity. *Ethics*, v. 96, n. 3, 1986.

_______. Relational contracts: what we know and what we don't know. *Wisconsin Law Review*, n. 3, 1985.

MALLE, Bertram F. *How the mind explains behavior*: folk explanations, meaning and social interaction. Cambridge: The MIT Press, 2004.

MANKIW, Gregory N. *Princípios de macroeconomia*. Tradução da 5.ª ed. norte-americana. São Paulo: Cengage Learning, 2009.

MANNE, Henry G. Insider trading: Hayek, virtual markets and the dog that did not bark. *Journal of Corporation Law*, v. 31, n. 1, p. 167-185, Fall 2005.

MANZI, Vanessa. *Compliance no Brasil*: consolidação e perspectivas. São Paulo: St. Paul Editora, 2008.

MAQUIAVEL, Nicolau. *A arte da guerra*. Rio de Janeiro: Elsevier, 2003.

_______. *O príncipe*. Porto Alegre: LP&M, 1999.

MARCHETI, Renata Auxiliadora. *Capital estrangeiro no Brasil*: registro e intervenção do Estado nos contratos privados. São Paulo: Atlas, 2009.

MARCONDES, Danilo. *Textos básicos de ética*: de Platão a Foucault. São Paulo: Zahar, 2007.

MARQUES, Claudia Lima (org.). *A nova crise do contrato*: estudos sobre a nova teoria contratual. São Paulo: RT, 2007.

MARTINS, Gilberto de Andrade; THEÓPHILO, Carlos Renato. *Metodologia da investigação científica para as ciências sociais aplicadas*. São Paulo: Atlas, 2007.

MARTINS, Joel; BICUDO, Maria Aparecida Viggiani. *A pesquisa qualitativa em psicologia. São Paulo: Centauro, 2005.*

MARTINS, José Antonio. *Corrupção*. São Paulo: Globo, 2008.

MARTINS-COSTA, Judith. *A boa-fé no direito privado*. São Paulo: RT, 1999.

_______. *Comentários ao novo Código Civil*: do direito das obrigações, do adimplemento e da extinção das obrigações. Rio de Janeiro: Forense, 2005. v. 5, t. 1.

_______. O direito privado como um "sistema em construção" – as cláusulas gerais no projeto do Código Civil brasileiro. *Revista dos Tribunais*, São Paulo, v. 87, n. 753, p. 24-48, jul. 1998.

_______. Os campos normativos da boa-fé objetiva: as três perspectivas do direito privado brasileiro. *Revista Forense*, Rio de Janeiro, v. 101, n. 382, p. 119-143, nov.-dez. 2005.

_______. Princípio da confiança legítima e princípio da boa-fé objetiva. Termo de Compromisso de Cessação (TCC) ajustado com o CADE. Critérios da interpretação contratual: os "sistemas de referências extracontratuais" ("circunstâncias do caso") e sua função no quadro semântico da conduta devida. Princípio da unidade ou coerência hermenêutica e "usos do tráfego". Adimplemento contratual. *Revista dos Tribunais*, São Paulo, ano 95, v. 852, p. 87-126, out. 2006.

_______. Um aspecto da obrigação de indenizar: notas para uma sistematização dos deveres pré-negociais de proteção no direito civil brasileiro. *Revista dos Tribunais*, São Paulo, v. 97, n. 867, p. 11-51, jan. 2008.

McLEAN, Bethany; ELKIND, Peter. *Smartest guys in the room*: the amazing rise and scandalous fall of Enron. London: Penguin Books, 2003.

MECKLING, William H.; JENSEN, Michael C. Theory of the firm: managerial behavior, agency costs and ownership structure. *Journal of Financial Economics*, v. 3, n. 4, p. 305-360, Oct. 1976. Disponível em: <http://ssrn.com/abstract=94043> ou <DOI: 10.2139/ssrn.94043>.

MELO, Francisco Assis de Moura. *As leis do risco e os riscos da lei* com análise do caso Marka. Rio de Janeiro: Garamond, 2009.

MÉNARD, Claude. Methodological issues in new institutional economics. *Journal of Economic Methodology*, v. 8, n. 1, 2001.

_______. The enforcement of contractual arrangements. *INRA*. Paris: École de Charcheuers, 1998.

MICHAELIS. *Moderno dicionário da língua portuguesa*. Disponível em: <http://www.michaelis.uol.com.br>.

MILGROM, Paul; ROBERTS, John. Economic theories of the firm: past, present and future. *Canadian Journal of Economics*, v. 21, n. 3, ago. 1988.

MOGUILLANSKY, Graciela; BIELSCHOWSKY, Ricardo. *Inversión y reformas económicas en América Latina*. Santiago de Chile: Fondo de Cultura Económica, 2000.

MÖLLERING, Guido. *Trust*: reason, routine and reflexivity. Oxford: Elsevier, 2006.

MONTEIRO FILHO, Ralpho Waldo de Barros. *Negócio jurídico, vícios sociais*. Curitiba: Juruá, 2009.

MORAES, Maria Celina Bodin de (org.). *Princípios do direito civil contemporâneo*. Rio de Janeiro: Renovar, 2006.

MOREIRA, Marcílio Marques. *Diplomacia, política e finanças*: de JK a Collor, 40 anos de história por um de seus protagonistas. Rio de Janeiro: Objetiva, 2001.

MOREIRA ALVES, José Carlos. *A parte geral do projeto de Código Civil brasileiro* (subsídios históricos para o Novo Código Civil brasileiro). 2. ed. aum. São Paulo: Saraiva, 2003.

MORIN, Edgar. *Cultura de massas no século XX*: neurose. Tradução de Maura Ribeiro Sardinha. 9. ed. Rio de Janeiro: Forense Universitária, 2007. v. 1.

MORRIS, Clarence (org.). *Os grandes filósofos do direito*. São Paulo: Martins Fontes, 2002.

MOTA, Mauricio Jorge Pereira da. A teoria da aparência jurídica. *Revista de Direito Privado*, São Paulo, ano 8, n. 32, out.-dez. 2007.

NAVARRO, Leila; GASALLA, José Maria. *Confiança*: a chave para o sucesso empresarial. São Paulo: Intregare Ed., 2007.

NEAL, Larry. *The economics of Europe and the European Union*. New York: Cambridge University Press, 2007.

NEGREIROS, Teresa. O princípio da boa-fé contratual. In: MORAES, Maria Celina Bodin de (org.). *Princípios do direito civil contemporâneo*. Rio de Janeiro: Renovar, 2006.

_______. *Teoria do contrato*: novos paradigmas. 2. ed. Rio de Janeiro: Renovar, 2006.

NERY JUNIOR, Nelson. *Vícios do ato Jurídico e reserva mental*. São Paulo: RT, 1983.

NEVARES, Ana Luiza Maia. O erro, o dolo, a lesão e o estado de perigo no novo Código Civil (arts. 138 a 150, 156 e 157). In: TEPEDINO, Gustavo (coord.). *A parte geral do novo Código Civil*. Estudos na perspectiva civil--constitucional. 3. ed. Rio de Janeiro: Renovar, 2007.

NORONHA, Fernando. *Direito dos contratos e seus princípios fundamentais*. São Paulo: Saraiva, 1994.

NORTH, Douglass. *Institutions, institutional change and economic performance*. Cambridge: Cambridge University Press, 1990.

_______. *Structure and change in economic history*. New York: Norton, 1981.

NUSDEO, Fabio. *Curso de economia*: introdução ao direito econômico. 5. ed. São Paulo: RT, 2008.

OLIVEIRA, Eduardo Ribeiro de. *Comentários ao novo Código Civil*. Dos bens. Dos fatos jurídicos. Do negócio jurídico. Disposições gerais. Da representação. Da condição. Do termo e do encargo. Rio de Janeiro: Forense, 2008. v. 2 (arts. 79 a 137).

OLIVEIRA, Luis Maurício Sodré de. *Mercado de câmbio*: contribuição ao disciplinamento jurídico no Brasil. Curitiba: Juruá, 2008.

OLIVEIRA, Virgínia I.; GALVÃO, Alexandre; RIBEIRO, Érico (org.). *Mercado financeiro*: uma abordagem prática dos principais produtos e serviços. Rio de Janeiro: Elsevier, 2006.

OSTROM, Elinor; WALKER, James (org.). *Trust & reciprocity*. Interdisciplinary lessons from experimental research. New York: The Russel Sage Foundation, 2005.

PADGEN, Anthony. The destruction of trust and its economic consequences in the case of eighteenth-century Naples. In: GAMBETTA, Diego (org.). *Trust*: making and breaking cooperative relations. Oxford: Basil Blackwell, 1988.

PARENTE, Norma Jonssen. *Aspectos jurídicos do insider trading*. Artigo da Superintendência Jurídica da Comissão de Valores Mobiliários. Rio de Janeiro: CVM, 1978. Disponível em: <www.cvm.gov.br>. Acesso em: 20 jan. 2010.

PEREIRA, Alexandre Pimenta Batista. Entre o individual e o social: o problema das expectativas negociais à luz da teoria dos sistemas. *Revista de Direito Privado*, São Paulo, n. 24, out.-dez. 2005.

PEREIRA, Caio Mário da Silva. *Instituições de direito civil*: introdução ao direito civil e teoria geral do direito civil. Rio de Janeiro: Forense, 1989. v. 1.

PERSKY, Joseph. Retrospectives: the ethology of *homo oeconomicus*. *Journal of Economic Perspectives*, v. 9, n. 2, p. 221-231, Spring 1995.

PERRONE-MOISÉS, Cláudia. *Direito ao desenvolvimento e investimentos estrangeiros*. São Paulo: Oliveira Mendes, 1998.

PETERS, Marcos. *Implantando e gerenciando a Sarbanes-Oxley*: governança corporativa agregando valor aos negócios. São Paulo: Atlas, 2007.

PETERSON, Richard. *Desvendando a mente do investidor*. Rio de Janeiro: Campus, 2008.

PEYREFITTE, Alain. *A sociedade da confiança*: ensaio sobre as origens e a natureza do desenvolvimento. Rio de Janeiro: Top Books, 1999.

PINHEIRO, Armando Castelar. Segurança jurídica, crescimento e exportações. *Revista de Direito Bancário e do Mercado de Capitais*, São Paulo, ano 9, n. 31, p. 321-345, jan.-mar. 2006.

PINHO, Manoel Orlando de Morais. *Dicionário de termos de negócios*: português-inglês/English-Portuguese. São Paulo: Atlas, 1997.

PIRANDELLO, Luigi. *Um, nenhum e cem mil*. São Paulo: Cosac & Naify, 2001.

POPPER, Karl. *A lógica da pesquisa científica*. São Paulo: Cultrix, 2007.

POSNER, Richard. *Problemas da filosofia do direito*. São Paulo: Martins Fontes, 2007.

PRADO E SILVA, Adalberto et al. *Dicionário Melhoramentos da língua portuguesa*. São Paulo: Melhoramentos, 1977.

PROCACCI, Giuliano. *Machiavelli nella cultura europea dell'età moderna*. Roma: Laterza, 1995.

PROENÇA, José Marcelo Martins. *Insider trading*: regime jurídico do uso de informações privilegiadas no mercado de capitais. São Paulo: Quartier Latin, 2005.

PUTNAM, Robert D. *Bowling alone*. The collapse and revival of American community. New York: Simon & Schuster Paperbacks, 2000.

_______. *Bureaucrats and politicians in western democracies*. Boston: Harvard University Press, 1981.

_______. *Double edged diplomacy*: international bargaining and domestic politics. Berkeley: University of California, 1993.

_______. *Making democracy work*: civic traditions in modern Italy. Princeton: Princeton University Press, 1994.

PUTNAM, Robert D.; BAYNE, Nicholas. *Hanging together*: the seven power summits Boston: Harvard University Press, 1988.

RANGÉ, Bernard (org.). *Psicoterapias cognitivo-comportamentais: um diálogo com a psiquiatria*. Porto Alegre: Artmed, 2001.

RATTI, Bruno. *Comércio internacional e câmbio*. São Paulo: Aduaneiras, 2004.

REALE JÚNIOR, Miguel. *Instituições de direito penal*: parte geral. Rio de Janeiro: Forense, 2002.

REILLY, Frank K.; NORTON, Edgar A. *Investimentos*. Tradução da 7. ed. norte-americana. São Paulo: Cengage Learning, 2008.

RIDOLFI, Roberto. *Vita di Niccolò Machiavelli*. Firenze: Sansoni, 1978.

RIPERT, Georges. *A regra moral nas obrigações civis*. Tradução de Osório de Oliveira. Campinas: Bookseller, 2000.

ROCCA, Carlos Antonio. *Revolução do mercado de capitais no Brasil*: o crescimento recente é sustentável? Rio de Janeiro: Elsevier/IBMEC, 2008.

ROCHA, Carmem Lúcia Antunes. O princípio da coisa julgada e o vício de inconstitucionalidade. *Biblioteca Digital Fórum Administrativo - Direito Público*, Belo Horizonte, ano 09, n. 100, jun. 2009.

RODGERSON, William P. A comment on political institutions and fiscal policy: evidence from the U.S. historical record. *Journal of Law Economics and Organization*, n. 6, Special Issue, Conference on "The Organization of Political Institutions", p. 155-166, 1991.

_______. Profit regulation of defense contractors and prizes for innovation. *Journal of Political Economy*, n. 97, p. 1284-1305, Dec. 1989.

_______. Profit regulation of defense contractors and prizes for innovation. *RAND Research Report* R- 3635-PA&E, 1991, RAND, Santa Monica, CA.

RODRIGUES, Silvio. *Direito civil*: parte geral. São Paulo: Saraiva, 2003.

ROPPO, Enzo. *Contrato.* Tradução de Ana Coimbra e M. Januario C. Gomes. Coimbra: Almedina, 1988.

ROSA, Maria Virginia de Figueiredo do Couto; ARNOLDI, Marlene Aparecida Gonzáles Colombo. *A entrevista na pesquisa qualitativa*: mecanismos para a validação de resultados. Belo Horizonte: Autêntica, 2006.

SACCO, Rodolfo. *Il contratto*. Torino: Utet, 1975.

SCALZILLI, João Pedro; SPINELLI, Luis Felipe. A racionalidade econômica do combate ao *insider trading*: assimetria de informação e dano ao mercado. *Revista de Direito Mercantil*, São Paulo, n. 147, p. 42-54, jul.-set. 2007.

SCHLABENDORFF, Adriana. *A reconstrução do direito contratual*: o valor social do contrato. Tese de Doutorado. São Paulo: Faculdade de Direito da Universidade de São Paulo, 2004.

SCHLEE, Paula C. Investimento internacional e desenvolvimento. In: BARRAL, Welber O. (org.). *Direito e desenvolvimento*: análise da ordem jurídica sob a ótica do desenvolvimento. São Paulo: Singular, 2005. p. 259-288.

SCHOLZ, John T. Trust, tax and compliance. *Trust and governance*. New York: Russel Sage Foundation, 1998.

SCHREIBER, Anderson. *A proibição de comportamento contraditório*. Rio de Janeiro: Renovar, 2007.

SCOTT, David L. Wall Street words. *An Essential A to Z Guide for Today's Investor*. Boston: Houghton Mifflin, 2003.

SEN, Amartya. *Desenvolvimento como liberdade*. São Paulo: Companhia das Letras, 2000.

_______. *Sobre ética e economia*. São Paulo: Companhia das Letras, 1999.

SHAFIR, Eldar; SIMONSON, Itamar; TVERSKY, Amos. Prospect theory. Reason-based choice. *Cognition*, v. 49, p. 11-36, 1993.

SHAH, Anwar (org.). *Performance accountability and combating corruption*. Washington: The World Bank, 2007.

SHAMPANIER, Kristina; MAZAR, Nina; ARIELY, Dan. How small is zero price? The true value of free producer? *Marketing Science*, v. 26, n. 6, p. 742--757, Nov. 2007.

SHAVELL, Steven. *Foundations of economic analysis of law*. Harvard: Harvard University Press, 2004.

SHILLER, Robert. *Irrational exuberance*. Princeton (NJ): Princeton University Press, 2000.

SICSÚ, João; FERRARI FILHO, Fernando (org.). *Câmbio e controles de capitais*: avaliando a eficiência de modelos macroeconômicos. Rio de Janeiro: Elsevier, 2006.

SILVA, Almiro do Couto e. Os princípios da segurança jurídica (proteção à confiança) no direito público brasileiro e o direito da administração pública de anular seus próprios atos administrativos: o prazo decadencial do art. 54 da lei do processo administrativo da União (Lei 9.784/99). *Revista Brasileira de Direito Público*, v. 2, n. 6, p. 7-59, jul.-set. 2004.

SILVA, Marcos Fernandes Gonçalves da. *Ética e economia*: impactos na política, no direito e nas organizações. Rio de Janeiro: Elsevier, 2007.

SILVEIRA, Paulo A. Caliendo. Direito internacional privado e análise econômica do direito. In: TIMM, Luciano Benetti (org.). *Direito e economia*. São Paulo: IOB Thompson, 2005.

SIMONSEN, Mario Henrique; CYSNE, Rubens Penha. *Macroeconomia*. 4. ed. São Paulo: Atlas, 2009.

SIMONSON, Itamar. Choice based on reasons: the case of attraction and compromise effects. *Journal of Consumer Research*, n. 16, p. 158-174, 1989.

SMITH, Adam. *Teoria dos sentimentos morais*. São Paulo: Martins Fontes, 2002.

SMITH, Barbara. *Crença e resistência*: a dinâmica da controvérsia intelectual contemporânea. São Paulo: Ed. Unesp, 2002.

SMITH, Geoffrey Peter. *What are the effects of Sarbanes-Oxley on cross-listed companies?* May 23, 2008. Disponível em: <http://ssrn.com/abstract=931051>.

SOMBRA, Thiago Luís Santos. A tutela da confiança em face dos comportamentos contraditórios. *Revista de Direito Privado*, São Paulo, ano 9, n. 33, p. 307-342, jan.-mar. 2008.

SOUZA, Luis Eduardo Simões de. *Contas nacionais*. São Paulo: LCTE, 2007.

SPRINGBORG, Patrícia. *The Cambridge companion to Hobbes' Leviathan*. Cambridge: Cambridge University Press, 2007.

STANYER, Peter. *Guide to investment strategy*: how to understand markets, risks, rewards and behavior. London: The Economist, 2006.

STIGLITZ, Joseph. Information and the change in the paradigm of economics. *Nobel Prize Lecture*. Stockholm: The Nobel Foundation, 2001. Disponível em: <http://nobelprize.org/nobel_prizes/economics/laureates/2001/stiglitz-lecture.html>. Acesso em: 23 jan. 2010.

SUNSTEIN, Cass R.; THALER, Richard H. *Nudge*: improving decisions about health, wealth and happiness. London: Penguin Books, 2009.

SZTAJN, Rachel; ZYLBERSTAJN, Décio (org.). *Direito & economia:* análise econômica do direito e das organizações. Rio de Janeiro: Elsevier, 2005.

TALEB, Nassim Nicholas. *A lógica do cisne negro*: o impacto do altamente improvável. Rio de Janeiro: Best Seller, 2009.

TEPEDINO, Gustavo (coord.). *A parte geral do novo Código Civil*: estudos na perspectiva civil-constitucional. 3. ed. Rio de Janeiro: Renovar, 2007.

TEPEDINO, Gustavo; BARBOZA, Heloisa Helena; MORAES, Maria Celina Bodin de. *Código Civil interpretado conforme a Constituição da República.* Rio de Janeiro: Renovar, 2007. v. 1 – Parte geral e obrigações (arts. 1.º a 420).

TETT, Gillian. *O ouro dos tolos*: como a ganância desenfreada corrompeu um sonho, despedaçou os mercados globais e desencadeou uma catástrofe mundial. Rio de Janeiro: Elsevier, 2009.

THALER, Richard H. *Quasi rational economics.* New York: Russel Sage Foundation, 1991.

THARAKAN, P. K. M.; BULCKE, Den Van D. *International trade, foreign direct investment and the economic environment.* New York: St. Martin's Press, 1998.

THE ECONOMIST. Brazil takes off. Nov.12th, 2009.

_______. Lessons from the credit crunch. A special report on central banks and the world economy. Oct. 20th-26th, 2007.

_______. Saving the system. The panic, the resources and a special report on the world economy. Oct. 11th-17th, 2008.

_______. Twin twisters: Fannie Mae, Freddie Mac and the market chaos. Jul. 19th-25th, 2008.

_______. Wall Street. A ten-page special report on the crisis. March 22nd--28th, 2008.

_______. Wall Street. One year on, what's changed? Sept. 12th-18th, 2009.

_______. Where it went wrong – and how the crisis is changing it. Jul. 18th--24th, 2009.

THE WORLD BANK. *World investment and political risk.* Washington: The World Bank Group, 2010.

TOMER, John F. What is behavioral economics? *The Journal of Socio--Economics*, v. 36, p. 463-479, 2007. Disponível em: <www.elsevier.com/locate/econbase>. Acesso em: 19 set. 2009.

TVERSKY, Amos. Features of similarity. *Psychological Review*, Washington DC, v. 84, n. 4, p. 327-352, Jul. 1977.

TVERSKY, Amos; KAHNEMAN, Daniel. *Choices, values and frames*. Cambridge: Cambridge University Press, 2000.

_______; _______. Judgement under uncertainty: heuristics and biases. *Science*, New Series, v. 185, n. 4157, p. 1124-1131, Sept. 17, 1974.

_______; _______. Rational choice and the framing of decisions. *Journal of Business*, Chicago, v. 59, n. 4, 1986.

_______; _______. The framing of decisions and the psychology of choice. *Science*, New Series, v. 211, n. 4481, p. 453-458, Jan. 1981.

TVERSKY, Amos; SIMONSON, Itamar. Context-dependent preferences. *Management Science*, v. 39, n. 10, p. 1179-1189, Oct. 1993.

URI, Gneezy; RUSTICHINI, Aldo. A fine is a price. *Journal of Legal Studies*, v. 29, p. 1-17, 2000.

USLANER, Eric. *Faith, hope and charity*: trust and collective action. College Park: University of Maryland, 1995.

VALENTIN, Agnaldo. A economia positiva: considerações sobre o núcleo rígido do programa neoclássico. In: CORAZZA, Gentil (org.). *Métodos da ciência econômica*. Porto Alegre: Ed. da UFRGS, 2003. p. 133-152.

VALOR ECONÔMICO: O Brasil virou manchete, ano 10, n. 479, 18, 19 e 20 dez. 2009.

VARIAN, Hal R. *Microeconomia*: princípios básicos. Tradução de Ricardo Inojosa. 4. ed. Rio de Janeiro: Campus, 1999.

VIROLI, Maurizio. *Machiavelli*. Oxford: Oxford University Press, 1998.

_______. *O sorriso de Nicolau*: história de Maquiavel. São Paulo: Estação Liberdade, 2003.

VOHS, Kathleen; MEAD, Nicole; GOODE, Miranda. The psychological consequences of money. *Science*, v. 314, n. 5802, p. 1154-1156, Nov. 2006.

WALD, Arnoldo. Auto-regulação e mercado de opções. *Revista de Direito Mercantil Industrial, Econômico e Financeiro*, ano XXXIX, n. 79, Nova Série, p. 16-22, jul.-set. 1990.

WEINTRAUB, Roy E. Neoclassic economics. In: HENDERSON, David R. (ed.). *The concise encyclopedia of economics*. Originally published as *The fortune encyclopedia of economics*, Warner Books. 1993. Library of Economics and

Liberty [Online]. Disponível em: <http://www.econlib.org/library/Enc1/NeoclassicalEconomics.html>. Acesso em: 8 jan. 2009.

WHITFORD, William. Ian Macneil's contributions to contracts scholarship. *Wisconsin Law Review*, n. 3, p. 545-560, 1985.

_______. *World investment and political risk*. The World Bank Group. Washington: Multilateral Investment Guarantee Agency (Miga), 2009.

WILLIAMS, Bernard. Formal structure and social reality. In: GAMBETTA, Diego (org.). *Trust:* making and breaking cooperative relations. Oxford: Basil Blackwell, 1988.

WILLIAMSON, Oliver E. Calculativeness, trust and economic organization. *Journal of Law and Economics*, v. 36, n. 1, p. 453-486, Apr. 1993.

_______. Comparative economic organization: the analysis of discrete structural alternatives. *Administrative Science Quarterly*, v. 36, n. 2, p. 269-296, Jun. 1991.

_______. Corporate finance and corporate governance. *Journal of Finance*, v. 43, p. 567-591, Jul. 1988.

_______. Credible commitments: using hostages to support exchange *American Economic Review*, v. 73, p. 519-540, Sept. 1983.

_______. Economic institutions: spontaneous and intentional governance. *Journal of Law, Economics, and Organization*, v. 7, p. 159-187, Jan. 1991.

_______. Examining economic organization through the lens of contract. *Industrial and Corporate Change*, v. 12, n. 4, p. 917-942, Aug. 2003.

_______. Public and private bureaucracies: a transaction cost economics perspective. *Journal of Law, Economics, and Organization*, v. 15, n. 1, p. 306-342, March 1999.

_______. Revisiting legal realism: the law, economics, and organization perspective. *Industrial and Corporate Change*, v. 5, n. 2, p. 383-420, 1996.

_______. Strategizing, economizing, and economic organization. *Strategic Management Journal*, v. 12, p. 75-94, Winter 1991.

_______. Strategy research: governance and competence perspectives. *Strategic Management Journal*, v. 20, n. 12, p. 1087-1108, Dec. 1999.

_______. *The economic institutions of capitalism*: firms, markets and relational contracting. New York: The Free Press, 1985,

_______. The economics of governance. *American Economic Review*, v. 95, n. 2, p. 1-18, May 2005.

_______. The lens of contract: private ordering. *American Economic Review*, v. 92, n. 2, p. 438-443, May 2002.

_______. *The mechanisms of governance*. Oxford: Oxford University Press, 1996.

_______. The new institutional economics: taking stock, looking ahead *Journal of Economic Literature*, v. 38, n. 3, p. 595-613, Sept. 2000.

_______. The theory of the firm as governance structure: from choice to contract. *Journal of Economic Perspectives*, v. 16, n. 3, p. 171-195, Aug. 2002.

_______. Transaction cost economics and business administration. *Scandinavian Journal of Management*, v. 21, n. 1, p. 19-40, March 2005.

_______. Transaction cost economics: the governance of contractual relations. *Journal of Law and Economics*, v. 22, p. 233-261, Oct. 1979.

_______. Why law, economics and organization? *Annual Review of Law and Social Science*, v. 1, p. 369-396, 2005.

YAZBEK, Otavio. A regulamentação das bolsas de valores e das bolsas de mercadoria e futuros e as novas atribuições da Comissão de Valores Mobiliários. *Revista de Direito Bancário e do Mercado de Capitais*, ano 9, n. 34, p. 198-236, out.-dez. 2006.

_______. *Critérios materiais para a regulação das atividades financeiras*: dos riscos negociáveis à "sociedade do risco". Tese de Doutorado. São Paulo: Faculdade de Direito da Universidade de São Paulo, 2005.

_______. *Regulação dos mercados financeiros e de capitais*. Rio de Janeiro: Elsevier, 2007.

ZANELLATO, Marco Antonio. *Da boa-fé no direito privado*. Dissertação de Mestrado. São Paulo: Faculdade de Direito da Universidade de São Paulo, 2002.

ZERBINI, Eugênia. O Brasil à distância do direito internacional dos investimentos. *Revista de Direito Bancário e Mercado de Capitais*, ano 10, n. 35, p. 11-18, jan.-mar. 2007.

ANEXO I: Grupo focal – formulário aplicado ao grupo de discussão

SP, 01/10/2009.
Prezado(a) Participante,
Em primeiro lugar, muito obrigada por participar deste grupo de discussão, por nos dedicar o seu tempo e dividir conosco suas opiniões.
Vale destacar que a identidade dos respondentes do questionário abaixo será mantida em sigilo!
Abraço!
Anna Lygia

Nome Completo:

Pergunta 1: O que é confiança?

Pergunta 2: Na visão do investidor estrangeiro, quais aspectos, na sua opinião, geram confiança no Brasil? Enumere quatro fatores em ordem decrescente de importância.
1.
2.
3.
4.

Pergunta 3: Quais aspectos **jurídicos** são determinantes para **Você** confiar no Brasil? Enumere quatro fatores em ordem decrescente de importância.
1.
2.
3.
4.

Pergunta 4: Você desconfia do Brasil? Por quê? Enumere quatro fatores em ordem decrescente de importância.
1.
2.
3.
4.

ANEXO II: Grupo focal – formulário aplicado ao grupo de controle

SP, 13/10/2009.
Prezado(a) Participante,
Em primeiro lugar, muito obrigada por participar desta atividade de pesquisa, por nos dedicar o seu tempo e dividir conosco suas opiniões.
Vale destacar que a identidade dos respondentes do questionário abaixo será mantida em sigilo!
Abraço!
Anna Lygia

Nome Completo:

Pergunta 1: O que é confiança?

Pergunta 2: Na visão do investidor estrangeiro, quais aspectos, na sua opinião, são cruciais para a confiança no Brasil? Enumere quatro fatores em ordem decrescente de importância.
1.
2.
3.
4.

Pergunta 3: Quais aspectos **jurídicos** são determinantes para **Você** confiar no Brasil? Enumere quatro fatores em ordem decrescente de importância.
1.
2.
3.
4.

Pergunta 4: Você confia ou desconfia do Brasil? Por quê? Enumere quatro fatores em ordem decrescente de importância.
1.
2.
3.
4.

ANEXO III: Pesquisa-espelho – formulário "tipo 1" (viés positivo) enviado a residentes

Prezado(a) Entrevistado(a),
Em primeiro lugar, muito obrigada por participar deste levantamento de informações, por dedicar o seu tempo e dividir conosco os seus conhecimentos.
Esclarecemos que este questionário é parte integrante de um projeto realizado no âmbito do programa de Doutorado em Direito da Universidade de São Paulo. É relevante destacar também que o sigilo em relação à identidade dos entrevistados será resguardado durante todo o processo de pesquisa.
A seguir, algumas pequenas orientações para preenchimento:
1. Sugerimos responder às perguntas na ordem em que estão dispostas no questionário.
2. Quaisquer dúvidas quanto ao sentido das perguntas e maiores informações sobre a pesquisa poderão ser enviadas para o endereço anna.rego@usp.br.
3. O nível de especificidade nas respostas é relevante para a pesquisa, isto é, quanto mais detalhada a resposta, mais rica ela se torna para a análise.
4. Pedimos encaminhar para o endereço anna.rego@usp.br o questionário preenchido.
Cordialmente,
Anna Lygia Rego
Universidade de São Paulo

Nome Completo:
Profissão, cargo e descrição da atividade profissional:
Instituição Empregadora:
País (Residência):
Anos de experiência profissional (com investidores estrangeiros):

Pergunta 1: O que é confiança?
Pergunta 2: No contexto de investimentos, quais aspectos lhe geram confiança (ou desconfiança) no Brasil? E quais aspectos lhe geram desconfiança?
Pergunta 3: Quais aspectos **jurídicos** são determinantes para Você confiar no Brasil? E desconfiar?
Pergunta 4: Você desconfia do Brasil?
Pergunta 5: Na sua opinião, na maioria das vezes, investidores estrangeiros têm a mesma visão que Você em relação às perguntas anteriores?

ANEXO IV: Pesquisa-espelho – formulário "tipo 2" (viés negativo) enviado a residentes

Dear Madam or Sir,
First of all, we would like to thank you greatly for taking part of this survey, devoting your time and sharing your knowledge with us.
The questionnaire at hand is part of a project developed at the Ph.D. Programme in Law at the University of São Paulo. It is also relevant to let you aware that the confidentiality with respect to your identity will be observed throughout the entire research process.
In a more operational note, please find below a few guidelines to this survey:
1. We suggest that you answer the questions in the order that they appear.
2. In case you wish any further information on the meaning of the questions and on the research itself, please address your queries also to anna.rego@usp.br.
3. The more specific and detailed your answers are, the richer our analysis will be.
4. We ask you to enclose the file with your answers to anna.rego@usp.br.
Yours sincerely,
Anna Lygia Rego
Universidade de São Paulo

Full Name:
Position / Brief Job Description:
Institution:
Country of Residence:
Years of Professional experience:

Question 1: What is the meaning of "trust" to you?

Question 2: In the context of business, what makes you trust Brazil? And what makes you distrust it?

Question 3: Which legal aspects make Brazil trustworthy to you? And which ones make it untrustworthy?

Question 4: Generally speaking, is Brazil trustworthy?

ANEXO V: Pesquisa-espelho – formulário "tipo 1" (viés positivo) enviado a não residentes

Dear Madam or Sir,
First of all, we would like to thank you greatly for taking part of this survey, devoting your time and sharing your knowledge with us.
The questionnaire at hand is part of a project developed at the Ph.D. Programme in Law at the University of São Paulo. It is also relevant to let you aware that the confidentiality with respect to your identity will be observed throughout the entire research process.
In a more operational note, please find below a few guidelines to this survey:
1. We suggest that you answer the questions in the order that they appear.
2. In case you wish any further information on the meaning of the questions and on the research itself, please address your queries also to anna.rego@usp.br.
3. The more specific and detailed your answers are, the richer our analysis will be.
4. We ask you to enclose the file with your answers to anna.rego@usp.br.
Yours sincerely,
Anna Lygia Rego
Universidade de São Paulo

Full Name:
Position / Brief Job Description:
Institution:
Country of Residence:
Years of Professional experience:

Question 1: What is the meaning of "trust" to you?

Question 2: In the context of business, what makes you trust Brazil? And what makes you distrust it?

Question 3: Which legal aspects make Brazil trustworthy to you? And which ones make it untrustworthy?

Question 4: Generally speaking, is Brazil trustworthy?

ANEXO VI: Pesquisa-espelho – formulário "tipo 2" (viés negativo) enviado a não residentes

Dear Madam or Sir,
First of all, we would like to thank you greatly for taking part of this survey, devoting your time and sharing your knowledge with us.
The questionnaire at hand is part of a project developed at the Ph.D. Programme in Law at the University of São Paulo. It is also relevant to let you aware that the confidentiality with respect to your identity will be observed throughout the entire research process.
On a more operational note, please find below a few guidelines to this survey:
1. We suggest that you answer the questions in the order that they appear.
2. In case you wish any further information on the meaning of the questions and on the research itself, please address your queries also to anna.rego@usp.br.
3. The more specific and detailed your answers are, the richer our analysis will be.
4. We ask you to enclose the file with your answers to anna.rego@usp.br.
Yours sincerely,
Anna Lygia Rego
Universidade de São Paulo

Full Name:
Position / Brief Job Description:
Institution:
Country of Residence:
Years of Professional experience:

Question 1: What is the meaning of "trust" to you?

Question 2: In the context of business, what makes you trust Brazil? And what makes you distrust it?

Question 3: Which legal aspects make Brazil trustworthy to you? And which ones make it untrustworthy?

Question 4: Generally speaking, is Brazil untrustworthy?

Este livro foi composto
na fonte Minion Pro, corpo 11
e impresso em off-set.

Impresso por :

Graphium
gráfica e editora

Tel.:11 2769-9056